新型工业化教育 · 区块链与数字经济系列

新一代通信技术
新兴领域"十四五"
高等教育教材

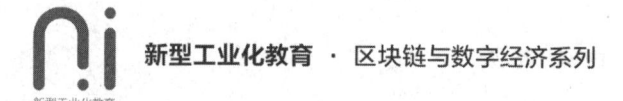

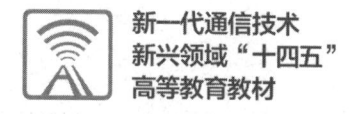

区块链技术

夏琦　高建彬　夏虎／主　编

刘洋洋　李秋芳　高腾伟
卿昱潇　费骁谋　／参　编

Blockchain
Technology

电子工业出版社
Publishing House of Electronics Industry
北京·BEIJING

内 容 简 介

本教材是"新一代通信技术"战略新兴领域"十四五"高等教育教材，系统地介绍了区块链技术的核心理论、关键技术与实际应用，结构清晰，层层递进。本教材从区块链的诞生与发展入手，讲解其基本原理、结构与分类，帮助读者建立全面认知。随后深入剖析了分布式系统、区块链架构、密码学技术、区块链共识算法、智能合约等技术模块，全面揭示区块链实现去中心化与数据安全的技术逻辑。最后，紧跟行业前沿，探讨了分布式数字身份、跨链技术、Web 3.0 等创新应用，结合丰富的实际案例，展现了区块链在金融、政务、医疗等领域的广泛前景。通过本教材的学习，读者不仅能够掌握区块链的技术框架，还将具备将其应用于实践的能力，为投身相关研究或产业发展打下坚实基础。

本教材适用于高校区块链相关课程的教学，也可作为区块链从业人员的参考用书，供感兴趣的读者自行深入学习。

未经许可，不得以任何方式复制或抄袭本书之部分或全部内容。
版权所有，侵权必究。

图书在版编目（CIP）数据

区块链技术 / 夏琦，高建彬，夏虎主编. -- 北京：电子工业出版社，2025.5. -- ISBN 978-7-121-50492-1

Ⅰ．F713.361.3

中国国家版本馆 CIP 数据核字第 2025T2Q681 号

责任编辑：孟泓辰
印　　刷：三河市鑫金马印装有限公司
装　　订：三河市鑫金马印装有限公司
出版发行：电子工业出版社
　　　　　北京市海淀区万寿路 173 信箱　邮编：100036
开　　本：787×1092　1/16　印张：18.25　字数：467.2 千字
版　　次：2025 年 5 月第 1 版
印　　次：2025 年 5 月第 1 次印刷
定　　价：69.00 元

凡所购买电子工业出版社图书有缺损问题，请向购买书店调换。若书店售缺，请与本社发行部联系，联系及邮购电话：(010)88254888，88258888。
质量投诉请发邮件至 zlts@phei.com.cn，盗版侵权举报请发邮件至 dbqq@phei.com.cn。
本书咨询联系方式：menghc@phei.com.cn。

序

新一代信息通信技术以前所未有的速度蓬勃发展，深刻改变着社会的每一个角落，成为推动经济社会发展和国家竞争力提升的关键力量。本教材体系的构建，旨在落实立德树人根本任务，充分发挥教材在人才培养中的关键作用，牵引带动通信技术领域核心课程、重点实践项目、高水平教学团队的建设，着力提升该领域人才自主培养质量，为信息化数字化驱动引领中国式现代化提供强大的支撑。

本系列教材汇聚了国内通信领域知名的 8 所高校、科研机构及 2 家一流企业的最新教育改革成果以及前沿科学研究和产业技术。在中国科学院院士、国家级教学名师、国家级一流课程负责人、国家杰出青年基金获得者，以及来自光通信、5G 等一线工程师和专家的带领下，团队精心打造了"知识体系全面完备、产学研用深度融合、数字技术广泛赋能"的新一代信息技术（新一代通信技术）领域教材。本系列教材编写团队已入选教育部"战略性新兴领域'十四五'高等教育教材体系建设团队"。

总体而言，本系列教材有以下三个鲜明的特点：

一、从基础理论到技术应用的完备体系

系列教材聚焦新一代通信技术中亟需升级的学科专业基础、通信理论和通信技术，以及亟需弥补空白的通信应用，构建了"基础-理论-技术-应用"的系统化知识框架，实现了从基础理论到技术应用的全面覆盖。学科专业基础部分涵盖电磁场与波、电子电路、信号系统等；通信理论部分涵盖通信原理、信息论与编码等；通信技术部分涵盖移动通信、通信网络、通信电子线路等；通信应用部分涵盖卫星通信、光纤通信、物联网、区块链、虚拟现实、网络安全等。

二、产学研用的深度融合

系列教材紧跟技术发展趋势，依托各建设单位在信息与通信工程等学科的优势，将国际前沿的科研成果与我国自主可控技术有机融入教材内容，确保了教材的前沿性。同时，联合华为技术有限公司、中信科移动等我国通信领域的一流企业，通过引入真实产业案例与典型解决方案，让学生紧贴行业实践，了解技术应用的最新动态。并通过项目式教学、课程设计、实验实训等多种形式，让学生在动手操作中加深对知识的理解与应用，实现理论与实践的深度融合。

三、数字化资源的广泛赋能

系列教材依托教育部虚拟教研室平台，构建了结构严谨、逻辑清晰、内容丰富的新一代信息技术领域知识图谱架构，并配套了丰富的数字化资源，包括在线课程、教学视频、工程实践案例、虚拟仿真实验等，同时广泛采用数字化教学手段，实现了对复杂知识体系的直观展示与深入剖析。部分教材利用 AI 知识图谱驱动教学资源的优化迭代，创新性地引入生成式 AI 辅助教学新模式，充分展现了数字化资源在教育教学中的强大赋能作用。

我们希望本系列教材的推出，能全面引领和促进我国新一代信息通信技术领域核心课程与高水平教学团队的建设，为信息通信技术领域人才培养工作注入全新活力，并为推动我国信息通信技术的创新发展和产业升级提供坚实支撑与重要贡献。

电子科技大学副校长　孔令讲
2024 年 6 月

前　言

随着比特币的诞生与加密货币的快速发展，区块链作为其底层支撑技术逐渐进入大众视野，并成为近年来推动信息技术变革与数字经济发展的关键力量。区块链以其"去中心化、不可篡改、可追溯、高安全性"等显著特征，在多个技术领域与行业场景中展现出前所未有的创新潜力和深远影响。从早期以金融支付为主的应用，逐步扩展至供应链管理、电子政务、医疗健康、教育、能源、物联网、数字身份、版权保护等多个领域，正引领着一场前沿科技与产业变革的新浪潮。

在供应链管理中，区块链可实现商品来源的全流程追溯，提升了供应链的效率与可信度；在电子政务领域，区块链为身份认证、数据存证与政务公开等环节提供了高效可信的技术支撑；在医疗行业，区块链的分布式账本机制支持患者信息的安全共享与隐私保护，有效提升了医疗服务质量与效率；而在智能城市和物联网场景下，区块链为海量智能设备之间的数据交互提供了可验证、高安全性的底层支撑，推动自动化与智能化管理系统的快速发展。

然而，作为一种新兴技术体系，区块链的内涵远不止于此。当前的区块链已从单一的应用平台演进为一个集成分布式系统、密码学技术、共识算法、智能合约等于一体的复杂技术架构。它所蕴含的技术深度和广度，对开发者、研究者以及行业应用者的理解与实践提出了更高的要求。

在技术原理层面，区块链通过点对点网络构建了分布式账本系统，实现了去中心化的数据存储与共享方式。密码学为系统提供了身份认证、数据加密与防篡改等安全保障机制，是确保信任的技术基石。共识算法解决了去中心化系统中多个节点间的一致性问题，决定了系统的性能、安全与可靠性，是区块链能否顺畅运行的关键。智能合约的引入使得区块链具备自动执行与逻辑运算能力，极大拓展了其在商业逻辑与去信任机制中的应用空间。

在实际应用层面，区块链正逐步从理论走向工程实践，从实验验证走向产业落地。越来越多的高校、企业、政府机构与开源社区参与到了区块链的研发与推广工作中，对相关技术与应用提出了多样化、个性化的需求。在此背景下，系统性、前瞻性、可实践的区块链学习资源显得尤为重要，它不仅有助于技术人员深入掌握底层原理，也能帮助初学者快速了解区块链的应用生态，提升综合实践能力。

本教材正是基于这一需求而编写的。本教材面向广大本科生、研究生及区块链相关从业人员，构建一套系统化、可操作、理论与实践相结合的学习体系。教材以"从技术原理到应用实现"为主线，围绕区块链的核心架构、关键技术与典型应用，展开深入浅出的讲解，帮助读者全面理解区块链的技术逻辑与发展趋势。

全书共分为7章，结构上遵循"基础-理论-技术-应用"的学习路径，力求循序渐进、层层深入。

第 1 章从比特币的诞生出发，引导读者认识区块链的诞生与基本原理，建立起对区块链系统的初步认知，并介绍其在金融、电子政务、医疗等典型领域的实践案例。

第 2 章聚焦分布式系统，讨论 FLP 和 CAP 定理、一致性问题等，为理解区块链如何实现高可用与一致性奠定理论基础。

第 3 章详解区块链的架构，剖析不同阶段（区块链 1.0、2.0、3.0）区块链的发展特征与系统设计演进，突出其拓扑结构与运行机制。

第 4 章系统讲解密码学技术，包括哈希算法、Merkle 树、公钥加密算法、密钥管理等，阐明区块链系统如何实现数据加密、安全传输与隐私保护。

第 5 章深入探讨各类共识算法，如 PoW、PoS、PBFT 算法与 Raft 算法等，分析其优劣、适用场景及演化方向，帮助读者理解"如何在无信任环境中达成信任"这一核心问题。

第 6 章围绕智能合约，从比特币脚本到以太坊智能合约，再到主流区块链平台（如 Hyperledger、EOS 等）上的合约系统，系统分析其设计原理、安全风险与开发要点。

第 7 章探讨区块链在分布式数字身份、跨链技术、区块链网及 Web 3.0 等行业前沿的应用，帮助读者理解区块链与未来互联网架构的深层融合。

通过对本教材的学习，读者不仅能够掌握区块链的关键技术体系，也能认识其在实际应用中的优势与挑战，具备设计与开发基础区块链系统或区块链应用的能力。更重要的是，读者将具备批判性地分析区块链技术发展趋势的视角，能够在未来的研究、开发与产业实践中发挥积极作用。

我们衷心希望本教材能够成为区块链领域学习与研究的重要参考资料，为区块链知识的普及、创新人才的培养以及学科建设的发展贡献力量。希望本教材能激发更多读者对区块链技术的探索热情，推动我国区块链技术及产业的进步与繁荣。

本书配套教学课件、习题解答等资源可以登录华信教育资源网（https://www.hxedu.com.cn/）免费下载。

编　者

目　　录

第1章　区块链基本概念 ··· 1
  1.1　区块链的诞生与发展 ··· 1
    1.1.1　区块链的诞生 ··· 1
    1.1.2　区块链发展历程 ··· 10
  1.2　区块链基本原理 ··· 12
    1.2.1　区块链的定义 ··· 12
    1.2.2　区块链的特点 ··· 13
    1.2.3　区块链的结构 ··· 14
  1.3　区块链的分类 ··· 16
    1.3.1　按准入机制分类 ··· 17
    1.3.2　按独立程度分类 ··· 17
    1.3.3　按应用范围分类 ··· 18
  1.4　区块链的价值 ··· 18
    1.4.1　区块链应用于金融 ·· 18
    1.4.2　区块链应用于电子政务 ··· 19
    1.4.3　区块链应用于医疗 ·· 19
    1.4.4　区块链应用于军事 ·· 20
  1.5　习题 ·· 20

第2章　分布式系统 ·· 22
  2.1　分布式系统的概念 ··· 22
    2.1.1　中心化系统 ·· 22
    2.1.2　去中心化系统 ··· 24
    2.1.3　分布式系统架构 ··· 26
  2.2　分布式系统中的重要定理 ·· 28
    2.2.1　FLP 和 CAP 定理 ··· 28
    2.2.2　ACID 原则与 BASE 原则 ··· 30
  2.3　一致性问题 ·· 31
    2.3.1　分布式系统的一致性 ·· 31
    2.3.2　一致性模型 ·· 32
    2.3.3　一致性算法 ·· 35
  2.4　习题 ·· 53

第3章　区块链架构 ·· 55
  3.1　P2P 网络原理及常用算法 ·· 55
    3.1.1　P2P 网络原理 ··· 55

    3.1.2 P2P 网络常用算法 ··· 56
  3.2 区块链的总体架构 ··· 71
  3.3 区块链的主流架构 ··· 75
    3.3.1 区块链 1.0 ··· 75
    3.3.2 区块链 2.0 ··· 76
    3.3.3 区块链 3.0 ··· 77
  3.4 习题 ··· 80

第 4 章 密码学技术 ··· 82

  4.1 哈希算法 ··· 82
    4.1.1 哈希算法的定义与性质 ··· 82
    4.1.2 哈希算法的发展 ··· 84
    4.1.3 哈希算法作用与重要性 ··· 85
    4.1.4 哈希算法的实例 ··· 85
    4.1.5 哈希指针 ··· 93
  4.2 Merkle 树 ··· 94
    4.2.1 Merkle 树的概念 ··· 94
    4.2.2 Merkle 树的结构 ··· 95
    4.2.3 Merkle 树在区块链中的应用 ··· 96
  4.3 公钥加密算法 ··· 97
    4.3.1 公钥加密算法原理 ··· 97
    4.3.2 公钥加密算法在区块链中的应用 ··· 105
  4.4 密钥管理 ··· 120
    4.4.1 密钥管理的基本概念 ··· 120
    4.4.2 密钥的生成、分发与协商 ··· 121
    4.4.3 对称密钥分发 ··· 122
    4.4.4 公钥密钥分发 ··· 123
    4.4.5 区块链中的密钥管理 ··· 124
  4.5 秘密共享 ··· 128
    4.5.1 秘密共享的思想 ··· 128
    4.5.2 秘密共享算法 ··· 129
    4.5.3 秘密共享实例 ··· 132
    4.5.4 同态加密 ··· 133
  4.6 习题 ··· 139

第 5 章 区块链共识算法 ··· 141

  5.1 共识算法总体介绍 ··· 141
    5.1.1 区块链共识算法的目的 ··· 143
    5.1.2 区块链共识算法的分类 ··· 144
    5.1.3 共识算法在区块链中的重要性 ··· 144
  5.2 证明类共识 ··· 144

		5.2.1 工作量证明（PoW）	144
		5.2.2 权益证明（PoS）	149
		5.2.3 PoC 和 PoET	153
	5.3	轮流类共识	155
		5.3.1 拜占庭将军问题	155
		5.3.2 PBFT 算法	155
		5.3.3 HotStuff 算法	158
	5.4	广播选举类共识	164
		5.4.1 Paxos 算法	164
		5.4.2 Raft 算法	165
		5.4.3 Zab 算法	178
	5.5	混合类共识	181
		5.5.1 PoW+PoS 混合共识机制	181
		5.5.2 BFT-DPoS 混合共识机制	184
	5.6	习题	185
第6章	智能合约		187
	6.1	什么是智能合约	187
		6.1.1 智能合约的历史	187
		6.1.2 李嘉图合约	188
		6.1.3 智能合约的定义与特征	189
		6.1.4 实际应用案例	190
	6.2	比特币脚本	194
		6.2.1 图灵完备性	194
		6.2.2 锁定与解锁	195
		6.2.3 常见脚本类型	198
		6.2.4 多重签名钱包	200
	6.3	以太坊智能合约	201
		6.3.1 账户模型和状态模型	201
		6.3.2 在以太坊中编织智能合约	202
		6.3.3 智能合约驱动	204
	6.4	Hyperledger 智能合约	206
		6.4.1 Hyperledger Fabric	206
		6.4.2 Hyperledger Sawtooth	214
		6.4.3 Hyperledger Iroha	216
	6.5	其他智能合约平台	217
		6.5.1 EOS	217
		6.5.2 TRON	219
		6.5.3 Solana	220
		6.5.4 321Chain	220
		6.5.5 FISCO BCOS	221

		6.5.6 其他平台	223
6.6	智能合约安全		224
	6.6.1	智能合约常见漏洞	224
	6.6.2	漏洞规避措施	235
	6.6.3	形式化验证	236
6.7	习题		240

第7章 区块链创新应用 … 242

7.1	分布式数字身份		242
	7.1.1	数字身份概述	242
	7.1.2	分布式身份管理技术	243
	7.1.3	分布式数字身份应用场景	248
7.2	跨链技术		250
	7.2.1	跨链技术基本知识	250
	7.2.2	跨链技术的互操作性	251
	7.2.3	跨链技术的技术实现	252
	7.2.4	跨链技术的应用	254
	7.2.5	跨链技术面临的挑战	256
7.3	区块链网		258
	7.3.1	区块链网概论	260
	7.3.2	区块链网数据平面	263
	7.3.3	区块链网控制平面	265
	7.3.4	区块链网的挑战	270
7.4	Web 3.0		273
	7.4.1	Web 1.0、Web 2.0、Web 3.0 的时间划分	273
	7.4.2	Web 3.0 的学术定义与技术定义	274
	7.4.3	Web 3.0 的基础设施——区块链	274
	7.4.4	Web 3.0 技术栈	275
	7.4.5	Web 3.0 面对的挑战	277
7.5	习题		279

参考文献 … 281

第1章 区块链基本概念

区块链（Blockchain）的诞生是数字时代的重要里程碑，它不仅改变了我们对于数据存储和交换方式的认知，也在全球范围内掀起了一场数字经济和社会变革的浪潮。区块链是密码学和分布式系统蓬勃发展的产物，最初作为比特币的底层技术出现，如今已在金融、供应链管理、物联网、社会治理等多个领域得到应用，区块链正日益成为推动数字化转型的重要引擎。随着技术的不断成熟和应用场景的不断拓展，我们期待看到区块链的更多创新和突破，为社会带来更多的便利和价值。

1.1 区块链的诞生与发展

1.1.1 区块链的诞生

1. 信任体系的发展

人类社会生产关系的实质是个体或组织的价值创造、价值交互与价值记录的过程。在这个过程中，价值创造的"可信"、价值交互的"可信"与价值记录的"可信"是有效社会活动的前提与基础，没有信任保证的社会关系与社会活动是无序、低效甚至混乱的，信任是人类社会生产关系得以维系并发展和进步的核心要素。

可以说人类社会的发展史就是一部个人、组织及社会的信任体系不断发展与完善的历史，社会信任体系的完善程度往往标志着社会发展与进步的程度。根据信任主体之间的关系，可以把信任体系划分为无中介熟人信任、第三方信任和去中介陌生信任三种，如表 1-1 所示。无中介熟人信任的信任主体之间的信任关系构建在对彼此身份、交往历史了解和掌握的基础之上，信任主体之间为"熟人"关系；第三方信任的信任主体之间为"陌生人"关系，相互之间的信任依托于对第三方的信任，对第三方的信任程度直接影响对"陌生人"的信任程度；去中介陌生信任的信任主体之间虽是"陌生人"关系，但相互之间构建信任关系并不依赖于第三方，而依赖于新的技术设施，如软件算法与机器。

在原始社会时期，部落文明信任体系是构建在熟人社会基础之上的无中介熟人信任。即使在今天，仍有很多个体之间的信任（如同乡信任、同学信任、战友信任等）构建在对彼此身份、交往历史了解和掌握的基础之上，因而均属于无中介熟人信任。

现代社会在社会关系建设方面一个非常重要的成就是第三方信任的大规模建设与不断完善。不管是个人还是组织，在各项社会活动中，无不需要第三方信任的支持。如公安机关为个人、组织提供身份可信，教育机构为个人提供学历可信，银行、证券交易所为个人提供资产可信，各类公共市场、电子商务平台为个人提供交易可信等。

无中介熟人信任和第三方信任为人类社会关系的发展和进步作出重大贡献，在人类社会今后的发展过程中，这两类信任体系仍将继续发挥重要作用。但在互联社会的今天，这两类信任体系的构建在成本及效率方面渐显不足，而区块链的横空出现，启示了人类可以构建一种新型的社会信任体系，即去中介陌生信任。

表 1-1 三种信任体系

信任体系	相互关系	第三方参与	信任依托
无中介熟人信任	熟人关系	不需要第三方参与	熟人
第三方信任	陌生人关系	主导	第三方
去中介陌生信任	陌生人关系	不需要第三方参与	技术设施（如软件算法与机器）

2. 记账技术的更迭

区块链技术也称分布式账本技术。"记账"就是按时间的先后顺序，将个体、公司、组织等在一定时间内所发生的收入和支出全部记录下来，供查阅者翻阅查看。记账作为人类社会的一项普遍活动，其历史可追溯至原始社会。在旧石器时代中晚期，由于生产力水平的提高和生产剩余物品的出现，人类开始在自然界中寻找能够记事的载体，以计量和记录生产中的剩余物品，当时人类采用两种主要的计量和记录方式——简单刻记和直观绘图。

简单刻记是原始人最初采用的一种记录方法。他们通过在石片、骨片或树木上刻画线条或缺口来记录数量或事物，在中国山西峙峪遗址（距今约 28000 年），发现几百件有刻纹的骨片，数目多寡不一，如图 1-1 所示为峙峪遗址出土的刻画骨片。直观绘图则通过绘制图形来记录特定事件。例如，一个原始人部落某天捉住了四头牛，便会在穴居山洞的岩壁或骨片上绘出四头牛的完整图形。

随着生产力的进一步发展，原始社会末期出现了结绳记事，如图 1-2 所示。这是一种通过结绳来计量和记录经济事项的方法，标志着会计的起源。在我国，结绳记事有着悠久的历史，例如，东汉武梁祠浮雕上记载的伏羲氏使用结绳记事管理部落活动。

图 1-1 峙峪遗址出土的刻画骨片

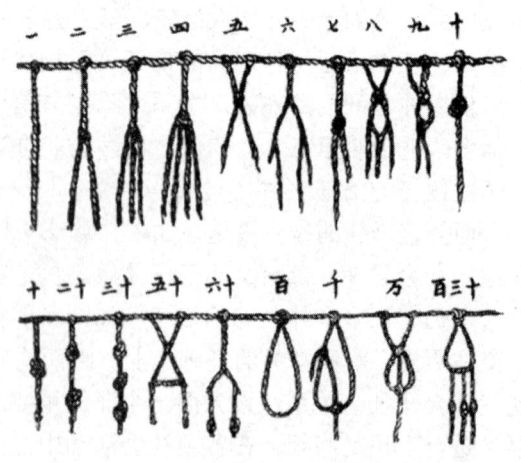

图 1-2 结绳记事

原始社会末期，我国出现了单式记账，该方法成熟于封建社会的中晚期。从发展阶段看，单式记账可以分为文字叙述式和定式简明式。文字叙述式是单式记账的早期形态，采用文字描述，其特点是对事项的记录没有特定规则，一般用字较多，叙述较为详细，记账符号也不固定。库辛（Kushim）泥板是目前世界上已知的最古老的单式账本，如图 1-3 所示，1929 年于幼发拉底河下游右岸的伊拉克境内出土。据鉴定，库辛泥板属于公元前 3500—前 3000 年的乌鲁克城（Uruk，美索不达米亚西南部苏美尔人的古城）。泥板上记录着"29086 单位大麦 37 个月库辛"，翻译成现代语言是"在 37 个月内总共收到 29086 单位的大麦，由库辛签核"。

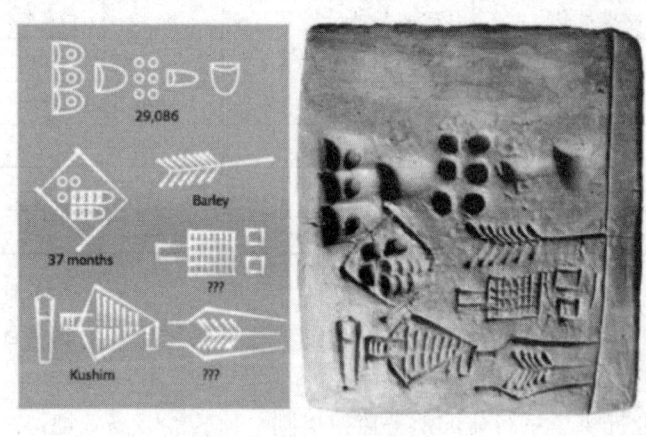

图 1-3　库辛泥板

定式简明式是单式记账的成熟形态，对事项的记录采用固定的记账符号和格式，对经济事项的记录力求简单明了。无论是文字叙述式还是定式简明式，都采用时序流水的方式来记账。从生产技术及商业金融活动的发展状况和现存的文物史料来看，商代已经出现明确的记账凭证和简单的文字叙述式记账簿思想；西周到春秋战国时期，单式记账已经进入定式简明式阶段，对经济活动的记录已经逐渐出现固定记账符号和简化文字记录的趋势；秦汉时期，单式记账思想逐步确立和规范；唐宋时期，单式记账思想则达到顶峰。

1949 年 11 月 10 日，意大利教士 Luca Pacioli（后被称为现代会计之父）系统阐述了"复式记账"，该方法可以更为精确地记录生意的往来。基本原理是将一切账务都双重记录下来。例如，一个商人卖了一吨大豆，收入 10000 元，他就在大豆库存栏扣除一吨大豆，同时在现金收入栏增加 10000 元。复式记账使账务查阅人可以系统了解账务所记录的业务情况，发现业务中的问题。

我国复式记账的萌芽可以追溯到明末清初之际，随着资本主义生产关系的萌发，我国的记账方式由单式记账向复式记账演进，出现了"龙门账"。"龙门账"的记账原则是将所有账目分为"进、缴、存、该"四大类别，并在这些类别下进一步细分，对会计对象进行分类和分项核算。通过"进-缴=存-该"的公式，实现了对盈亏的双重计算，如表 1-2 所示为日升昌江浦分号咸丰二年总结账分类统计。

表 1-2　日升昌江浦分号咸丰二年总结账分类统计

日升昌江浦分号咸丰二年（1852 年）总结账					
收项	一宗元年结存本平足纹银	1797.63 两	计开实存	一宗现存扣实足银	10941.56 两
	一宗共收各处会票本平足纹银	188788.72 两		一宗外该借贷要平足银	7500.00 两
	一宗除付外净得现利银	3744.72 两		一宗外该在账利银	261.72 两
	一宗共余平色银	1218.52 两		一宗家具作本平足银	100.00 两
	四项共合收本平足纹银	195549.59 两		除一宗该外借贷本平足银	13039.30 两
交项	除一宗共交各处会票并发扬标足银	188800.34 两	计开该外	一宗该外在账利银	975.88 两
	一宗借贷账除外该该外在账利银	714.16 两		以上除讫净合结存本平足纹银	4788.20 两
	一宗房租伙食支疲（账）	961.89 两			
	一宗撒春和钱店疲账眼	285.00 两			
	以上除讫该存本平足纹银	4788.20 两			

继"龙门账"之后，中国发展出了更为成熟的"四脚账"体系。"四脚账"代表了民国成立前中国会计史上最完善的账簿组织形式，它在某些方面与西方的簿记体系非常相似，彰显了中国会计智慧与近代商业文明的深度契合。

复式记账为企业提供了系统化的财务监控机制，使其能够高效地追踪在途商品、未偿还贷款、遗失物品以及日常业务活动。此外，它还帮助企业更好地利用利率和付款时间表，使应收账款的价值最大化。为了实现这些功能，需要建立一个专业团队来监督和管理账目，这催生了会计行业的发展。可以说，复式记账的引入和发展为现代会计学奠定了基础。复式记账的诞生是会计史上的一次重大突破，极大地推动了商业活动的发展。然而，它也存在一些挑战，例如当两笔相关联的账目中的一笔发生变更时，另一笔也必须进行相应更新，在这个过程中，可能会出现人为错误或欺诈行为。

随着互联网时代的到来，计算机和专业的记账软件使得会计工作变得更加安全和全面，为了更好地管理统计数据，人们还发明了专门的数据库技术。这些工具基于复式记账的原则进行了创新和改进，从而显著推动了现代商业的发展。区块链技术被广泛认为能够引领下一代记账技术，进一步激发商业社会的活力。

记账技术的演进如图 1-4 所示。

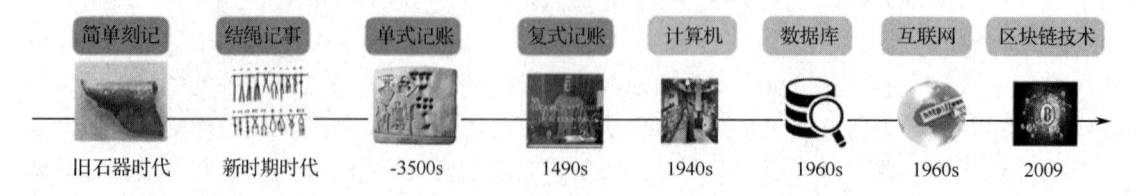

图 1-4　记账技术的演进

区块链本质上是一个带有密钥的分布式和自动化的账本，其特点是系统中的每个节点都拥有一个完全相同的账本副本，记录了所有交易活动，并且能够自动将新的交易数据同步到每个节点的账本中。与复式记账相比，区块链实现了多点同时记账，并通过共识算法进行验证，使得单个节点难以篡改账本记录，而复式记账则依赖于双方的相互确认。区块链不仅能够降低会计审计的成本，还能突破传统记账的局限。它不仅是记账技术的革新，更有可能成为未来商业社会的重要基础设施。

扩展阅读

3．密码学的发展和应用

区块链技术的诞生虽与比特币密切相关，但实际上，比特币及区块链技术都是由密码学的蓬勃发展演变而来的。

目前已知最早的密码应用可追溯到大约公元前 1900 年的埃及古王国时期，其将埃及象形文字雕刻在墓碑上，使用特殊字符和简单替换式密码来保护信息。

美索不达米亚平原上曾出土了一个公元前 1500 年左右的泥板，记录了加密描述的陶器上釉工艺配方。古希腊时期，斯巴达军队就发明了"塞塔式密码"（Scytale），如图 1-5 所示，把动物皮绕在一个棒子上，将文字以某种顺序写在动物皮上，人们把动物皮解下来后，上面的文字消息显得杂乱无章、无法理解，形成了密文，但将它绕在相同粗细的棒子上，就能看到原始的消息，即明文。

公元前 58 年左右，凯撒在他的军事命令中使用了凯撒密码，将每个字母都进行了位移，以防止他的敌人在截获军事命令之后直接获取他的真实情报。

15 世纪，意大利人 Leon Battista Alberti 发明了圆盘密码，利用单表置换的方法进行加密。在两个同心圆盘上，内盘按不同（杂乱）的顺序填好字母或数字，外盘按照一定顺序填好字母或数字，转动圆盘就可以找到字母的置换方法，方便进行信息的加密与解密。

为了提高密码的破译难度，人们又发明了一种多表置换的密码，即一个明文字母可以表示为多个密文字母。维吉尼亚密码（Vigenère cipher）就是这样一种典型的密码，使用一个词组（语句）作为密钥，词组中每个字母都进行一定的位移，循环地将词组中每个明文字母替换成密文字母，最后所得到的密文字母序列即为密文。

1917 年，Gilbert Vernam 发明了一次性密码本加密技术，其加密所用的密钥是一次性的，即使密钥泄露也不会导致之前的加密内容被解密，只会影响一次通信过程。

1918 年，德国发明家 Arthur Scherbius 设计了一种电子密码机，用于加密德国军队的通信，取名为"恩尼格玛"（Enigma），如图 1-6 所示。恩尼格玛机使用旋转转轮加密消息，并且每天都更改密钥。在第二次世界大战中得到德国军队的广泛使用。

图 1-5　塞塔式密码　　　　图 1-6　恩尼格玛机

二战期间，英国密码学家 Alan Mathison Turing 及其团队破解了恩尼格玛机，得知德国将对考文垂进行毁灭式轰炸，如图 1-7 所示为考文垂大轰炸后的市中心。为了防止德国察觉恩尼格玛机已被破解，英国没有对居民作出警告，也没有采取非常规防御措施，导致考文垂最终被夷为平地。

图 1-7 考文垂大轰炸后的市中心

20 世纪 40 年代末，Claude Shannon 发表了一系列关于密码技术的论文。1949 年，他在论文《保密系统信息理论》中提出了混淆（confusion）和扩散（diffusion）两大设计原则，为对称密码学建立了理论基础，从此密码学成为一门学科。

20 世纪 70 年代，国际商业巨头 IBM 公司向美国政府提出在某些场合使用密码学的需求，经过美国政府批准，一个商用密码方案，即如今的数据加密标准（Data Encryption Standard，DES）出台，自此密码学开始进入民用及商用领域。

1976 年，Bailey W. Diffie 和 Martin E. Hellman 发表了论文《密码学的新方向》，被视为密码学领域的里程碑之一。文中深入探讨了未来几十年密码学的发展方向，并提出了公钥密码学的概念，奠定了整个密码学的发展方向，也对区块链和比特币的诞生提供了关键支撑。1977 年，Ron Rivest、Adi Shamir 和 Leonard Adleman 提出了一种基于大数分解难题的公钥加密算法 RSA，标志着公钥密码学的重要突破，至今仍是应用最广泛的公钥加密算法。

Adi Shamir 在 1979 年提出秘密共享（Secret Sharing）技术，并在论文 *How to share a secret* 中进行了详细描述。该技术将秘密信息分割成多个份额，并分发给不同的参与者，只有当足够数量的份额被集合在一起时，才能恢复原始信息。

1980 年，Ralph Merkle 提出了 Merkle 树，将数据分成固定大小的块，并对这些块逐层进行哈希处理，最终形成一个树状结构。Merkle 树可以在不需要传输或存储大量数据的情况下，快速验证数据的完整性，对于大规模数据传输和存储具有重要意义。

1982 年，David Chaum 提出盲签名技术，使得签名者对发送者的消息进行签名，却不能知道消息的具体内容。姚启智（Andrew Yao）在论文 *Protocols for Secure Computations* 中提出安全多方计算，允许多个参与者在不泄露私密输入的情况下进行计算，在保护隐私和安全方面具有重要的应用价值。

Shafi Goldwasser、Silvio Micali 和 Charles Rackoff 在 1985 年提出零知识证明的概念，其中证明者可以向验证者证明他知道某个事实，而不需要透露有关这个事实的任何实际信息。零知识证明在身份验证、数字货币的隐私保护方面有着广泛的应用。

1991 年，Stuart Haber 和 W.Scott Stornetta 提出基于时间戳的防篡改协议。这一协议被视为区块链的前身之一，它强调了数据的时间戳和防篡改性质，为后来区块链的发展提供了重要的启示。David Chaum 和 Eugene van Heyst 提出了群签名（Group Signature），允许成员在一个群体中匿名地签署消息，而不需要暴露他们的真实身份，为数字身份认证和匿名通信提供了重要的技术基础，对密码学和网络安全领域产生了深远影响。

1997 年，Adam Back 发明了哈希现金（Hashcash）技术，这一技术利用了哈希函数和工作量证明机制，容易验证但很难被破解。Hashcash 技术最早应用于拦截垃圾邮件，后来为区块链的发展奠定了基础，特别是在比特币的诞生中起到了重要作用。Adam Back 于 2001 年提出了环签名（Ring Signature），允许一个实体用自己的私钥签名消息，同时隐藏签名者的身份。这种技术在保护用户隐私方面有广泛的应用，特别是在加密货币领域。

1998 年，戴伟发明了匿名的分散式电子现金系统 b-money，引入了工作量证明机制和点对点交易的概念。这一系统为后来加密货币的发展提供了重要的思想基础，特别是对于比特币等去中心化货币的发展具有重要影响。

2004 年，Hal Finney 借鉴了 Adam Back 的 Hashcash 技术，创建了可重复使用工作量证明（Reusable Proof of Work，RPoW）。RPoW 是一种电子现金系统，旨在解决数字货币中的双花问题。Hal Finney 的贡献为后来的加密货币发展奠定了重要基础。

2005 年，Nick Szabo 提出了 Bitgold，这是一种基于区块链的加密货币系统，其中包括使用工作量证明进行挖矿和创建新货币单位。虽然 Bitgold 没有被实际实现，但它的理念为后来比特币等加密货币的发展奠定了重要基础。

如表 1-3 所示为密码学的发展与应用。

表 1-3 密码学的发展与应用

时 间	参与者/发生地	标志性特征
公元前 1900 年	埃及古王国	使用特殊字符和简单替换式密码保护信息
公元前 1500 年	美索不达米亚平原	加密陶器上釉工艺配方
古希腊时期	斯巴达军队	塞塔式密码
公元前 58 年	凯撒	凯撒密码
15 世纪	Leon Battista Alberti	圆盘密码
1917 年	Gilbert Vernam	一次性密码本加密技术
1918 年	Arthur Scherbius	恩尼格玛机
20 世纪 40 年代末	Claude Shannon	发表论文《保密系统信息理论》，密码学成为一门学科
20 世纪 70 年代	IBM 公司	出台数据加密标准 DES，密码学开始进入民用及商用领域
1976 年	Bailey W. Diffie、Martin E. Hellman	发表论文《密码学的新方向》，提出公钥密码学的概念
1977 年	Ron Rivest、Adi Shamir、Leonard Adleman	提出公钥加密算法 RSA

续表

时间	参与者/发生地	标志性特征
1979 年	Adi Shamir	提出秘密共享技术，将秘密信息分割成多份，分发给不同的参与者，拥有足够数量的份额才能恢复原始信息
1980 年	Ralph Merkle	提出 Merkle 树
1982 年	David Chaum	提出盲签名技术，使得签名者对发送者的消息进行签名，却不能知道消息的具体内容
1982 年	姚启智	提出安全多方计算，允许多个参与者在不泄露私密输入的情况下进行计算
1985 年	Shafi Goldwasser、Silvio Micali、Charles Rackoff	提出零知识证明，证明者可以向验证者证明他知道某个事实，而不需要透露有关这个事实的任何实际信息
1991 年	Stuart Haber、W.Scott Stornetta	提出基于时间戳的防篡改协议
1991 年	David Chaum、Eugene van Heyst	提出群签名，允许成员在一个群体中匿名地签署消息，而不需要暴露他们的真实身份
1997 年	Adam Back	发明哈希现金技术，利用哈希函数和工作量证明机制，容易验证但很难被破解
1998 年	戴伟	发明匿名的分散式电子现金系统 b-money，引入了工作量证明机制和点对点交易概念
2001 年	Adam Back	提出环签名，允许一个实体用自己的私钥签名消息，同时隐藏签名者的身份
2004 年	Hal Finney	创建 RPoW，解决数字货币中的双花问题
2005 年	Nick Szabo	提出 Bitgold，其中包括使用工作量证明进行挖矿和创建新货币单位

4．互联网的演变

区块链的发展以互联网为基础，互联网是区块链的载体。

互联网的起源可以追溯到 20 世纪 60 年代美国国防部高级研究计划署（Defense Advanced Research Projects Agency，DARPA）主导的 ARPANET 项目，旨在构建具有容错能力的分布式计算机网络，以应对冷战时期的军事通信需求。1969 年，ARPANET 实现首次节点连接：第一个节点由 Leonard Kleinrock 团队在加州大学洛杉矶分校建立，第二个节点位于斯坦福研究院的 Douglas Engelbart 实验室；随后，加州大学圣塔芭芭拉分校和犹他大学分别成为第三、第四个节点。至 1971 年底，ARPANET 已连接 15 个节点；1973 年，挪威地震监测机构 NORSAR 接入，成为首个美国境外的网络节点。

1974 年，Robert Kahn 和 Vinton Cerf 提出 TCP/IP，定义在计算机网络之间传送报文的方法（二人也因此在 2004 年获得图灵奖）。1986 年，美国国家科学基金会在美国国家超级计算机应用中心与学术机构之间建立了基于 TCP/IP 技术的骨干网络 NSFNET，初期速度为 56kbit/s，后升级为 T1（1.5Mbit/s），最后发展至 T3（45Mbit/s）。NSFNET 于 1988 至 1989 年扩展到欧洲、澳大利亚、新西兰和日本的学术和研究组织。商业互联网服务提供商（Internet Service Provider，ISP）于 1989 年在美国和澳大利亚成立，而 ARPANET 于 1990 年退役。

1989 年，MCI Mail 和 CompuServe 两大商业公司与互联网建立连接，并且向 50 万大众提供电子邮件服务。1990 年 3 月，康奈尔大学和欧洲核子研究中心（European Organization for

Nuclear Research,CERN）之间建立了 NSFNET 和欧洲之间的第一条高速 T1 连接。6 个月后，Tim Berners-Lee 编写了第一个网页浏览器。1990 年圣诞节，他建立运行了万维网所需的所有工具：超文本传输协议（Hyper Text Transfer Protocol，HTTP）、超文本标记语言（Hyper Text Markup Language，HTML）、网页浏览器、网页服务器和网站。1995 年，NSFNET 退役时，互联网在美国已完全商业化，解除了最后的商业流量限制。

互联网商业化使得互联网的应用和普及呈爆发式增长，极大地影响了人类社会文化、商业形态与生活方式，诞生了一大批新兴应用，如电子邮件、即时通信、网络电话、视频电话、博客等，光纤网络所传输的数据量也从 1Gbit/s 提升至 10Gbit/s 以上。20 世纪 90 年代末，互联网流量的年增长率接近 100%，互联网用户数的年增长率约为 20%~50%

进入 2000 年后，互联网的发展更加迅猛，通过互联网进行双向交流的信息流量已经超过了 51%。互联网已经成为人们主要的沟通工具，人们对互联网应用的看法也发生了显著的变化。其范围和内容都极大地丰富了起来，网络游戏、社交媒体、在线音乐、在线视频、电子商务等新兴应用吸引了大量网民，进一步促进了互联网的发展。截至 2008 年 11 月比特币正式运行前夕，全球互联网用户数已经超过 15 亿，占当时全球人口总数的 22.5%。

互联网的发展为 P2P 网络的进步提供了技术基础和传播平台，使去中心化理念和技术得到广泛应用和创新，为区块链的诞生奠定了理论和技术基础。

5. 比特币的诞生

2008 年 11 月 1 日，一位网名为中本聪（Satoshi Nakamoto）的用户在密码学邮件列表上发表了《比特币：一种点对点的电子现金系统》白皮书，阐述了一个以点对点网络、分布式账本、工作量证明共识机制、加密技术等为基础构建的电子现金系统。提出希望创建一套"基于密码学原理而非基于信用"的去中心化支付系统，即任何人可以在不知道对方背景信息的情况下进行交易，不需要第三方介入。此时的比特币还在理论阶段，中本聪进行了艰辛的构建工作，用 C++语言开始了比特币系统的编码，逐步完善比特币的雏形，丰富细节，最终实现了比特币的第一个可运行版本。

2009 年 1 月 3 日，中本聪在芬兰赫尔辛基的一个小型服务器上运行了这个版本，挖出了比特币的第一个区块——创世区块（Genesis Block），并获得了"首矿"奖励——50 个比特币。创世区块的诞生标志着比特币主网的正式上线，也标志着区块链的诞生，如图 1-8 所示。

图 1-8 比特币创世区块

扩展阅读

1.1.2 区块链发展历程

自问世以来，区块链经历了可编程货币时代、可编程支付时代、可编程金融时代和可编程社会时代等发展阶段，每个阶段都为其技术的进步和应用范围的拓展作出了重要贡献。

1. 可编程货币时代

2008年，中本聪在论文中提出通过去中心化的比特币网络实现价值转移。2009年1月3日，比特币系统开始运行。支撑比特币系统的主要技术包括哈希函数、分布式账本、非对称加密、共识算法等，构成了区块链的最初版本。2010年5月18日，美国佛罗里达州的一名程序员Laszlo Hanyecz在比特币论坛上发布了一个悬赏帖，愿意用一万枚比特币换两个大的比萨饼，如图1-9所示。四天后，他发帖庆祝成功用一万枚比特币购买了比萨饼，这是比特币历史上第一次被定价，诞生了比特币世界的第一个公允价格。

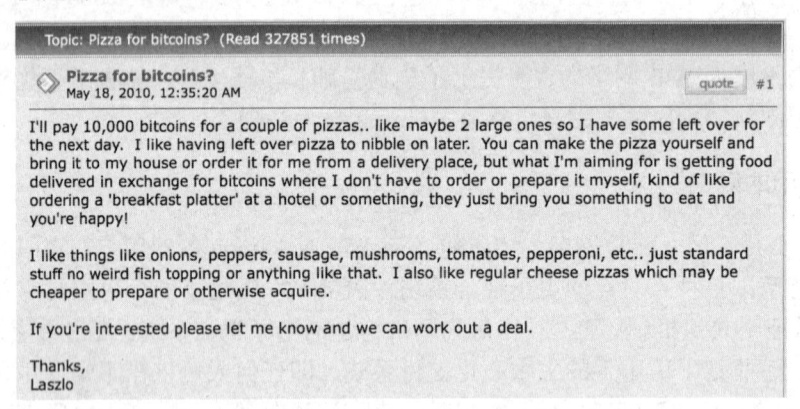

图1-9 Laszlo Hanyecz发文

比特币系统的构建标志着区块链正式进入"可编程货币时代"，此阶段区块链主要用于保证数字货币和支付领域的可信度和去中心化。可编程货币时代标志着数字货币不再仅是简单的价值传输工具，而是演变成了具有更高级别智能化和自动化功能的新型金融工具。在这一时代，区块链和智能合约的出现使得数字货币可以根据预设的规则和条件执行特定的逻辑和功能，从而实现更多种类的金融交易和应用。在可编程货币时代，许多新型加密货币相继问世，其中包括瑞波币、莱特币、Zcash等。

2. 可编程支付时代

可编程支付时代标志着支付不再是简单的货币转移，而是更加智能化和自动化，具备了更高层次的功能和灵活性。在这一时代，数字货币不仅可以被动地接收和发送，还可以根据预设的条件自动触发支付，实现了更灵活和智能的支付方式。

软钱包和硬钱包作为数字货币存储和管理的工具发挥着重要作用。软钱包利用软件应用程序或在线服务，为用户提供存储、发送和接收加密货币的功能。与传统的钱包不同，软钱包不是由实物构成的，而是存在于计算机系统中。这种钱包通常作为应用程序安装在智能手机或计算机上，用户可以通过它们方便地管理加密货币。软钱包的优点之一是便携性和易用性。由于它们存在于计算机系统中，用户可以随时随地访问自己的资产，并进行交易。这为用户提供了更大的灵活性和便利性，使他们能够更加方便地管理自己的资产。然而，相对应的是安全性的挑战。软钱包存在与互联网连接的风险，这使得它们更容易受到黑客和网络攻击的威胁。因此，用户需要采取额外的安全措施来保护他们的资产，包括使用强密码、启用双重认证、定期备份钱包等。只有在采取了适当的安全措施之后，用户才能确保他们的资产不受损失或被盗。

硬钱包与软钱包相对应，是一种物理设备，通常以 USB 或其他方式连接到计算机或移动设备上。硬钱包的主要目的是提供更高级别的安全性，以保护用户的资产免受威胁。硬钱包的安全性主要基于其离线存储和加密功能。由于硬钱包不需要与互联网直接通信，因此它们不容易受到远程攻击。此外，硬钱包通常包含专门的加密芯片，用于存储私钥并签署交易，这使得私钥不易受到窃取或篡改。除了安全性，硬钱包还提供了用户友好的界面和操作流程。大多数硬钱包都配备了屏幕和按钮，使用户可以在设备上直接确认交易，无须连接到计算机或移动设备的软件上。但硬钱包通常需要一定的成本，并且可能不如软钱包那样便于日常使用。因此，用户在选择钱包类型时应权衡安全性、便利性和成本等因素，并根据自己的需求进行选择。

3. 可编程金融时代

2013 年，程序员 Vitalik Buterin 提出了以太坊（Ethereum），这是一个开源的、有智能合约功能的公共区块链平台，通过其专用加密货币以太币（ETH）提供去中心化的以太坊虚拟机（EVM），处理点对点合约。将智能合约理念加入区块链中，形成了可编程金融，即去中心化金融（Decentralized finance，DeFi）。有了合约系统的支撑，区块链的应用范围从单一货币领域逐渐扩大到涉及合约功能的其他金融领域，实现了金融系统和服务的自动化、去中心化和透明化。

互联网和 P2P 网络的发展为这一变革提供了技术基础，使得金融服务不再依赖传统的中心化系统。通过去中心化平台，用户可以直接进行借贷、交易和支付等金融活动，智能合约自动执行交易，提升了效率和安全性。区块链确保了所有交易透明且不可篡改，增强了信任度和全球化金融服务的可及性。通过去中心化的区块链，用户可以在没有中介的情况下进行金融交易，降低了成本和风险。智能合约通过自执行协议自动处理交易和流程，无须人工干预，从而实现金融服务的自动化。区块链和互联网使金融服务能够跨越国界，全球用户可以平等参与和访问，促进了全球金融市场的一体化。

在具体应用上，去中心化借贷平台如 Aave 和 Compound 允许用户通过智能合约自动管理抵押和还款。去中心化交易所（DEX）如 Uniswap 和 SushiSwap 提供无须中介的加密货币交易服务。稳定币如 USDT 和 DAI 与法定货币挂钩，提供了数字货币的稳定价值。去中心化保险平台如 Nexus Mutual 通过智能合约自动处理理赔，简化了理赔流程。区块链还用于全球支付和汇款，如 Ripple 和 Stellar，通过降低跨境交易费用和时间提升支付效率。

可编程金融时代依托区块链和智能合约，通过自动化、去中心化和透明化，重塑了传统金融系统。尽管面临诸多挑战，但发展潜力巨大，将在未来进一步推动金融创新和全球金融体系的变革，打造一个更加公平、开放和高效的金融市场。

DeFi（去中心化金融）和 CeFi（中心化金融）的对比如表 1-4 所示。

表 1-4 DeFi（去中心化金融）和 CeFi（中心化金融）的对比

特　点	DeFi	CeFi
实际示例	去中心化交易所 DEX、移动性挖矿项目等	银行、证券商、保险公司等
集权性	去中心化，无须中介	中心化，依赖中介提供服务
资金管理和控制	用户自己掌握私钥和资金	用户将资金委托给中介
金融产品和服务	提供多种去中心化金融产品和服务	提供传统金融产品和服务
监管和合规性	没有中介负责监管	依赖中介的监管和合规性
开放性和可访问性	开放参与，任何人都可以使用和访问	需要通过平台的审核和注册
隐私和安全性	用户控制自己的资金和数据	依赖中介控制资金和数据
风险管理和保护	需要用户自行管理和控制风险	依赖中介的风险管理和保护

4．可编程社会时代

2019 年被称为区块链应用元年，这一年，Facebook（现更名为 Meta）、摩根大通、谷歌、腾讯、阿里巴巴等巨头纷纷高调宣布布局区块链领域。区块链社会治理时代的标志是通证（Token）的出现。通证带来了传统商业模式和生产关系的变革，从数字世界走向实体经济，开始在各行各业寻求落地应用。2020 年，在技术与政策的双重利好之下，区块链与产业尝试融合，渗透至更多的行业。目前，区块链超越了数字货币与金融的应用范畴，已经扩展至物流、人力资源、科学、教育等行业。区块链不仅能够记录金融业的交易，而且可以记录任何能以代码形式表达的事物，如共享汽车的使用权、信号灯的状态、出生和死亡证明、结婚证、教育程度、财务账目、医疗过程、保险理赔、投票、能源等。区块链能够对互联网中每个代表价值的信息和字节进行产权确认、计量和存储，从而使资产在区块链上可被追踪、控制和交易。可编程社会正在成为价值互联网的内核。

1.2　区块链基本原理

1.2.1　区块链的定义

区块链是去中心化的、不可篡改的、安全可信的分布式账本，是由分布式存储、P2P 网络、密码学、共识算法、时间戳和智能合约等相关技术综合集成的创新技术，为解决多方信任的问题提供了技术支持。狭义来讲，区块链是将数据区块按照时间顺序相连组成的链式数据结构，并以密码学方式保证的不可篡改和不可伪造的分布式账本。广义来讲，区块链利用链式数据结构验证与存储数据，利用分布式节点共识算法来生成和更新数据，利用密码学方式保证数据传输和访问的安全，利用由自动化脚本代码组成的智能合约来编程和操作数据的一种全新的分布式基础架构与计算范式。

区块链作为一项创新型技术，不仅成功应用于加密货币领域，在经济、金融和社会各领域中也得到了广泛应用。区块链首次从技术上解决了中心化模型带来的信任问题，它基于密码学算法保证价值的安全转移，基于哈希链及时间戳保证数据可追溯、不可篡改，基于共识算法保证节点间区块数据的一致性。区块链以其分布式、公开透明、安全等特性使得人们可以基于互联网方便快捷、低成本地进行价值交换，是实现价值互联网的基石。它可以在互不信任的环境中实现去信任中介的可信交易，被誉为将引发社会变革的新型技术。

1.2.2 区块链的特点

去中心化是区块链最显著的特点之一，它使得基于区块链的系统能够摆脱传统中心化系统的束缚，实现点对点的信任交易和协作。同时，区块链具有不可篡改性、可追溯性、可编程性以及安全可信等优势，为解决传统中心化系统所面临的种种问题提供了全新的解决方案。

1. 去中心化

去中心化是区块链发展初期最显著的优势。区块链的验证、记账、存储、维护和传输等过程均基于分布式系统架构，采用纯数学算法，不依赖中介在分布式节点间建立信任关系，实现去中心化的点对点交易与协作，为解决中心化系统普遍存在的高成本、低效率和数据存储不安全等问题提供了解决方案。去中心化可以从网络、控制和功能三个维度加以理解。

从网络维度来看，去中心化系统是指通信网络中不存在影响其他节点相互连接的中心节点。星型网络是典型的中心化网络，其中心节点失效后整个网络将无法通信，目前主流的 P2P 网络则是典型的去中心化网络，任何节点的失效都不会影响其他节点之间的相互连接。

从控制维度来看，去中心化系统是指系统中不存在具有超级权限的、可控制其他节点的"中心节点"。系统节点及其计算资源的控制权分散归属于不同的所有者（owner），每个节点都可以独立决策并呈现出多样化的行为。通俗来讲，"去控制中心化"系统是可分叉的（forkable），每个节点都有对整体系统说"不"的权利，并在其不认可某个区块链系统"游戏规则"的时候，可以自由地退出或切换到其他系统。

从功能维度来看，去中心化系统是指节点承担的功能是对等的，不存在具有特殊功能、不可或缺的"中心节点"。因此，整体系统节点的任何子集所构成的子系统均可以独立运转，不会因为损失部分节点（如出现网络分区）而使系统失效。

2. 不可篡改性

区块链是一种全民参与记账、存储交易信息的方式，共同维护交易数据库，因而具有不可篡改性、不可否认性和不可伪造性。其中，不可篡改性和不可否认性指交易等数据经过验证达成共识被写入区块链后，任何人无法对数据进行修改和抵赖。不可伪造性则指任何人无法通过有效手段伪造通过矿工（参与维护区块链网络安全和运行的个体或组织）验证的交易，更无法伪造整条交易变更记录。相比于传统的中心化数据库，区块链利用哈希函数的单向性、数字签名的防伪认证功能和分布式共识的容错能力，极大增加了攻击者恶意篡改、伪造和否认数据操作的攻击难度和成本。

3. 可追溯性

区块链采用带有时间戳的链式数据结构存储数据，从而为数据增加了时间维度，具有极强的可验证性和可追溯性。时间戳可以作为区块数据的存在性证明，不仅有助于形成不可篡改和不可伪造的区块链数据库，同时交易的每次变更都会按照时间顺序记录在区块链上，前后关联，可以方便地检索交易从发布源头到最新状态间的整个变更流程。该特点为区块链应用于公证、知识产权注册等对时间敏感的领域奠定了基础。同时，时间戳为基于区块链的互联网和大数据增加了时间维度，使得通过区块数据和时间戳重现历史成为可能。

4. 可编程性

区块链提供灵活的脚本代码系统，支持用户创建高级的智能合约以及其他去中心化应用。例如，以太坊平台提供了图灵完备的脚本代码以供用户构建任何可以精确定义的智能合约或交易类型。用户可以通过建立智能合约，将预定义规则转化成可以自动执行的计算机程序，高效地解决了传统合约中依赖中介、合约执行成本高等问题，降低了合约参与方的违约风险和诚实合约方的经济损失。

5. 安全可信

区块链通过一系列综合机制确保其安全性和可信度。首先，去中心化的特点避免了对单一中心点的依赖，增强了系统的抗攻击能力。其次，不可篡改性使得区块链上的数据一旦写入，就不可篡改和抵赖，因为每个区块都包含上一个区块的哈希值，如图1-10所示，任何试图更改的行为都会被网络立即检测到。此外，区块链利用密码学技术，包括哈希函数和数字签名，来保护数据完整性和用户身份。共识算法确保了网络中大多数节点对新区块的验证和一致性。所有交易记录的公开透明性使得任何人都可以验证交易，但个人身份信息通常以伪匿名形式得到保护。分布式账本确保即使某些节点受损，数据也不会丢失。智能合约的自动执行减少了违约风险。奖励机制鼓励参与者遵守规则，并对恶意行为进行惩罚。随着网络用户的增加，网络效应提升了整体的安全性。最后，用户可以采取额外的安全措施，如硬钱包和群签名，进一步加强个人资产的保护。这些特性共同作用，使区块链成为一个高度安全可信的系统。

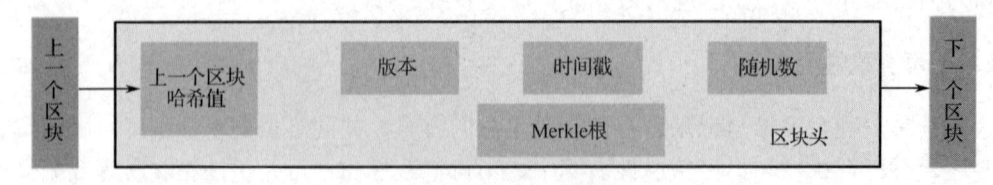

图 1-10 区块头结构

1.2.3 区块链的结构

要了解区块链的基本原理，首先要弄清楚什么是"区块"，它们是怎么"链"起来的，以及区块里面记录了什么信息。

区块链由两部分组成,一个是"区块",一个是"链"。在区块链系统中,数据被永久存储,将这些数据打包放在一起即为"区块"。以比特币的区块链账本为例,区块主要由两部分组成,即区块头和区块体。区块头用于连接前面的区块并且为区块链数据库提供完整性保证,区块体包含经过验证的、区块创建过程中发生的价值交换的所有记录。具体地讲,每个区块包括魔数、区块大小、区块头、交易计数器和交易 5 部分,如表 1-5 所示。

表 1-5　比特币区块

数 据 项	字　节	字　段	说　明
Magic No	4	魔数	常数 0XD9B4BEF9,作为区块之间的分隔符
Blocksize	4	区块大小	用字节表示的该字段之后的区块大小
Block header	80	区块头	组成区块头的几个字段
Transaction counter	1~9	交易计数器	该区块包含的交易数量,包含铸币交易(coinbase)
Transaction	不定	交易	记录在区块里的交易信息,使用原生的交易信息格式,且交易在数据流中的位置与 Merkle 树的叶节点顺序一致

区块头用于确保区块的有效性、安全性和链的连续性。如表 1-6 所示,比特币区块头包括以下内容。

(1)版本号(version):标识区块所使用的协议版本,版本号的更新可能反映了协议的更新。

(2)上一区块的哈希值(Previous Block Header Hash):指向上一区块的哈希值。通过记录上一区块的哈希值,建立区块链中的连接,确保了区块链的不可篡改性,因为任何篡改之前区块的尝试都将导致其哈希值发生变化,进而影响后续区块的连接。

(3)Merkle 根的哈希值(Merkle Root Hash):区块中所有交易的 Merkle 树的根节点哈希值,用于快速验证区块中包含的交易信息,可以确保区块中的所有交易数据都是有效的。

(4)时间戳(time):记录了区块被创建的时间。通常使用 Unix 时间戳,即从 1970 年 1 月 1 日以来经过的秒数,以确保整个网络上的节点达成一致的时间标准。

(5)挖矿难度(nBits):目标阈值采用特殊编码方式保存在区块头中的值。目标阈值是一个 256 位的数,用于表示挖矿的难度,矿工必须找到一个区块头哈希值小于该值的区块,才能将其添加到区块链中。nBits 将这个目标阈值表示为一种紧凑的格式,以便在区块头中节省空间。

(6)随机数(nonce):随机数是挖矿过程中的一个参数,用于调整区块头的哈希值以满足难度目标的要求。矿工通过不断尝试不同的随机数来寻找一个满足难度要求的有效哈希值,一旦找到符合条件的哈希值,就可以成功地创建一个新的区块并将其添加到区块链中。

表 1-6　比特币区块头格式

数 据 项	字　节	字　段	说　明
version	4	版本号	用于跟踪协议的更新
Previous Block Header Hash	32	上一区块的哈希值	上一个区块的 256 位哈希值
Merkle Root Hash	32	Merkle 根的哈希值	区块中所有交易的 Merkle 树的根节点哈希值

续表

数 据 项	字 节	字 段	说 明
time	4	时间戳	该区块的创建时间
nBits	4	挖矿难度	目标阈值采用特殊编码方式保存在区块头中的值
nonce	4	随机数	用于证明工作量的计算参数

区块体的主要任务是记录指定时间跨度内所有已知的操作,其格式如表 1-7 所示,包括当前区块的交易数量,以及经过验证的、区块创建过程中生成的所有交易记录。交易是在以比特币为代表的区块链网络中传输的最基本的数据结构,所有有效的交易最终都会被封装到某个区块中,并保存在区块链上。

表 1-7 区块体格式

数 据 项	字 节	说 明
numTransactionBytes	1	交易数量占用的字节数
numTransactions	0~8	区块内存储的交易数量
Transactions	不定	区块内存储的多个交易数据

如图 1-11 所示,区块与区块之间主要依靠各个区块之间的区块头信息连接,头信息记录了上一个区块的哈希值和本区块的哈希值。本区块的哈希值又在下一个区块中有所记录,由此完成了所有区块的信息链。

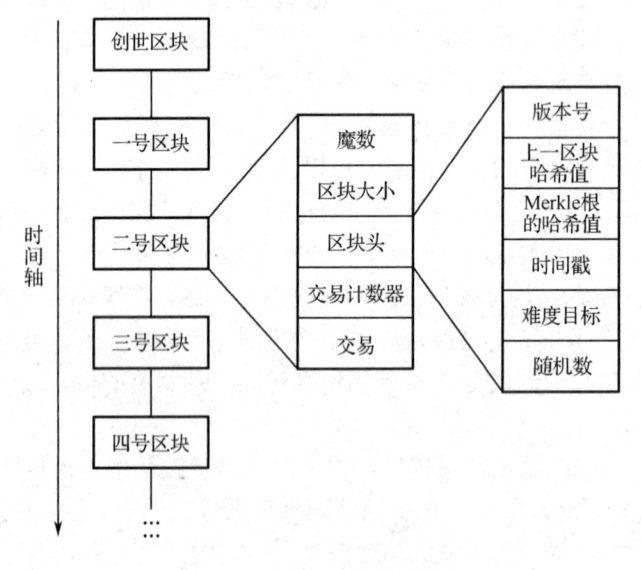

图 1-11 区块链结构示意图

1.3 区块链的分类

区块链具有多样性和灵活性,可以从多个角度对其进行分类和理解。根据不同的分类标准,区块链可以呈现出不同的形态和特点,反映了其在不同应用场景下的多样化和适应性。

1.3.1 按准入机制分类

按准入机制,区块链可分为公有链(Public Blockchain)、联盟链(Consortium Blockchain)、私有链(Private Blockchain),如表 1-8 所示。

公有链以比特币和以太坊为代表,去中心化程度最高,公开化、透明度高,但访问门槛低、数据隐私难以保护;联盟链以超级账本 Fabric 为代表,中心化程度介于公有链和私有链之间,被称为弱中心化,具有指定特定机构读/写区块数据的权限,自主操作性更强,但是可信度不如公有链,只能保证联盟内部可信;私有链的代表是 Kaleido 和 Multichain,中心化程度最高,对机密数据的保护力度最大,但存在数据壁垒,可信度低。

表 1-8 按准入机制分类

类型	比较项目				
	P2P 共识节点	账本公开范围	去中心化程度	应用范围	代表
公有链	开放,自由加入	公众	完全去中心化,对所有人开放	公众	比特币、以太坊
联盟链	授权主体(联盟成员)	联盟范围内	弱中心化,对特定组织开放	联盟范围内/公众	Fabric、Quorum、Cordite
私有链	单一主体控制	不公开	中心化,对特定个人或实体开放	内部/公众	Kaleido、Multichain

1.3.2 按独立程度分类

按独立程度,区块链可分为主链和侧链。

主链(Mainchain)指正式上线,可以独立运行的区块链网络,不依赖于其他区块链或外部网络,具有自己的节点、共识算法、交易处理规则和数据存储结构。主链是整个区块链生态系统的核心网络,承载着大部分的交易和数据。

侧链(Sidechain)指与主链(Mainchain)相互连接并可以与之交互的独立区块链网络。侧链通常与主链之间通过特定的协议或技术进行连接,允许资产在主链和侧链之间进行跨链转移。侧链的出现旨在扩展主链的功能和性能,同时保留主链的安全性。

主链与侧链协作运行,如图 1-12 所示,主链可类比为自行车中较大的齿轮,是一个独立自主的区块链网络,不需要其他齿轮的动力,可以自己转动;侧链则是使代币在两条区块链间移动的机制,通过某个通证在主链和侧链上双向流通,从而扩大其使用范围,在运营中不会增加主链负担,有效避免数据堵塞的发生,提高了主链的性能。

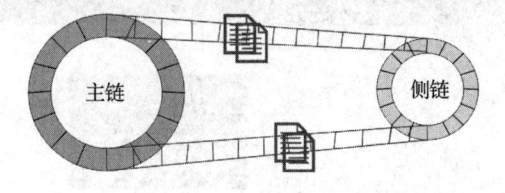

图 1-12 主链和侧链协作运行

1.3.3 按应用范围分类

按应用范围，区块链可分为基础链和行业链。

基础链负责提供底层服务，方便开发者快速开发出各种去中心化应用（DApp），等同于开发时用到的开发协议和工具，一般以公有链为主。基础链的典型案例包括以太坊、商用分布式应用设计区块链操作系统。

行业链指某些行业特别定制的基础协议和工具。如果将基础链类比为通用性公链，则行业链可以理解为专用性公链。行业链类似日常生活中的某些行业标准，例如，BTM 就是资产类公链，GXS 是数据类公链，而 SEER 是预测类公链。

1.4 区块链的价值

在金融、电子政务、医疗、军事等领域，区块链的应用正日益深入，为这些行业带来了全新的解决方案和发展机遇。

1.4.1 区块链应用于金融

区块链在金融领域的广泛应用为传统金融带来了革新。在数字货币和支付方面，区块链支持数字货币的发行和跨境支付，提供更迅速、低成本的交易解决方案。如图 1-13 所示为国家级基于区块链技术的知识产权融资服务平台，智能合约的引入使得金融机构能够自动执行合同，简化交易流程，降低中介成本。在资产管理方面，区块链建立了透明、不可篡改的资产管理系统，提高了资产信息的可信度。在防欺诈和身份验证方面，去中心化特性增强了交易安全性，智能合约和分布式身份验证系统提高了用户身份验证的安全性。在金融创新方面，区块链推动了金融产品的灵活性和智能合约的应用，为金融行业带来了更多可能性，挑战了传统金融模式，提高了交易效率和透明度。这些应用共同构建了一个更安全、高效、透明的金融生态系统。

图 1-13　国家级基于区块链技术的知识产权融资服务平台

1.4.2 区块链应用于电子政务

区块链在电子政务领域的应用为政府服务和管理提供了全新的解决方案。首先，通过建立去中心化的选举系统，区块链提升了选举和投票的安全性，确保了选举的透明和公正。其次，区块链的分布式账本技术确保了政府文件和数据的不可篡改性，提高了信息管理的安全性。此外，去中心化的身份验证系统有效防范了身份盗窃和信息泄露问题，增强了公众在电子政务中的安全性。智能合约的运用优化了政府合同的执行流程，提高了效率。区块链还提高了数字化服务的透明性，公众能够查看和验证政府服务的提供和使用情况。最后，区块链增强了政府部门之间的信息共享和互操作性，通过建立统一的区块链平台，促进了数据的便捷共享，提高了政府决策的准确性和效率。如图 1-14 所示为四川省天府通办跨链平台。这些创新性的应用使得电子政务更安全、透明、高效，推动了政府数字化转型的进程。

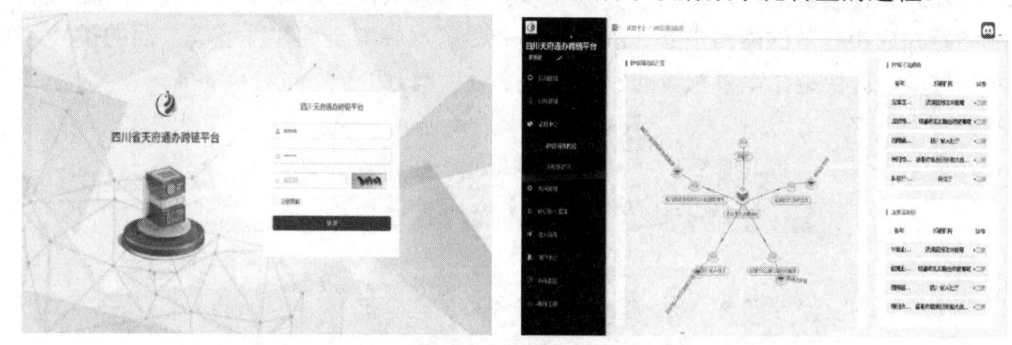

图 1-14 四川省天府通办跨链平台

1.4.3 区块链应用于医疗

通过去中心化的数据存储方式，区块链保障了患者个人数据的安全性，实现了分布式的、加密的医疗信息存储，有效降低了患者信息被滥用的风险。药品溯源是区块链在医疗领域的另一重要应用，通过追踪药品生产、流通和销售的整个过程，确保药品的真实性和安全性，为患者提供更可靠的药品信息。此外，医疗记录管理的创新使得患者能够更便捷地分享和获取医疗信息，同时保障了信息的私密性和完整性。如图 1-15 所示为区块链医保应用系统，推动了医疗领域的数字化转型，提高了医疗信息的安全性和医疗服务的效率，为未来的医疗研究和患者护理提供了更可靠的基础。

图 1-15 区块链医保应用系统

1.4.4 区块链应用于军事

区块链能够提供透明、可追溯的系统，改进军事供应链管理，有效防止货物丢失和伪造。此外，智能合约的使用能够自动执行军事合同条款，确保合同执行的透明性和可靠性。区块链还能加强物联网设备的安全性，建立安全的身份验证系统，促进情报和数据的安全共享。在战场上，区块链的分布式账本特性允许实时共享情报数据和战术信息，提高指挥与协同作战的效率。同时，区块链的不可篡改性和透明性有助于确保军事行动的公正性和合规性，增强战场上的可靠性。如图1-16所示为美军开发的基于区块链的战场互联网（IoBT）架构，最底层为"战场感知层"，通过传感器收集信息并分发，致力于实现共同的目标。第二层是"网络层"，其目的是传输和捕获发生在战场感知层的交易。网络中的节点旨在收集有效交易，并将它们传播到参与区块链共识的最近节点。顶层是"共识和服务层"，它采用通用协商机制，接受战场感知层中有效的网络中心作战的交易。尽管面临安全性和性能等方面的挑战，但随着技术的进步，区块链在军事领域的应用前景十分广阔。

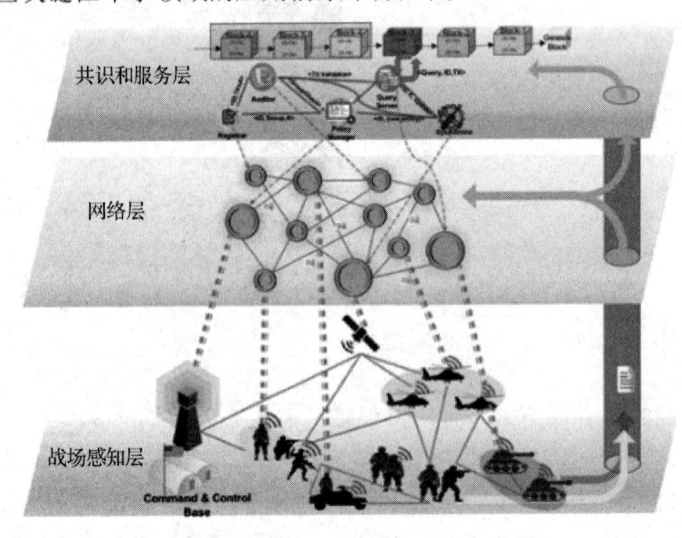

图1-16 基于区块链的IoBT架构

1.5 习题

一、简答题

1. 什么是区块链？
2. 区块链的核心特征有哪些？
3. 按照准入机制，区块链可以分为哪几类？
4. 根据应用范围，区块链的分类有哪些？
5. 区块链的诞生与发展背景是什么？

6．请简述区块链发展的主要阶段。

二、分析题

1．讨论区块链在金融领域的应用，说明其对传统金融系统的影响。
2．如何理解区块链的去中心化特征？它对数据安全性有什么影响？
3．选择一个区块链的应用案例，分析其实现机制及带来的价值。
4．在电子政务中，区块链如何提高数据透明度和安全性？

三、计算题

1．假设一个区块链网络的区块大小为 1MB，平均每 10 分钟产生一个区块，请计算该网络在一天内可以存储多少数据？

2．如果某个区块链的共识算法需要超过 50% 的节点达成一致，而当前网络中有 100 个节点，请问至少需要多少个节点达成一致才能执行交易？

第 2 章 分布式系统

区块链是分布式系统的重要应用，在区块链中，数据存储在网络中的多个节点上，并通过分布式共识机制来保持系统的一致性和安全性。区块链利用分布式计算和加密技术实现去中心化的数据记录和交换，从而解决传统集中式系统中的一些问题，如单点故障、数据篡改和信任问题。

2.1 分布式系统的概念

2.1.1 中心化系统

中心化系统是计算机网络和信息系统的传统架构之一，所有的计算、存储和通信等操作都集中在一个或少数几个中心节点上。中心节点通常是服务器、数据中心或云计算的核心集群，负责处理用户请求、管理资源、协调网络中的其他组件等。网络中的所有客户端或节点都通过统一的接口与该中心节点通信，中心节点作为系统的中枢，负责处理各类任务，确保系统的高效运行与稳定性。这种架构得到了广泛应用，包括企业信息管理、金融系统、电子商务和政府服务等。

中心节点的资源管理功能主要体现在计算资源、存储资源和网络带宽资源的协调和调度上。中心节点根据不同应用的负载需求和任务优先级，动态调整系统中的计算资源分配。这意味着，当某个应用负载增加时，中心节点会分配更多的计算能力来支持它，而在负载减少时，则会减少分配给它的计算资源，从而提高系统的资源利用率。这种资源管理在云计算平台中尤为重要，例如，在 AWS 的 EC2 实例中，用户可以根据需求申请计算资源，中心节点会自动根据用户负载调整实例的配置和数量，确保计算资源分配合理。

中心化系统的一个显著优势是其存储资源的集中化管理。所有数据都存储在中央服务器或服务器集群中，由中心节点统一管理。通过这种方式，中心节点能够保证数据的一致性和完整性，避免数据冗余和不一致的问题。例如，在金融系统中，银行的交易数据存储在中心数据库中，由中心节点进行实时备份和恢复，确保所有用户都能访问到最新的交易信息，避免了数据丢失和被篡改的风险。集中化存储还使得数据的安全性和合规性得到更好保障。

在数据的传输和通信方面，中心节点负责优化网络带宽的使用，确保各客户端能够通过合理的带宽分配进行数据传输。在流量高峰期，中心节点可以优先为重要应用或高优先级用户分配更多的带宽资源，避免网络拥塞和性能下降。例如，流媒体服务平台（如 Netflix）会根据用户的地理位置、设备以及网络条件动态分配网络带宽资源，确保用户能够获得高质量、无卡顿的观看体验。这种网络带宽管理在全球范围内的内容分发网络（CDN）中尤为关键，中心节点会根据网络流量的实时情况，动态调整资源的调度策略。

在中心化系统中，所有数据集中存储于中央服务器，中心节点承担着管理数据一致性、完整性以及备份与恢复的关键职责。这种集中化管理模式确保了数据的准确性，简化了备份和恢复流程，并降低了数据丢失的风险。首先，中心节点负责所有数据的变更操作（如新增、修改、删除），确保所有客户端访问到的都是最新且一致的版本。这一机制对于银行或金融机构尤为重要，因为这些场景需要高度一致的数据，任何不一致都可能导致严重的后果。其次，中心节点定期进行数据备份，以防止数据丢失，在系统发生故障时，能够快速恢复数据。例如，在电子商务平台上，所有用户的订单和交易记录都保存在中心数据库中，若系统出现问题，备份机制可以迅速恢复数据，确保用户不受影响。此外，社交媒体平台（如 Facebook）通过中心化的数据存储系统管理用户的个人信息、图片和好友关系，所有数据由中心服务器统一处理和存储，确保数据的一致性、完整性，能够实现快速访问，从而提供流畅的用户体验。

中心化系统中的中心节点还承担着至关重要的用户认证与访问控制的职责，确保只有经过认证的用户和设备才能访问系统资源。所有用户在登录时必须首先通过中心节点的身份认证，这一过程通常采用用户名和密码、双因素认证或生物识别等方式，旨在确保用户身份的真实性和可靠性。这种严格的身份认证机制能够有效防止未授权访问，保护系统免受潜在的安全威胁。随后，中心节点根据用户的身份和权限等级决定其能够访问的资源和功能。例如，系统管理员拥有对所有资源和功能的访问权限，而普通用户则只能查看和操作与其权限相匹配的内容。这样的访问权限控制机制不仅能够防止数据泄露和不当操作，还能够确保系统的安全性和稳定性，避免权限不当导致的安全隐患。此外，企业内网系统通常通过中心化的身份认证服务器（如 Active Directory）来管理员工的访问权限，每位员工根据其部门和职务获取相应的文件访问权限和应用使用权限，确保只有合适的人员能够访问敏感信息和关键系统功能。总之，中心节点在用户认证与访问控制方面的集中化管理，为系统的整体安全性提供了坚实的保障，增强了用户信任，并优化了系统资源的使用效率。

中心节点负责对整个系统进行实时监控，以确保其安全运行。通过收集和分析各节点的操作日志，中心节点能够及时发现和处理异常行为，从而有效保障系统的稳定性和安全性。实时监控功能使得中心节点能够监测所有客户端的状态，包括网络连接情况、资源使用情况和任务执行情况。这种监控机制不仅能迅速识别潜在的问题，还能在异常发生时，帮助管理员快速定位并解决问题，从而防止小问题演变为重大故障，确保系统的高可用性。与此同时，中心节点会详细记录所有操作的日志信息，包括用户操作、数据变更和系统错误等。这些日志不仅用于审计，还在问题发生时提供重要依据，帮助管理员追踪问题根源并制定有效的修复措施。以大型企业的 ERP 系统为例，通过中心化的监控工具，企业可以对整个业务流程进行全面监控，确保从采购到销售的每个环节都能顺利进行。如果某个环节出现异常，系统管理员可以迅速通过日志信息定位并解决问题，从而最大限度减少业务中断的时间，保障企业运营的连续性和效率。综上所述，这种集中化的系统监控和日志记录机制不仅提高了运营的透明度，还增强了对潜在安全威胁的防范能力，为企业提供高效、可靠的运营环境。

中心化系统具有多个显著优点，使其在管理和运营中展现出优越性。

（1）易于管理和维护是中心化系统的一大优势。由于所有操作集中在一个节点，管理员可以通过中心节点对整个系统进行统一管理，这不仅简化了维护和更新的流程，还减少了分散管理可能引发的协调问题。这种集中管理方式使得系统维护更高效，能够迅速响应问题，并降低了操作的复杂性。

（2）高效的决策过程是中心化系统的重要特征。中心节点可以快速作出决策和调整，避免了去中心化系统中常见的协调延迟问题。在快速变化的环境中，这种迅速响应能力至关重要，能够确保系统主动适应市场需求，积极回应用户反馈，从而提升整体效率和用户体验。

（3）统一的安全策略使得中心化系统能够实施一致的安全管理措施。通过集中管理，系统能够在各层面执行相同的安全标准，这不仅便于实时监控，还能够快速进行漏洞修复。当出现安全威胁时，中心节点可以迅速采取措施，从而有效降低潜在风险。这种集中的安全策略极大地提高了系统的整体安全性，确保了数据的完整性和对用户隐私的有效保护。

中心化系统在管理效率、决策速度和安全性方面展现出显著优势，使其在许多应用场景中具有广泛的适用性，尤其是需要快速响应和高安全性保障的行业，如金融、医疗和企业管理等。

中心化系统同时也存在几个显著的缺点。

（1）单点故障风险是中心化系统最大的弱点。中心化系统对中心节点的高度依赖，如果中心节点发生故障或受到攻击，整个系统可能会停止运作，导致大规模的服务中断。这种风险在关键应用领域（如金融、医疗）尤其严重，因为服务中断可能会带来严重的经济损失和用户信任危机。

（2）扩展性受限也是中心化系统的一个主要问题。随着用户量和数据量的增加，中心节点的负载可能会显著上升，从而导致性能下降。为了维持良好的系统性能，可能需要投入高昂的硬件和基础设施成本来支撑扩展。这种扩展性问题可能导致系统在高负载情况下的响应缓慢，影响用户体验。

（3）隐私与信任问题在中心化系统中尤为突出。用户需要对中心节点给予完全的信任，因为该节点可以访问并控制所有数据和操作。这种集中控制可能存在隐私泄露和数据滥用的风险，特别是在数据存储和管理不当的情况下。一旦用户的数据被滥用或泄露，可能会对用户的个人隐私造成严重影响，进而损害组织的声誉。

中心化系统通常依赖于单一的控制节点，使其容易受到攻击、故障和数据泄露等风险。此外，用户对隐私和安全的关注日益增强，中心化模型往往难以满足这些需求。因此，人们提出了去中心化系统作为解决方案。

2.1.2 去中心化系统

去中心化系统是指，在没有单一控制节点的情况下，多个节点在平等条件下共同参与系统的运作。这种架构的主要特征是，系统的管理和决策并不依赖于中央服务器或中心节点，所有参与的节点都有相等的权利和义务。区块链技术是去中心化系统的一个典型例子，它通过将数据分散存储在多个节点上，来实现去中心化的数据管理。去中心化系统有以下特点。

（1）无中心节点控制。

去中心化系统的核心特征是没有单一的中心节点负责全局控制，所有节点在网络中平等参与。这种设计显著降低了对单点故障的依赖，从而提高了系统的可靠性。在去中心化架构中，任意节点都可以进行操作和决策，确保系统的灵活性和弹性。由于没有中心节点，系统的控制权分散到各节点上，每个节点都可以独立进行验证和记录。这不仅增强了系统的安全性，也使得单个节点的故障或攻击不会导致整个系统的崩溃。这种抗故障能力是去中心化系统的重要优势，能够确保即使在极端情况下系统仍然能够持续运作。此外，去中心化的设计促进了各节点更广泛的参与和协作，每个节点都可以在没有中心节点控制的情况下，参与到数据的验证和管理中，从而增强了网络的透明性和公正性。这种结构使得去中心化系统在许多应用场景中具备更高的适应性和抗审查能力，能够更好地满足用户的需求。

（2）数据分散存储。

在去中心化系统中，数据在多个节点上分散存储，这一设计确保了数据的安全性和可访问性。系统通过将数据分散存储在不同的节点上，降低对单一节点的依赖，即使某些节点出现故障或失效，系统仍然能够正常运作。这种冗余存储机制有效地提高了数据的容错能力。数据分散存储的优势在于，即使面临网络攻击、节点崩溃、自然灾害，数据仍然可以在其他节点上保持完整性和可用性。这种设计不仅避免了数据受单点故障的影响，也增强了系统的抗审查能力，用户的数据不会因为某个中心节点的关闭而无法访问。此外，数据的分布还促进了负载均衡，系统可以根据各节点的处理能力和负载情况动态分配请求。这种灵活的资源管理使得去中心化系统在面对高并发访问时，能够保持良好的性能和响应速度。去中心化系统中的数据分散存储策略不仅提高了数据的安全性和可用性，还增强了系统的韧性和可靠性，为用户提供了更稳定的服务体验。

（3）共识机制。

在去中心化系统中，各节点通过共识机制（如工作量证明、权益证明等）达成一致，确保数据的一致性和安全性。共识机制是去中心化系统的核心，负责协调不同节点之间的数据验证与决策，从而防止数据篡改和欺诈行为。共识机制的工作原理是，在网络中的所有节点参与数据验证和记录的过程中，确保每个节点都能就某一数据状态达成共识。例如，在工作量证明（Proof-of-Work，PoW）机制中，节点需要通过复杂的计算任务来竞争，首先完成任务的节点将获得记账权，并将新数据添加到区块链中。而在权益证明（Proof-of-Stake，PoS）机制中，节点根据其持有的代币数量来获得验证权，激励用户持有，维护网络安全。这种机制的优势在于，它增强了系统的信任性，由于每个节点都参与数据验证，恶意节点难以单独控制数据或操纵系统。此外，共识机制还提供了透明的审计能力，所有交易记录都可以被追踪和验证，使得系统更具透明度和公正性。总的来说，共识机制不仅确保了去中心化系统中数据的一致性和安全性，还增强了用户之间的信任，使得去中心化系统能够在没有中央控制的情况下可靠地运行。

（4）透明性。

在去中心化系统中，透明性是一个至关重要的特征，所有节点都可以查看和验证数据，这种设计极大地增强了系统的透明度。每个参与者都能够访问完整的数据历史，了解数据的来源、变化和交易记录，这不仅提升了用户的信任度，也促进了系统的公正性。透明性意味着用户能够追溯每笔交易的详细信息，包括交易的发起者、时间戳、交易内容及其状态。这种可追溯性对于金融交易、供应链管理和身份认证等应用场景尤为重要，因为用户能够独立确认交易的真实性和准确性，防止被欺诈。此外，去中心化系统的透明性还增强了网络的安全性。由于所有操作和数据变更都被记录在多个节点上，任何异常行为或潜在的数据篡改都可以迅速被识别。系统的开放性使得参与者能够共同监督网络，确保所有参与者都遵循既定规则。这种监督机制有效防止了单个节点的恶意行为，提升了整体网络的安全性。透明性还促进了用户之间的信任。用户可以基于可验证的数据作出决策，无须依赖中心节点。这种信任建立在去中心化系统的开放性和可验证性之上，使得用户在交易和交互时更加安心。

总之，去中心化系统的透明性不仅为用户提供了更高的信任度，还鼓励参与者在数据交易和交互中遵循诚实守信的原则。这种透明的运行机制促进了整个网络的健康发展，使得去中心化系统能够在缺乏中央节点控制的情况下，依然保持良好的运行秩序和高度的信任性。

与传统的中心化系统相比，去中心化系统不仅能够有效降低安全风险，还提供了用户自主性和灵活性等多重优势。通过消除单一节点，这种架构能够赋予用户更大的权力和控制能力，同时提高了系统的可靠性和抗审查性。

去中心化系统具有多个显著优点。这些优点共同促使去中心化系统在多个领域得到广泛应用，并为未来的数字化转型提供了新的可能性。

（1）安全性。去中心化系统具有无中心节点控制的特性，即使某个节点发生故障，整个系统仍能正常运作。数据分散存储在多个节点上，使得攻击者需要同时控制多个节点才能对系统造成严重损害，从而显著增强了抵御攻击的能力。

（2）用户自主性。用户对数据和操作拥有更大的控制权，能够直接管理自己的信息和隐私。这种自主性使用户能够选择分享哪些数据，以及与谁进行交互，增强了个人隐私保护。在透明的环境中，用户可以自主决定自己的数据使用方式，从而建立更强的信任关系，减少对第三方平台的依赖。

（3）灵活性与可扩展性。系统可以根据需求动态增加节点，灵活应对负载变化，这使得系统在用户量或数据量增加时，能够迅速调整资源，提高处理能力和效率。去中心化系统更具适应性，能够在不断变化的环境中保持高效的性能表现，满足不断增长的用户需求。

尽管去中心化系统有诸多优点，但它也有一些显著的缺点，是实施和运营中的挑战。

（1）协调成本高。在节点之间达成共识通常需要更多时间和资源，这可能会影响系统的响应速度。尤其在高负载情况下，网络的整体性能可能受到影响，导致交易或数据处理的延迟。这种延迟可能会影响用户体验，特别是在金融交易或实时数据处理的场景中，及时性往往至关重要。

（2）管理和维护相对复杂。由于缺乏中心节点控制，必须建立有效机制来处理节点间的交互和数据一致性，以确保所有节点能够协同工作并保持数据的准确性。这种复杂性不仅增加了系统的维护成本，还要求参与者具备一定的技术知识和能力，以应对潜在的故障和问题。

2.1.3 分布式系统架构

在分布式系统出现之前，互联网应用中基本采用集中式系统。集中式系统由一台或多台计算机组成中心节点，负责管理应用访问的存储、计算等资源，增加新的应用需要在中心节点部署更多的计算机。如图 2-1 所示，集中式系统一般采用中心化的数据库和服务器，其优点是部署简单、开发运维容易，缺点是可扩展性不足。当集中式系统中心节点进行系统更新升级时，所有应用都需要同步更新。集中式系统还存在单点故障问题，如果中心节点出现故障就意味着所有应用都将出现问题。为了解决集中式系统可扩展性和单点故障问题，分布式系统应运而生。

分布式系统是由若干独立的计算机节点组成的系统，这些计算机节点可以看成独立的系统组件，通过网络进行连接并在一定范围内有效共享资源，如硬件、软件、数据和服务，节点之间通过传递消息来协调工作，共同完成系统内的工作任务。如图 2-2 所示，分布式系统在数据库和服务器部署方面采用集群模式，集群内部存在多个计算机节点。从系统提供服务角度看，分布式系统中的数据库可以由主库和多个独立从库组成的集群构成，服务器集群根据具体业务应用由部署在不同节点上的服务器组成。用户使用分布式系统提供的服务，该服务可能需要集群内部署的多个服务器节点协作，服务器的种类可以根据具体应用灵活扩展。

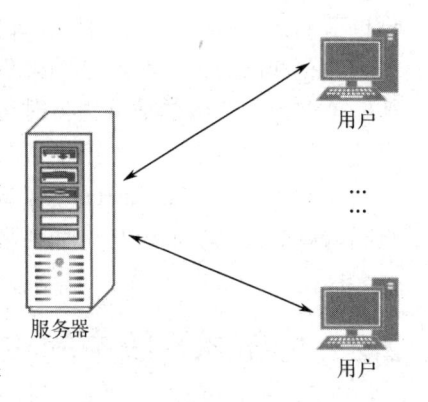

图 2-1 集中式系统架构

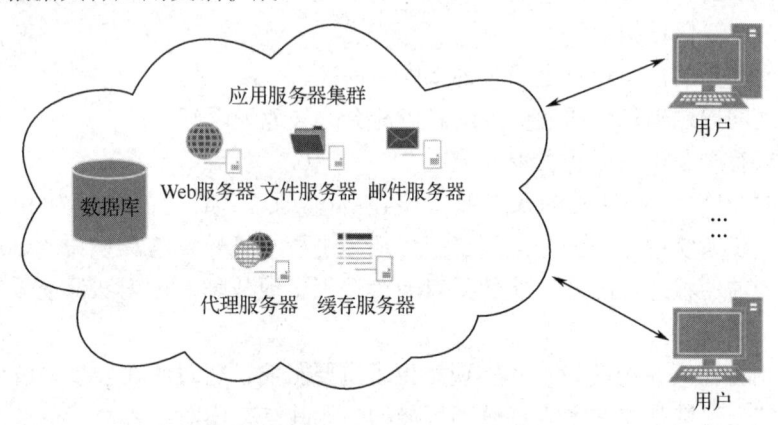

图 2-2 分布式系统架构

分布式系统的定义包含两方面。

（1）系统内的计算机节点都是独立的，通过网络通信来协调工作。

（2）从功能逻辑上来说，用户访问分布式系统就像访问单个计算机系统一样，并不会感觉在访问多个分布式计算机系统。

从分布式系统的定义可以看出，各节点之间的通信和协调主要通过网络进行。因此，分布式系统内的计算机节点可以分布在不同的地理位置，例如，服务器可以安装在不同城市的机柜中。分布式系统比集中式系统具有更好的灵活性，主要具有以下基本特征。

（1）分布性（Distribution）。分布式系统内，计算机节点可以分布在不同的位置。

（2）可扩展性（Scalability）。分布式系统内，节点数量可以根据应用需求进行动态增减，服务器也可以动态部署。

（3）对等性（Equality）。分布式系统没有中心化的控制主机，组成分布式系统的所有计算机节点都是对等的。副本（Replica）是分布式系统最常见的概念之一，指的是分布式系统对于数据和服务的一种冗余的处理方式。数据副本指不同节点上持久化存储同一份数据，当某一个节点上存储的数据丢失时可以从副本上读取该数据。副本服务指多个节点提供同样的服务，每个节点都有能力接收来自外部的请求并进行相应的处理。

（4）并发性（Concurrency）。分布式系统中的多个计算机节点通过网络进行连接并在一定范围内有效共享资源，某一时刻这些计算机节点可能会并发地操作一些共享的资源。

2.2 分布式系统中的重要定理

2.2.1 FLP 和 CAP 定理

1. FLP 定理

FLP（Fischer Lynch Paterson）定理也被称为 FLP 不可判定定理，是分布式系统领域的一个著名定理，该定理由 Fischer、Lynch 和 Patterson 在 1985 年发表的文章"Impossibility of distributed consensus with one faulty process"中提出。

FLP 定理的主要假设如下。

（1）系统是异步的，即没有全局时钟或同步保证。

（2）进程之间通过消息传递通信，消息可能会丢失或无限延迟。

（3）最多只有一个进程可能发生故障。

FLP 定理的结论是，在这样的系统中，不存在能保证系统在有限时间内达成一致的算法。这是因为，在异步系统中无法区分是网络延迟还是进程故障导致消息丢失或延迟，从而无法准确判断系统当前的状态。因此，即使只有一个进程出现故障，也无法保证系统在有限时间内达成共识。

FLP 定理对分布式系统的设计和实现产生了重要影响，它表明在异步系统中实现分布式系统一致性是非常困难甚至不可能的，尤其是在面对进程故障的情况下。因此，研究者们提出了各种启发式算法和近似方案来尽量接近一致性，但仍需要权衡性能、可用性和一致性等方面的需求。

2. CAP 定理

CAP 定理又被称为布鲁尔定理，也是分布式系统领域的一个重要定理，该定理起源于 2000 年 Eric Brewer 提出的一个猜想，并由 Nancy Lynch 和 Seth Gilbert 两位作者于 2002 年给出证明。

CAP 定理中提出了分区的概念，即分布式系统节点通过网络进行交互时，网络故障等会导致节点形成多个分区，各分区之间的交互信息将全部丢失，即各分区节点间无法通信。在分区这一概念的基础上，CAP 定理进一步指出分布式系统中三个重要的性质，即一致性（Consistency）、可用性（Availability）和分区容错性（Partition-Tolerance）无法同时满足。

（1）一致性。在分布式系统中，容错的思想无处不在，通常做法是一份数据在多个节点同时存储，而一致性则要求在任意时刻这些节点存储的数据都是一致的。

（2）可用性。分布式系统在收到用户的请求后，必须给出相应的回应，不能让用户陷入无限等待。

（3）分区容错性。分布式系统中允许出现分区，此时，各分区之间的交互信息将全部丢失，无法进行通信。

通俗地说，当分布式系统中存在分区时，其中一个分区的节点在收到了新的请求指令后，若完成执行并进行状态更新，则可以对请求回复，确保可用性，但是，此时该分区无法与另一个分区进行交互，因此两个分区间的状态无法进行同步，将造成不一致；若要保证一致性，其中一个分区在收到请求指令并执行后，就会选择等待所有节点完成状态同步后，再对请求回复，由于两个分区间无法进行交互，因此同步过程被无限延长，导致有效性无法得到保障。因此，想要同时保证一致性和可用性，分布式系统中不能出现分区。

虽然 CAP 定理提出一致性、可用性、分区容错性无法同时实现，但这是一种极端的假设，是假设不同分区的节点无法通信而得到的结论。在实际的网络环境中，分区出现的概率非常小，通常的网络故障也只会导致网络延迟，不会造成完全无法通信。尽管如此，CAP 定理依然作为分布式系统的重要定理被广泛接受，并诞生了三种应用形式，如图 2-3 所示。

（1）CA：舍去分区容错性。

舍去分区容错性的一种简单应用形式是将数据存放在单独的数据库中，此时分区将永远不会出现，分布式系统也相应地退化成单机系统。许多小型机构所搭建的网站就部署在单机系统上，其有效性和一致性可以同时保证，但无法承载大规模的用户请求，并且当机器本身出现故障时，整个系统也将崩溃。有研究者提出将分布式系统部署在局域网等几乎不会出现网络分区的范围，但如今大型分布式系统的组件都分布在全球不同的地理位置，对于这些系统来说，分区容错性依然不可避免。

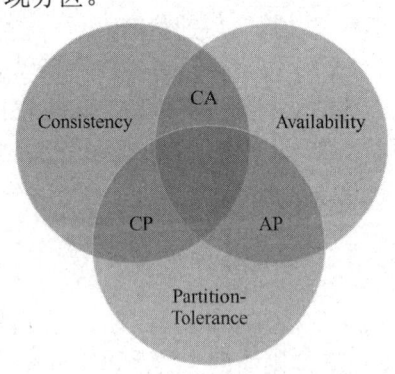

图 2-3 CAP定理示意图

（2）CP：舍去有效性。

若要确保一致性和分区容错性，那么在分布式系统各组件达成一致之前将无法对客户端的请求进行回复，系统达成一致性所需要的时间越长，系统所呈现的不可用窗口期也越长。这也是基于强一致性构建的区块链交易吞吐量低的原因，因为要确保大部分正确的区块链节点对状态达成一致。当区块链节点数量过多时，网络延迟等因素造成区块链吞吐量无法提升，因此提升吞吐量的有效方式是减少区块链节点数量，或改善区块链交互网络。

（3）AP：舍去一致性。

CAP 定理的另一种用法是在确保分区容错性的基础上，实现一致性和有效性之间的权衡，舍去一致性而选择可用性和分区容错性的组合意味着系统在出现网络分区或节点故障时仍然能够提供服务，并且允许某些情况下出现数据的不一致性。在这种情况下，系统会追求尽可能高的可用性，即使这意味着数据的一致性可能会有所牺牲。该应用形式适用于对系统的实时性要求较高，而对数据的一致性要求较低的应用场景。

2.2.2 ACID 原则与 BASE 原则

1. ACID 原则

ACID 是原子性（Atomicity）、一致性（Consistency）、隔离性（Isolation）、持久性（Durability）四种特性的缩写，是关系数据库中事务的四个性质。ACID 原则描述了分布式数据库需要满足的一致性需求，同时允许付出可用性的代价。四种特性定义如下。

（1）原子性：每次事务是原子的，事务包含的所有操作要么全部成功执行，要么全部不执行。一旦有操作失败，就需要回退状态到执行事务之前。

（2）一致性：数据库的状态在事务执行前后是一致且完整的，无中间状态，即只能处于事务成功提交后的状态。

（3）隔离性：各种事务可以并发执行，但彼此之间互相不影响。按照标准 SQL 规范，隔离等级从弱到强可以分为未授权读取、授权读取、可重复读取和串行化四种。

（4）持久性：状态的改变是持久的，不会失效。一旦提交某个事务，它造成的状态变更就是永久性的。

2. BASE 原则

与 ACID 原则相对的一个原则是由 eBay 的技术专家 Dan Pritchett 提出的 BASE 原则，BASE 原则面向大型高可用分布式系统。

一个分布式系统中不可能同时满足一致性、可用性和分区容错性。选择满足其中两个要素时，就需要对剩下的一个要素做出一定牺牲。在设计分布式系统时，需要根据系统特性在三个要素之间进行合理的权衡。

BASE 原则的核心思想是通过牺牲分布式系统的强一致性来获得高可用性，允许数据副本存在中间状态，只需要保证最终一致即可。BASE 原则中的 BA 代表基本可用（Basically Available），S 代表软状态（Soft State），E 代表最终一致性（Eventually Consistent）

（1）基本可用：系统在突发故障时允许损失部分可用性。这种损失通常包含两方面内容：一是响应时间的损失，即系统返回结果的时间略微延长；二是部分系统功能的损失，即只要保证核心模块可用，其他服务可以做一定的降级处理。

（2）软状态：在不影响系统整体可用性的情况下，允许数据存在软状态，即在接收不同节点中的数据副本并进行同步的过程中存在延迟。

（3）最终一致性：系统中的数据副本经过不一致窗口后最终会达到一致

ACID 原则与 BASE 原则的对比如表 2-1 所示。

表 2-1 ACID 原则与 BASE 原则的对比

ACID 原则	BASE 原则
原子性（Atomicity）	基本可用（Basically Available）
一致性（Consistency）	软状态（Soft state）
隔离性（Isolation）	最终一致性（Eventual consistency）
持久性（Durability）	/

ACID 原则与 BASE 原则可以被视为响应 CAP 定理中一致性和可用性权衡的两种不同的策略。ACID 原则关注强一致性，在 CAP 定理中，遵循 ACID 原则的数据库系统可能在网络分区发生时牺牲一部分可用性以保持一致性；BASE 原则更侧重可用性和分区容错性，它通过放松对一致性的要求，提高了系统的可用性和扩展性，这与 CAP 定理中在一致性和可用性之间的权衡相符。

2.3 一致性问题

扩展阅读

一致性问题的提出和发展源于分布式系统在追求性能、可靠性、可扩展性时面临的挑战。随着互联网的发展和数据规模的不断扩大，传统的集中式系统无法满足海量数据的存储和处理需求，因此，分布式系统成为主流选择。然而，分布式系统的一个关键问题在于，如何保证各节点之间的数据一致性。

在分布式系统中，数据通常会被复制到多个节点上，以提高可用性和容错能力，但这也引发了数据的一致性问题。当多个节点同时处理数据时，如果没有严格的机制来确保一致性，不同节点上就可能会出现数据不一致的情况。随着时间推移，节点间的通信延迟、网络分区等也加剧了这一问题，尤其是在全球范围内分布的系统中，如何保证数据的一致性成为分布式计算领域的核心问题之一。在这一背景下，研究者和工程师们提出了多种一致性模型和算法。

1978 年，分布式数据库领域的研究者最早提出了一致性问题，随后，在 20 世纪 80 年代，随着分布式系统的不断发展，研究者们逐渐形成了 CAP 定理、ACID 原则和 BASE 原则等重要理论，其中，CAP 定理为理解和设计分布式系统中的一致性问题提供了重要框架。为了应对一致性问题，研究者们还提出了多种共识算法，如 Paxos、Raft、PBFT（实用拜占庭容错）等，这些算法旨在确保去中心化系统中的多个节点能够在无中心节点控制的情况下达成一致。这些研究成果为大规模分布式系统的广泛应用奠定了技术基础，尤其是在金融、物联网、云计算等领域，一致性问题的解决推动了分布式系统的成熟与普及。

综上所述，一致性问题的提出和解决是分布式系统设计的核心挑战之一。在分布式系统中，如何在保证系统高可用性和分区容错性的前提下，最大限度地保持数据的一致性，成为影响系统性能和可靠性的重要因素。接下来将详细探讨一致性问题的不同模型和算法等，为理解和设计分布式系统奠定理论基础。

2.3.1 分布式系统的一致性

分布式系统的一致性是指，对系统内的所有计算机节点给定一组操作，按照约定的规则协议，节点之间对于操作后的最终处理结果达成某种共同认可的状态。

分布式系统内的计算机节点互相独立，不同节点可能处于不同的地理位置，计算性能也存在差异，因此，完成相同的数据任务所耗费的时间无法保证一致。可能少数节点处理较慢，其他节点必须等待它们处理结束；或者发生节点临时中断处理等异常情况；节点之间进行网络通信也有可能因为通信链路故障产生消息接收延迟，以上这些问题都会影响到分布式系统最终全局状态结果的一致性，需要通过有效的方法解决。

分布式系统一致性的目标是，系统在发生上面描述的各种故障的情况下，依然能正常满足工作要求，通过系统检测和处理，最终节点依然能达成全局一致。分布式系统的一致性表明，系统本身具备容忍一定数量节点发生错误行为的能力，这些发生错误行为的节点称为故障节点，占整个分布式系统全部节点数量的比例称为分布式系统的容错率。分布式系统达成一致性的状态应该满足以下几个基本要求。

（1）收敛性（Convergence）：一致的结果在有限时间内能完成。

（2）一致性（Consistency）：不同节点最终完成决策的结果是相同的。

（3）有效性（Validity）：决策的结果必须是某个节点提出的提案。

收敛性是分布式系统计算机服务可以正常使用的前提。一致性可以理解为不同节点对计算结果达成的共识，在现实状态中，由于不同计算机节点需要通过消息传递来进行通信，时间上可能无法保证一致，对于并发操作结果可能造成冲突，不同节点之间需要对请求操作时间的先后顺序达成一致。有效性主要指分布式系统最终的一致性是分布式系统内的节点执行的结果。

分布式系统利用多个节点的硬件资源，完成了本可以在单点系统上实现的任务。从用户的角度看，分布式系统就像一个单独的计算机一样，只不过拥有更高的性能和稳定性，同时又易于扩展。为了达到这一目的，同样的一份数据会以副本（Replication）的形式保存在多个节点上。在分布式系统中，我们常说的一致性问题就是，对于同一个数据的多个副本，如何保持其对外表现的数据一致性。

如图 2-4 所示，可以看到三个节点 A、B 和 C 持有不同的数据项。节点 A 包含 DATA-2 和 DATA-3，节点 B 包含 DATA-1 和 DATA-2，而节点 C 仅包含一个 DATA-1。这种分布显示了数据在不同节点上存在不一致性，如 DATA-1 在节点 B 和 C 之间一致，但在节点 A 上缺失；DATA-2 在节点 A 和 B 之间一致，但在节点 C 上缺失；而 DATA-3 只在节点 A 上存在。一致性问题就是如何使节点 A、B、C 上的同一个数据副本保持一致。

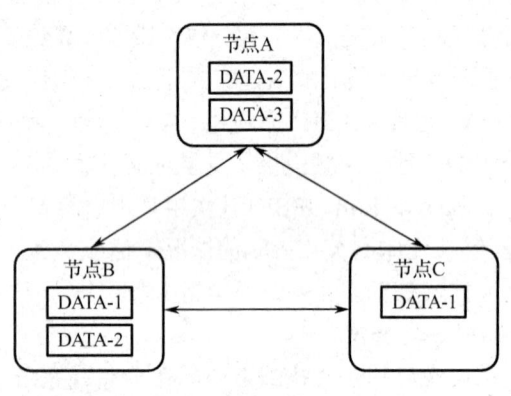

图 2-4　分布式系统中的数据副本不一致的示例

2.3.2　一致性模型

1. 强一致性模型

分布式系统中通常存在很多数据副本，在强一致性模型中，一旦数据写入成功，系统保证任何时刻的任何节点都能读取最新的数据，并且写操作是原子性的，要么全部执行成功，要么全部失败。换句话说，任何时候对于系统状态的修改都是立即可见的，所有节点的数据是一致的，如图 2-5 所示。

强一致性模型提供了最严格的数据一致性保证，但可能会对系统的性能和可扩展性产生影响。

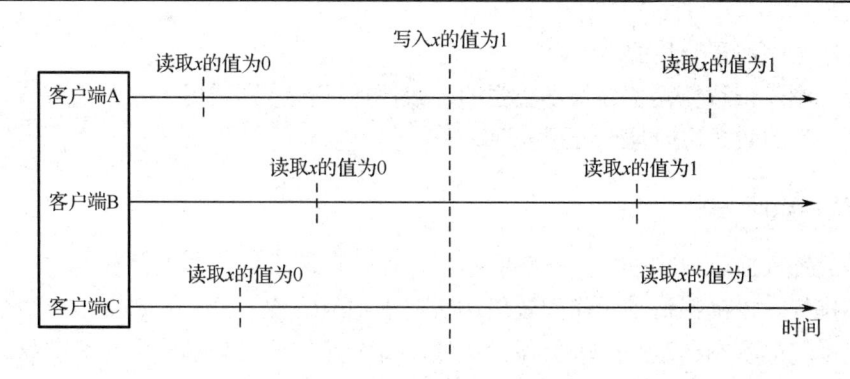

图 2-5 强一致性示意图

2. 顺序一致性模型

顺序一致性模型是一种用于分布式系统和并发计算的一致性模型，由 Leslie Lamport 于 1979 年的论文 *How to Make a Multiprocessor Computer That Correctly Executes Multiprocess Programs* 中首次提出。它解决了多处理器和分布式系统中多进程或线程并发访问共享资源时的顺序一致性问题。

随着多处理器系统和分布式计算的发展，处理多进程或线程并发访问共享资源的一致性问题变得日益重要。多处理器系统使得多个处理器能够同时访问共享内存或数据，这导致了数据访问的并发性和复杂性。与此同时，分布式系统中的节点分布在不同的地理位置，进一步增加了确保数据一致性的难度。这些发展催生了对新的一致性模型的需求，以便在保持系统性能和可扩展性的同时，提供可靠的操作顺序和数据一致性保证。这种需求推动了包括顺序一致性模型和线性一致性模型在内的多个一致性模型的提出。

此外，随着系统规模的扩大和应用需求的多样化，传统的一致性模型（如强一致性模型）显得过于严格，限制了系统的性能和可扩展性。强一致性模型要求所有操作必须严格按照全局时间顺序执行，这可能导致系统在高并发情况下的性能下降和可扩展性问题。为了平衡一致性保证与系统性能之间的矛盾，研究者们提出了更灵活但依然直观的一致性模型，如顺序一致性模型和最终一致性模型。这些模型在提供一致性保证的同时，允许系统在不同程度上优化性能和可扩展性，从而更好地满足现代应用的需求。

Lamport 提出的顺序一致性模型为多进程或线程环境中的操作提供了一种直观的顺序模型，使得系统的行为易于理解和预测。在顺序一致性模型中，所有操作必须按照程序中指定的顺序进行，即每个进程或线程在观察到操作时，其顺序应与程序中的顺序一致。例如，如果线程 p_1 的执行顺序是 A→B→C，线程 p_2 的执行顺序是 D→E→F，那么其他线程可能看到的顺序可以是 D→E→F→A→B→C，这表示线程 p_1 的操作在线程 p_2 的操作之后发生，也可以是 A→D→B→E→C→F，这表示线程 p_1 和 p_2 的操作交错发生。在这些情况下，尽管不同线程的操作顺序交错，但线程 p_1 的操作顺序 A→B→C 和线程 p_2 的操作顺序 D→E→F 在所有线程的观察中都保持一致，从而满足顺序一致性模型的条件。

这种模型简化了并发访问中的一致性保证，使得开发者能够以一种清晰和易于理解的方式设计和调试系统，尽管不同进程或线程观察到的操作顺序可能不同，但同一进程或线程所观察到的操作顺序都是一致的。

总体上，顺序一致性模型提供了较强的一致性保证，特别适用于分布式系统，能够确保在高并发情况下的数据访问具有可预测性。

3．线性一致性模型

线性一致性（Linearizability）模型也是一种强一致性模型，要求系统中的所有操作按全局时间顺序执行，以确保每个操作的效果对所有进程或线程一致。它定义了一个全局的时间顺序，使得系统的状态在这些时刻上保持一致，每个操作看起来都发生在某个固定的时刻，并且所有进程或线程观察到的操作顺序必须符合这个全局顺序。线性一致性模型还要求操作是原子性的，即每个操作要么完全执行，要么完全不执行，操作的中间状态对其他操作不可见。这种模型提供了最强的一致性保证，适用于对一致性要求严格的应用场景，如分布式数据库、金融交易系统和实时数据处理系统。

4．弱一致性模型

相对于强一致性模型，弱一致性模型提供了更为宽松的一致性保证。在弱一致性模型下，系统在一定情况下允许节点之间存在较长时间的数据不一致，不要求所有节点立即看到相同的数据状态，但最终数据会趋于一致。

5．最终一致性模型

最终一致性模型是弱一致性模型的特例，是指数据写入成功后，某个节点不一定能立刻读取当前数据的新值，但可以保证在一段时间后最终读取并进行相关操作，这段时间被称为不一致窗口，如图 2-6 所示，不一致窗口的时间取决于很多因素，如副本数量、网络延迟和系统负载等。

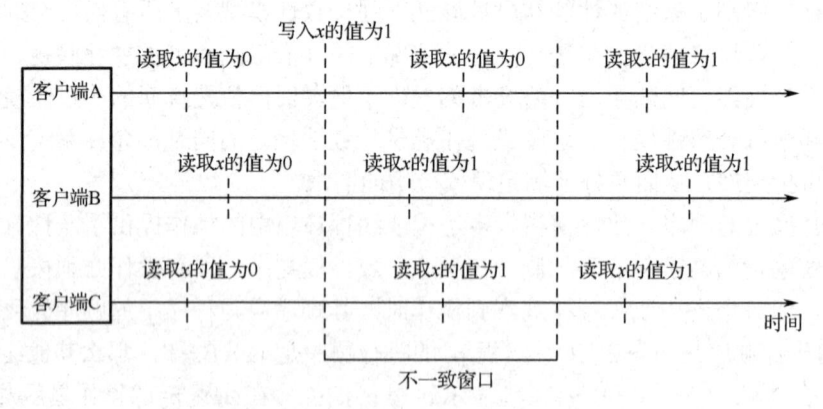

图 2-6 最终一致性模型示意图

最终一致性模型根据更新数据后各进程或线程访问数据的时间和方式的不同，可分为如下几种类型。

（1）因果一致性模型：如果一系列写入按某个逻辑顺序发生，那么任何人读取这些写入时，会看见它们以正确的逻辑顺序出现。

（2）"读己之所写"一致性模型：当进程或线程自己更新一个数据项之后，它总是访问到更新过的值，绝不会看到旧值。

（3）单调读一致性模型：如果进程或线程已经看到数据对象的某个值，那么任何后续访问，都不会返回那个值之前的旧值。

（4）单调写一致性模型：系统保证来自同一个进程或线程的写操作顺序执行。

（5）会话一致性模型：它把访问存储系统的进程或线程放到会话的上下文中，只要会话还存在，系统就能够保证"读己之所写"一致性。如果某些失败情形令会话终止，就要建立新的会话，而且系统保证不会影响到新的会话。

2.3.3 一致性算法

数据的一致性对于分布式系统而言至关重要，是确保系统可靠性的基础，它保证了系统中的数据在不同节点之间的同步和一致性，从而确保了系统的可靠性、正确性以及用户体验。

与此同时，活性和安全性也是确保系统正常运行的两个重要方面。活性（Activity）指的是分布式系统能够持续地对外提供服务，即使面对各种异常情况也能保持正常的运行状态。分布式系统的安全性（Safety）指的是系统在任何情况下都能够保持一致的状态，防止数据丢失、篡改或泄露等安全威胁，同时确保系统的操作和行为符合安全策略和权限规定。

在设计一致性算法时，需要综合考虑这两个方面，以确保系统能够在面对网络分区、节点故障等情况时仍能够保持正常运行，并且保证一致性。

1. 两阶段提交（Two-Commit Commit，2PC）协议

在分布式系统中，每个节点可以知道自己的操作是否成功，却无法知道其他节点的操作是否成功。当一个事务跨越多个节点时，为了保持事务的 ACID 原则，需要引入一个组件作为协调者，来统一掌控所有节点（称为参与者）的操作结果，并最终指示这些节点是否要把操作结果进行真正的提交（如将更新后的数据写入磁盘等）。

两阶段提交协议的基本思想是，既然仅发送一个请求不足以知道其他节点能否成功提交事务，那么最直接的想法就是再增加一轮请求，先检查每个节点上的状态是否能够满足事务正确性，再进行事务操作。

两阶段提交协议包含两个角色，即协调者（Coordinator）和参与者（Participants），它们的名字反映了它们在协议中的职责：协调者负责协调算法的各个阶段，而参与者则参与到事务中执行事务操作。值得一提的是，可以选择其中一个参与者来同时扮演协调者。

两阶段提交协议流程图如图 2-7 所示。第一阶段为准备阶段，流程如下。

（1）协调者向所有参与者并行发送准备消息，询问参与者是否可以提交事务，并等待参与者响应。

（2）参与者检查执行事务所需条件和资源（如权限验证、上锁等），一切都准备好后参与者执行事务的所有操作，并记录操作日志。

（3）参与者响应协调者发起的请求。如果参与者发现事务的所有操作都执行成功，则回复"是"；如果参与者发现所需条件和资源检查失败，或事务操作执行失败，则回复"否"。

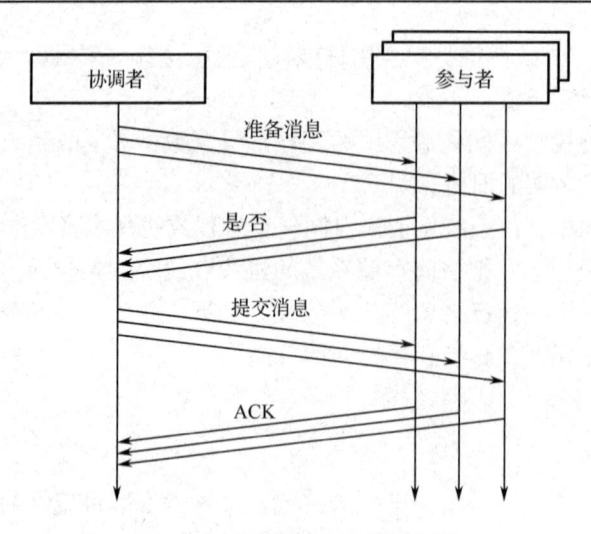

图 2-7 两阶段提交协议流程图

第二阶段为提交阶段（Commit Phase）。协调者收到所有参与者上一阶段的响应，有以下两种情况。

（1）如果所有参与者都回复"是"，那么协调者向所有参与者发送提交消息，指示参与者提交本次事务，等待参与者响应；参与者收到提交消息后，正式提交事务；完成事务提交操作后，清理占用的资源，如释放锁等，并记录操作日志；参与者中止事务后响应协调者，协调者收到所有参与者消息后，确认事务完成。

（2）如果有参与者回复了"否"，那么协调者向所有参与者发送中止消息，指示参与者中止本次事务，等待参与者响应；参与者收到中止消息后，利用其第一阶段记录的日志回滚所执行的事务操作，并清理占用的资源；中止后参与者响应协调者，协调者收到所有参与者消息后，确认事务中止。

两阶段提交协议类似于投票，投票方（参与者）有一票否决权，只有全票通过，事务才能提交，否则事务中止。无论是协调者还是参与者，都有可能在任何阶段发生故障，所以两阶段提交协议需要一定的容错性来预防各种问题。

在第一阶段，如果参与者在回复协调者之前发生了故障，那么从协调者的角度来看，因为有一个参与者没有确认，所以不能决定事务如何执行，只能一直等待故障的参与者回复。这时参与者如果无法恢复正常工作，那么协调者会无限等待下去。针对这种情况，协调者可以设置一个超时时间，如果参与者在超时时间内没有投票，协调者就认为这个参与者投了反对票，协调者将中止这次事务，系统稍后可能会对该事务进行重试。

如果协调者在向参与者发送准备消息后立即发生故障，那么参与者将阻塞，直到协调者恢复正常才能知道本次事务是要提交还是要中止。可见，协调者存在单点故障问题，再加上协议的阻塞性，如果协调者在特定阶段宕机，那么参与者将阻塞下去。如果此时数据库还锁定了事务相关的数据和资源，后续的事务也无法访问这些数据，可能导致整个系统停顿——有时可能需要人工干预来解决。如果协调者发生故障，其他没有发生故障的参与者无法决定事务走向，所以两阶段提交协议是一种阻塞提交算法。

假设第二阶段协调者只发送了一部分提交消息，此时发生了网络分区，导致剩下的那部分参与者没有收到提交消息，也就是说，只有部分参与者提交了事务，如果恰好此时别的事务能够读取到中间结果，那么整个系统会出现数据不一致的情况。

最极端的情况是，在第二阶段，协调者只将提交消息发送给一个参与者就立即宕机了，而收到这条提交消息的参与者也宕机了，那么即便选出新的协调者，新协调者也无法知道此轮事务是要提交还是要中止，只有协调者和收到这条提交消息的参与者知道（但它们失效了）。此时，新协调者不能直接中止事务，如果在失效的参与者上提交了事务，但在其他参与者上中止了，那么一旦参与者恢复，整个系统的数据将会彻底不一致；协调者也不能强制提交整个事务，因为最初的消息可能是中止消息，协调者并不打算提交这条事务，强制提交后参与者一旦恢复，整个系统的数据还是会不一致。

两阶段提交协议的原理简单且易于实现，但也有很多缺陷。

（1）同步阻塞问题：所有参与事务的逻辑均处于阻塞状态。

（2）单点故障问题：如果协调者出现故障，参与者将一直处于锁定状态。

（3）脑裂问题：在第二阶段，如果只有部分参与者接收并执行了提交消息请求，会导致系统的数据不一致。

2. 三阶段提交（Three-Phase Commit，3PC）协议

由于两阶段提交协议存在上述缺陷，因此出现了三阶段提交协议。

三阶段提交协议在两阶段提交协议的第一阶段和第二阶段之间插入了一个预提交（Prepare to Commit，Pre-Commit）阶段，在该阶段，协调者将第一阶段的投票结果发送给所有参与者，这样，如果第二阶段协调者或收到提交消息的参与者发生了故障，也可以从剩下的参与者中选出一个来充当协调者，新的协调者可以根据预提交阶段的信息，判断是应该执行还是中止事务。三阶段提交流程图如图2-8所示。

第一阶段是准备阶段，不过和两阶段提交的准备阶段有细微差别，三阶段提交的第一阶段并不会执行事务操作。该阶段的具体流程如下。

（1）协调者向所有参与者并行发送准备消息，询问参与者是否准备好执行事务，并等待参与者响应。

（2）参与者判断是否具备执行事务的条件判断，不同的业务有不同的判断方式。

（3）参与者响应协调者发起的请求。如果参与者确认事务能够执行且提交，则回复"是"；如果参与者认为事务无法顺利完成，则回复"否"。

第二阶段为预提交阶段。根据上一阶段的响应情况，可能有以下两种情况。

（1）如果协调者收到上一阶段的回复都是"是"，那么协调者向所有参与者发送预提交消息，询问参与者是否可以执行并提交事务，并等待参与者响应；参与者收到预提交消息后，检查执行事务所需的条件和资源，条件满足后执行事务的所有操作，并记录操作日志；参与者响应协调者发起的请求，如果参与者发现事务的所有操作都执行成功，则回复"是"；如果参与者发现所需条件和资源检查失败，或事务操作执行失败，则回复"否"。

（2）如果有参与者回复了"否"，或等到超时都没有响应，那么协调者会向所有参与者发送中止消息，所有参与者中止事务并回复后，直接中止这次事务。

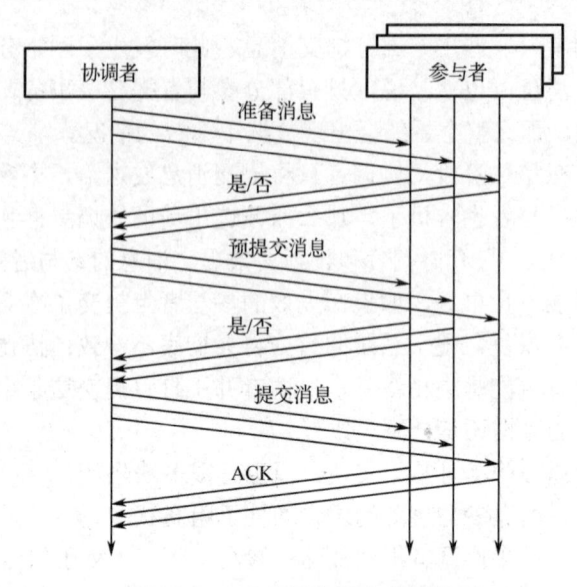

图 2-8　三阶段提交协议流程图

第三阶段是提交阶段。协调者收到所有参与者预提交阶段的响应，根据响应结果执行后续操作。

（1）如果所有参与者都回复"是"，那么协调者向所有参与者发送提交消息，指示参与者提交本次事务，等待参与者响应；参与者收到提交消息后，正式提交事务，完成事务提交操作后，清理占用的资源，如释放锁等，并记录操作日志；完成后参与者响应协调者，协调者收到所有参与者的消息后，确认事务完成。

（2）如果有参与者回复了"否"或超时没有回复协调者，那么协调者向所有参与者发送中止消息，指示参与者中止本次事务，等待参与者响应；参与者收到中止消息后，利用其预提交阶段记录的操作日志回滚事务操作，并清理占用的资源；参与者中止事务后响应协调者，协调者收到所有参与者消息后，确认事务中止。

三阶段提交协议与两阶段提交协议最大的不同是，三阶段提交协议是非阻塞协议，即使协调者发生故障，参与者仍然会选出新的协调者来推进事务的执行。三阶段提交协议增加了可用性，防止协调者成为一个单点故障。

那么，三阶段提交协议是否解决了所有问题呢？并没有。三阶段提交协议增加的可用性是以正确性为代价的，很容易受到网络分区的影响。如图 2-9 所示是一个网络分区导致三阶段提交协议出错的示例，在图 2-9 中，预提交阶段发生了网络分区，恰好将收到预提交消息的节点和没有收到预提交消息的节点一分为二，并且协调者发生了故障。在这种情况下，两边各自会选出一个新的协调者，收到预提交消息的一边会继续提交事务，而另一边并不会提交事务，甚至有可能在超时时间后单方面中止事务。无论如何，这种情况下整个系统的数据会出现不一致。

但是三阶段提交协议在去除阻塞的同时也引入了新问题，那就是在参与者接收到预提交消息后，如果出现网络分区，协调者和参与者就无法进行正常的通信，在这种情况下，参与者依然会提交事务，这必然出现数据不一致。

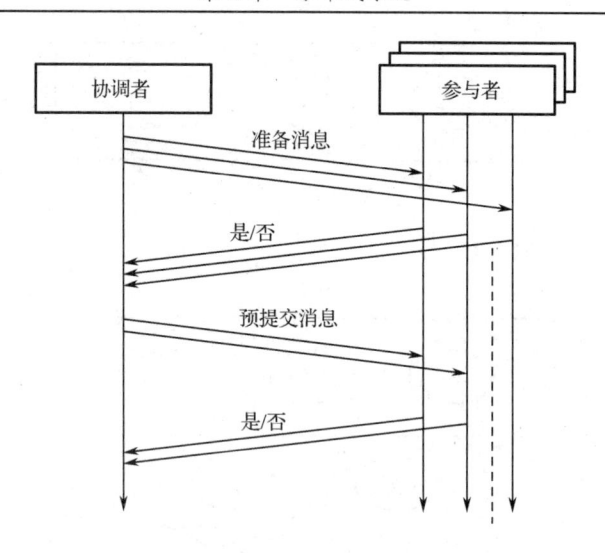

图 2-9　网络分区导致三阶段提交协议出错的示例

3．基于 Quorum 机制的提交协议

在分布式系统中，基于 Quorum 机制的提交协议用于确保数据一致性和系统可用性，它通过多数投票机制来工作，保证在发生故障或网络分区时系统仍然能够达成一致，能够解决三阶段提交协议中出现的数据不一致性问题。

对于分布式事务，由于事务要在多个节点上执行，需要保证在每个节点都执行相同的操作：提交或中止。在网络分区的情况下，节点之间可能无法正常通信，这就体现了 Quorum 机制在分布式事务中的作用。Quorum 机制的基本思想是，只要获得了一定数量节点的赞同投票，就同意执行事务。这一基本思想利用了鸽巢原理（如图 2-10 所示），即当有 $n+1$ 个元素放到 n 个集合中时，必定存在一个集合至少含有 2 个元素。在 Quorum 机制中，假设数据 X 共有 N 个副本，更新操作 w_i 在 W 个副本中更新成功之后，至少需要读取 R 个副本，其中 $W+R>N$，即 W 和 R 之间有交集。当满足该关系时，读取的副本中一定存在更新后的 X。

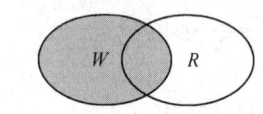

图 2-10　鸽巢原理

如图 2-11 所示，若系统中数据 X 的副本为 5 个（$N=5$），目前已经有 3 个副本完成了对 X 的更新（$W=3$），则还有 2 个副本中存放的是 X 的旧值。当读取的副本超过 2 个时（$R>2$，存在 $W+R>N$），那么无论如何都会读取到 X 的新值。

基于 Quorum 机制的提交协议的原理是，假设系统中每个节点对应一票，若系统中有 V 个节点，则总共有 V 票。事务提交或中止前，各个节点需要投票表明自己下一步的行为，事务的整体行为由投票结果来决定。

在该协议中，有两个关键的参数。

（1）V_c：最小提交票数，事务要提交必须获得的最少票数，可知 $0<V_c \leqslant V$。

（2）V_a：最小中止票数，事务要中止必须获得的最少票数，可知 $0<V_a \leqslant V$。规定 V、V_a 和 V_c 必须满足

$$V_c+V_a>V$$

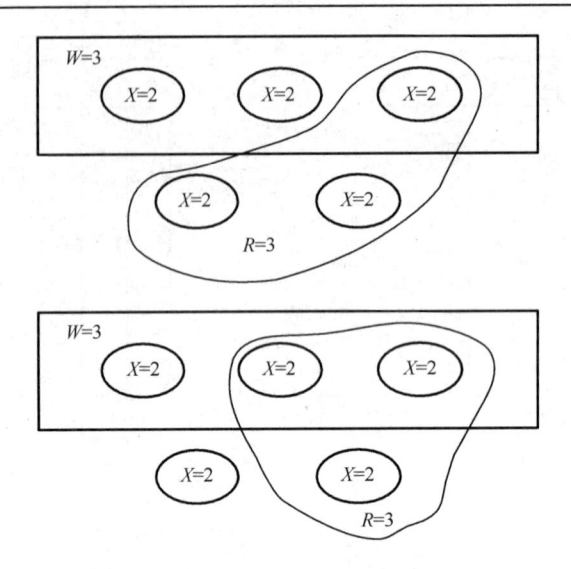

图 2-11　Quorum机制原理

因为每个节点只能投一票且总票数只有 V 票，所以 V_a 和 V_c 不可能同时满足，即协调者不可能发生既提交又中止的冲突行为。

基于 Quorum 机制的提交协议由 3 个不同的子协议组成，在不同的情况下使用不同的协议。

（1）提交协议（Commit Protocol）：在事务开始时使用，与三阶段提交协议中的预提交阶段非常相似，唯一的区别是，协调者在第三阶段结束时要等待 V_c 的票数才能继续提交事务。在这个阶段，如果发生了网络分区，那么协调者可能无法正确完成事务，可以通过中止协议来解决这个问题。

（2）中止协议（Termination Protocol）：当出现网络分区时使用，如果预提交消息发送后正好发生网络分区，基于 Quorum 机制的提交协议会让网络分区两边的参与者分别执行中止协议，判断它们是否能够完成事务。第一步，和协调者失联的网络分区中的参与者通过选举算法选出一个新的代理协调者。这里使用哪种选举算法并不重要，即使选出多个领导者，也不会违反协议的正确性。第二步，由于代理协调者对原来的协调者所知甚少，而且系统中可能存在不止一个代理协调者，此时代理协调者需要检查所在网络分区的节点状态。

① 如果发现至少有一个参与者的事务处于已提交（或已中止）状态，那么协调者就会继续推进参与者提交（或中止）事务。

② 如果至少有一个参与者处于预提交状态，并且至少有 V_a 个参与者在等待提交事务的投票结果，那么代理协调者就会向参与者发送预提交消息，如果有超过 V_c 个参与者回复，那么代理协调者就会发送真正的提交消息。

③ 如果没有处于准备提交状态的参与者，并且至少有一个参与者在等待中止事务的投票结果，那么代理协调者就会发送预中止（Prepare-to-Abort）消息，如果至少有一个参与者回复，那么代理协调者就会发送真正的中止消息。这两种消息不存在于提交协议中，只存在于中止协议中。

（3）合并协议（Merge Protocol）：系统从网络分区中恢复后使用，网络分区恢复后，合并两个网络分区的协调者，重新进行选举，选出新的协调者，然后执行一次中止协议。

在基于 Quorum 机制的提交协议中，系统管理员可以动态调整 V_c 和 V_a 的值，使得该协议在网络分区的情况下选择提交事务或中止事务的倾向性有着很大的弹性。但是该协议的缺点是，如果系统发生多个连续的、小的网络分区，在这种极端情况下，基于 Quorum 机制的提交协议可能会长时间无法进行决议。此外，该协议存在多轮消息，可能会增加事务的完成时间，不适合对延迟敏感的业务。

4．Paxos 算法

Paxos 算法最初由 Leslie Lamport 在 1990 年提出，Lamport 是一个喜欢"讲故事"的计算机科学家。拜占庭将军问题通过讲故事广为流传，受此启发，Lamport 决定如法炮制，在引出 Paxos 算法时写起了"小说"。Lamport 讲了一个发生在名叫"Paxos"的希腊岛屿上的故事，这个岛屿不存在中心化机构，但需要按照民主议会投票制定法律。为了进一步提升影响力，Lamport 模仿了电影《夺宝奇兵》中的考古学家印第安纳·琼斯的形象，戴着帽子拿着酒壶举办了几场讲座。

不幸的是，讲座非常失败，参加讲座的人除了印第安纳·琼斯的形象什么也没记住。那些阅读论文的人都被故事分散了注意力，没有人理解并记住其中的算法。不甘心的 Lamport 将论文发给了 Lynch 等人（Lynch 就是 FLP 不可能定理中的"L"），几个月后，Lamport 发邮件问他们能否实现一个分布式数据库，能够容忍任意数量的进程（甚至是所有的进程）失效而不失去一致性，并且在一半以上的进程再次正常工作后使系统恢复正常。令 Lamport 再次失望的是，他们中没有人注意到这个问题与 Paxos 算法之间的联系。

1990 年，Lamport 决定发表这篇论文，但是依然遭遇了滑铁卢。这篇论文的三个审稿者都认为该论文尽管并不重要但还有些意思，只是应该把其中所有与 Paxos 算法相关的故事背景都删除。Lamport 对这些缺乏幽默感的审稿者感到生气，他不打算对论文做任何修改，所以该论文的发表只能暂时搁置。

多年后，几个系统研究中心（Systems Research Center，SRC）（Lamport 也曾在此工作过）的研究员需要为他们正在构建的分布式系统寻找一个合适的算法，他们得知 Lamport 发明了一个未发表的算法，于是向 Lamport 寻求建议，Lamport 就将论文发给了他们。这次，Lamport 终于遇到了知音，SRC 的两位研究员 Chandu Thekkath 和 Ed Lee 正在寻找一个能够确保分布式系统中的全局操作在部分节点失效的情况下依然能够正确完成的算法。他们找到了三阶段提交协议，可是觉得难以理解和实现，便放弃尝试了。他们读完 Lamport 的论文后没有产生任何异议，甚至非常喜欢 Lampon 的幽默感，并且赞叹 Paxos 算法具备了他们所需的一切属性。Lamport 作为他们的咨询师，帮助他们首次实现了 Paxos 算法。一年后，他们为 Frangipani 文件系统开发分布式锁服务，再次实现了 Paxos 算法。

有了这次成功的经验，Lamport 觉得也许论文重新发表的时间到了，于是，Lamport 找到编辑帮忙修改论文，最终这篇论文 *The Part-Time Parliament* 在 1998 年问世。

Lamport 在论文中贴出了编辑的回信，如图 2-12 所示，编辑在回信中解释了论文一直未发表的原因，表示他们在编辑部的文件柜后面发现了这篇论文，但是认为作者是一个正在希腊群岛进行实地工作的考古学家，所以联系不上他。

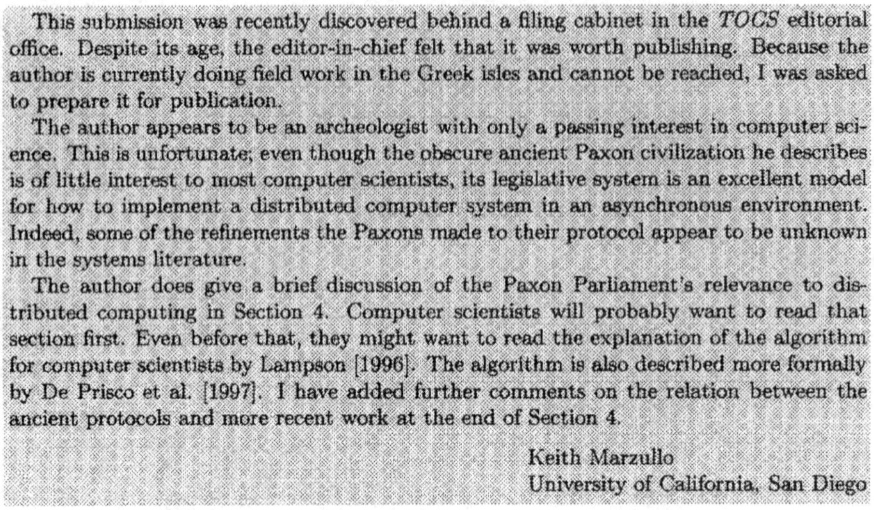

> This submission was recently discovered behind a filing cabinet in the *TOCS* editorial office. Despite its age, the editor-in-chief felt that it was worth publishing. Because the author is currently doing field work in the Greek isles and cannot be reached, I was asked to prepare it for publication.
>   The author appears to be an archeologist with only a passing interest in computer science. This is unfortunate; even though the obscure ancient Paxon civilization he describes is of little interest to most computer scientists, its legislative system is an excellent model for how to implement a distributed computer system in an asynchronous environment. Indeed, some of the refinements the Paxons made to their protocol appear to be unknown in the systems literature.
>   The author does give a brief discussion of the Paxon Parliament's relevance to distributed computing in Section 4. Computer scientists will probably want to read that section first. Even before that, they might want to read the explanation of the algorithm for computer scientists by Lampson [1996]. The algorithm is also described more formally by De Prisco et al. [1997]. I have added further comments on the relation between the ancient protocols and more recent work at the end of Section 4.
>
>   Keith Marzullo
>   University of California, San Diego

图 2-12　期刊编辑给Lamport的回信

可是很多人还是抱怨这篇论文根本看不懂，人们只记住了那个奇怪的故事，困扰于其中的伪希腊语名词，没有人理解什么是 Paxos 算法。Lamport 走到哪儿都要被人抱怨一通。在 2001 年的分布式计算原理会议上，Lamport 终于厌倦了大家抱怨 Paxos 算法难以理解，他在会议上亲自解释了这个算法，回家后把这一解释记录了下来，经修改，于 2001 年重新发表了一篇关于 Paxos 算法的简短论文——*Paxos Made Simple*。Lamport 表示，论文里没有任何比 $n_1 > n_2$ 更复杂的公式。有趣的是，Lamport 就像是在故意嘲讽人们的抱怨一样，在这篇论文的摘要部分只写了一句话——Paxos 算法，如果以简单的英文呈现，是非常简单的。

然而，这篇论文留给读者的第一印象依旧是晦涩难懂，人们写了一系列资料来解释这篇论文，讲解在工程上如何实现它。尽管 Lamport 在 *Paxos Made Simple* 中已经尽量简化了对算法的描述，但许多工程师和研究人员觉得理解 Paxos 算法在实际系统中的应用十分困难。

5．Raft 算法

2013 年，斯坦福大学的 Diego Ongaro 和 John Ousterhout 以可理解性为目标，共同发表了论文 *In Search of an Understandable Consensus Algorithm?*，正式提出 Raft 算法，旨在优化 Paxos 算法，使其成为一个更容易理解并且同样满足安全性和活性的共识算法。

和所有分布式共识算法的目标一样，Raft 算法也是用来保证日志能够完全相同地复制到多台服务器上，以实现状态机复制的算法。

Diego Ongaro 在论坛上解释了 Raft 算法这个名字的由来。首先，他们在考虑一个与可靠（Reliable）、复制（Replicated）、冗余（Redundant）和容错（Fault-Tolerant）相关的词汇，于是想到了 R{eliable|eplicated|edundant} And Fault-Tolerant，分别取首字母便得到 Raft 一词。其次，log 一词在计算机领域是日志的意思，但英文也有原木的意思，用来组成木筏（Raft）的圆形木头就是一种原木，于是两位作者考虑可以用原木来做成木筏。最后，也是最有趣的原因，既然 Paxos 是一个岛屿，那么我们该怎么逃出这个岛呢？当然是用木筏划到对岸去！Raft 在这里可谓一语双关，表面上是想用木筏来逃离 Paxos 岛屿，实际上也蕴含了作者对于 Paxos

算法难以理解的不满,作者在论文中写道:"我们也在 Paxos 算法中挣扎了很久,我们无法理解完整的算法,直到阅读了几个简化的解释并设计了我们自己的替代算法,这一过程花费了近一年的时间。"

除了可理解性,Paxos 算法另一个让人头疼的问题是其非常难以实现,Google 工程师在 *Paxos Made Live - An Engineering Perspective* 中抱怨道:"虽然 Paxo 算法可以用一页伪代码来描述,但完整实现需要包含几千行 C++代码。这种爆炸性增长不是因为我们使用了 C++,也不是因为我们的代码风格冗长,而是因为,将 Paxos 算法转为一个实用的、可投入生产的系统,需要实现许多特性和优化,有些已在文献中发表,有些则没有。"这说明 Paxos 算法的论文描述和工业实现之间存在着巨大的鸿沟。

Diego Ongaro 和 John Ousterhout 想要用 Raft 算法来拯救陷入困境的开发者,Raft 算法也确实做到了。Raft 算法一经推出,便席卷了分布式系统领域,在分布式存储系统 etcd 上大获成功,并成为越来越多分布式系统的首选。Raft 算法有着非常好的理解性,同时提供了详细的说明来帮助开发者具体实现,而不像 Paxos 算法那样只给出了一个轮廓,没有提供许多细节,导致许多开发者实现出错误的 Paxos 算法;Raft 算法对算法细节有着明确的解释,这样开发者在具体实现时就有了明确的指导,不会陷入细节讨论,甚至实现出现错误的版本。

6. TCC 算法

TCC(Try-Confirm/Cancel)是分布式事务管理的一种模式,TCC 算法通过三阶段的操作来管理事务,以保证分布式系统中数据的一致性和可靠性,其流程图如图 2-13 所示。

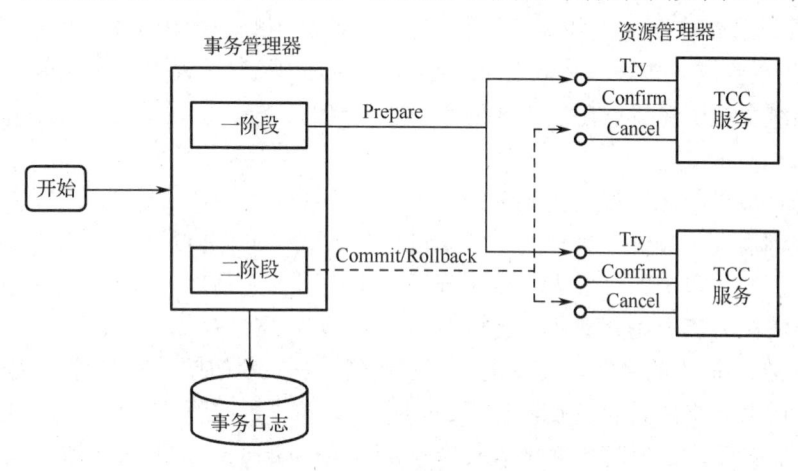

图 2-13 TCC算法流程图

尝试(Try)阶段的主要目的是,预留必要的资源并检查业务操作是否可以顺利执行。在这个阶段,系统会进行初步检查,确保所需的资源可用,并锁定这些资源,以保证它们在后续操作中不会被其他事务占用,为业务操作的最终确认或撤销做好准备。例如,在电商系统中,尝试阶段可能会检查库存是否充足,并预留相应的库存量,以确保后续的订单处理可以顺利进行。如果尝试阶段成功,系统就会进入确认阶段;否则,系统会执行取消阶段以释放预留的资源。

确认(Confirm)阶段的主要目的是正式提交业务操作,将尝试阶段预留的资源真正使用。

如果尝试阶段成功且没有发生错误，系统将在确认阶段执行最终的业务操作。在此阶段，系统会将预留的资源正式锁定，并完成最终的交易或操作，确保了业务操作的最终一致性和可靠性。例如，在电商系统中，确认阶段会正式扣减库存，并将订单状态更新为已确认，确保订单处理的完整性和准确性。

取消（Cancel）阶段的主要目的是释放尝试阶段预留的资源，并撤销业务操作。如果尝试阶段失败或业务操作需要撤销，系统将在取消阶段恢复到操作前的状态。在此阶段，系统会释放预留的资源，确保这些资源可以被其他事务使用，从而避免资源的浪费。例如，在电商系统中，如果尝试阶段发现库存不足或用户取消订单，取消阶段会释放预留的库存，并将订单状态恢复到初始状态，确保系统数据的一致性和资源的有效利用。

TCC 算法通过尝试、确认和取消三个阶段的操作来保证分布式系统中的数据一致性。具有高一致性和灵活性，适用于复杂的跨服务事务管理，同时提供并发控制和可恢复性，确保系统在发生错误时可以执行回滚操作，恢复系统状态。但是 TCC 算法的实现复杂性较高，需要开发人员实现每个阶段的逻辑，增加了系统开发和维护的难度。由于需要在尝试阶段预留资源，可能带来较高的性能开销和资源锁定问题，特别是在高并发环境下，可能影响系统的资源利用率和性能。此外，TCC 算法需要设计复杂的故障恢复机制，处理各种可能的异常情况，确保系统的一致性。

7. ZAB 协议

ZooKeeper 是一个分布式协调服务，主要用于管理大型分布式系统中的配置、同步和命名。它提供了一组简单而强大的原语，使得开发人员可以轻松构建复杂的分布式应用。在 Zookeeper 中，主要依赖 ZAB（ZooKeeper Atomic Broadcast）协议来实现分布式数据一致性，确保分布式系统中的所有节点在任何时刻都保持一致的状态。想要了解 ZAB 协议，首先需要学习 Zookeeper。

ZooKeeper 最早起源于雅虎研究院的一个研究小组。当时，研究人员发现，雅虎内部的很多大型系统都需要依赖一个类似的系统来进行分布式协调，但是这些系统往往都存在分布式单点问题，因此，雅虎的开发人员试图开发一个通用的无单点问题的分布式协调服务，以便让开发人员将精力集中在处理业务逻辑上。

关于"ZooKeeper"的名字，其实也有一段趣闻。在立项初期，考虑到之前内部很多项目都是使用动物的名字来命名的（如著名的 Pig 项目），雅虎的工程师希望给这个项目也取一个动物的名字。时任雅虎研究院首席科学家的 Raghu Ramakrishnan 开玩笑道："再这样下去，我们这儿就变成动物园了！"此话一出，大家纷纷表示就叫动物园管理员吧，因为各个以动物命名的分布式组件放在一起，雅虎的整个分布式系统看上去就像一个大型的动物园了，而 ZooKeeper 正好要用来进行分布式环境的协调——于是 ZooKeeper 的名字由此诞生。

ZooKeeper 致力于提供高性能、高可用，且具有严格的顺序访问控制能力（主要是写操作的严格顺序性）的分布式协调服务。高性能使得 ZooKeeper 能够应用于那些对系统吞吐量有明确要求的大型分布式系统中，高可用使得分布式的单点问题得到了解决，而严格的顺序访问控制能力使得客户端能够基于 ZooKeeper 实现一些复杂的同步原语。下面我们来具体看一下 ZooKeeper 的四个设计目标。

（1）简单的数据模型。ZooKeeper 使得分布式程序能够通过一个共享的、树形结构的名字空间来相互协调。这里所说的树形结构的名字空间是指 ZooKeeper 服务器内存中的一个数据模型，其由一系列被称为 ZNode 的数据节点组成，其数据模型类似于一个文件系统，而 ZNode 之间的层级关系就像文件系统的目录结构一样。和传统的磁盘文件系统不同的是，ZooKeeper 将全量数据存储在内存中，以此来实现提高服务器吞吐量、减少延迟的目的。

（2）可以构建集群。如图 2-14 所示，一个 ZooKeeper 集群通常由一组服务器组成，一般 3~5 台服务器就可以组成一个可用的 ZooKeeper 集群了。

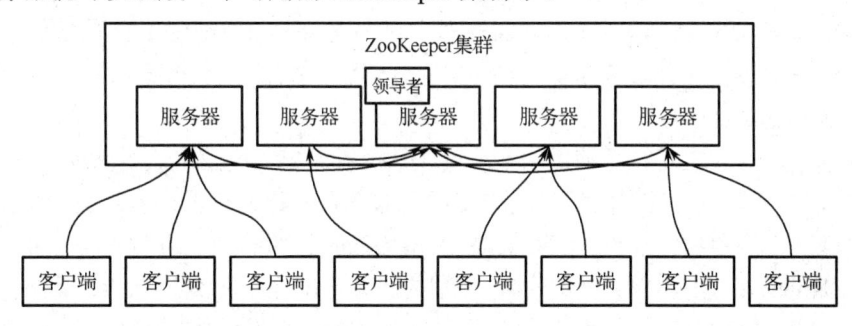

图 2-14 ZooKeeper的集群模式

组成 ZooKeeper 集群的每台服务器都会在内存中维护当前的服务器状态，并且在服务器之间互相保持通信。值得一提的是，只要集群中存在超过一半的服务器能够正常工作，整个集群就能够正常对外服务。

客户端的程序会选择和集群中任意一台服务器共同创建一个 TCP 连接，而一旦客户端和某台服务器之间的连接断开，会自动连接集群中的其他服务器。

（3）顺序访问。对于来自客户端的每个更新请求，ZooKeeper 都会分配一个全局唯一的递增编号，这个编号反映了所有事务操作的顺序，应用程序可以使用 ZooKeeper 的这个特性实现更高层次的同步原语。

（4）高性能。由于 ZooKeeper 将全量数据存储在内存中，并直接服务于客户端的所有非事务请求，因此它尤其适用于以读操作为主的应用场景。

想要深入了解 ZooKeeper，必须学习 Zookeeper 中的几个核心概念。

（1）集群角色。

在分布式系统中，构成一个集群的每台服务器通常都有自己的角色，最典型的集群模式就是主/备（Master/Slave）模式。在这种模式中，我们把能够处理所有写操作的机器称为主（Master）机器，把所有通过异步复制方式获取最新数据并提供读服务的机器称为备（Slave）机器。

而在 ZooKeeper 中，这些概念被颠覆了。它没有沿用传统的 Master/Slave 概念，而是引入了领导者（Leader）、跟随者（Follower）和观察者（Observer）三种角色。ZooKeeper 集群中的所有服务器通过领导者选举过程来选定一台被称为"领导者"的服务器，为客户端提供读和写服务。跟随者和观察者都能够提供读服务，唯一的区别在于，观察者不参与领导者选举过程，也不参与写操作的"过半写成功"策略，因此，观察者可以在不影响写性能的情况下提升集群的读性能。

(2) 会话（Session）。

会话指客户端会话，我们首先来了解一下客户端连接。在 ZooKeeper 中，客户端连接是指客户端和服务器之间的 TCP 长连接。ZooKeeper 对外的服务端口默认是 2181，客户端启动时，首先会与服务器建立一个 TCP 连接，从第一次连接建立开始，客户端会话的生命周期也开始了，通过这个连接，客户端能够通过心跳检测与服务器保持有效的会话，也能够向服务器发送请求并接受响应，同时还能够通过该连接接收来自服务器的监听（Watch）事件通知。会话的 session Timeout 值用来设置客户端会话的超时时间。当服务器压力太大、网络故障或客户端主动断开连接等导致客户端连接断开时，只要在 session Timeout 值规定的时间内能够重新连接上集群中任意一台服务器，之前创建的会话就仍然有效。

(3) 数据节点（ZNode）。

在谈到分布式的时候，我们通常说的"节点"是指组成集群的服务器。然而，在 ZooKeeper 中，"节点"分为两类，第一类同样是构成集群的服务器，称为机器节点；第二类则是数据模型中的数据单元，称为数据节点（ZNode）。ZooKeeper 将所有数据存储在内存中，数据模型是一棵树（ZNodeTree），由斜杠"/"进行分割的路径，就是一个数据节点，如/foo/path1。每个数据节点上都会保存自己的数据内容，同时还会保存一系列属性信息。

在 ZooKeeper 中，数据节点可分为持久节点和临时节点。持久节点是指，一旦这个数据节点被创建了，除非主动进行数据节点移除，否则这个数据节点将一直保存在 ZooKeeper 上。而临时节点的生命周期和客户端会话绑定，一旦客户端会话失效，那么这个客户端创建的所有临时节点都会被移除。另外，ZooKeeper 还允许用户为每个节点添加一个特殊的属性：SEQUENTIAL。一旦节点被标记上这个属性，那么这个节点被创建时，ZooKeeper 会自动在其节点名后面追加一个整型数字，这个整型数字是一个由父节点维护的自增数字。

(4) 事件监听器（Watcher）。

事件监听器是 ZooKeeper 中的一个很重要的特性。ZooKeeper 允许用户在指定节点上注册一些事件监听器，并且在一些特定事件触发的时候，ZooKeeper 会将事件通知到感兴趣的客户端，这是 ZooKeeper 实现分布式协调服务的重要特性。

(5) ACL。

ZooKeeper 采用访问控制列表（Access Control Lists，ACL）策略来进行权限控制，类似于 UNIX 文件系统的权限控制。ZooKeeper 定义了如下 5 种权限。

CREATE：创建子节点的权限。

READ：获取节点数据和子节点列表的权限。

WRITE：更新节点数据的权限。

DELETE：删除子节点的权限。

ADMIN：设置节点 ACL 的权限。

其中，CREATE 和 DELETE 这两种权限都是针对子节点的权限控制。

随着分布式架构的出现，越来越多的分布式应用面临数据一致性问题。ZooKeeper 无论从性能、易用性还是稳定性上来说，都已经达到了工业级产品的标准。ZooKeeper 是开放源代码的，所有人都在关注它的发展，都有权利来贡献自己的力量，你可以和全世界成千上万的 ZooKeeper 用户一起交流使用经验，共同解决问题。另外，ZooKeeper 是免费的，你无须为它支付任何费用，这对于小型公司，尤其是初创团队来说，无疑是非常重要的。ZooKeeper 已经得到了广泛应用，如 Hadoop、HBase、Storm 和 Solr 等越来越多的大型分布式项目都已经将 ZooKeeper 作为其核心组件，用于分布式协调服务。

ZAB 协议是为 ZooKeeper 专门设计的一种支持崩溃恢复的原子广播协议。ZAB 协议的研究者们在协议设计之初并没有要求其具有很好的可扩展性，最初只是为雅虎内部的高吞吐量、低延迟、健壮、简单的分布式系统场景设计的。在 ZooKeeper 的官方文档中也指出，ZAB 协议并不像 Paxos 算法那样，是一种通用的分布式一致性算法，它是一种特别为 ZooKeeper 设计的支持崩溃恢复的原子广播协议。在 ZooKeeper 中，主要依赖 ZAB 协议实现分布式数据一致性，基于该协议，ZooKeeper 实现了一种主/备模式的系统架构来保持集群中各副本之间数据的一致性。具体的，ZooKeeper 使用一个单一的主进程来接收并处理客户端的所有事务请求，并采用 ZAB 协议，将服务器的状态变更以事务提议的形式广播到所有的副本进程上。ZAB 协议的这个主/备模式架构保证了同一时刻集群中只能有一个主进程来广播服务器的状态变更，因此能够很好地处理客户端大量的并发请求。另外，在分布式环境中，一些顺序执行的状态变更其前后会存在一定的依赖关系，有些状态变更必须依赖比它早生成的那些状态变更。

ZAB 协议的核心是定义了对于那些会改变 ZooKeeper 服务器状态的事务请求的处理方式，其流程图如图 2-15 所示。

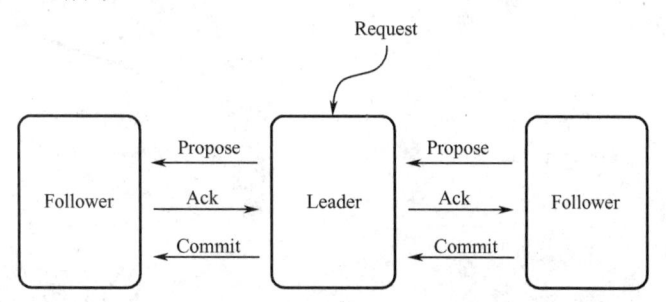

图 2-15 ZAB协议流程图

所有事务请求必须由一个全局唯一的服务器来协调处理，这样的服务器被称为领导者（Leader），而余下的其他服务器则称为跟随者（Follower）。领导者负责将一个客户端事务请求转换成一个事务提议（Proposal），并将该提议分发给集群中所有跟随者。之后领导者需要等待所有跟随者的反馈，一旦超过半数的跟随者进行了正确的反馈，那么领导者就会再次向所有跟随者分发提交消息，要求其将前一个提议进行提交。

8. Gossip 协议

Gossip 协议是一个通信协议，是一种传播消息的方式，灵感来自瘟疫、社交网络等。故有些时候也将 Gossip 协议称为流行病协议（Epidemic Protocol）。Gossip 协议应用广泛，在 Redis（Cluster 模式）、Consul、Apache Cassandra 等系统中均有应用。Gossip 协议最早在 1987 年 ACM 上的论文 *Epidemic Algorithms for Replicated Database Maintenance* 中被提出，主要用于分布式数据库系统中各个副本同步数据，这种场景的最大特点就是其组成网络节点都是对等节点，是非结构化网络。比特币在运行中也使用了 Gossip 协议来传播交易和区块信息。

Gossip 协议的雏形来源于一个和社交网络极度相关的理论：六度分隔理论。1967 年，哈佛大学的心理学教授 Stanley Milgram 想要描绘一个连接人与社区的人际联系网，做了一次连锁信实验，发现了"六度分隔"现象。该理论认为，你和任何一个陌生人之间所间隔的人不会超过六个，即最多通过六个人你就能够认识任何一个陌生人。该理论的数学解释是，若每个人平均认识 260 人，其六度就是 260^6。消除一些节点重复，那也几乎覆盖了整个地球人口若干倍，这就是 Gossip 协议的雏形。

Gossip 协议的基本思想是，一个节点想要分享一些信息给网络中的其他节点，它周期性地随机选择一些节点，并把信息传递给这些节点。这些收到信息的节点接下来会做同样的事情，即把这些信息传递给其他随机选择的一些节点。一般而言，信息会周期性地传递给 N 个目标节点，而不只是一个。此处的 N 被称为 fanout（这个单词的本意是扇出）。

Gossip 协议是通过周期循环执行的，下面以一个包含 20 个节点的集群为例进行讲解，如图 2-16～图 2-19 所示。红色节点代表已经被"感染"的节点，四根较粗的线路就是它第一次消息传播的线路。

第一次消息传播完成后，新增了四个被"感染"的节点，这五个节点都会向其他节点传播消息。经过三次循环，20 个节点全部都接收到了消息。

图 2-16　Gossip协议开始　　　　图 2-17　Gossip协议第一次消息传播

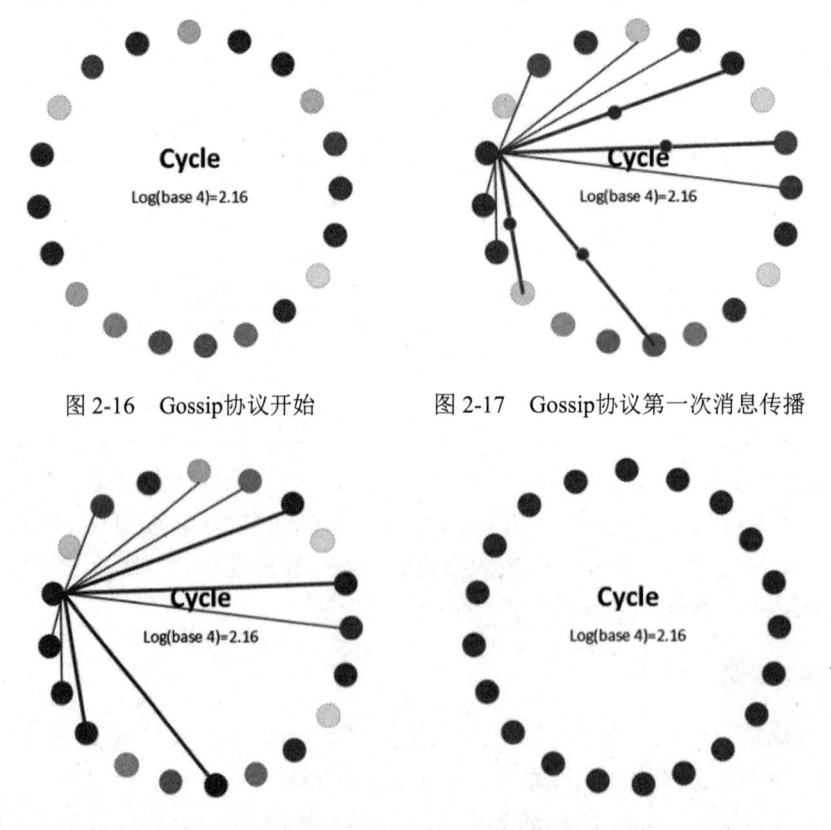

图 2-18　Gossip协议第一次消息传播结束　　　　图 2-19　Gossip协议结束

需要说明的是，当有 20 个节点且设置 fanout=4 时，计算的循环次数是 2.16 次，这只是个近似值。真实传递时，可能需要三次甚至四次循环才能让所有节点收到消息。这是因为每个节点在传播消息的时候，是随机选择节点的，可能某个节点会被选中多次。

Gossip 协议如算法 2-1、2-2 所示。

算法 2-1　Gossip 协议主动线程

do forever
 Wait(T time units)//等待 T 个时间单位
 p←selectPeer( )//随机选择一个节点 p 作为通信对象
 if push then //创建自己的描述信息，初始跳数为 0
  myDescriptor←(myAddress,0)
  buffer ←merge(view,{myDescriptor}) //将自己的描述信息和当前视图合并
  send buffer to p //发送一个空视图以触发对方响应
 else
  send {} to p
 if pull then
  receive viewp from p　//接收来自节点 p 的视图 viewp
  viewp←increaseHopCount(viewp)
  buffer←merge(viewp,view) //将接收到的视图 viewp 和当前视图合并
  view←selectView(buffer) //从合并后的视图中选择更新后的视图

算法 2-2　Gossip 协议被动线程

do forever
 (p,viewp)← waitMessage( ) //等待消息到来，收到来自节点 p 的消息 viewp
 viewp←increaseHopCount(viewp) //增加接收到的视图中每个节点的跳数
 if pull then
  myDescriptor←(myAddress,0)　　//创建自己的描述信息，初始跳数为 0
  buffer←merge(view,{myDescriptor})
  send buffer to p //将合并后的信息发送给节点 p
  buffer ← merge(viewp,view) //将接收到的视图 viewp 和当前视图合并
  view←selectView(buffer) //从合并后的视图中选择更新后的视图

Gossip 协议具有如下优点。

（1）Gossip 协议具有良好的可扩展性，对于有 N 个节点的系统，需要的传播周期数为 $O(\log N)$，假设 fanout=4，当节点数从 20 变为 40、80、160 时，其循环次数如表 2-2 所示。可以发现，随着节点数增加，循环次数并没有增加很多。

表 2-2　不同节点数所需的循环次数

节点数	20	40	80	160	320
循环次数	2.16	2.66	3.16	3.44	4.16

（2）Gossip 协议具备失败容错的能力。因为在每个节点传播消息的过程中，不需要等待确认，即便某条消息在传播过程中丢失，也不需要补偿措施，只要传播的信道并非完全不可靠，就一定会将消息传播到所有的节点。

（3）Gossip 协议具备一定的健壮性。Gossip 协议中没有任何扮演特殊角色的节点（如领导者等），任何一个节点无论什么时候下线或者加入，都不会破坏整个系统的服务质量。

然而，Gossip 协议也有很多不完美的地方。

（1）它无法解决有恶意传播消息的节点的问题，即拜占庭问题。

（2）由于消息随机传播，Gossip 协议会导致很多节点重复接收消息，加重了消息冗余。

Gossip 协议有反熵（Anti-Entropy）和谣言传播（Rumor-Mongering）两种类型。

反熵以固定的概率传播所有消息，是 SI model，节点只有两种状态，即 Suspective 和 Infective，称为 simple epidemics。谣言传播仅传播新到达的消息，是 SIR model，节点有三种状态，即 Suspective、Infective 和 Removed，称为 complex epidemics。

其实，反熵是一个很奇怪的名词，Márk Jelasity（对 Gossip 协议做出了诸多改进的研究者，他提出的基于 Gossip 协议的分布式聚合算法能够在大规模节点网络中有效地收集和计算全局统计信息）对此进行了解释，Entropy 指的是混乱程度，而在这种模式下可以消除不同节点中数据的混乱程度，因此反熵就是反混乱程度。换句话说，它可以提高系统中节点之间的相似性（similarity）。

在 SI model 下，一个节点会把所有的数据都跟其他节点共享，以便消除节点之间的数据不一致性，保证最终、完全地一致。在 SI model 下，消息会不断地反复交换，因此，消息数量是庞大且无限制（unbounded）的，这对一个系统来说是巨大的开销。

但是在 SIR model 下，消息可以发送得更频繁，因为消息只包含最新的 update，体积更小。而且，一个 Rumor 消息在某个时刻之后会被标记为 removed，不再被传播，因此消息是有限的，系统开销小，但是系统有一定的概率会不一致。

在 Gossip 协议中，信息传播有三种方式：推（Push）模式、拉（Pull）模式、推拉（Push/Pull）模式。

（1）在推模式中，节点主动将其已知的最新消息发送给随机选择的邻居节点。如图 2-20 所示，节点 A 主动将数据推送给节点 B，节点 B 根据节点 A 推送的数据进行更新。

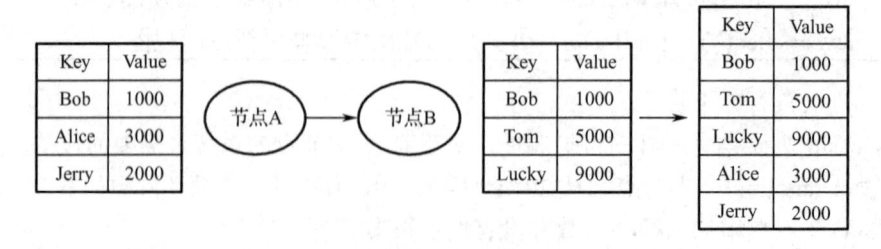

图 2-20　Gossip 推模式示意图

（2）在拉模式中，节点主动向其他节点请求最新消息。如图 2-21 所示，节点 A 向节点 B 请求最新消息，并按照节点 B 推送的数据进行更新。

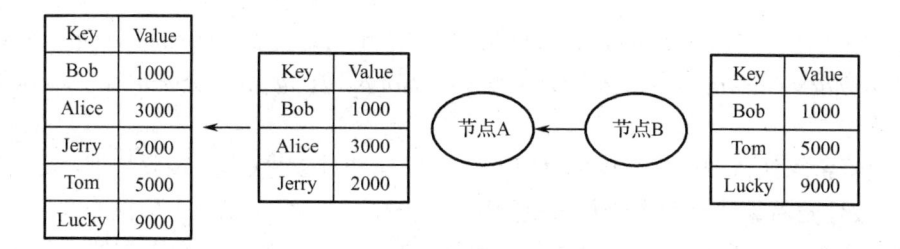

Key	Value
Bob	1000
Alice	3000
Jerry	2000
Tom	5000
Lucky	9000

Key	Value
Bob	1000
Alice	3000
Jerry	2000

节点A ← 节点B

Key	Value
Bob	1000
Tom	5000
Lucky	9000

图 2-21 Gossip拉模式示意图

（3）在推拉模式中，节点在一次通信中同时发送和请求消息。如图 2-22 所示，节点 A 和节点 B 同时根据对方的数据进行更新。

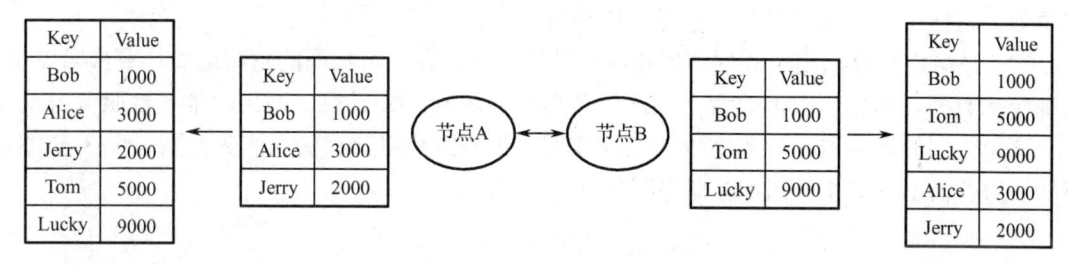

Key	Value
Bob	1000
Alice	3000
Jerry	2000
Tom	5000
Lucky	9000

Key	Value
Bob	1000
Alice	3000
Jerry	2000

节点A ↔ 节点B

Key	Value
Bob	1000
Tom	5000
Lucky	9000

Key	Value
Bob	1000
Tom	5000
Lucky	9000
Alice	3000
Jerry	2000

图 2-22 Gossip推拉模式示意图

如果将两个节点数据同步一次定义为一个周期，那么在一个周期内，推模式需通信 1 次，拉模式需通信 2 次，推拉模式需通信 3 次。虽然消息数增加了，但从效果上来讲，推拉模式最好，理论上一个周期内可以使两个节点完全一致，其收敛速度也是最快的。

下面在这三种通信方式的基础上分析 Gossip 协议的复杂度。

假设某个节点在第 i 个周期被感染的概率为 p_i，第 $i+1$ 个周期被感染的概率为 p_{i+1}，则拉模式 $p_{i+1} = p_i^2$，推模式 $p_{i+1} = p_i \left(1 - \dfrac{1}{n}\right)^{n(1-p_i)}$。显然拉模式的收敛速度大于推模式，而每个节点在每个周期内被感染的概率都是固定的 p（$0<p<1$），因此 Gossip 协议是基于 p 的平方收敛，也称为概率收敛，这在众多的一致性算法中是非常独特的。

9．一致性哈希算法

首先通过一个应用场景来引入一致性哈希算法。如图 2-23 所示，假设现在需要将 30000 个图片存储在三台服务器中，最常见的方法就是将三台服务器编号设为 0、1、2，然后对所有图片名称进行哈希运算，然后再对 3 取模，这样得出的结果必定是 0、1、2 其中之一，再对应存储即可。

但是，如果此时三台服务器都不能再继续储存图片了，需要增加一台缓存服务器协助存储，这时若采取上述方法，对 4 取模，有很多图片的存储位置会因此发生改变。同理，当有一台服务器发生故障时也是

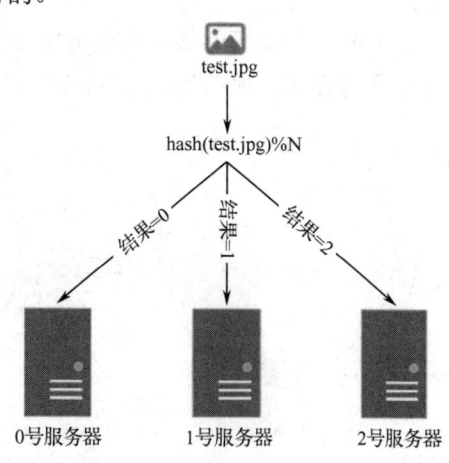

图 2-23 一般哈希存储

如此。为了解决这样的问题，David Karger 等人 1997 年在论文 *Consistent Hashing and Random Trees: Distributed Caching Protocols for Relieving Hot Spots on the World Wide Web* 中提出了一致性哈希算法。

一致性哈希算法依旧采用取模的计算方法，但是是对 2^{32} 取模，步骤如下。

（1）一致性哈希算法将整个哈希值空间按照顺时针方向组织成一个虚拟的圆环，如图 2-24 所示，称为哈希环。可以将 2^{32} 想象成一个圆环上的节点数，圆环上正上方的点代表 0，编号沿顺时针方向递增，这个圆环就是哈希环。

（2）接着将各个服务器进行哈希运算，可以将服务器的 IP 或主机名作为关键字，从而确定每台服务器在哈希环上的位置，如图 2-25 所示。哈希运算的计算结果一定是 $0 \sim 2^{32}-1$ 之间的整数，这样哈希环上必定有一个点与该整数对应。

（3）最后使用算法定位数据访问相应服务器：对数据使用相同的哈希运算计算出哈希值，并确定此数据在哈希环上的位置，从此位置沿哈希环顺时针寻找，遇到的第一台服务器就是其应该定位到的服务器。如图 2-26 所示，1 号、2 号图片应该存储在服务器 A 上，3 号图片存储在服务器 B 上，4 号图片存储在服务器 C 上。

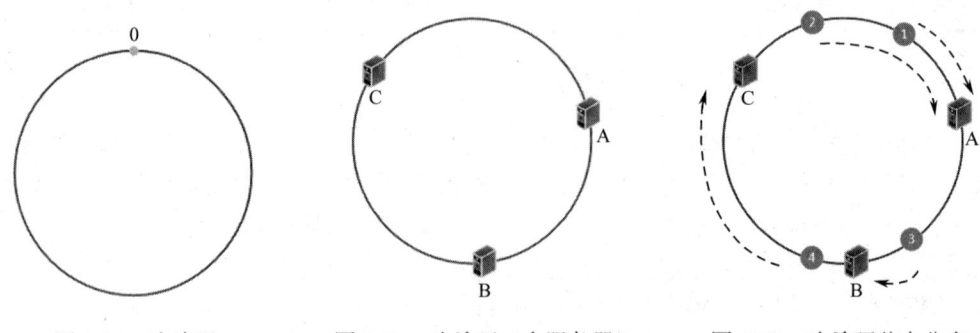

图 2-24　哈希环　　　　图 2-25　哈希环（含服务器）　　　　图 2-26　哈希环节点分布

这样，一致性哈希算法就解决了先前服务器数量发生变化的时候，缓存雪崩的问题，因为一致性哈希算法对于节点的增减只需重定位哈希环上的一小部分数据，只有部分缓存会失效，不至于将所有压力都在同一时间集中到后端服务器上，具有较好的容错性和可扩展性。

如图 2-27 所示，假如将服务器 B 移除，只有服务器 B 中存储的 3 号图片需要转存到服务器 C 服务器上，服务器 A 和服务器 C 中原来存储的图片位置没有发生变化。

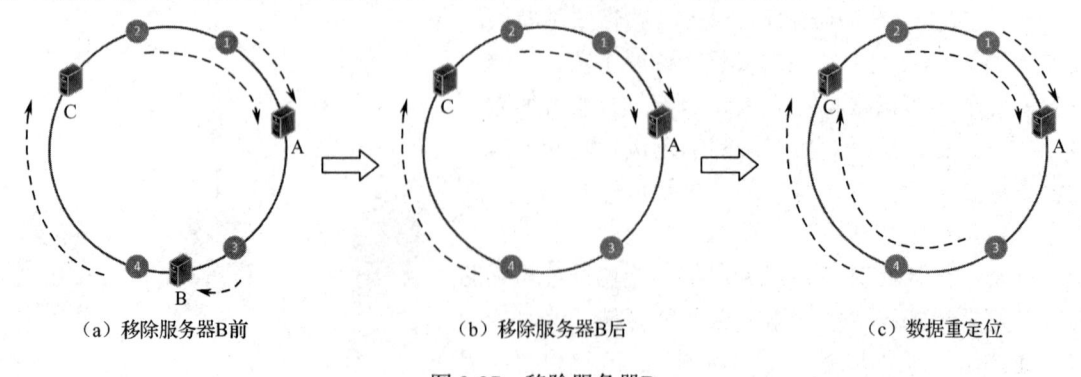

（a）移除服务器B前　　　　（b）移除服务器B后　　　　（c）数据重定位

图 2-27　移除服务器B

此时，

需要注意的是，一致性哈希算法在服务节点太少的情况下，容易因为节点分布不均匀而造成数据倾斜问题，也就是被缓存的对象大部分集中缓存在某台服务器上，从而出现数据分布不均匀的情况，这种情况就称为哈希环的倾斜。这种倾斜对于系统来说是不安全的，在极端情况下可能引起系统崩溃，如图 2-28 所示。

为了解决这个问题，一致性哈希算法引入了虚拟节点机制，即对每个节点计算多个哈希值，每个计算结果的位置都放置一个虚拟节点，一个实际节点可以对应多个虚拟节点，如图 2-29 所示，虚拟节点越多，哈希环上的节点就越多，缓存被均匀分布的概率就越大，哈希环倾斜所带来的影响就越小，同时数据定位算法不变，只是多了一步虚拟节点到实际节点的映射，可以通过在服务器 IP 或主机名的后面增加编号来实现。

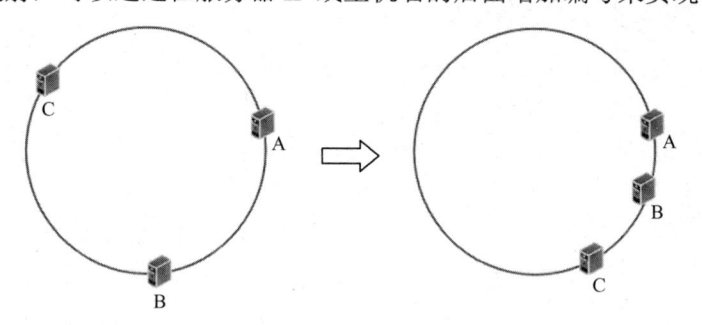

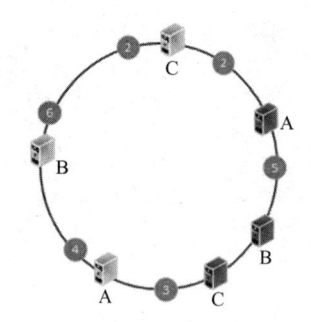

图 2-28 数据倾斜的哈希环   图 2-29 含虚拟节点的哈希环

2.4 习题

一、简答题

1. 什么是分布式系统？
2. FLP 定理和 CAP 定理的主要内容分别是什么？
3. ACID 原则与 BASE 原则有什么区别？
4. 什么是一致性模型？请列举几种常见的一致性模型。
5. 请简述一致性算法的作用和重要性。
6. 什么是 Paxos 算法，它的主要应用场景是什么？

二、分析题

1. 请解释分布式系统中的一致性问题及其重要性。
2. 在分布式系统中，如何通过一致性模型解决数据一致性问题？请举例说明几种常见的一致性模型。
3. FLP 定理的主要内容是什么？它对分布式系统的设计与实现产生了怎样的影响？
4. ACID 原则与 BASE 原则各自的定义是什么？在实际应用中，如何选择这两种理论？

5．请简述一致性算法的作用及其在分布式系统中的重要性，并举例说明几种常用的一致性算法。

6．在设计分布式系统时，如何平衡一致性、可用性和容错性这三者之间的关系？

三、计算题

1．在一个分布式系统中，假设有 5 个节点，其中 3 个节点需要达成一致才能进行数据写入，计算该系统中允许失效的最大节点数量。

2．如果一个分布式系统中需要实现 CAP 定理的所有属性，假设系统中有 30 个节点，请计算在发生网络分区时，至少需要多少个节点提供服务才能保证系统的可用性。

3．在图 2-30 中，一个顺序一致的存储器允许 6 种可能的语句交叉。请列举出这 6 种可能的情况。

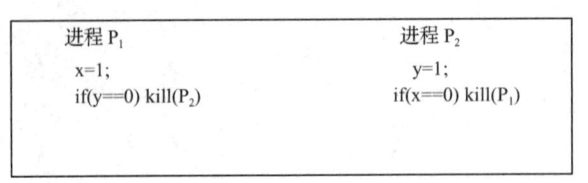

```
进程 P1                          进程 P2
x=1;                             y=1;
if(y==0) kill(P2)                if(x==0) kill(P1)
```

图 2-30　题图

4．考虑一个进程链，该进程链由进程 $P_1, P_2, \cdots, P_n$ 构成，实现多层客户－服务器体系结构。进程 P_i 是进程 P_{i+1} 的客户，P_i 只有得到 P_{i+1} 的应答之后才能向 P_{i-1} 发出应答。如果考虑到进程 P_1 的请求－应答性能，这种组织结构主要存在什么问题？

5．由于存在错误，某个实验性的文件服务器有 3/4 的时间能够正常工作，另外 1/4 的时间无法工作。如果要确保服务至少在 99% 的时间可用，需要将该文件服务器复制多少次？

第3章 区块链架构

3.1 P2P 网络原理及常用算法

3.1.1 P2P 网络原理

P2P 网络（Peer to Peer Network）即"点对点"或"端对端"网络，学术界常称之为"对等网络"，其常见的定义是，一种分布式应用体系结构，用于在对等节点之间划分任务或负载。在网络中，对等节点拥有同等特权，就此形成一个点对点网络。对等节点将其部分资源（如处理能力、存储能力或网络带宽）直接提供给其他网络参与者，无须中央服务器进行集中协调。P2P 网络中的参与者既是资源（内容和服务）提供者（Server），又是资源获取者（Client），网络节点以扁平拓扑结构相连，彼此交互运作、协同处理，网络整体可靠、开放、去中心化。

P2P 网络一般与中心化的客户端/服务器（Client/Server，C/S）架构形成对比，如图 3-1、图 3-2 所示。C/S 架构的显著特点是一台服务器连接多个客户端，在实际系统中更为常见，浏览器/服务器（Browser/Server，B/S）模式可以看作 C/S 架构的一种特例。例如，微信朋友圈发布的图片和文字，首先会上传至微信的中央服务器，由中央服务器推送至相应好友。还可以类比为铁路网，中央服务器就是铁路网上的大型交通枢纽，管理着资源的调配与分发。随着网络规模的扩大，C/S 架构的弊端日益凸显，其最大的隐患在于中央服务器本身的单点故障问题。例如，海量的客户端请求会使中央服务器失效，近年来社会热点事件屡屡导致微博系统瞬间瘫痪；中央服务器如果遭受病毒入侵会迅速扩散至终端用户。

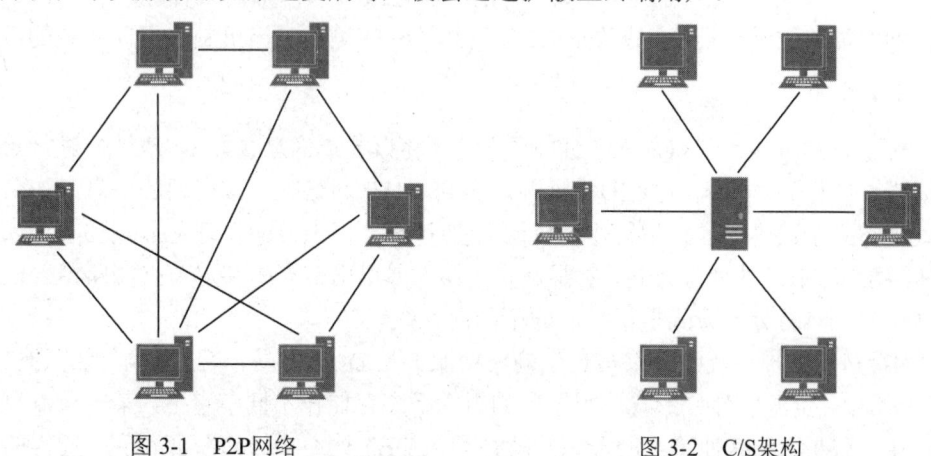

图 3-1 P2P网络   图 3-2 C/S架构

与 C/S 架构相比，P2P 网络是去中心化的，网络中每个节点的地位是对等的；节点可以自由加入和退出，扩展性强；新节点的加入可能为系统带来新的资源，整体多样性得以扩充，服务能力也同步增加，有利于网络的负载均衡；单点故障不会影响整体系统，网络的健壮性和可用性高；所有节点都具备中继转发功能，大幅提高通信匿名性，个人隐私得到保护。基于上述优势，P2P 网络在分布式存储、计算能力共享、流媒体等领域具有广阔的应用前景。

3.1.2　P2P 网络常用算法

分布式哈希表（Distributed Hash Table，DHT）是一种分布式存储方法，在不需要服务器的情况下，每个客户端负责一个小范围的路由，并负责存储一小部分数据，从而实现整个 DHT 网络的寻址和存储。

1）DHT 原理

在 DHT 网络中，客户端主机称为节点，存储的数据项称为对象。D 空间是系统的标识域，在这个空间内所有的标识符都是独一无二的。标识符用来标识节点和对象，每个节点和对象都有唯一的标识符。在分布式系统中，节点标识符（节点 ID）通过对节点信息进行哈希处理来获得，对象关键字 key 通过对对象信息进行哈希处理来获得。哈希处理是一种压缩映射并且是不可逆的，可以把不同空间的输入哈希到同一空间中，方便查询和管理。

在 DHT 网络中，节点存储的是资源的键值对<key,value>，key 是资源关键字，value 值是与存储对象相关的数据（如资源的存储位置或目录）。这样，整个 DHT 网络就形成了一张大的键值对文件索引哈希表，每个节点按照某种规则维护哈希表的一部分，这里的规则由 DHT 算法决定。用户查询对象时，通过查询资源标识，利用相应的哈希算法计算出资源关键字 key，通过 DHT 算法路由获取其存储位置，从而能够快速定位资源的位置。

每个节点在加入网络时，会对存储在本节点上的资源进行索引并存储，以满足本地资源检索的目的。然后按某种预定规则选择一些节点作为自己的邻居节点，加入网络。当某节点发起查询请求 q 时，会将其发送给自己的邻居节点，邻居节点收到 q 后，检查自身是否存在查询的信息，如果不存在，就转发查询，直到返回结果。当一个节点离开网络时，会通过 DHT 算法通知网络内有关的节点，并将自身负责的资源通过算法内部的某种机制转交给其他节点负责，使网络能够正常地维护。另外，DHT 网络还有探测和容错机制，保证系统的可用性。

2）DHT 主要功能

（1）标识符的生成。节点加入 DHT 网络时，将该节点信息（如 IP 地址）进行哈希处理得到全局唯一的标识符作为节点 ID，资源发布到 DHT 网络时，该资源的信息（如名称）进行哈希处理得到全局唯一的标识符作为资源关键字 key。标识符的管理是节点动态加入或退出已有 DHT 网络时系统的处理方式，主要是修改加入或退出节点的邻近节点的路由表信息或存储的文件信息，具体处理方式根据算法的不同而存在差异。

（2）为覆盖网络提供资源查询与定位的路由服务是 DHT 的基本功能，也是热点研究问题。在 DHT 网络中，资源以分片形式按照一定的组织形态存储在不同节点上，某一节点只负责存储部分资源，需要用到其他节点的资源时就必须在 DHT 网络中查询资源位置。通常的实现方式是在节点上存储一张路由表，该路由表中记录 DHT 网络中部分节点 ID、物理位置等信息。在查询时，资源需求节点即为请求节点，请求节点查询自身所存储的路由表，如果目标节点具体信息在路由表中，则完成查询过程。如果没有，则向相应的目标节点发送查询消息，接收查询消息的节点运行与请求节点相同的过程,直到完成目标节点的定位。

下面介绍几个典型的DHT算法。

1. Chord算法

Chord算法的核心思想是,在资源空间和节点空间之间寻找一种匹配关系,使得请求节点能够利用有序的网络结构快速定位到相关索引所在的节点。在实际的Chord算法中,定义一种映射规则:对某个编号为i的资源,在节点空间中寻找一个编号为j的节点,使得节点的编号距离i最近,且$j>i$。这个节点在Chord算法中称为后继节点,这样就使得资源空间与节点空间之间建立起了一种映射关系。如果每个节点都知道整个节点空间的编号信息,那么就能知道怎样为自身拥有的资源建立索引并存储到合适的节点中。

下面举例说明。假设节点空间为{节点1,节点3,节点8,节点11,节点15,节点22,节点23,节点25,节点29},资源空间为{资源2,资源3,资源13,资源25,资源26},拥有资源2的节点为节点8、节点11、节点15。根据映射规则,节点8、节点11、节点15应该把资源2的索引信息存储到节点3。这样,Chord算法的核心问题就转换为,当某个节点需要把资源索引信息存储到P2P网络中时,如何能快速定位到后继节点,Chord算法采用了一种环形网络结构,每个节点根据编号大小组成一个环,即Chord环,如图3-3所示,注意后继节点并不一定是前一个节点的编号加1。

环的生成可由如下方法实现:首先按节点大小生成一个链表,并定义链表中节点编号最大的尾部节点的后继节点为链表中编号最小的头部节点,从而形成一个环形结构。假设有一个包含N个位置的环形空间,每个位置都有编号,以逆时针方向从1开始一直到N,将资源索引根据资源编号放到环形位置里,然后将节点也根据节点编号放到环形位置里。此时对任何一个位置,均有四种可能:什么都没有、只有资源索引、只有节点、既有资源索引又有节点。对于Chord算法的一个形象描述就是,对于那些只有资源索引的位置,将其中的资源索引逆时针旋转,旋转到第一个有节点的位置上,如图3-3最右侧所示。

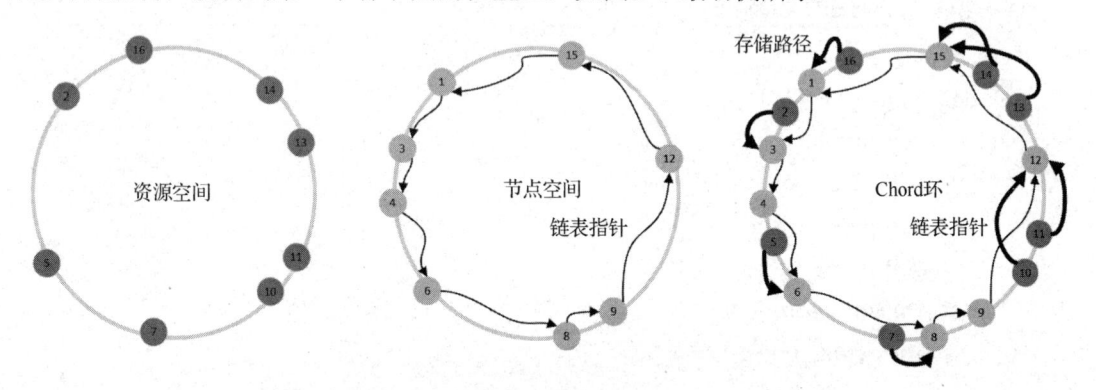

图3-3 Chord算法示意图

下面介绍每个节点应该存储的数据。首先是节点编号,这个编号在节点启动P2P进程后就应该在本地生成,或由某个集中服务器分发生成,使每个节点知道自己的编号;其次是节点的后继指针,值得注意的是,这个指针不是计算机编程语言中通常提到的指针,而是后继节点的IP地址以及服务端口号;另外,节点的前导指针是前面节点的IP地址以及服务端口号；同时每个节点还存储一个二分叉索引表，这是快速寻找后继节点的关键数据结构；此外，还有资源索引表，存储部分资源索引信息。

下面以一个具体例子说明二分叉索引表的结构。假设 Chord 环最大容纳为 2^N 个节点，那么二分叉索引表有 N 项。对编号为 i 的节点，其二分叉索引表第 1 项指针指向 $i+1$ 的后继节点，注意 $i+1$ 并不是编号，而是 P2P 网络实际存在的后继节点，第 2 项指针指向 $i+2$ 的后继节点，第 3 项指针指向 $i+4$ 的后继节点，第 k 项指针指向 Power(2,k-1)的后继节点。

当第 1 个节点加入 P2P 网络时，没有环，因为只有一个节点；当第 2 个节点加入时，也只有一种形成环的可能，也就是其前导与后继节点都是第 1 个节点；当第 3 个节点加入时，必须确定其加入的位置，假设前两个节点的编号分别为 5、9，第 3 个节点的编号为 2，并且第 3 个节点加入时，只能与刚刚加入的第 2 个节点通信，则第 3 个节点能够获知第 2 个节点编号为 9。由于 2<9，第 3 个节点可以获知其至少排在第 2 个节点之前，因此有必要判断前导节点的编号与 2 的关系，而第 3 个节点有前导节点的指针，因此能够返回前导节点（编号为 5 的节点）的 IP 地址和服务端口号给编号为 2 的节点。编号为 2 的节点再与编号为 5 的节点通信，然后判断出自身应该继续向前，直到寻找到正确位置。当节点规模很大时，必须利用二分叉索引表中的指针加速定位。假设新加入的节点编号为 k，那么首先由启动节点（节点 k 的第一个联络节点）从自身的二分叉索引表中找到编号最邻近 k 的节点，设该节点编号为 m，然后通知节点 k 向节点 m 发起请求，寻找节点 k 的后续节点。节点 m 接收到请求后，同样会在自身的二分叉索引表中寻找编号最邻近 k 的后续节点，通过往复搜索，能够很快寻找到 k 的后继节点，如图 3-4 所示。

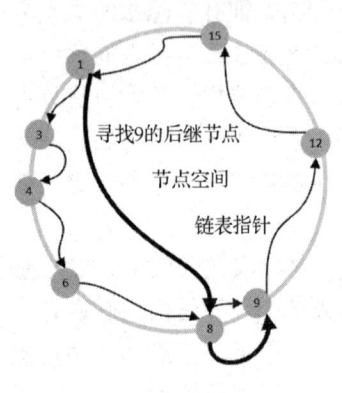

图 3-4 二分叉索引表示例

Chord 核心算法如算法 3-1 所示。

算法 3-1 Chord 核心算法

```
class Node:
    def __init__(self,id):
        self.id = id
        self.successor = self
        self.predecessor = self
        self.finger_table = [self] * m
    def join(self,existing_node):    //初始化新节点
        if existing_node:
            self.init_finger_table(existing_node)
            self.update_others( )
        else:
            self.successor = self
            self.predecessor = self
```

```
            self.finger_table = [self] * m
    def init_finger_table(self,existing_node):    //初始化指针表
            self.finger_table[0] = existing_node.find_successor(self.id)
            self.predecessor = self.finger_table[0].predecessor
            self.finger_table[0].predecessor = self
            for i in range(m - 1):
                start = (self.id + 2**i) % 2**m
                if self.id <= start < self.finger_table[i].id:
                    self.finger_table[i+1] = self.finger_table[i]
                else:
                    self.finger_table[i+1] = existing_node.find_successor(start)
    def update_others(self):    //更新其他节点
            for i in range(m):
                pred = self.find_predecessor(self.id - 2**i)
                pred.update_finger_table(self,i)
    def update_finger_table(self,s,i):    //更新指针表
            if self.id <= s.id < self.finger_table[i].id:
                self.finger_table[i] = s
                self.predecessor.update_finger_table(s,i)
    def find_successor(self,id):    //寻找后继节点
            if self.id < id <= self.successor.id:
                return self.successor
            else:
                n0 = self.closest_preceding_node(id)
                return n0.find_successor(id)
    def find_predecessor(self,id):    //寻找前导节点
            n = self
            while not (n.id < id <= n.successor.id):
                n = n.closest_preceding_node(id)
            return n
    def closest_preceding_node(self,id):   //寻找最邻近的前导节点
            for i in range(m - 1,-1,-1):
                if self.id < self.finger_table[i].id < id:
                    return self.finger_table[i]
            return self
def create( ):    //创建 Chord 环
    node = Node(generate_id( ))
    node.join(None)
```

```
            return node
    def join(new_node,existing_node):    //加入 Chord 环
        new_node.join(existing_node)
    def lookup(key,node):    //寻找资源
        return node.find_successor(key)
    def generate_id( ):
        return random_id( )
```

2. Pastry 算法

Pastry 算法是由剑桥微软研究院和莱斯大学于 2001 年提出的对象定位和路由协议，它的目的是实现高效资源定位和消息路由。Pastry 算法的典型应用包括 PAST 和 SCRIB。

与 Chord 算法类似，Pastry 算法的每个节点都拥有全局唯一的节点标识符（节点 ID），每个资源对应唯一的资源关键字 key。当给定一个消息和其目标资源关键字 key 时，Pastry 算法中的节点能够将这条消息高效地路由给与资源关键字 key 最邻近的在线节点。与 Chord 算法不同的是，Pastry 算法在路由时主要考虑的是，通过节点 ID 和资源关键字 key 的数值邻近性，构建最小化路由路径，并通过网络本地化减少单跳的负担。Pastry 算法的路由过程能有效检索资源，同时保证路由跳数在 $O(\lg N)$ 的范围内（N 为节点总数），实现了可扩展性搜索。

1）标识符空间

在 Pastry 算法中，每个节点都拥有一个 l 位的节点 ID，在数值上为区间 $[0, 2^l-1]$ 中唯一的整数（典型值为 128）。通常节点 ID 是通过对一个节点的公钥或地址进行哈希处理得到的。所有节点根据它们节点 ID 的数值从小到大按顺时针方向排列成一个环形的标识符空间。节点 ID 是在节点加入网络时随机分配的，分配策略是尽量保证节点在标识符空间中均匀分布，使得节点 ID 相邻的节点处于不同物理位置的概率很大。Pasty 算法中的资源关键字 key 也是通过哈希处理资源信息获得的。为了路由的需要，Pasty 算法将节点 ID 和资源关键字 key 看作基于 2^b 的数字串，b 的值一般取 1 到 4 的整数。

Pastry 算法中的每个节点都需要存储一份键值对路由表，存储从资源关键字 key 到资源内容 value 的映射，即键值对 <key,value>，资源信息存储的位置取决于键值对的映射关系。在 Pastry 算法的标识符空间中，资源关键字 key 映射到与其节点 ID 在数值上最邻近的节点。每个节点需要维护与之邻近的键值对信息。由于 Pastry 算法的标识符空间为环形结构，同一个资源关键字 key 可能有两个最邻近的节点。

如图 3-5 所示是 Pastry 算法的标识符空间示例，它有 4 位标识符空间，$b=2$，因此所有标识符都是基于 $2^b=4$ 的数字串，即所有数都是四进制的，每个数位取值范围是 0 到 3 的整数，例如，N10 表示节点 4。标识符空间大小为 $2^4=16$，假设给定的节点总数为 16，资源总数为 4，节点 ID 和资源关键字 key 分别用 N 和 K 表示。例如，K02 最邻近的节点为 N01，则 K02 的信息存储在节点 N01 上，同理，K12 的信息存在节点 N13 上。特别地，K20 到节点 N13 和节点 N21 的距离相等，因此这两个节点均存储 K20 的信息。

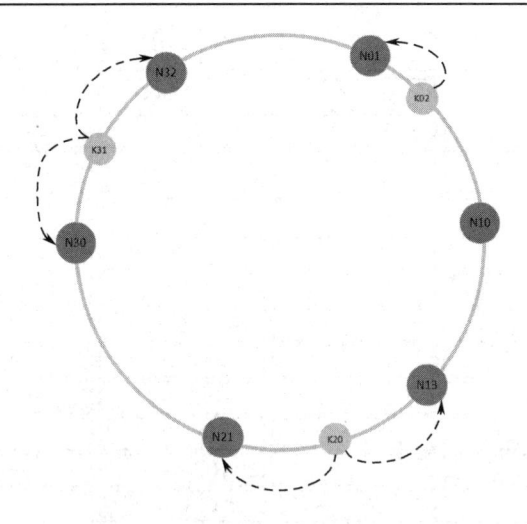

图 3-5 Pastry算法的标识符空间示例

2）节点状态

Pastry 算法把消息路由到与资源关键字 key 最邻近的在线节点。每个节点维护一定的状态信息来支持路由过程。

每个节点状态表由三部分组成：路由表（Routing Table）、叶节点集（Leaf Set）、邻居节点集（Neighborhood Set）。其中，路由表类似于 Chord 算法的指针表，存储节点 ID，用于路由查询；叶节点集存储与本节点 ID 邻近的节点，即逻辑地址上的相邻节点，类似于 Chord 的后继节点；邻居节点集存储与本节点 IP 地址邻近的节点，即物理地址上的相邻节点，用于维护 Pastry 算法的本地化特性。假设节点总数为 N，则节点状态表的具体内容如下。

（1）路由表（Routing Table）。

Pastry 算法中每个节点维护的路由表由 $\lceil \log_B N \rceil$ 行（$B=2^b$）组成，每行包括 2^b 条表项，每条表项持有对应的节点 ID。其中，N 为网络中存活的节点总数；b 为配置参数，其取值非常重要，b 过大可能导致节点需要维护超出节点负载能力的路由表，但较大的路由表可以存储更多的邻居节点，在转发时更为精确，因此它的取值反映了路由表大小和路由效率之间的权衡。

对于节点 n，其路由表分为两个部分。一是每行的阴影项，表示与当前节点的节点 ID 相同的位。二是第 i（i 从 0 开始计数）行的表项，其中存储着这样的节点：节点 ID 与当前节点的前 i 位前缀在数值上相同，但它的第 $i+1$ 位取遍从 0 到 2^b-1 的可能值（除去节点 n 的第 $i+1$ 位的值）。如果某前缀对应的节点不存在，则该表项为空。因此，路由表中第 i 行每个表项的形式为"共同前缀（前 i 位）-下一位（第 $i+1$ 位）-节点 ID 剩余位"。这种结构与 IP 路由中的最长掩码匹配算法很类似。

如图 3-6 所示为 Pastry 算法中节点 10233102 的状态表，其节点 ID 为 8 位，$b=2$，所有的标识符基于 $2^b=4$。路由表为 8 行 4 列，每项表示为"和节点 10233102 的共同前缀-下一位-节点 ID 剩余位"。最上面的一行为第 0 行，与节点 10233102 没有共同前缀，第 0 行的阴影项表示与节点 10233102 相同的首位，即 1；第 1 行阴影项为本节点 ID 第 2 位的值，其他表项与本节点共享第 1 位的前缀，且这些表项的第 2 位取遍了 2^2-1 的值，其他表项以此类推。

节点ID		10233102	
叶节点集	SMALLER	LARGER	
10233033	10233021	10233120	10233122
10233001	10233000	10233230	10233232

路由表			
-0-2212102	1	-2-2301203	-3-1203203
0	1-1-301233	1-2-230203	1-3-021022
10-0-31203	10-1-32102	2	10-3-23302
102-0-0230	102-1-1320	102-2-2302	3
1023-0-322	1023-1-000	1023-2-32	3
10233-0-01	1	10233-2-32	
0		102331-2-0	
		2	

邻居节点集			
13021022	10200230	11301233	31301233
02212102	22301203	31203203	33213321

图 3-6　节点 10233102 的状态表

（2）叶节点集（Leaf Set）。

叶节点集容量为 L，典型值为 2^b，在消息路由时需要用到，它与路由表共同作为路由相关信息的来源。其中半数的节点 ID 最邻近且大于当前节点 ID，另一半节点 ID 最邻近且小于当前节点 ID。在恢复相邻节点故障的过程中，叶节点集扮演的角色类似于 Chord 算法中后继节点的二分叉索引表。

（3）邻居节点集（Neighborhood Set）。

邻居节点集容量为 M，典型值为 2^b 或 $2×2^b$。它存储与本节点 IP 地址邻近的 M 个节点，即物理地址上的相邻节点。邻居节点集的确定基于网络邻近准则（Proximity Metric），也就是在邻近空间中，通过 IP 路由跳数等指标衡量节点间的逻辑距离。邻居节点集不用于路由转发，而是用于维护 Pastry 算法的本地化特性，在邻居节点的信息交换过程中发挥了十分重要的作用。Pastry 算法中并未提供距离信息的获取方法，而是假设应用层可以通过某种手段（人工配置或协商）得到距离信息并配置邻居节点集。

3）Pastry 路由

当节点 A 收到一条消息时，首先检查消息的 key 是否位于其叶节点集，如果是，则直接把消息转发给叶节点集中节点 ID 与 key 最邻近的节点；如果 key 不在叶节点集中，则需使用路由表进行路由查询。此时，节点 A 把消息发送给路由表中的节点，此节点与 key 共享前缀的位数比节点 A 与 key 共享前缀的位数至少大 1 位。如果路由表对应表项为空，或表项对应的节点不可达，消息将被转发给与 key 共享前缀的长度和节点 A 与 key 共享前缀的长度相同的节点，但在数值上距离 key 更近。该节点和当前节点相比，其节点 ID 从数值上将更邻近 key，这样的节点一定位于叶节点集中。因此，只要叶节点集中不出现一半以上的节点同时失效的情况，路由过程就可以继续。由此，路由的每一步和上一步相比都向目标节点前进了一步，直至找到目标节点。

如图 3-6 所示，节点 10233102 想要寻找 key 为 10241201 的节点。首先判断 key 不在叶节点集中；然后查询路由表，由于 key 和节点 10233102 的前 3 位相同，所以直接查询第 4 行，寻找共同前缀至少比当前节点大一位的节点，没有符合条件的节点；最后寻找共同前缀一样长，但数值上距离 key 最近的节点，寻找结果为节点 10233232，向该节点转发查询请求。节点 10233232 采用同样的路由过程，如此重复，直至找到存储 key 的目标节点。

4) Pastry 算法维护

在动态网络中，Pastry 算法需要处理节点加入、失效的情况，维护节点状态表的准确性，以保证网络能够准确高效地进行路由。

(1) 节点加入。

当新节点加入时，需要初始化自己的状态表，并通知其他节点自己已经加入网络。假定有一个新加入的节点 X。首先，节点 X 在加入之前依据网络邻近准则获知了邻居节点（物理地址上的相邻节点）A 的位置信息，该位置是自动确定的，可以由系统管理员手动配置或"扩展环" P 多点传送获得。

其次，节点 X 要求节点 A 为它路由一条"加入"消息，消息的 key 就是节点 X 的节点 ID。和其他的消息一样，这条消息最终会路由到节点 ID 和节点 X 最邻近的节点 Z。作为响应，节点 A 和节点 Z 以及从节点 A 到节点 Z 路径上的所有节点都会把自己的节点状态表传送给节点 X，又利用这些信息初始化自己的节点状态表。

节点状态表初始化的具体过程：由于节点 A 是节点 X 在物理地址上的相邻节点，节点 A 的邻居节点集与节点 X 的邻居节点集相近，因此将节点 A 的邻居节点集复制为节点 X 的邻居节点集。同时，由于节点 Z 与节点 X 的节点 ID 最邻近，因此节点 X 的叶节点集可基于节点 Z 的叶节点集来构造。节点的路由表由消息由节点 A 向节点 Z 路由过程中遇到的所有节点提供的路由信息来构造，表项从第 0 行开始。假设节点 A 和节点 X 没有共享前缀，由于路由表中第 0 行的信息独立于本地的节点 ID，那么节点 A 的第 0 行信息也可以作为节点 X 的第 0 行信息，而节点 A 的路由表中其他行对构造节点 X 的路由表无用。然后，节点 X 的第 1 行信息将从节点 B 的第 1 行获得，节点 B 是消息由节点 A 向节点 Z 路由过程中遇到的第 1 个节点，它与节点 X 共享节点 ID 的第 1 位，节点 X 将从由节点 A 向节点 Z 路由过程中依次遇到的节点处各获取一行路由信息，直至到达节点 Z。

最后，当节点初始化完成后，节点 X 将通知其他节点它已经加入了网络。节点 X 复制自己初始化完成后的状态表，传送给邻居节点集、叶节点集和路由表中的所有节点。这些节点依据接收到的信息更新自己的状态表。这个过程能够保证初始化状态表的正确性，同时，其他相关节点的状态表也及时得到更新。

(2) 节点失效。

Pastry 算法中的节点可能随时失效或未经通知离开网络。节点将周期性探测其邻居节点集的存活状况，当标识符空间中的某个节点不能和它的邻居节点进行通信时，就认为该节点失效了。为了保证路由性能和正确性，需要将失效节点替换为可用节点。

如果某节点 X 的叶节点集 L 中的节点失效，则当前节点 X 会要求自己的叶节点集中具有最大节点 ID 或最小节点 ID（根据失效节点的节点 ID 决定，如果失效节点的节点 ID 比当前节点 ID 大，则用最大节点 ID，反之则用最小节点 ID）的节点把它的叶节点集 L' 发送给节点 X。由于 L' 来自与节点 X 具有最邻近节点 ID 的节点，L' 和 L 中的表项在标识符空间中是靠近且有重叠的，如果 L' 中存在 L 中没有的节点，当前节点 X 将从 L' 中选择一个合适的节点替代失效节点，在此之前需要验证该节点是否还存活于网络中。这个机制能够保证只要叶节点集中不出现一半以上的节点同时失效的情况，每个节点都可以修复其叶节点集。如果路由表中某表项对应的节点失效，那么当前节点将从该表项的所在行中选择另一个节点，要求它把自己路由表中与当前失效节点处于同一位置的表项发过来，并复制替代失效节点的对应表项。如果当前节点的路由表中失效节点所在行已经没有可用节点了，那么当前节点将从路由表的下一行中选择一个节点。这个过程将一直持续下去，直到当前节点能够得到一个替代失效节点的节点 ID，或当前节点遍历了路由表。

邻居节点集虽然不用于消息路由，但在保证消息路由的实时性、正确性方面是十分关键的。邻居节点集需要保证路由表中每个表项指向的节点都是真实网络中当前节点最邻近的节点。每个节点都会周期性地和邻居节点集中的所有节点交换信息以验证这些节点是否仍在网络中。如果某个节点失效，那么当前节点将要求其他邻居节点把它们的邻居节点集发送过来并从中选择一个新的邻居节点替代失效节点。

Pastry 核心算法如算法 3-2 所示。

算法 3-2　Pastry 核心算法

```
class Node:
    def __init__(self,id):
        self.id = id
        self.routing_table = [][for _ in range(b)]
        self.leaf_set = []
        self.neighborhood_set = []
    def join(self,existing_node):    //初始化新节点
        if existing_node:
            self.init_routing_table(existing_node)
            self.update_others( )
        else:
            for i in range(b):
                self.routing_table[i] = [self] * b
    def init_routing_table(self,existing_node):    //初始化新节点路由表
        for i in range(b):
            self.routing_table[i] = existing_node.find_closest_prefix(self.id,i)
    def update_others(self):    //更新其他节点
        for i in range(b):
            nodes = self.find_prefix_neighbors(i)
```

```python
        for node in nodes:
            node.update_routing_table(self,i)
    def update_routing_table(self,node,prefix_len):    //更新路由表
        common_prefix = self.common_prefix_length(node.id,self.id)
        if common_prefix >= prefix_len:
            self.routing_table[prefix_len][int(node.id[prefix_len])] = node
    def find_closest_prefix(self,id,prefix_len):    //寻找前导节点
        common_prefix = self.common_prefix_length(id,self.id)
        if common_prefix >= prefix_len:
            return self.routing_table[prefix_len]
        else:
            return [self]
    def find_prefix_neighbors(self,prefix_len):    //寻找具有共同前缀的邻居节点
        prefix = self.id[:prefix_len]
        neighbors = []
        for i in range(b):
            if i != int(self.id[prefix_len]):
                neighbors.append(self.routing_table[prefix_len][i])
        return neighbors
    def common_prefix_length(self,id1,id2):    //共享前缀长度
        length = 0
        for i in range(min(len(id1),len(id2))):
            if id1[i] == id2[i]:
                length += 1
            else:
                break
        return length
    def find_successor(self,key):    //寻找后继节点
        prefix_len = self.common_prefix_length(key,self.id)
        if key in self.leaf_set:
            return self.leaf_set[0]    # Simplified,should find the closest in leaf set
        else:
            next_hop = self.routing_table[prefix_len][int(key[prefix_len])]
            return next_hop.find_successor(key)
def create( ):    //创建 Pastry 网络
    node = Node(generate_id( ))
    node.join(None)
    return node
```

```
def join(new_node,existing_node):   //加入网络
    new_node.join(existing_node)
def lookup(key,node):   //寻找资源
    return node.find_successor(key)
def generate_id( ):
    return random_id( )
```

3. CAN 算法

内容可寻址网络（Content Addressable Network，CAN）算法是另外一种有序安排和组织索引结构的算法，本质上和 Chord 算法、Pastry 算法并没有太多区别，同样是把资源和节点通过哈希函数映射到同一个空间。

1）CAN 原理

虚拟坐标空间在系统的所有节点间动态划分，以保证系统中的每个节点都拥有坐标空间的一个分区（zone）。当节点发起数据查询时，先利用分布式哈希表 DHT 将查询数据的数据关键字 key 映射到虚拟坐标空间的点 P 上，key 所对应的键值对<key,value>即存储在点 P 所在分区的节点上，查询请求的目的地址就是点 P 的坐标，然后节点再根据自己的路由表将查询请求发送到点 P 最邻近的邻居节点上。对于包含 N 个节点的 CAN，每个节点维护 $O(d)$ 的状态信息，每次搜索的搜索代价是 $O(dN^{1/d})$。

整个 CAN 可以看作一个 DHT，主要存储上述键值对。CAN 的基本操作包括键值对的插入、查找和删除。整个 CAN 由许多独立节点组成，每个节点存储 DHT 的一部分，称为一个分区。每个节点在 DHT 中还存储了少量邻接区的信息。对指定 key 的插入、查找或删除请求会被中间的 CAN 节点路由到包含该 key 的 CAN 节点。

CAN 是一个完全分布的、可测量的带有容错机制的系统，与 DNS 或 IP 路由系统不同，CAN 具有很好的可扩展性，节点只需要维护少量的控制状态信息而且状态数量与系统中的节点数量无关。

2）标识符空间

CAN 的标识符空间设计基于虚拟的笛卡儿坐标空间。为了实现数据的组织和查找功能，整个坐标空间被动态地分配给系统中的所有节点，每个节点拥有独立且互不相交的一块区域。图 3-7 给出了一个将 2 维的[0,1]×[0,1]的笛卡儿坐标空间划分为 5 个节点区域的例子。从图 3-7 中可以看到，虚拟坐标空间中的每个分区被动态地分配给 CAN 中的某个节点，如坐标空间(0.5~1,0.0~0.5)被分配给节点 B。对于区间边界值，采用左闭右开（水平方向）和下闭上开（垂直方向）的规则。

这种虚拟坐标空间采用如下方法存储键值对：当要存储<K_1,V_1>时，首先将 K_1 映射成坐标空间中点 P 的坐标，对应的键值对就被存储到点 P 所在分区的节点内。当需要查询 K_1 的值时，任何节点都可以使 K_1 和点 P 匹配，再从点 P 那里得到相应的值。如果点 P 所在分区的节点不是发起查询请求的节点或其邻居节点，则 CAN 负责将此查询请求路由到点 P 所在分区的节点。因此，在 CAN 中，有效的路由机制是很重要的。

CAN 中的节点可以自组织地加入虚拟坐标空间，任何一个节点都可以了解并维持邻居节点的 IP 地址。这种特性可以用作坐标路由表，以完成不同节点之间的路由。

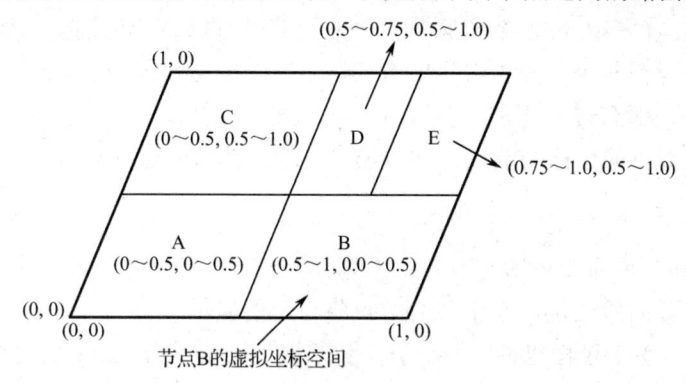

图 3-7　5 个节点的笛卡儿坐标空间

3）路由机制

CAN 中的路由实际上就是在笛卡儿坐标空间中从源坐标到目的坐标的一条直线段路径。每个节点都维护一张坐标路由表，用来存储该节点所有邻居节点的 IP 地址和虚拟坐标区。在 d 维坐标空间中，如果两个节点的坐标在 $d-1$ 维上重叠（overlap）而在另一维上相邻接，则称这两个节点是邻居关系。如图 3-8 所示，节点 5 和节点 1 的坐标在 y 维重叠而在 x 维相邻接，所以节点 5 和节点 1 是邻居节点；节点 6 和节点 1 在 x 维和 y 维都是相邻而不重叠的，所以不是邻居节点。

这种简单的本地邻居足够完成空间中任意两个节点的路由了：在 CAN 中发送的一条消息肯定会有目的坐标，查询节点在路由时会将该消息转发给坐标路由表中距目的坐标最近的节点，直到目的坐标。

图 3-8 给出了一个简单的路由，虚线是节点 1 到点 (x,y) 的路由，在节点 7 加入 CAN 前，节点 1 的邻居节点集为 {2,3,4,5}。

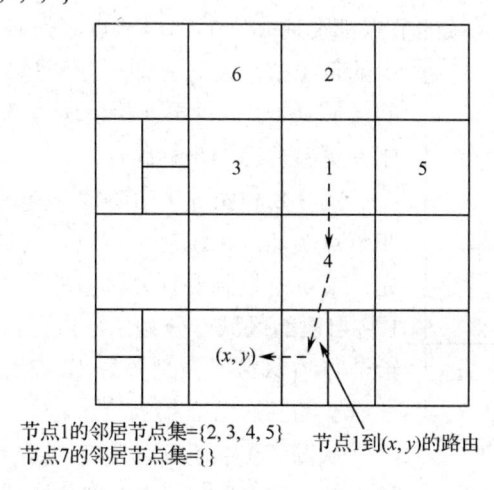

图 3-8　节点 7 加入前

对于被划分为 N 个等分区域的 d 维坐标空间，平均路由长度为 $(d/4)(N^{1/d})$ 跳，每个节点维护 2d 个邻居节点的状态信息。这意味着可以在不增加每个节点状态信息的同时增加网络节点数，而平均路由长度只以 $O(N^{1/d})$ 的速率增长。而且，坐标空间中两个节点之间有多条不同的路由路径，如果节点的一个或多个邻居节点失效，节点可以自动切换至其他可用路径路由。但是，如果某个节点在某个方向失去了所有邻居节点，而应用的修复机制还没有来得及在坐标空间中重建空间，那么转发请求将会暂时失败。在这种情况下，节点可以用扩展环搜索找到一个比自己更接近目的坐标的节点，并将消息转发给该节点进行路由。

4）自组织

整个 CAN 是由当前系统里所有节点动态划分的。当新节点加入时，系统必须为它分配相应的坐标空间。一般的做法是，某个现有节点将自己的区域一分为二，自己保留一半，将另一半分配给新节点。整个过程包括：①新节点必须找到一个已有节点；②通过 CAN 的路由机制，新节点必须找到一个要被区域划分的节点；③进行区域划分操作，并通知被分割区域的邻居节点有新节点加入，以便在邻居节点的坐标路由表中加入新节点。

在第①步中，新节点要获得当前 CAN 中某个节点的 IP 地址，可以用自举机制。假设该 CAN 被分配了一个域名，该域名可以解析为一个或多个自举节点的 IP 地址，且每个自举节点维护一张它认为在当前 CAN 中的节点列表。当新节点加入时，首先通过 DNS 解析 CAN 的域名，获得某个自举节点的 IP 地址，并向该自举节点发出请求，自举节点从自己的节点列表中随机选择几个节点的 IP 地址响应给新节点。新节点从收到的响应中随机选择点 P，并向点 P 发送加入请求消息，该消息可以通过任意现有节点发送到 CAN 中，每个节点用 CAN 的路由机制将加入请求消息路由到点 P 所在区域的节点。该节点将点 P 所在区域划分为相等的两部分，并将其中一半分配给新节点。划分方向按照维的顺序来决定，以便该节点离开时区域能再次合并。例如，对于 2 维空间，可以先沿着 x 轴划分，再沿着 y 轴划分。同时，新划分出来区域的键值对也移交给新节点。获得自己的区域后，新节点可以从被划分区域的节点那里学习到邻居节点集，新节点的邻居节点集是以前的邻居节点集加上被划分区域的节点。同样，被划分区域的节点从自己的邻居节点集中删掉非邻居节点。由于重新划分了区域，坐标发生了变化，新节点和被划分区域的节点都要通知它的邻居节点。紧接着进行周期性更新，CAN 中的每个节点发布立即更新消息，向所有邻居节点告知当前的区域划分。这种更新保证所有邻居节点都能快速学习到变化并更新自己的坐标路由表。

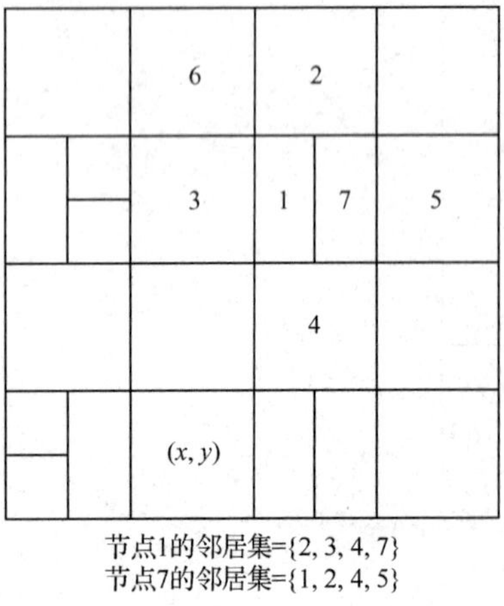

图 3-8 和图 3-9 为节点 7 加入 2 维 CAN 前后的例子。在节点 7 加入系统前，节点 1 的邻居节点集为{2,3,4,5}。首先，节点 7 找到要划分区域的节点，即节点 1；然后，节点 1 将自己的区域一分为二，自己保留一半，另一半区域分配给节点 7；区域重新划分后，节点 1 的邻居节点集为{2,3,4,7}，节点 7 的邻居节点集为{1,2,4,5}。

节点1的邻居集={2, 3, 4, 7}
节点7的邻居集={1, 2, 4, 5}

图 3-9 节点 7 加入后

从图 3-9 中还可以发现，新节点的加入仅对坐标空间中的少数节点有影响。节点维护的邻居节点数仅依赖坐标空间的维数，与 CAN 中的所有节点数无关。因此，新节点的加

入仅影响 $O(d)$ 个现有节点，这个特性对大规模 CAN 是很重要的。当节点离开 CAN 时，要保证空出的区域能移交给剩下的节点。正常的过程是，节点明确地将它的区域和相关键值对数据库移交给其中的一个邻居节点。如果某个邻居节点的区域可以合并该区域并产生单个有效的区域，那么任务就完成了；如果不行，那么就将该区域移交给区域最小的邻居节点，该节点将暂时负责两个区域。

当出现节点不可达或网络故障时，要求 CAN 必须是健壮的，可以通过接管算法来处理。该算法可以保证由失效节点的邻居节点来接管失效节点的区域。但是离开节点的键值对将会丢失，除非数据的拥有者重新更新。正常情况下，节点向它的每个邻居节点周期性地发布更新消息，其中包含自己和邻居节点的区域坐标列表。如果某个节点在给定时间内未收到邻居节点的更新消息，则说明该邻居节点失效。若某个节点失效，则它的每个邻居节点会分别初始化接管算法并启动接管定时器，定时器的大小和该节点拥有的区域大小成反比。若定时器超时，每个邻居节点向其他所有邻居节点发送 TAKEOVER 消息，其中含有自己的区域信息。当收到 TAKEOVER 消息时，每个邻居节点都会进行同样的操作：比较自己的区域和消息中的区域，当消息中的区域小于自己的区域时，节点会取消自己的定时器，反之则回应自己的 TAKEOVER 消息。这种方法，可以有效地选择存活邻居节点，由这个邻居节点接管失效节点的区域。在多个邻居节点同时失效的情况下，节点可能检测到失败，但只有不到一半的失效节点的邻居节点仍然可达。如果节点在此环境下接管另一个区域，CAN 的状态可能不一致。这种情况下，在触发修复机制前，节点执行扩展环搜索来搜索失效区域旁的任意节点，最终重建充分的邻居节点状态，安全地初始化接管算法。

可见，不管是节点正常退出还是节点失效被接管，都会导致一个节点负责多个区域。为防止重复分片，后台将执行区域重分配算法，保证 CAN 中每个节点负责各自的区域。

CAN 核心算法如算法 3-3 所示。

算法 3-3　CAN 核心算法

```
class Node:
    id      //节点编号
    zone    //节点负责的区域
    neighbors   //邻居节点集合
function initializeNode(id,zone):    //初始化节点
    node = new Node( )
    node.id = id
    node.zone = zone
    node.neighbors = findNeighbors(node)
    return node
function findNeighbors(node):    //寻找邻居节点
    neighbors = []
    for each n in networkNodes:
        if isNeighbor(node.zone,n.zone):
```

```
            neighbors.append(n)
        return neighbors
    function isNeighbor(zone1,zone2):    //判断两个区域是否为邻居
        return abs(zone1 - zone2) == 1

function joinNode(newNode,bootstrapNode):    //加入节点
    targetZone = findZoneForNewNode(bootstrapNode,newNode.id)    //找到新节点的区域
    newZone,remainingZone = splitZone(targetZone)        //划分区域
    newNode.zone = newZone
    targetZone = remainingZone
    newNode.neighbors = findNeighbors(newNode)        //更新邻居节点
    updateNeighbors(newNode)
    return newNode
function findZoneForNewNode(node,newId):    //找到新节点的区域
    if node.zone.contains(newId):
        return node.zone
    else:
        closestNeighbor = findClosestNeighbor(node,newId)
        return findZoneForNewNode(closestNeighbor,newId)
function findClosestNeighbor(node,newId):    //找到距离新节点最近的邻居节点
    closest = null
    minDistance = infinity
    for each neighbor in node.neighbors:
        distance = calculateDistance(neighbor.id,newId)
        if distance < minDistance:
            closest = neighbor
            minDistance = distance
    return closest
function calculateDistance(id1, id2):    //计算两个编号之间的距离
    return abs(id1 - id2)
function splitZone(zone):    //划分区域
    midpoint = (zone.start + zone.end) / 2        //简单的中点划分
    return new Zone(zone.start, midpoint), new Zone(midpoint + 1, zone.end)
function updateNeighbors(node):    //更新邻居节点
    for each neighbor in node.neighbors:
        if isNeighbor(node.zone, neighbor.zone):
            neighbor.neighbors.append(node)
        else:
```

```
            neighbor.neighbors.remove(node)
function searchResource(startNode, resourceId):    //搜索资源
    if startNode.zone.contains(resourceId):
        return startNode
    else:
        closestNeighbor = findClosestNeighbor(startNode, resourceId)
        return searchResource(closestNeighbor,resourceId)
```

P2P 网络以其去中心化、分布式的特性,为区块链提供了一个理想的基础架构。在 P2P 网络中,每个节点都具有平等的地位,它们可以直接进行数据交换和通信,无须通过中心服务器。这种架构不仅提高了系统的可扩展性和容错性,也降低了单点故障的风险。区块链进一步发展了这一概念,通过引入加密算法、共识机制和激励机制,构建了一个更加安全、可靠的分布式账本系统。

3.2 区块链的总体架构

区块链系统可分为 6 层,如图 3-10 所示,分别是数据层、网络层、共识层、激励层、合约层、应用层。

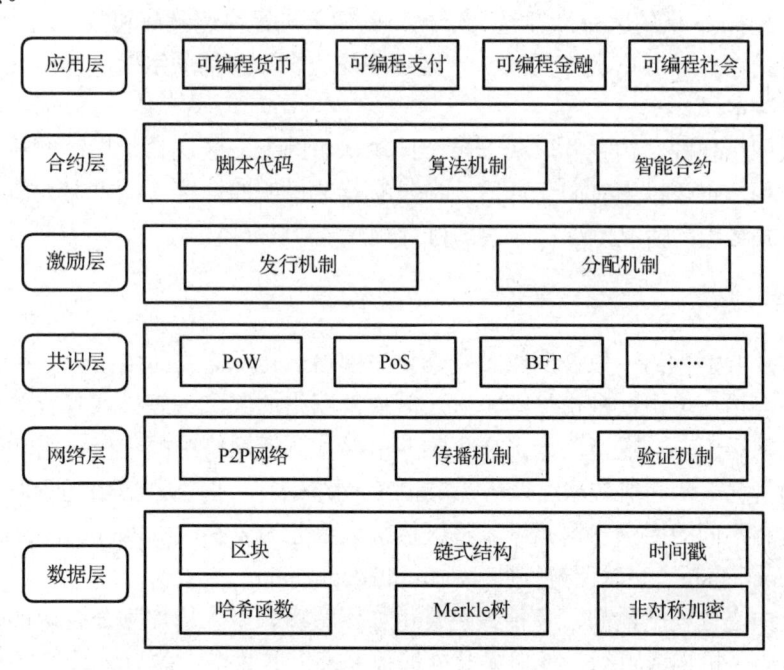

图 3-10 区块链的总体架构

1. 数据层

数据层封装了区块链的底层数据存储和加密技术。每个节点存储的本地区块链副本可以

看作三个级别的分层数据结构，即交易、区块和链。每个级别都需要不同的加密功能来保证数据的完整性和真实性。

（1）交易是区块链的原子数据结构，通常由用户或智能合约等自主对象创建，完成代币从发送方到指定接收方的转移。数据层通过哈希函数和非对称加密保证交易记录的完整性。

哈希函数能够将任意长度的二进制输入映射到固定长度的二进制输出，其计算具有不可逆性，无法根据输出恢复输入，同时，不同输入生成相同输出的概率可以忽略。

非对称加密主要指在交易过程中使用的公钥和私钥。网络中的每个节点都会生成一对公钥和私钥，私钥与数字签名功能相关，数字签名通过一串他人无法伪造的字符串证明交易发送方的身份；公钥与数字签名的验证相关，只有对应私钥生成的数字签名经过验证后才会返回 true。网络中的节点还会将公钥生成的字符串作为区块链上的永久地址识别自身。

（2）区块是交易记录的聚合单元，只有参与网络共识的节点才能创建。例如，在比特币网络中，只有具有矿工功能的节点才有资格进行新区块的创建。为了保证交易记录的完整性，同时在共识节点的本地存储中按照指定顺序进行区块间的排序。

哈希指针又被称作父哈希。将上一区块的哈希值存储为当前区块的指针，区块通过哈希指针实现链状结构。哈希指针不仅可以指向数据存储位置，还可以明晰这个时间戳下该数据的哈希值。一旦数据被篡改，哈希指针能即时反映出来。

Merkle 树通过二叉树的形式存储交易数据，每个叶节点均为交易的哈希值，非叶节点用相连的两个子节点的哈希值连接标记。所有交易信息最终以 Merkle 根的形式存储在区块头中，其中，仅存储 Merkle 根的区块为轻量级形式，以便于进行快速验证和数据同步。

除了哈希指针、Merkle 树和区块头，区块中还包含一些辅助字段，其定义由共识机制的区块生成协议决定。

（3）区块间呈现的结构主要取决于单个区块保留的上一区块哈希指针的数量，区块网络可以为链式结构，也可以为有向无环图。在没有其他说明的情况下，本书大部分对于区块链的说明均为链式结构的情况，这样区块的排列顺序能够得到保障。

2. 网络层

网络层涉及 P2P 网络，以及网络节点连接与网络运转所需要的传播机制和验证机制。

在拜占庭容错环境中，身份管理机制对区块链网络的节点组织模式具有关键作用。在无许可的公有链网络中，节点可以选择自由加入网络并激活网络中的任何可用功能。在没有任何身份认证的情况下，区块链网络以覆盖式 P2P 网络运行，但不同应用场景对区块链去中心化和开放程度有不同的要求，据此可以将区块链大致分为公有链（Public Blockchain）、私有链（Private Blockchain）和联盟链（Consortium Blockchain）三大类。

公有链去中心化程度最高，各种数字货币如比特币、以太坊均为公有链的代表。公有链完全不存在中心化机构或组织，任何人都能够读取链上的数据，参与交易和算力竞争。

私有链的门槛最高，权限完全由中心化机构或组织控制，数据读取和写入受到严格限定，适合内部使用。中心化程度较高可以理解为一个弱中心化或多中心化的系统。同时由于门槛最高，私有链的节点数量被严格控制，较少的节点数量代表着更短的交易时间、更高的交易效率和更低的算力竞争成本。

联盟链介于公有链和私有链之间，是部分去中心化的系统。从某种意义上来说，联盟链是开放程度更高的私有链，由利益相关方组成的联盟共同维护网络。相较之下，联盟链仅允许授权节点启用核心功能，如参与共识机制或数据传播。根据共识协议的不同，授权节点被组织在不同的拓扑结构中，可以是全连接的网络，也可以是 P2P 网络。

网络层的主要目标是在节点间引入随机拓扑结构，同时实现区块链更新信息的有效传播和本地同步。大多数现有的区块链网络采用的均为即用型 P2P 网络，只对拓扑结构和数据通信略加修改。在对等节点发现和拓扑结构维护上，不同的区块链网络采用的方式不同。比特币网络中有一个"种子节点"列表，种子节点指的是长期稳定运行的节点，新节点可以通过与种子节点建立连接快速发现网络中的其他节点，而这些种子节点可以由比特币客户端或社区成员维护。在以太坊中，采用了基于哈希表的 Kademlia 协议，通过 UDP 连接进行对等节点发现与路由。

通常，节点间通过握手协议建立持久 TCP 连接，交换区块状态、协议版本等。在比特币网络中，建立一个或多个连接后，新节点将包含自身 IP 地址的 addr 消息发送给相邻节点，相邻节点再将该消息转发给它们各自的相邻节点，从而使新节点的消息被多个节点接收。同时，新节点通过 getaddr 请求让相邻节点发送已知对等节点的 IP 地址列表。节点通过握手协议与其邻居节点完成交易和信息交换。区块链中的数据传输通常是基于 HTTP 的远程过程调用（Remote Procedure Call，RPC）协议实现，消息按照 JSON 协议进行序列化。

3. 共识层

共识层封装了区块链网络中的共识算法，如工作量证明（Proof of Work，PoW）、权益证明（Proof of Stake，PoS）、拜占庭容错（Byzantine Fault Tolerance，BFT）算法。在分布式系统中，维护基于 P2P 网络的区块链规范状态可映射为容错状态机的复制问题。换句话说，区块链的共识协议需解决拜占庭将军问题下的网络节点协同问题，在区块链网络中，拜占庭将军问题可能导致故障节点出现任意行为，不仅是宕机失去响应，还包括恶意攻击（如女巫攻击、双重攻击）、节点错误（如软件版本不同导致的区块链分叉）和连接错误。在拜占庭环境中，只有满足共识协议中的条例内容，才能认为网络达成共识，包括被纳入区块的所有交易都需经过诚实节点的验证；新区块只有被所有诚实节点验证通过才能被纳入区块链中；新区块必须按顺序延长现有最长链；诚实节点需对区块内交易顺序达成一致。

共识协议因区块链网络的不同而存在差异。对于公有链，即完全开放的区块链网络，需对参与共识的节点进行更为严格的信息同步控制，因此多采用改进的拜占庭容错算法，瑞波（Ripple）就是一个典型案例，通过一组节点间的投票机制执行区块链的扩展，将算法复杂度由指数级降低到多项式级。

去中心化的区块链网络需支持匿名节点和非实时同步。因此，区块链网络中的共识协议需要拥有更加优异的可扩展性，同时容许虚拟身份和非即时的信息同步。由于去中心化的区块链网络允许任何节点进行新区块的挖掘，更新区块链状态信息，共识层主要目标是确保每个节点都能够遵守"最长链原则"，在任何时间内，只有最长链可以被节点接纳为区块链的标准状态。传统基于投票的 BFT 缺乏身份验证机制，在对权限有限制的区块链网络中不再适用，而基于激励的共识方案更有优势。

4. 激励层

激励层为区块链网络的平稳运行和发展加入激励措施，包括发行机制和分配机制。

以比特币为例，为了解决匿名性、延展性等问题，中本聪提出了工作量证明（PoW）共识机制实现去中心化共识。从单个节点的角度来看，该共识机制主要定义了三个过程：链的验证和确认过程、链间的比较和扩展过程以及 PoW 的破解过程。

验证和确认过程会检查区块链中的每个区块是否提供有效的工作量证明解，同时交易之间不存在冲突。当网络中存在两条链时，不同的区块链可以是从对等节点接收的或本地自提的；链间的比较和扩展过程保证了诚实节点仅采用候选区块链中最长链的提议；PoW 的破解过程是共识机制"最主力"的部分，通过计算密集的方式定义了新区块的挖掘方式。

得到工作量证明解的方式是，节点按照规范构造区块，通过区块和不同随机数的组合对区块数据进行哈希运算，直至找到满足预条件的随机值。

节点想要赢得算力竞赛，就需要尽可能地提高哈希查询率，需要更高的经济投入（主要是电力消耗）。但是节点自愿参与共识，承担经济损失是不切实际的。为了网络的正常运行，比特币的共识机制中加入了激励机制：创建新区块的奖励和交易费。

一旦挖掘出新区块，系统就会产生相应数额的比特币以激励节点，比特币也以该种方式实现了去中心化发行。每个区块中的第一笔交易记录了系统将比特币交易成功挖掘出该区块的矿工，称为创币交易或 coinbase 交易。不同于其他比特币交易需要完备的输入和输出，创币交易没有输入，只包含一个被称作 coinbase 的输入用来创建新的比特币。创币交易的输出就是矿工的比特地址，创币交易将奖励发送到矿工的比特地址中。这意味着创币交易的产生伴随着新的比特币发行。

5. 合约层

合约层是区块链的可编程实现，通过各类脚本代码、算法机制和智能合约完成对区块链的改造。

一般而言，对于区块链相关应用的研究可大致分为两类：在现有区块链的框架下对共识算法的研究、在区块链共识层之上提供服务。前者通常关注 P2P 网络，后者的研究主要集中在如何利用区块链网络的特殊性质，即分布式容错性、不可篡改性和隐私保护性，并采用区块链网络来保证各自服务中的特定功能。

比特币作为区块链 1.0 的典型代表，采用单一化账本记录模式，功能集中在数字货币交易，没有其他功能。以太坊是区块链 2.0 的代表，增强了脚本功能，创建了一种基于区块链的操作系统式生态，核心工具就是智能合约，以太坊中的数字货币（以太币）充当支付智能合约的相关运算的结算方式，用户利用以太坊能够实现更多样化的价值创造。

智能合约的概念出现在比特币之前，由 Nick Szabo 于 1996 年首次提出，是用计算机语言记录条款的智能合同，当达到预先设定的条件时，就能自动执行相应的合同条款。以太坊通过将智能合约和区块链结合，为用户提供了新的去中心化平台，区块链的结构保证了智能合约内容可追踪且无法被篡改，智能合约将区块链的特性用更平易近人的方式展示给用户。

经过数十年的演进，区块链从 1.0 进阶到 3.0。可以说比特币代表了区块链 1.0 的可编程货币，区块链将比特币构造为全新的数字支付系统，去中心化、不可篡改性等特性让人们可以无障碍地在全网进行数字货币交易，同时保证了交易的安全性和匿名性，这是区块链的起点。智能合约将区块链的应用范围从货币范围扩大到具有合约的其他领域，如权属和征信管理、金融服务、投资管理等，区块链成为可编程分布式信用的核心基础，用以支撑智能合约的实现。随着技术的进一步发展，区块链的应用不再局限于金融领域，扩展到审计、仲裁等社会领域，还包括工业、文化、科学和艺术等多个领域，实现区块链 3.0——可编程社会。

6. 应用层

区块链是具有普适性的底层技术框架，这使得区块链不仅可以成功应用于数字加密货币领域，同时在经济、金融和社会系统中也有广阔的应用空间。按照目前区块链的发展脉络，一般认为区块链经历了可编程货币、可编程支付、可编程金融时代。目前，区块链正处于迈向可编程社会时代的进程中。

3.3 区块链的主流架构

3.3.1 区块链 1.0

在区块链 1.0 发展阶段，最具有代表性的是比特币系统。如图 3-11 所示，比特币系统的总体架构共分为 5 层，由下至上依次是存储层、数据层、网络层、共识层、应用层。

应用层	比特币钱包　比特币客户端　比特币衍生应用
共识层	PoW
网络层	P2P网络
数据层	区块　Merkle树　数字签名　时间戳
存储层	文件系统　LevelDB

图 3-11　比特币系统的总体架构

存储层主要用于存储比特币系统运行时的日志数据、交易数据及区块链元数据，存储技术主要使用文件系统和 LevelDB。

数据层主要用于处理比特币交易中的各类数据，如将交易数据打包成区块、将区块维护成链式结构、对区块内容进行加密与数字签名、对区块信息增加时间戳印记、将交易数据构建成 Merkle 树等。

网络层用于构建比特币底层的 P2P 网络，支持多节点动态地加入或退出，可对节点通信进行有效管理，为比特币数据传输和共识达成提供基础网络支持服务。

共识层构建了一个所有节点均认可的 PoW，防止拜占庭攻击、51%攻击等共识攻击。在每轮共识中，每个节点不断地迭代计算随机数（nonce），直到找到符合要求的随机数，第一个找到的节点获得本轮共识数据的记账权,将其打包到新区块,并进行全网广播。

应用层主要承载各种比特币的应用,比特币钱包、比特币客户端以及比特币衍生应用都架设在应用层上,目标是实现虚拟货币的去中心化可信支付功能。

3.3.2 区块链 2.0

区块链 2.0 阶段最具代表性的是以太坊系统。以太坊系统架构共分为 7 层,如图 3-12 所示,由下至上依次是存储层、数据层、网络层、协议层、共识层、合约层、应用层。相较于区块链 1.0 架构,区块链 2.0 增加了协议层和合约层,共识层和应用层也有新的变化。

应用层	DApp 以太坊衍生应用
合约层	智能合约 以太坊虚拟机
共识层	PoW PoS
协议层	HTTP RPC LES Whisper
网络层	P2P网络
数据层	区块 非对称加密 交易、交易池 Merkle树 事件 时间戳
存储层	文件系统 LevelDB

图 3-12 以太坊系统架构

协议层为系统各模块提供相互调用的协议支持,包括超文本传输协议(HTTP)、远程过程调用(RPC)、轻量级以太坊子协议(LES)、加密通信协议(如 Whisper)等。以太坊基于 HTTP Client 技术实现了对 HTTP 的支持,包括 GET、POST 等 HTTP 方法;外部程序通过 JSON RPC 调用以太坊 API 时,需满足 RPC 协议的要求;LES 允许节点同步新区块时仅下载区块的头部信息,在需要具体的交易数据时再获取区块体数据;Whisper 用于 DApp 间通信。

共识层确保全网所有节点对交易和数据的一致性。相比于比特币,以太坊不仅保留了 PoW,还引入了 PoS。这不仅提高了共识效率,还解决了 PoW 的资源浪费问题。以太坊 1.0 主要使用 PoW,而以太坊 2.0 则转向了 PoS,进一步提升了网络的可扩展性、安全性和效率。

合约层由智能合约与以太坊虚拟机构成。智能合约是对运行在以太坊虚拟机上的代码的统称。在以太坊系统中,智能合约采用 Solidity 语言开发,编译成功后部署到以太坊虚拟机上运行。智能合约的出现使区块链具有可编程的特性,推动区块链进入可编程时代,极大地推动了区块链的广泛应用。

应用层相较于比特币系统有很大区别,允许开发人员基于以太坊构建去中心化应用,又称为 DApp。根据业务场景不同,去中心化应用实现的功能也不同,除了去中心化的可信支付功能,还可实现信息存证、数据溯源、数据共享等功能,可广泛应用于金融交易、司法存证、供应链溯源等场景。还可构建其他的衍生应用。

3.3.3 区块链 3.0

1. Fabric

Fabric（超级账本）是区块链 3.0 中具有代表性的系统，这是一个开源的企业级许可分布式账本技术（Distributed Ledger Technology，DLT）平台，主要面向企业应用场景。其架构共分为 7 层，如图 3-13 所示，由下至上依次是存储层、数据层、通道层、网络层、共识层、合约层、应用层。相较于以太坊系统，Fabric 系统在存储层、数据层、通道层、共识层、合约层均有较大变化。

应用层	弱中心化应用
合约层	SDK 智能合约
共识层	Solo　Kafka　Raft
网络层	P2P网络（Client、Peer、Order）
通道层	数据隔离机制
数据层	交易　世界状态　区块链
存储层	文件系统（账本）LevelDB　CouchDB

图 3-13　Fabric系统架构

存储层包含整个区块链的账本，账本由区块链和世界状态组成，区块链存储在文件系统中，世界状态即状态数据库，区块链中相关信息的最新记录存储于数据库，不同于比特币和以太坊系统，Fabric 系统所使用的数据库除了原有的 LevelDB，还支持 CouchDB。LevelDB 是默认选项，适用于简单键值对的存储，而 CouchDB 适用于状态结构为 JSON 文档的情况。

数据层主要处理区块链网络中的各种数据，包括交易、世界状态、区块链等。Fabric 系统中的交易分为普通交易和配置交易，普通交易即为区块链 1.0 和 2.0 中的区块交易，配置交易是对区块链网络结构更改产生的交易；世界状态对应互联网服务系统中的数据库，用于维护所有链上信息的最新状态；区块链即为区块链 1.0 和 2.0 中的链式结构，保证交易的不可篡改性，可为世界状态提供数据验证。

通道层提供了数据隔离机制。在 Fabric 系统中，可设立多个通道，每个通道包含不同的实体，通道外的实体无法访问通道内的信息，实现了交易数据的隐私性。每个通道对应一个完全独立的账本，区块链和世界状态、命名空间均相互独立，应用程序和智能合约可在通道之间进行通信。

共识层主要包括 Solo、Kafka、Raft 等几种共识算法，Fabric 系统是面向企业应用场景的联盟许可链，默认不存在拜占庭节点，不具备能够防止拜占庭攻击的特性，虽然牺牲了去中心化程度，但极大提高了共识效率，可以满足企业应用场景下数据吞吐量高的要求。

合约层通常包括 Go 语言编写的智能合约和 Go 或 Java 语言编写的 SDK（软件开发工具

包）。智能合约与以太坊合约相似，制定了管理事务各方之间交互的业务模型，实现了对链上数据的可编程操作。Fabric 系统还为开发者提供了连接智能合约的接口，即 SDK，方便了开发人员对智能合约的操作。

2. IOTA

区块链 3.0 中还引入了一个重要的数据结构——有向无环图（Directed Acyclic Graph, DAG），于 2013 年被提出，当时以色列希伯来大学的一名学者提出了流言（GHOST）协议，旨在提高比特币的交易性能，从而将比特币的交易速度从每秒 7 次交易提高到每秒 200 次交易。2015 年，Serguei Popov 发表了论文《DAG 货币：一种没有区块的加密货币》，首次提出了 DAG 链式结构的概念。DAG 没有建立循环结构，而是沿一个方向存储数据。从 DAG 的一个节点开始，沿着有向箭头前进，不可能返回起始节点。同时，这也为 DAG 在区块链中的应用开辟了道路。将 DAG 用于共识算法的区块链代表就是 IOTA，IOTA 创建于 2015 年，是一个典型的区块链，旨在建立一个零交易费用和数据安全传输的系统。

IOTA 底层的共识算法基于 DAG，被称为 Tangle，允许交易并行参与网络，极大地提高了交易的吞吐量。在 IOTA 中，网络由节点组成，节点是发布和验证交易的实体，节点发布的交易构成了 Tangle 的站点集，站点是在 Tangle 上表示的交易，Tangle 是存储交易的账本。Tangle 的边缘站点集通过固定方式获得，当一个新交易到达时，它必须验证两个先前的交易。

在 IOTA 中，每个交易都持有一个正整数，代表该交易的自身权重，权重大小与发布节点投入的工作量成正比。同时，交易还有另外累计权重的概念，一个交易的自身权重加上直接或间接验证该交易的所有交易的自身权重之和就是这个交易的累计权重。在图 3-14 中，方框表示交易，小号字体的数字代表权重，大号字体的数字代表累计权重。交易 F 直接或间接由交易 A、B、C、E 审批，则交易 F 的累计权重是其自身权重与交易 A、B、C、E 自身权重之和，即 9=3+1+3+1+1。交易 A 和 C 还没有经过验证，被定义为尖端交易 Tips。新交易验证网络中的两个交易并实现 PoW，然后加入网络。后续交易以同样的方式直接验证，随着直接验证和间接验证，交易被验证的次数越多，累计权重就越大。

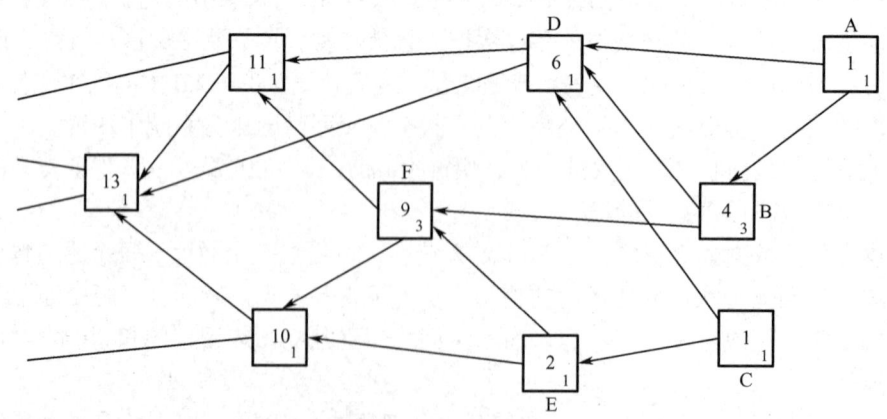

图 3-14 Tangle模型

IOTA 建立初期，为了保证累计权重的可靠性，建立了"协调者"角色，本质上是 IOTA

权威维护的闭源网络节点。协调者每分钟发布一个交易,作为验证新交易的辅助方式。当 IOTA 中交易的累计权重超过阈值 m 时,交易将被协调者定义为最终确认,阈值 m 成为 Tangle 模型的影响因素之一。

在 IOTA 中,每个节点都拥有一份 Tangle 的本地副本。由于 IOTA 中交易传播延迟,并不是所有节点同时共享同一个 Tangle 结构视图,这可能导致交易验证过程多个相互冲突的交易加入 Tangle。然而,在发生冲突的情况下,IOTA 中的节点需要确定哪些是真实的交易并最终保留,即节点需要针对那些冲突的交易达成共识。在 IOTA 白皮书中,可以通过要求各个节点应用尖端交易选择算法来实现,诚实的节点用来选择要验证的交易,该机制目前使用加权随机游走算法,在冲突的情况下,通常恶意节点的交易权重会比较低,节点最终会选择交易权重比较大的分支交易进行保留,从而抵制那些攻击交易。

3. 321BaaS

321BaaS 平台是电子科技大学区块链研究院产学研团队联合自主研发的、具有独立知识产权的区块链,是区块链 3.0 标准下的区块链应用内核,可以让用户更加简便、快捷、高效地构建基于区块链的服务和应用。321BaaS 依赖 321Chain 底层平台,321Chain 系统架构共分为 7 层,如图 3-15 所示,由下至上依次是存储层、数据层、网络层、协议层、共识层、合约层、应用层。

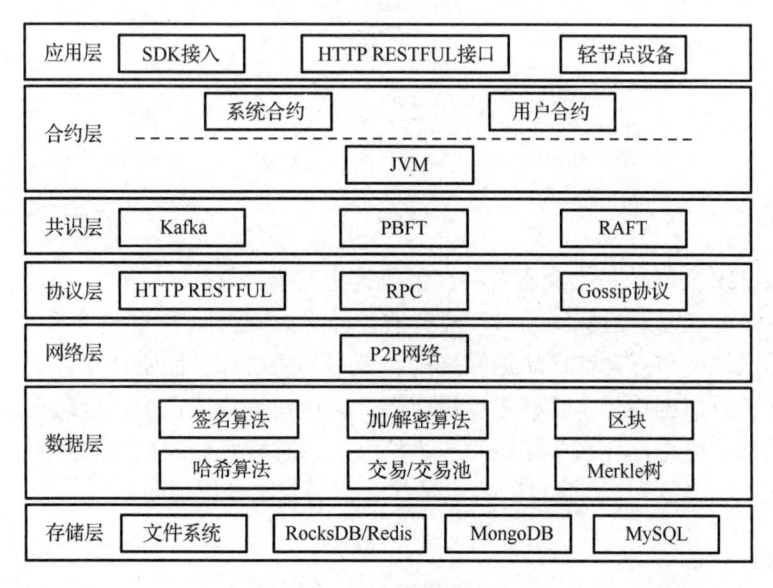

图 3-15 321Chain 系统架构

存储层利用多种文件系统与数据库技术存储和管理区块链数据。RocksDB 和 Redis 提供状态库支持,确保区块链的高效读/写操作。MongoDB 用于复杂统计查询,提供灵活的数据模型和高效查询能力。MySQL 则为 CA 管理端提供数据服务,确保证书管理的可靠性和安全性。

数据层负责数据的存储、验证和处理。签名算法(如国密标准的 SM2 和国际标准的 RSA)提供签名和验签功能,加/解密算法(如国密标准的 SM3、SM4 以及国际标准的 Hash 和 AES)保障数据的加密和解密安全。区块服务负责将交易打包形成区块,并按规则将区块组成链。

交易和交易池负责缓存提交的交易，并根据规则生成区块。Merkle 树提供便捷的基于哈希值查找区块的服务，确保数据的完整性和高效验证。

网络层由多个节点组成，形成 P2P 网络，提供节点间的通信服务。通过 P2P 网络，各节点能够实现去中心化的数据交换和消息传递，确保网络的分布式特性和高可用性。

协议层定义了区块链网络中节点之间的通信规则和协议。HTTP RESTFUL 提供基于 HTTP 的接口调用服务，允许外部系统和应用与区块链网络进行交互。RPC 提供基础的节点间通信协议，确保节点之间高效、可靠通信。Gossip 协议用于在 P2P 网络中传播交易信息，确保信息快速且可靠地在节点间传播。

共识层初始化 Kafka、PBFT、RAFT，根据区块链网络的参数选择合适的共识算法。PBFT 用于高安全需求的场景，Kafka 用于分布式日志管理，RAFT 用于简单易实现的共识需求，确保网络在分布式环境下能够达成一致。

合约层是智能合约的运行环境，运行在 JVM 上。系统合约是内置在系统中提供基础服务的合约，用户合约则是用户根据业务需求自行创建的合约。合约层确保智能合约能够安全、高效地执行业务逻辑。

应用层为用户提供各种应用和服务。区块链网络提供 SDK 接入，可以利用 SDK 实现业务需求。HTTP RESTFUL 接口允许应用调用区块链服务，实现特定的业务功能。轻节点设备集成 C 端程序，实现轻量级上链业务需求，确保资源受限的设备也能高效运行区块链应用。

3.4 习题

一、简答题

1. 请解释 P2P 网络的基本概念及其在区块链中的重要性。
2. P2P 网络与 C/S 架构有何区别？请列举各自的优缺点。
3. 什么是区块链节点？在区块链网络中，节点的角色和功能是什么？
4. 区块链的总体架构包含哪些主要组成部分？请简要描述每个部分的功能。
5. 在区块链网络中，什么是"链"与"块"？请解释它们的结构和作用。
6. 区块链 1.0、2.0 和 3.0 各自的特点是什么？请分别举例说明。

二、讨论题

1. P2P 网络中常用的算法有哪些？请简要介绍其原理及应用场景。
2. 在区块链中，如何实现节点之间的通信与数据共享？请描述其实现机制。
3. 区块链 2.0 引入了哪些新特性？这些特性对区块链技术的应用产生了怎样的影响？
4. 请讨论区块链 3.0 的主要目标及其与前两代区块链的区别。

三、计算题

1. 假设在一个 P2P 网络中，每个节点每秒能够处理 10 个请求，且网络中有 100 个活跃节点。请计算该网络的总处理能力。

2．假定站点 A 和 B 在同一个 10MB/s 以太网网段上。这两个站点之间的传播时延为 225 比特时间。现假定站点 A 开始发送一帧，并且在站点 A 发送结束之前站点 B 也发送一帧。如果站点 A 发送的是以太网所容许的最短帧，那么站点 A 在检测到和站点 B 发生碰撞之前能否把自己的数据发送完毕？换言之，如果站点 A 在发送完毕之前并没有检测到碰撞，那么能否肯定站点 A 所发送的帧不会和站点 B 发送的帧发生碰撞？

3．收发两端之间的传输距离为 1000km，信号在媒体上的传播速率为 $2×10^8$m/s。试计算以下两种情况的发送时延和传播时延。

（1）数据长度为 10^7 位，数据发送速率为 100KB/s。

（2）数据长度为 10^3 位，数据发送速率为 1GB/s。

从上面的计算中可以得出什么样的结论？

第 4 章 密码学技术

区块链中的密码学最广为人知的就是公钥加密算法（常称为非对称密码算法），其概念最早由 Diffie 和 Hellman 提出。它在密码学上的贡献在于使用了一对密钥（加密密钥和解密密钥），且无法从解密密钥推出加密密钥。两人在美国国家计算机会议上公布该概念后的几个月，发表了论文 *New Directions in Cryptography*，指导了密码学算法的研究方向应当是非对称的密码算法，如图 4-1 所示。本章将对区块链中应用的公钥密码学技术进行详细的介绍。

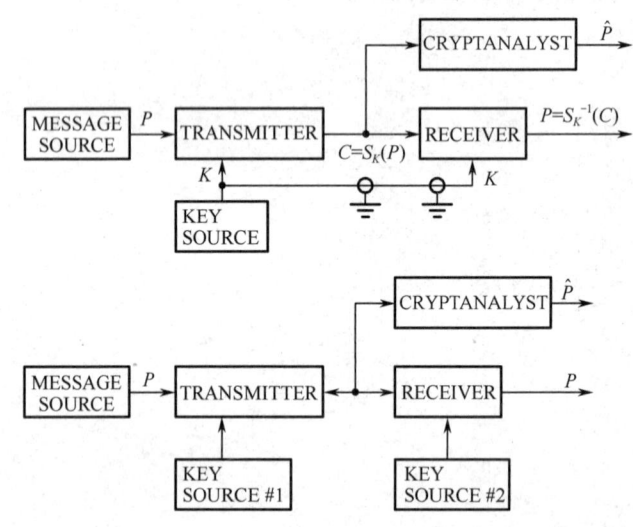

图 4-1 *New Directions in Cryptography* 中提及的公钥密码算法

4.1 哈希算法

4.1.1 哈希算法的定义与性质

哈希算法，也称单向散列函数，是非常基础但非常重要的计算机算法，它能将任意长度的二进制明文映射为较短的二进制串（哈希值），而且不同的明文很难映射为相同的哈希值（散列值），一点点极小的差别也会导致映射出的哈希值产生巨大的不同。这意味着对于某两个文件，只要其哈希运算的结果相同，它们的文件内容大概率是相同的。

哈希算法能够将任意长度的消息 M 映射为一个较短的长度为 m 的消息，$h=H(M)$，称为哈希值。根据上述定义可以得到哈希算法的 5 条性质。

（1）哈希算法可以作用于一个任意长度的数据块（有最大长度限制，例如，后面要介绍的 SHA-1 系列哈希算法要求其长度不能超过 2^{64}）。

（2）哈希算法产生的哈希值长度固定。

（3）哈希算法具有单向性，也称抗原像，根据消息计算其哈希值是容易的，但是给定哈希值想要得到消息则是在计算上不可行的。

（4）哈希算法具有弱抗碰撞性（Weakly Collision-Free），也称为抗二次原像，对于给定的消息 x，要找到另一个消息 y 满足 $H(x)=H(y)$ 在计算上是不可行的。

（5）哈希算法具有强抗碰撞性（Strongly Collision-Free），找任意一对消息 x 和 y，不可能使得 $H(x)=H(y)$。具有强抗碰撞性一定具有弱抗碰撞性。

关于上述所说的强、弱抗碰撞性，其区别在于，弱抗碰撞性是计算上达不到，而强抗碰撞性则是理论上求不出。抗碰撞性的作用其实就是防止生日攻击等攻击方法乘虚而入。生日攻击是，如果要在 n 个人中找到两个生日相同的人，那么只需要 367 个人就必定会有两个生日相同的人；如果要使能找到的概率达到 99.9%，那么只需要 70 个人就够了；达到 50% 的概率只需要 23 个人。抗碰撞性越好，在不接近于穷举的情况下出现 $H(M)=H'(M)$ 的概率就越小。抗碰撞性差的哈希算法就需要更长的密钥来保护自己的哈希值不被人"瞎猫碰上死耗子"一样破解。生日攻击和穷举攻击是哈希算法最常见的两类攻击方法。

举例说明这个过程，假设现在 Alice 需要和 Bob 共同签署一份合同，但是 Alice 想要自己独吞利益，让 Bob 破产，此时 Alice 准备了两种文件，一种是正常的文件 m，另一种是不正常的文件 n。Alice 对两种文件的每一份都做一些细微的改变（把空格改成空格-退格-空格之类的），并分别计算其哈希值。如果 Alice 在 32 行分别做出改变，这样就可以准备出 2^{32} 个不同的文件。将这些文件逐个序列化，由单向性可知，序列化的计算量并不是很大，且如果哈希算法是 64 位，那么一定可以在两种文件的 2^{32} 个不同的版本中找到两个序列化相同的文件，这样就可以让 Bob 在签署时看到对他有利的合同，但实际上 Bob 只能对哈希值进行签名，在以后某个时机，Alice 可以拿出 Bob 签名的对他不利的合同，公证人员很容易相信 Alice，确信 Bob 签署过另一份 Alice 伪造的合同。

提升这种抗碰撞性的最简便且最快的方法就是增加哈希值的长度。NIST 在其安全散列标准中（SHS）使用的是 160 位的哈希值，这样需要进行 2^{80} 次哈希运算才能进行生日攻击。

除此之外，还有更加安全的方法，首先用某种哈希算法产生该消息的哈希值，最后将该哈希值附加在消息后面，最后计算出连接后消息的哈希值，如此循环，就可以用一个简单的哈希算法产生一个很长、很复杂的哈希算法。

下面详细解释哈希算法的原理。首先思考，设计一个接受任意长度输入的算法并不是一件容易的事情，在此基础上还要做到单向就更加困难了。实际上，类似的算法其实十分常见，如取余计算。$H(M)=M \bmod 3$，对于这个算法，$H(M)$ 的取值只能是 0、1、2，这样就生成了一个对于任意 M 都可以得到固定长度输入的算法。这类思想与压缩十分相似，即将任意长度的消息压缩到某个固定长度。

除此之外，哈希算法还应当能够具有抗篡改性。要理解这个性质，需要先讲解一个与密码相关的故事。有一名潜伏在敌方调查科的成员 A 在值班时收到了 6 封紧急密电，他当即进行破译，发现潜伏的另一名成员 B 被捕叛变了，并且声称要将我方的秘密全部供出。在这危急关头，A 赶忙回家通知"舅舅"："天亮已走，母病危，速转院。"这一通知的意思是，黎明（B 的化名）叛变，我方面临危险，须立刻转移。想象一下，如果该口信与原文的关系被敌方截获并解密出来，转移任务将面临失败；如果消息在传输过程中出现失误，将导致其语义发生改变，转移任务也将面临失败，这就需要抗篡改性的加入。抗篡改性是指，在对原文做出很小的修改情况下，使哈希值发生巨大变化，只需要微弱的差别就可以让接收者发现消息传输是否发生了错误或遭到了篡改。

简单概括来说，哈希算法能够将任意长度的消息 M 转化为固定长度的 h，且具有单向性、抗碰撞性以及抗篡改性的特点。

4.1.2 哈希算法的发展

哈希算法中目前常见的算法包括消息摘要（Message Digest，MD）算法和安全哈希算法（Secure Hash Algorithm，SHA）。MD 算法的建立时间早于 SHA 算法。1978 年，Ralph Merkle 和 Ivan Damgård 就开始设计和开发 MD 迭代结构，MD 算法由 Ronald L. Rivest 在 20 世纪 90 年代提出（1989 年提出 MD2，1990 年提出 MD4，1991 年提出 MD5），产生 128 位哈希值，Ronald L. Rivest 概括，MD4 的设计目标是，在尽量简单紧凑的条件下，实现不基于任何假设的直接安全性以及不具备比穷举方法更有效的破解方法的安全性，可以适用于高速软件的实现，并可以适应微处理器结构，支持更大型、速度更快的计算机做出必要的转换。后来 Bert den Boer 和 Antoon Rosselaers 对算法进行了密码分析，Ralph Merkle 成功攻破了算法的前两轮，MD4 逐渐被证明是不安全的。随后，Ronald L. Rivest 于 1991 年将 MD4 改进为 MD5，相比 MD4，MD5 虽然计算速度要慢一些，但是过程更加复杂，理论上也具有更高的安全性，同样产生 128 位哈希值。但是经过证明，MD5 不具备强抗碰撞性。

后来，国际著名密码学家 Hans Dobbertin 在 1996 年攻破 MD4 的同时，也对 MD5 的安全性产生了质疑，这促使他设计了一个类 MD5 的 RIPEMD-160。在结构上，RIPEMD-160 可以视为两个并行的类 MD5，这使得其安全性大大提高。

除此之外，MD5 在问世后经过了大量的安全检测。1992 年，Tom Berson 试图使用差分密码分析攻击 MD5 的单轮，但并不是对每轮都有效；1994 年，Bert den Boer 和 Antoon Bosselaers 尝试使用 MD5 中的压缩函数进行碰撞，但被证明其对哈希算法的安全性没有丝毫影响。MD5 在 2004 年 8 月的国际密码学会议（Crypto'2004）上被我国密码学教授王小云等攻破，在有效的时间内找到了它们的大量碰撞。

SHA 是一个哈希算法族。NIST 于 1993 年发布了 SHA 的首个实现，名为"安全哈希标准，FIPS PUB 180"。它将数据字符串转换为固定长度的数字字符串输出，输出的字符串通常比原始数据小，这个版本现在被命名为 SHA-0。随后是 1995 年的 SHA-1、2001 年的 SHA-2 和 2015 年的 SHA-3。然而，SHA-1 也不具备强抗碰撞性。随着 MD5 和 SHA-1 都已经被攻破，为了提高安全性，美国国家标准与技术研究院（National Institute of Standards and Technology，NIST）设计出了 SHA-224、SHA-256、SHA-384 以及 SHA-512（统称为 SHA-2），SHA-3 相关的其他算法也陆续被提出。

哈希算法的发展时间轴如图 4-2 所示。

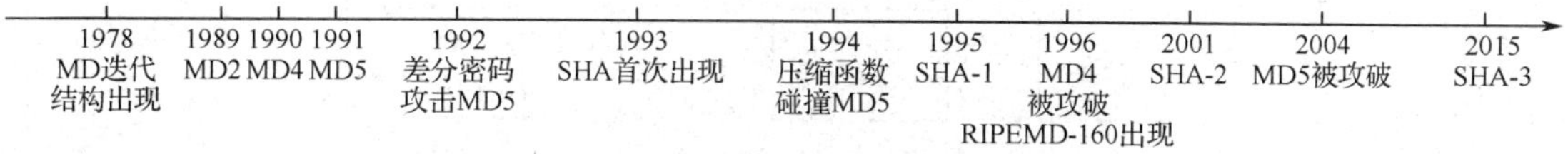

| 1978 | 1989 1990 1991 | 1992 | 1993 | 1994 | 1995 | 1996 | 2001 | 2004 | 2015 |
MD迭代结构出现 | MD2 MD4 MD5 | 差分密码攻击MD5 | SHA首次出现 | 压缩函数碰撞MD5 RIPEMD-160出现 | SHA-1 | MD4被攻破 | SHA-2 | MD5被攻破 | SHA-3 |

图 4-2 哈希算法的发展时间轴

4.1.3 哈希算法作用与重要性

哈希算法的主要作用主要如下。

（1）数据校验。由于哈希算法抗篡改的特性，在发送消息和传输文件时，能够校验数据的正确性和完整性。

（2）哈希指针。哈希指针作为一种数据结构，是指向数据存储位置及其位置数据的哈希值的指针。普通的指针只能指示数据的位置，哈希指针除了指示数据位置，还提供验证数据是否被篡改的依据。例如，区块链中通过哈希算法构建链式结构，实现防篡改的功能。

（3）数字摘要。数字摘要是对数字内容进行哈希运算，获取唯一的摘要值来替代原始完整的数字内容，利用抗碰撞性保证数据没有被篡改，是哈希算法最重要的一个用途。例如，通过哈希算法构建区块链交易 Merkle 树，实现内容篡改的快速检测。

哈希算法的重要性如下。

（1）验证数据的完整性。哈希算法用于验证数据在传输或存储过程中的完整性。通过计算传输或存储前、后生成文件或消息的哈希值，可以轻松检查数据是否被篡改或损坏。

（2）密码存储。哈希算法用于将密码安全地存储在数据库中，系统不存储存在安全风险的纯文本密码，而是存储密码的哈希值。

（3）数字签名。哈希算法是数字签名的重要组成部分，它确保电子文档和消息的真实性和完整性。

（4）加密协议。许多加密协议，如用于安全网络通信的 SSL/TLS 和区块链技术，都依赖哈希算法来实现安全数据传输和验证。

（5）重复数据删除。在重复数据删除过程中，哈希算法用以识别和消除重复数据，降低存储需求并提高效率。

（6）抗密码破解。强大的哈希算法旨在抵抗密码破解技术，这使得攻击者根据哈希值对密码进行逆向工程变得更具挑战性。

4.1.4 哈希算法的实例

1. MD4

MD4 的大致步骤如下，较详细的流程图如图 4-3 所示。

（1）数据填充。将输入数据的长度填充至 512 的倍数。

（2）分组处理。将填充后的数据每 512 位（64 字节）划分为一组，再处理每组数据。

（3）处理完成后，得到的 128 位结果即为 MD4 码。

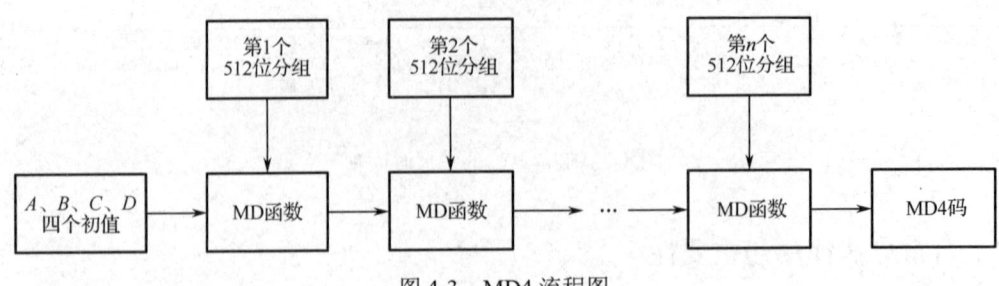

图 4-3 MD4 流程图

首先介绍数据填充方法。

(1) 补位。数据先补上 1 位 1，再补上 k 位 0，使得补位后的数据位数满足
$$(n+1+k) \bmod 512 = 448$$

其中，k 取最小正整数。

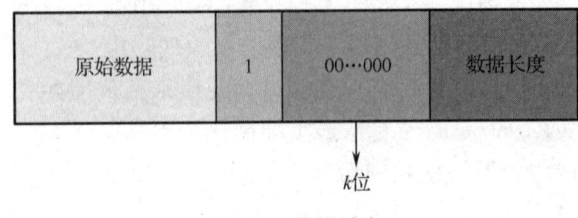

图 4-4 数据填充

(2) 附加数据长度。追加 64 位的整数，其内容是数据的位数。

举例来说，对于字符串"abc"而言，它的位数为 24，补上 1 位后还需要再补上 448-1-24=423 位，最后附加上数据长度 24。填充完成后的数据内容如图 4-4 所示。

计算后可以发现每组数据都是 512 位（64 字节），数据长度占 8 个字节，剩下除 1 外，使用原始数据长度计算和补充的 0 长度总和为 447 位，这样就将每组数据处理为大小统一的 512 位的数据分组。

更加准确地说，加入原数据为 n 位，补充了 k 位 0，那么应当满足 $(n+1+k) \bmod 512=448$。这一数据填充方法在后续算法中也有应用。

接下来介绍 MD4 分组处理的变换函数。将每个数据分组进一步划分为 16 个子分组，每个子分组的大小为 32 位，依次进入如图 4-5 所示的循环变换，总共 3 轮。

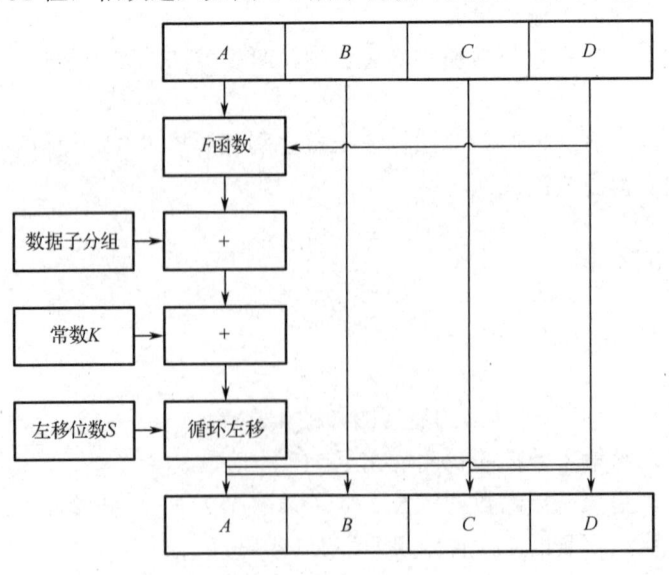

图 4-5 循环变换

扩展阅读

表达式为 $A = (A + F(B,C,D) + X[K]) <<< S.*/$。

每轮变换的 F 函数、常数 K 都不同，每个子分组的左移位数 S 呈周期变化。将经过 3 轮循环变换后得到的新的 A、B、C、D 和原来的 A、B、C、D 分别累加（A、B、C、D 有一个事先定义的初始值），即为 MD4 变换函数的输出。当处理完所有数据分组后，此时变换函数的输出即为 MD4 码。

2. MD5

与 MD4 相似，MD5 也是以 512 位为一组，分组处理输入数据，每个 512 位的数据分组又划分为 16 个 32 位子分组，算法的输出由 4 个 32 位的子分组组成。

先初始化 4 个 32 位链接变量 A、B、C、D，将这 4 个变量对应复制到另外的变量 a、b、c、d 中。接着进行算法主要的主循环部分，循环的次数是 512 位数据分组的数目，即对每个 512 位的数据分组分别处理。

主循环共有 4 轮（对比 MD4 仅有 3 轮），如图 4-6 所示，每轮都十分相似，进行 16 次运算，每次运算对 a、b、c、d 中的 3 个做非线性函数运算，然后将结果加上第 4 个变量、数据的一个子分组和一个常数，再将所得结果向右环移一个不定的数，并加上 a、b、c、d 其中之一，再取代 a、b、c、d 其中之一。

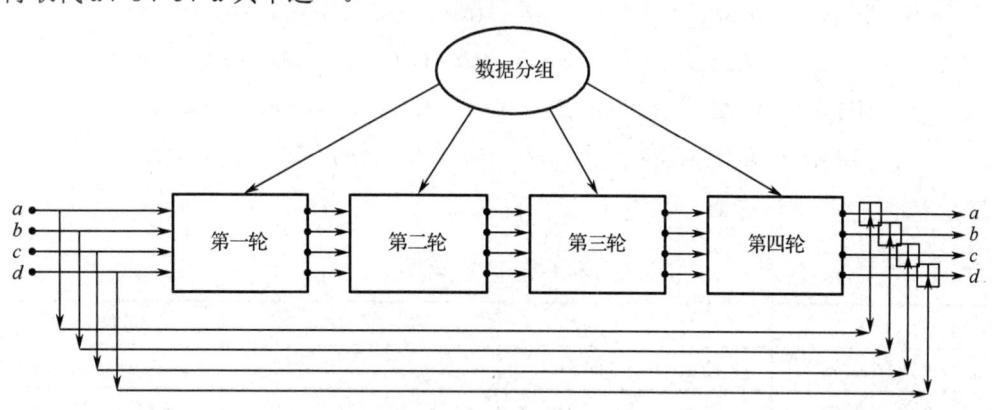

图 4-6 MD5 主循环

MD5 的一个执行流程如图 4-7 所示，4 轮循环中使用的非线性函数是不同的，一组可行的非线性函数为

$$F(X,Y,Z) = (X \wedge Y) \vee ((\neg X) \wedge Z)$$
$$G(X,Y,Z) = (X \wedge Z) \vee (Y \wedge (\neg Z))$$
$$H(X,Y,Z) = X \oplus Y \oplus Z$$
$$I(X,Y,Z) = Y \oplus (X \vee (\neg Z))$$

这些非线性函数具有其设计规范，并非毫无章法地随意定义，如果 X、Y、Z 对应的位是独立且均匀的，那么结果的每一位也是独立且均匀的。函数 F 是逐位运算的，即如果 X，那么 Y，否则 Z。函数 H 是逐位奇偶操作符。

现在以上述的 4 个函数为例，设定初始值为

$$A = 0x01234567$$

$B = $ 0x89abcdef
$C = $ 0xfedcba98
$D = $ 0x76543210

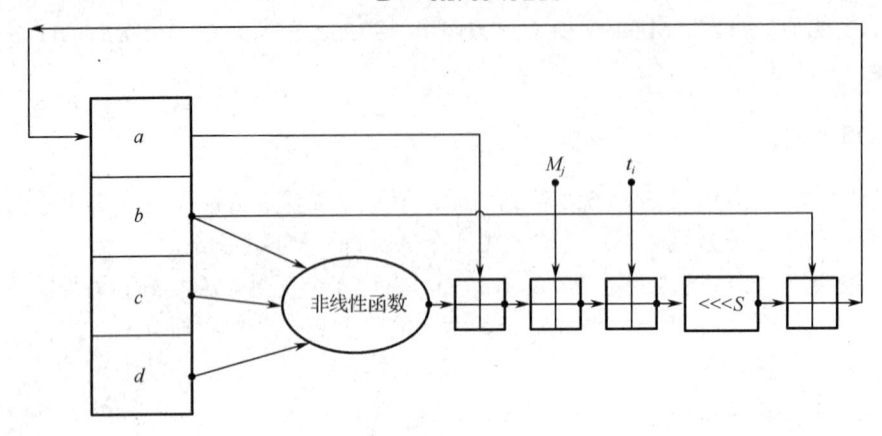

图 4-7　MD5 的一个执行流程

设 M_j 是数据的第 j 个子分组，<<< 表示循环左移，则主循环中执行的运算为

$FF(a,b,c,d,M_j,S,t_i)$ 表示 $a = b + ((a + (F(b,c,d) + M_j + t_i) <<< S)$

$GG(a,b,c,d,M_j,S,t_i)$ 表示 $a = b + ((a + (G(b,c,d) + M_j + t_i) <<< S)$

$HH(a,b,c,d,M_j,S,t_i)$ 表示 $a = b + ((a + (H(b,c,d) + M_j + t_i) <<< S)$

$II(a,b,c,d,M_j,S,t_i)$ 表示 $a = b + ((a + (I(b,c,d) + M_j + t_i) <<< S)$

现在逐轮进行 MD5 运算，如表 4-1 所示。

表 4-1　MD5 运算

第一轮（FF）	第二轮（GG）	第三轮（HH）	第四轮（II）
$a,b,c,d;M_0;7;$d76aa478	$a,b,c,d;M_1;5;$f6le2562	$a,b,c,d;M_5;4;$fffa3942	$a,b,c,d;M_0;6;$f4292244
$d,a,b,c;M_1;12;$e8c7b756	$d,a,b,c;M_6;9;$c040b340	$d,a,b,c;M_8;11;$8771f681	$d,a,b,c;M_7;10;$432aff97
$c,d,a,b;M_2;17;$242070db	$c,d,a,b;M_{11};14;$265e5a51	$c,d,a,b;M_{11};16;$6d9d6122	$c,d,a,b;M_{14};15;$ab9423a7
$b,c,d,a;M_3;22;$c1bdceee	$b,c,d,a;M_0;20;$e9b6c7aa	$b,c,d,a;M_{14};23;$fde5380c	$b,c,d,a;M_5;21;$fc93a039
$a,b,c,d;M_4;7;$f57c0faf	$a,b,c,d;M_5;5;$d62f105d	$a,b,c,d;M_1;4;$a4beea44	$a,b,c,d;M_{12};6;$655b59c3
$d,a,b,c;M_5;12;$4787c62a	$d,a,b,c;M_{10};9;$02441453	$d,a,b,c;M_4;11;$4bdecfa9	$d,a,b,c;M_3;10;$8f0ccc92
$c,d,a,b;M_6;17;$a8304613	$c,d,a,b;M_{15};14;$d8a1e681	$c,d,a,b;M_7;16;$f6bb4b60	$c,d,a,b;M_{10};15;$ffeff47d
$b,c,d,a;M_7;22;$fd469501	$b,c,d,a;M_4;20;$e7d3fbc8	$b,c,d,a;M_{10};23;$bebfbc70	$b,c,d,a;M_1;21;$85845dd1
$a,b,c,d;M_8;7;$698098d8	$a,b,c,d;M_9;5;$21e1cde6	$a,b,c,d;M_{13};4;$289b7ec6	$a,b,c,d;M_8;6;$6fa87e4f
$d,a,b,c;M_9;12;$8b44f7af	$d,a,b,c;M_{14};9;$c33707d6	$d,a,b,c;M_0;11;$eaa127fa	$d,a,b,c;M_{15};10;$fe2ce6e0
$c,d,a,b;M_{10};17;$ffff5bb1	$c,d,a,b;M_3;14;$f4d50d87	$c,d,a,b;M_3;16;$d4ef3085	$c,d,a,b;M_6;15;$a3014314
$b,c,d,a;M_{11};22;$895cd7be	$b,c,d,a;M_8;20;$455a14ed	$b,c,d,a;M_6;23;$04881d05	$b,c,d,a;M_{13};21;$4e0811a1
$a,b,c,d;M_{12};7;$6b901122	$a,b,c,d;M_{13};5;$a9e3e905	$a,b,c,d;M_9;4;$d9d4d039	$a,b,c,d;M_4;6;$f7537e82
$d,a,b,c;M_{13};12;$fd987193	$d,a,b,c;M_2;9;$fcefa3f8	$d,a,b,c;M_{12};11;$e6db99e5	$d,a,b,c;M_{11};10;$bd3af235

续表

第一轮（FF）	第二轮（GG）	第三轮（HH）	第四轮（II）
$c,d,a,b;M_{14};17;a679438e$	$c,d,a,b;M_7;14;676f02d9$	$c,d,a,b;M_{15};16;1fa27cf8$	$c,d,a,b;M_2;15;2ad7d2bb$
$b,c,d,a;M_{15};22;49b40821$	$b,c,d,a;M_{12};20;8d2a4c8a$	$b,c,d,a;M_2;23;c4ac5665$	$b,c,d,a;M_9;21;eb86d391$

在上述计算完成之后，将 A、B、C、D 加上 a、b、c、d。然后用下一个分组数据链继续运行算法，最后输出的是 A、B、C、D 的级联。

综上所述，MD5 相比 MD4 做出了如下改进。

（1）增加了一轮计算。

（2）每一步均有唯一的加法常数。

（3）第 2 轮循环中函数 G 从 $((X\wedge Y)\vee(X\wedge Z)\vee(Y\wedge Z))$ 变为 $((X\wedge Z)\vee(Y\wedge\neg Z))$，减弱了对称性。

（4）每一步加了上一步的结果，引起了更快的雪崩效应。

（5）改变了第 2 轮和第 3 轮中访问数据子分组的顺序，使其形式更加不相似。

（6）近似优化了每一轮中的循环左移位移量，以实现更快的雪崩效应，各轮位移量互不相同。

3. MD2

MD2 也是由 Ronald L. Rivest 设计的一个哈希算法，它与 MD5 一起用于保密性增强邮件协议（Privicy-Enhanced Mail，PEM）中，其安全性依赖于字节间的随机置换。置换过程是固定的，且依赖于 Π，S0~S255 是置换操作，对消息 M 进行哈希运算，其步骤如下。

（1）用值为 i 的字节对消息进行填充，使填充后的数据长度为 16 字节（128 位）的整数倍。

（2）将 16 字节的校验和附加到消息中。

（3）初始化 48 字节的分组 $X_0, X_1, \cdots, X_{47}$。将 X 的前 16 字节置为 0，第 2 个 16 字节对应消息 M 的前 16 字节，第 3 个 16 字节与 X 的前 16 字节及第 2 个 16 字节相异或。

（4）执行压缩函数，伪代码如下。

```
T = 0
  对于 j=0 至 17
    对于 k=0 至 47
      T = X_k XOR S_t
      X_k = t
      T = (t+j) mod 256
```

（5）将消息 M 的第 2 个 16 字节设为 X 的第 2 个 16 字节，X 的第 3 个 16 字节是 X 的第 1 个 16 字节和 X 的第 2 个 16 字节的异或，重复执行第（4）步，消息 M 的每 16 个字节重复执行第（5）步和第（4）步。

（6）输出 X 的前 16 字节。

相比其他的哈希算法，MD2 的运算速度是极其缓慢的。

4．SHA

哈希算法族 SHA 中应用最广泛的是 SHA-2，被广泛应用于 SSL、TSL、PGP、S/MIME、SSH、IPsec 等安全应用和协议中。SHA-256 用于 DKIM 消息签名标准和 Debian 软件包认证。SHA-512 鉴定了卢旺达种族灭绝国际刑事法庭的一段视频。SHA-256 用于验证交易和计算比特币等几种加密货币的权益证明。SHA-2 用于加密算法和协议，并被美国政府用于保护敏感的非机密数据。

接下来以最常用的 SHA-256 为例，主要介绍 SHA 的思想。SHA-256 在比特币中有着广泛的应用，无论是区块头还是交易信息的密码哈希值，都是用该算法计算的。此外，SHA-256 还涉及第 5 章要讲的工作量证明共识机制，通过计算特定范围内的密码哈希值所做的计算工作来考量工作量，同时，SHA-256 也被用来构造比特币地址，识别不同的用户。SHA-256 的输入长度任意，但其输出的长度固定为 256 位，故命名为 SHA-256。

为了更好地理解 SHA-256 的原理，这里首先分别介绍算法中可以单独抽出的模块，如常量初始化、信息预处理、逻辑运算，在理解这些模块的基础上，探索 SHA256 的主体部分，即消息摘要是如何计算的。

1）常量初始化

SHA-256 中用到了 8 个哈希初值和 64 个哈希常量。其中，SHA-256 的 8 个哈希初值如下。

  h0 := 0x6a09e667 h1 := 0xbb67ae85 h2 := 0x3c6ef372 h3 := 0xa54ff53a

  h4 := 0x510e527f h5 := 0x9b05688c h6 := 0x1f83d9ab h7 := 0x5be0cd19

这些初值是对自然数中前 8 个质数的平方根的小数部分取前 32 位而来。SHA-256 中用到的 64 个常量如下。

428a2f98	71374491	b5c0fbcf	e9b5dba5	3956c25b	59f111f1	923f82a4	ab1c5ed5
d807aa98	12835b01	243185be	550c7dc3	72be5d74	80deb1fe	9bdc06a7	c19bf174
e49b69c1	efbe4786	0fc19dc6	240ca1cc	2de92c6f	4a7484aa	5cb0a9dc	76f988da
983e5152	a831c66d	b00327c8	bf597fc7	c6e00bf3	d5a79147	06ca6351	14292967
27b70a85	2e1b2138	4d2c6dfc	53380d13	650a7354	766a0abb	81c2c92e	92722c85
a2bfe8a1	a81a664b	c24b8b70	c76c51a3	d192e819	d699062	f40e3585	106aa070
19a4c116	1e376c08	2748774c	34b0bcb5	391c0cb7	4ed8aa4a	5b9cca4f	682e6ff3
748f82ee	78a5636f	84c87814	8cc70208	90befffa	a4506ceb	bef9a3f7	c67178f2

这 64 个常量是对自然数中前 64 个质数的立方根的小数部分取前 32 位而来。

2）信息预处理

信息预处理即前面讲解 MD 算法时提到的数据填充，使其长度在对 512 取模后的余数是 448。

3）逻辑运算

SHA-256 中涉及的操作全部是逻辑的位运算，逻辑函数如下，逻辑运算符号表如表 4-2 所示。

$$\text{Ch}(x, y, z) = (x \wedge y) \oplus (\neg x \wedge z)$$
$$\text{Ma}(x, y, z) = (x \wedge y) \oplus (x \wedge z) \oplus (y \wedge z)$$
$$\Sigma_0(x) = S^2(x) \oplus S^{13}(x) \oplus S^{22}(x)$$
$$\Sigma_1(x) = S^6(x) \oplus S^{11}(x) \oplus S^{25}(x)$$
$$\sigma_0(x) = S^7(x) \oplus S^{18}(x) \oplus R^3(x)$$
$$\sigma_1(x) = S^{17}(x) \oplus S^{19}(x) \oplus R^{10}(x)$$

表 4-2 逻辑运算符号表

逻辑运算符号	含 义
$\wedge$	按位"与"
$\neg$	按位"补"
$\oplus$	按位"异或"
S^n	循环右移 n 位
R^n	右移 n 位

4) 计算消息摘要

首先进行消息分解,如图 4-8 所示,以 512 位为一组分组处理。

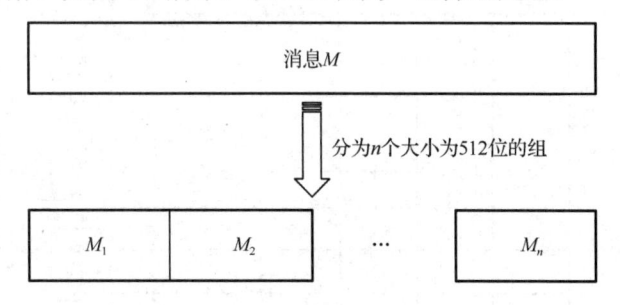

图 4-8 消息分解

假设消息 M 可以被分为 n 组,即 n 个数据块,整个算法就需要完成 n 次迭代,n 次迭代的结果就是最终的哈希值,即 256 位的消息摘要。

一个 256 位的消息摘要的初始值为 H_0,对第 1 个数据块进行运算,得到 H_1,即完成了第 1 次迭代;H_1 经过第 2 个数据块得到 H_2,依次处理,最后得到 H_n,H_n 即为最终的 256 位消息摘要。

将每次迭代的映射用 $\text{Map}(H_{i-1}) = H_i$ 表示,于是迭代可以更形象地展示,如图 4-9 所示。

图 4-9 中 256 位的 H_i 被描述为 8 个小块,因为 SHA-256 中的最小运算单元为"字(word)",1 个字为 32 位。此外,在第 1 次迭代中,映射的初值设置为前面介绍的 8 个哈希初值。

下面介绍每次迭代的内容,即 $\text{Map}(H_{i-1}) = H_i$ 的具体算法。

(1) 构造 64 个字。

对于每个数据块,将其分解为 16 个 32 位的 big-endian 的字,记为 $W_0, W_1, \cdots, W_{15}$。前 16 个字直接由消息的第 i 个数据块分解得到,其余的字由迭代公式得到。

$$W_t = \sigma_1(W_{t-2}) + W_{t-7} + \sigma_0(W_{t-15}) + W_{t-16}$$

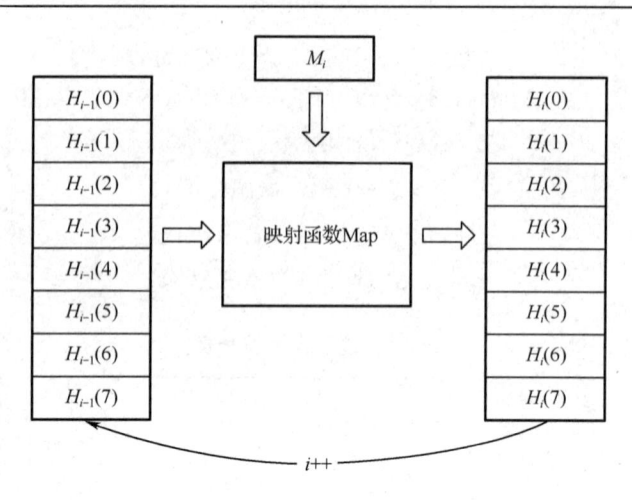

图 4-9 迭代示意图

（2）进行 64 次加密循环。

Map(H_{i-1}) = H_i 包含 64 次加密循环，即进行 64 次加密循环即可完成一次迭代，每次加密循环可以由图 4-10 描述。

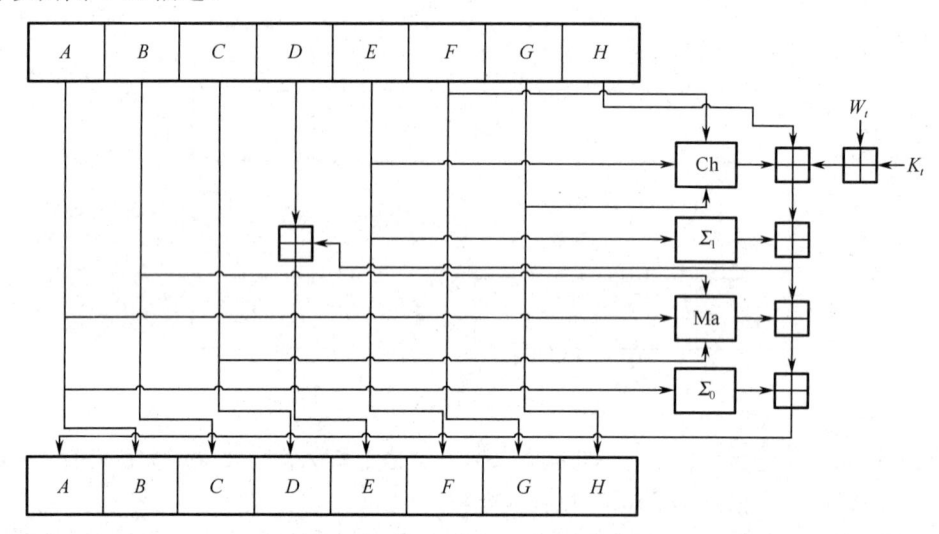

图 4-10 SHA-256 加密循环

A~H 按照一定规则进行更新，其中，Ch、Σ_1、Ma、Σ_0 是事先定义好的非线性逻辑函数，田字方块代表将两个数字加在一起，如果结果大于 2^{32}，应当除以 2^{32} 并找到余数。

A~H 的初始值分别为 $H_{i-1}(0), H_{i-1}(1), \cdots, H_{i-1}(7)$；$K_t$ 是第 t 个密钥，对应上文提到的 64 个常量；W_t 是本区块产生第 t 个字。

原消息被切成固定长度为 512 位的数据块，对每个数据块产生 64 个字，通过循环对 A~H 进行循环加密。最后一次循环所产生的 8 个字合起来即第 i 个数据块对应的哈希字符串 H_i，由此才完成了 SHA-256 的计算。

在比特币中使用 SHA-256 计算密码哈希值时，通常需要嵌套计算两次，即 Hash=SHA-256(SHA-256(数据))。

大部分的哈希算法都是计算敏感型的，这意味着主频越高的 CPU 运行哈希算法的速度就越快，进而可以通过硬件加速来提升哈希算法的吞吐量。但也有一些哈希算法并不是计算敏感型的，如顺序密码算法（Sequential Crypt，SCrypt），它在计算过程中需要大量的内存资源，这样的哈希算法通常应用于需要避免算力攻击的场景。

需要明确的一点是，哈希算法并不是一种加密算法，不能用于对信息的保护，但是哈希算法可以用于对密码的验证和保存。例如，用户使用用户名和密码登录网站时，大量用户会倾向于在多个不同的网站使用相似甚至相同的密码，利用哈希算法，后台可以仅保存口令的哈希值，每次用户登录时，通过比较哈希值来验证用户是否输入了正确的密码。这样即使数据库泄露，也无法从泄露出去的哈希值推算出原密码。

当然，对于一些过于简单且常见的字符串，如 123456，有些攻击者会将这些字符串的哈希值制成字典，通过哈希值反向查找到原始密码。为了防范这类攻击，可以采用加盐（salt）的方式，在哈希值中加入一段随机字符串，将哈希值和盐存放在不同位置，避免同时泄露。

4.1.5 哈希指针

哈希算法是以哈希指针的形式构建 Merkle 树的。哈希指针除了包括指针应当包含的数据存储地址，还包括存储数据的哈希值。用一个比喻来解释就是普通的指针就是地址，类似于信封上的地址，顺着地址就可以找到收件人，而哈希指针可能还包含了信件的大致内容。

可以简单地将哈希指针理解为一个类似于 C 语言的结构体。

```
Struct hashpointer
{
Data_addr; //数据地址
Hash_value; //数据的哈希值
}
```

哈希指针的结构相对简单，主要由两部分组成。

（1）指针（Pointer）。这部分是指向某个特定数据存储位置的引用，可以是内存地址、磁盘地址或是数据库中的一个记录标识符。在区块链的场景中，通常这个指针是指向前一个区块的引用，实际上体现为前一个区块的哈希值。

（2）哈希值（Hash）。这是前述数据位置（之前的区块）的加密消息摘要。消息摘要通过将相关数据（如整个区块的数据）输入一个哈希算法中生成。哈希值保证了数据的完整性和一致性。

有了哈希指针的概念，理解 4.2 节 Merkle 树的内容就方便很多了。举例来讲，比特币地址的生成流程中使用了大量的哈希算法，具体流程如下。

Step1：生成私钥。
Step2：生成公钥。

比特币需要使用 secp256k1 的椭圆曲线来得到公钥、私钥。后续介绍椭圆曲线加密算法时会进行说明。通过 openssl 命令生成私钥代码如下。

```
openssl ecparam -name secp256k1 -genkey > priv.pem
# 输出 DER 格式
```

```
openssl ec -in priv.pem -outform DER | tail -c +8 | head -c 32 | xxd -p -c 32
# 结果
ccea9c5a20e2b78c2e0fbdd8ae2d2b67e6b1894ccb7a55fc1de08bd53994ea64
```

Step3：对 Step2 中的结果进行 Hash160 运算。所谓 Hash160 运算，就是先进行 SHA-256 运算，再进行 RIPEMD-160 运算。

Step4：在 Step3 的结果上加入前缀符。普通主网地址的前缀符是 00，比特币地址前缀符有很多种，具体可以自行查阅。

Step5：将 Step4 的结果连续进行 2 次 SHA-256 运算，并取其前 8 位作为校验和。

Step6：将 Step4 的结果与 Step5 的结果合并，即把 Step5 的结果拼接在 Step4 的结果后面。

Step7：Base58 编码。Base58 是一种独特的编码方式，是 Base64 的变形，主要用于比特币的钱包地址。相比 Base64，Base58 去掉了数字 0、大写英文字母 O、大写英文字母 I、小写英文字母 l、+和/，避免引起视觉混淆。其伪代码如下。

```
def encode_base58(int_val, leading_zero_bytes=0)
    alpha= = "123456789ABCDEFGHJKLMNPQRSTUVWXYZabcdefghijkmnopqrstuvwxyz"
    base58_val, base = '', alpha.size

    while int_val > 0
        int_val, remainder = int_val.divmod(base)
        base58_val = alpha[remainder] + base58_val
    end

    base58_val
end
```

Step8：对 Step6 的结果进行 Base58 编码，得到的结果就是一个标准的比特币地址。

4.2 Merkle 树

区块中包含记录交易的 Merkle 树，Merkle 树根存储在区块头中，其内容存储在区块体中。那么，为什么要使用 Merkle 树进行存储呢？Merkle 树在区块链中又起到了什么样的作用呢？这些问题将在本节得到解答。

4.2.1 Merkle 树的概念

Merkle（默克尔）树又叫哈希树，是典型的二叉树结构，由一个根节点、一组中间节点和一组叶节点组成。在区块链系统出现之前，广泛用于文件系统和 P2P 系统中。Ralph Merkle 于 1979 年申请了专利，因此称为 Merkle 树。Merkle 树的每个叶节点均以数据块的哈希值为标签，而除叶节点外的节点则以其子节点标签的加密哈希值作为标签。Merkle 树的优势在于可以高效、安全地验证大型数据结构的内容，是哈希算法的推广形式。

4.2.2 Merkle 树的结构

区块链中一个简单的 Merkle 树结构如图 4-11 所示。

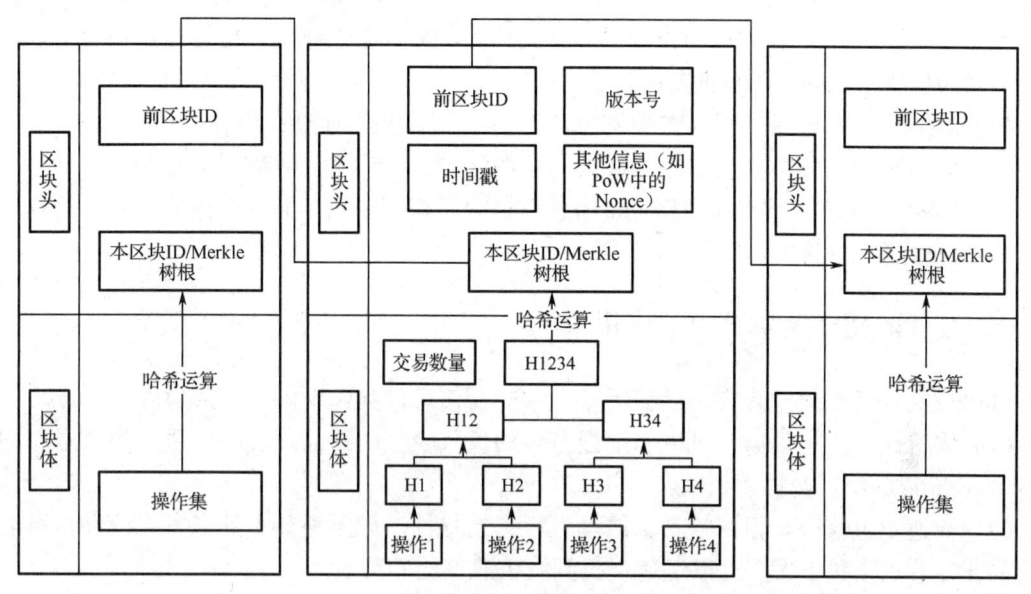

图 4-11 简单的Merkle树结构

为了更加清晰地理解 Merkle 树，应当从 Merkle 树思想的生成讲起。首先，假设有一个管理者，他的手上有很多组数据，他想要将这些数据存储起来，那么最简单且最普遍的方法是，做很多箱子，把这些数据一组一组地放到箱子里去，即数组的思路。

但此时又出现了问题，如果有一伙怪盗，他们可以神不知鬼不觉地把箱子里的物品偷出来，那又该怎么办呢？可以安排很多个记录员，让他们时刻记录箱子里的物品情况，并汇总起来，如果发现汇总的情况发生了变化，那么就可以得知，箱子里的物品遭到了盗窃，内容发生了变化。

但问题又出现了，管理者知道他的东西被偷了，但他不知道到底是哪个箱子里的东西少了，这个时候他就去找记录员，盘问到底是哪个箱子出了问题。那么最坏的情况可能需要问遍所有记录员才知道是哪个或者哪些箱子出了问题。这个流程过于烦琐，于是他给每两个记录员设定了一个上级，他们将记录的结果上报给这个上级汇总，然后每两个上级又各自有他们的上级，到最后仅剩下两个记录员，他们直接上报给管理者，这样管理者只需要询问他们两个哪个箱子有问题，他们又会询问他们管理的两个人，最后锁定出问题的箱子。假设有 n 个箱子，询问所有记录员平均需要询问 $\frac{n}{2}$ 次，而后面的方法仅需要询问 $\log_2 n$ 次。

仔细分析会发现后面的方法十分眼熟，其实这就是 Merkle 树的思想，记录员就是哈希值，上报流程就是将节点内容进行哈希运算。

总结来看，Merkle 树有两个主要的特点。

（1）最下面的叶节点包含存储的数据或其哈希值。

（2）其他节点（非叶节点）都是其 2 个子节点内容的哈希值。进一步可以将 Merkle 树拓展到多叉树的情况，此时非叶节点的内容为所有子节点内容的哈希值。

由此可以得知，Merkle 树可以将底层数据逐层传递到根节点，根节点的值就代表了底层的所有数据，是底层数据的一个数据摘要。由这个性质可以得出以下四条结论。

（1）当两个 Merkle 树的根节点相同时，其代表的数据必然相同，用根节点校验可以大幅减少数据的传输量、降低计算的复杂度。

（2）Merkle 树的任意一个分支都是 Merkle 树，可以独立地进行校验。

（3）Merkle 树的根节点只取决于数据，与数据的更新频率、更新顺序均无关。

（4）当 Merkle 树中节点和数据过多时，可以只保留根节点，删除其他节点来节约存储空间，同样可以进行校验。

4.2.3 Merkle 树在区块链中的应用

Merkle 树在区块链中最突出的应用是记录交易信息，其作用可以概括为以下三点。

（1）快速比较大量数据。可以利用根节点的值代表底层数据摘要的性质，根节点相同时两组 Merkle 树的底层数据才相同。

（2）快速定位修改。根据哈希算法输入敏感的特性，如果根节点的值发生改动，顺着被改动的非叶节点查找下去，可以迅速查找到发生改变的叶节点。

（3）零知识证明。当需要向他人证明拥有的某组数据（假定为 A、B、C、D）中包含某个内容（D）但是不能暴露其他内容时，可以构造一个 Merkle 树，公布其中叶节点、中间节点和根节点的值，验证者利用 D 计算，如果最终根节点的值与已知的相同，则可以证明这个 Merkle 树包含 D。

Merkle 树还有一些其他应用。例如，Merkle 树可以用于 BT 下载，数据一般会分成很多个小数据块，以保证下载速度。在下载前，先下载一个该文件的 Merkle 树，下载完成后重新生成 Merkle 树进行对比校验。若校验不通过，可根据 Merkle 树快速定位损坏的数据块，重新下载即可。

在比特币中，Merkle 树用于交易确认场景，如图 4-12 所示。现在需要确认交易 H_K 的存在，只需要用到图 4-12 中 4 个蓝色框代表的哈希值组成的认证路径即可完成校验。有了蓝色框代表的哈希值，就可以计算虚线框的哈希值，如果最终得到的根节点与已知的根节点一致，则说明哈希值为 H_K 的交易包含在区块中。

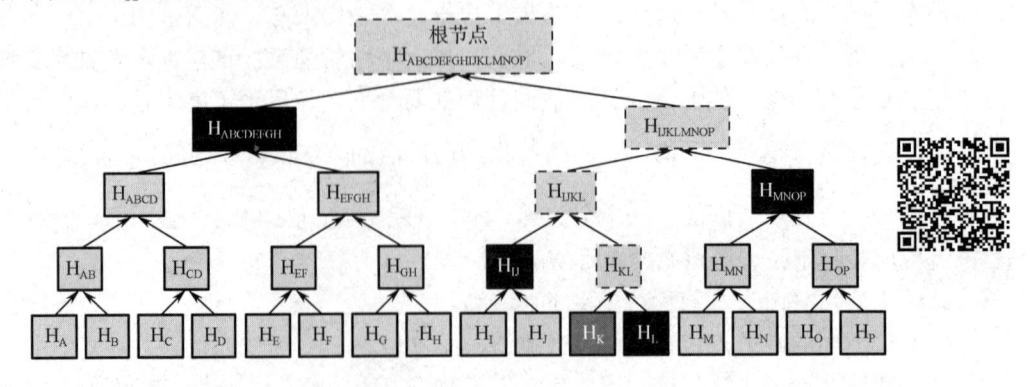

图 4-12 Merkle 树确认比特币交易（扫码见彩图）

4.3 公钥加密算法

4.2 节介绍了区块链中使用的哈希算法和由哈希算法构建的 Merkle 树,本节将介绍区块链中使用的公钥加密算法,常称为非对称加密算法。

在正式讲解公钥加密算法之前,先介绍一些关于数据加密标准的一些趣事。20 世纪 70 年代初,非军方的密码学研究还处于混乱不堪的状态,几乎没有相关研究论文。即便大多数人知道军方会采用特殊的编码设备通信,但很少有人懂密码学,美国国家安全局(NSA)对此也鲜有提及。所以,没有人真正清楚自己买到手的密码设备究竟是不是安全的。

1972 年,美国国家标准局(NBS)(现国家标准与技术研究所 NIST)拟定了一个开发单独的标准密码算法的计划,并在 1973 年 5 月 15 日的 *Federal Register* 上公开了他们征集标准密码算法的请求,这个算法满足以下设计准则。

(1)算法必须提供较高的安全性。
(2)算法必须完全确定且易于理解。
(3)算法的安全性必须依赖于密钥,不应依赖于算法。
(4)算法必须对所有的用户都有效。
(5)算法必须适用于各种应用。
(6)用以实现算法的电子器件必须很经济。
(7)算法必须能够有效使用。
(8)算法必须能验证。
(9)算法必须有出口。

第一个收集到的密码学算法是 IBM 于 1970 年开发的 Lucifer 算法,虽然该算法极其复杂难懂,但十分易于实现,只对小的位组进行简单的逻辑运算。值得一提的是,NBS 曾将该算法交予 NSA 评估其安全性,因此许多学者质疑 NSA 是否在该算法上设置了"看不见的手",为何将算法的位数从 112 位削减到 56 位。1975 年该算法的细节被公开。

后来,随着算法的发展,DES 也被选进了这个标准里。这时 NSA 和 NBS 出现了分歧,NBS 在公布 DES 时,详细披露了算法的大量细节,导致该算法的实现软件很容易被开发出来,这让 NSA 十分不满。他们表示,如果事先知晓这一点,绝不会同意将该算法纳入标准。1987 年,进行 DES 的第二个五年评估时,NSA 对该算法进行了否定,声称不再对其安全性进行担保,同时 NSA 还提出了商业通信安全担保计划(Commercial COMSEC Endorsement Program,CCEP),该计划提供了一系列算法代替 DES,并且这些算法由 NSA 设计,但不会公开,只能在防拆的 VLSI 芯片上应用,然而,当时 DES 已经在商业和金融领域得到了广泛应用,许多机构因此面临数据保护难题。最后采用了折中的方法,允许 DES 使用到 1992 年,而这一切的原因仅仅是 NSA 认为 DES 将要被破译,令人哭笑不得。

4.3.1 公钥加密算法原理

1. 加/解密系统结构

现代加解密系统一般包括明文空间 M、密文空间 C、密钥空间 K 以及加密算法 E 和解密

算法 D。根据加/解密过程中使用的密钥是否相同,可以将算法分为对称加密算法和非对称(公钥)加密算法。某些时候还会将两种算法组合使用,进行混合加密。

其中,明文空间 M 为全体明文的集合;密文空间 C 为全体密文的集合;密钥空间 K 代表密钥;密钥用于控制加密和解密,它在密文和明文相互转换时作为输入参数;加/解密算法是固定不变且公开的,在密钥的控制下执行明文和密文相互转换。密钥是最关键的信息,需要被严密地保存起来以防止其泄露。一般情况下密钥由特定算法在每次加密前随机生成,长度越长,加密强度越大。加密过程中,通过加密算法及公私钥对明文进行加密,获得密文;解密过程中,通过解密算法和公私钥对密文进行解密,获得明文。

2. 对称加密算法

对称加密算法的加密密钥和解密密钥是相同的,优势是加/解密效率和加密强度都很高,但是需要加/解密双方都持有密钥,一旦密钥泄露就会导致加密失效。从实现原理上可以分为分组密码和序列密码。前者将明文切分为定长数据块,作为基本的加密单位;后者每次只对一字节或一个字符进行加密处理,且密码不断变化。

分组对称加密算法的代表包括 DES、3DES、AES、IDEA 等,其中 DES 和 3DES 已经不再安全,1993 年制造了一个穷举 DES 破译机,花费 100 万美元,但可以平均 3.5 小时找到一个密钥,且有传闻说,当 DES 第一次被称为标准时,NSA 就已经研究出了其破解方法,能够在 3~5 分钟破解,AES、IDEA 仍具有较为优秀的加密强度。

序列密码又称流密码,1949 年,信息论创始人 Claude Elwood Shannon 首次证明,要实现绝对安全的完善保密性(perfect secrecy),可以通过"一次性密码本"对称加密处理,即通信双方每次使用与明文等长的随机密钥串对明文进行加密处理。序列密码采用了类似的思想,每次通过伪随机数生成器来生成伪随机密钥串,代表算法包括 RC4 等。

总结来说,对称加密算法适用于大量数据的加/解密,但是不能用于签名场景。此外,该算法要求事先分发好密钥,这构成了其最大的安全隐患:对称密钥在传输过程中有可能被窃取或篡改,这一缺陷极大地限制了对称加密算法在区块链中的广泛应用。

一般来说,解决密钥传输问题有以下几种方法:线下秘密地共享密钥、使用密钥分发中心、使用 Diffie-Hellman 协议进行密钥交换、使用公钥加密算法进行加密。

Diffie-Hellman(D-H)协议最早发布于 1976 年,用于在不安全信道中完成对称密钥的协商,它的设计基于离散对数问题(Discrete Logarithm Problem,DLP),即对于一个很大的素数 p,g 为 p 的模循环群的原根,给定任意 x,求解 $X = g^x \bmod p$ 是可以很快计算出来的。但是在已知 p、g、X 的前提下,逆向求解 x 没有多项式求解的算法,该协议同时也是椭圆曲线类加密算法的基础。D-H 协议的基本交换过程如下。

(1)Alice 和 Bob 两个人协商密钥,先公开商定 p、g。
(2)Alice 自行选取私密的整数 x,计算 $X = g^x \bmod p$,发送给 Bob。
(3)Bob 自行选取私密的整数 y,计算 $Y = g^y \bmod p$,发送给 Alice。
(4)Alice 根据 x 和 Y,求解共同密钥 $Z_A = Y^x \bmod p$。
(5)Bob 根据 X 和 y,求解共同密钥 $Z_B = X^y \bmod p$。

实际上,Alice 和 Bob 计算出来的结果将完全相同,因为在 $\bmod p$ 的前提下,有

$$Y^x = (g^y)^x = g^{xy} = (g^x)^y = X^y$$

而信道监听者在已知 p、g、X、Y 的前提下无法求得 Z。

值得一提的是，D-H 协议是第一个实用的在非保护信道中创建共享密钥的方法，它受到了 Ralph Merkle（Merkle 树的创始人）的关于公钥分发工作的影响。John Gill 提出了离散对数问题的应用，该算法几年前被英国政府通信总部（Government Communications Headquarters，GCHQ）的 Malcolm J. Williamson 提出，但是 GCHQ 直到 1997 年才决定将其公开，这时在学术界已经没有了研究这个算法的热潮了。

3．公钥加密算法

公钥加密算法是现代密码学历史上的一项伟大的发明，可以很好地解决对称加密中提前分发密钥的问题，又称非对称加密算法。在对称加密中，通信双方需要同时持有同一个密钥，但在最基本的公钥加密中，总共需要 4 个密钥，通信双方各准备一对公钥和私钥。其中，公钥是公开的，由信息接收方提供给信息发送方，用来给信息加密；私钥由信息接收方保留，用来解密接收到的信息。既然公钥是公开的，就不存在保密问题，也就不存在密钥分发问题，对称加密中出现的问题就迎刃而解了。Alice 和 Bob 相互通信的流程如下。

（1）Alice 确定好自己的私钥 aPrivateKey、公钥 aPublicKey，自己保留私钥，将公钥 aPublicKey 发送给 Bob。

（2）Bob 确定好自己的私钥 bPrivateKey、公钥 bPublicKey，自己保留私钥，将公钥 bPublicKey 发送给 Alice。

（3）Alice 发送"周六去吃火锅，11:30 门口见"，然后使用 Bob 的公钥 bPublicKey 进行加密。

（4）Bob 使用自己的私钥 bPrivateKey 对收到的信息进行解密，回复"好的"，然后使用 Alice 的公钥 aPublicKey 进行加密。

（5）Alice 收到信息后用自己的私钥 aPrivateKey 进行解密。至此完成 Alice 和 Bob 的一轮通信。

单独凭借以上的流程可能很难理解公钥加密算法的原理，但有一个很经典的比喻可以帮助读者理解：将整个过程比作寄信，公钥相当于锁 A 的钥匙，私钥相当于锁 B 的钥匙，Alice 用公钥 A 打开锁 A 并将自己的信件投入信箱，只有拿着私钥 B 的 Bob 才能打开锁 B 取出信件，同理，Bob 向 Alice 寄信的流程也是类似的。这样一一对应的公钥和私钥称为公私钥对。

通过以上的过程，我们可以很容易地理解公钥加密算法的核心概念：公钥仅用于数据加密，且使用公钥加密的数据只能由对应的私钥进行解密。当然，这样的处理方式也引发了一系列新的问题。首要问题是，既然公钥是公开的，且使用公钥加密的信息只能由私钥解密，那么公钥和私钥在计算上应当是相互关联的。这就存在暴力破解私钥或使用公钥推算出私钥的风险。其次，在相互发送公钥的过程中，存在遭受中间人攻击的风险。关于中间人攻击的应对方法，我们将在后续的密钥管理部分进行详细讲解。在已知公钥公开的情况下，攻击者甚至可以采用明文攻击的方式进行破解，即攻击者选择一定数量的明文，然后使用公钥对其进行加密，获取相应数量的密文，通过这一过程获取关于加密算法的一些信息，以便在将来更有效地破解采用同样加密算法加密的信息。

公钥加密算法的代表包括 RSA、ElGamal、椭圆曲线（Elliptic Curve Crytosystems，ECC）、SM2 等。

RSA 是最经典的公钥加密算法，1978 年由 Ronald L. Rivest、Adi Shamir、Leonard Adleman 共同提出，三人于 2002 年获得图灵奖。RSA 利用了对大数进行质因子分解困难的特性，但目前还没有数学证明两者难度等价，或许存在某种算法在不进行大数质因子分解的前提下解密，但目前普遍认为 RSA 可能在不远的将来被破解。

RSA 流程图如图 4-13 所示。

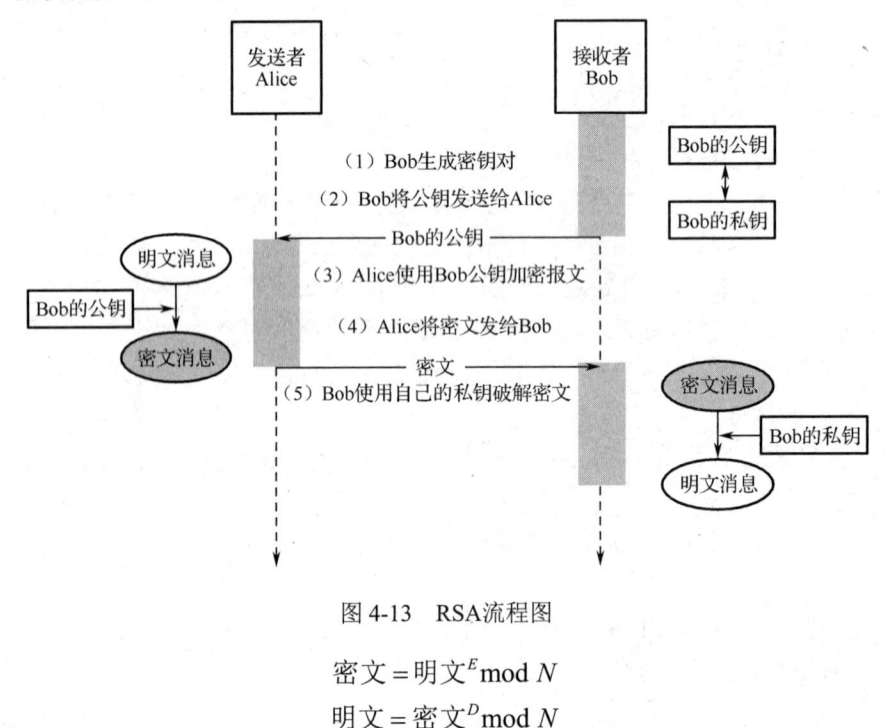

图 4-13　RSA 流程图

$$密文 = 明文^E \bmod N$$
$$明文 = 密文^D \bmod N$$

N、公钥 E、私钥 D 的计算方法如下。

（1）N：首先需要准备两个大质数 a 和 b（大小一般为 512 位，太大不方便计算，太小容易被破解），再引入一个过程量 L，为 $a-1$ 和 $b-1$ 的最小公倍数，需要注意的是，N 也是公开的。

（2）E：E 有两个限制，$E \in (1, L)$ 且 E 和 L 的最大公约数为 1，确保存在与 E 对应的 D。

（3）D：D 同样也有两个限制，$D \in (1, L)$ 且 $E \times D \bmod L = 1$，确保密文解密时能够成功得到原来的明文。

对于 512 位的 a 和 b，N 的大小在 1024 位以上，以现在的算力是无法根据公钥暴力破解私钥的。

那么使用推算的方法，从 $\bmod L=1$ 中破解私钥 D 首先需要获得 L 的值，即破解大质数 a、b，暴力破解当然行不通，最靠谱的方法是将 N 分解质因数，得出 a 和 b。目前并不存在简便的分解质因数方法，所以是很难破解的。但仍然需要注意，如果计算机的算力进一步提升，或产生了更加简便的分解质因数的方法，RSA 将不再安全。

ElGamal 是利用模运算下求离散对数困难的特征设计的公钥加密算法，由 Taher ElGamal

于 1985 年提出。

在比特币中，一般采用椭圆曲线来创建公私钥对，这个问题是基于离散对数问题的，特点是在相同安全级别下，相比 RSA，其密钥的长度更短。椭圆曲线加密算法通过将椭圆曲线上的特定点进行特殊的加法或乘法操作实现，将椭圆曲线中的加法运算与离散对数中的模乘运算相对应。接下来对椭圆曲线加密算法进行简要的介绍。

Secp256k1 标准定义的椭圆曲线方程为

$$y^2 \bmod p = (x^3 + 7) \bmod p$$

要满足椭圆曲线方程，必须满足 $y^2 - x^3 - 7 = k \times p$，其中，$k$ 是任意整数，$p = 2^{256} - 2^{32} - 2^9 - 2^8 - 2^7 - 2^6 - 2^4 - 1$，是一个相当大的素数，那么这个椭圆曲线可以想象为一个巨大二维网络里的复杂哈希点，很难可视化。下面展示 $p = 17$ 时的椭圆曲线，如图 4-14 所示，实际应用中的 p 比 17 要大得多。

在椭圆曲线的数学理论中，有一个特殊点叫"无穷远点"，类似于加法里的 0，虽然这个点有时表示为 $x=0$，$y=0$，且代入椭圆曲线方程时并不成立，但可以当作特殊情况进行检验。

除此之外还有一个"+"运算符，类似于实数相加的定义，假设椭圆曲线上有两点 P_1、P_2，那么必然存在一个点 P_3 使得 $P_3 = P_1 + P_2$。在几何学中，椭圆曲线有这样一个性质：一条直线上三个点的和为零元，即 $P_1 + P_2 + P_3' = 0$，其中，P_3' 称为 P_3 的负元，这两个点关于 x 轴对称。不同情况下的椭圆曲线加法示意图如图 4-15 所示。

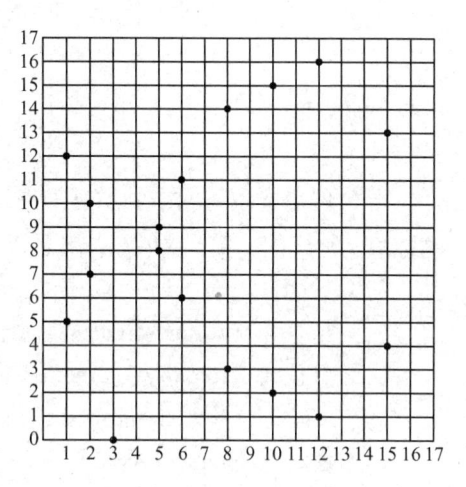

图 4-14 $p = 17$ 时的椭圆曲线

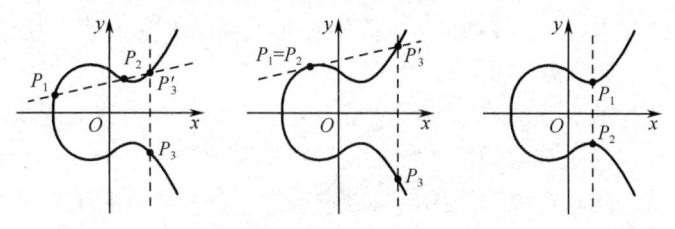

图 4-15 椭圆曲线加法示意图

需要注意一种特殊情况，即 P_1、P_2 的横坐标相等，纵坐标相反，P_3 是无穷远点，P_1、P_2 中有一个是无穷远点时，P_3 和另一个点重合。

假设有三个点 A、B、C，那么对于 $A+B+C$，无论先计算哪两项相加，最后在曲线上展现出来的都是同一个点，此处不予展开证明，请感兴趣的读者自行证明。这样的加法运算在数学上称为加法群，示意图如图 4-16 所示。

群（Group）的概念来源于集合，自然数集合通过加减运算衍生出整数集合，整数集合经过乘除运算又可以衍生出有理数，而后通过加入无理数又衍生出实数集合，通过负数开方引入了复数集合。群则是集合的一个二元运算，一个群是一个集合 G 加上对 G 的二元运算。二元运算用"·"表示，它结合了任意两个元素 a 和 b 形成了一个属于 G 的元素，记为 $a \cdot b$。

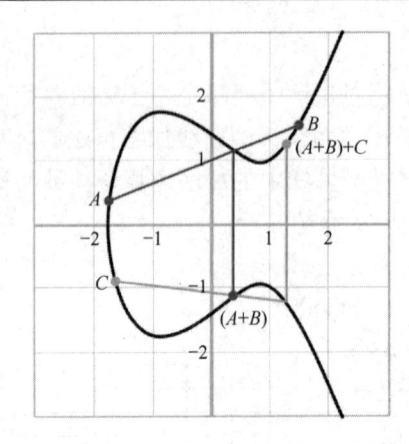

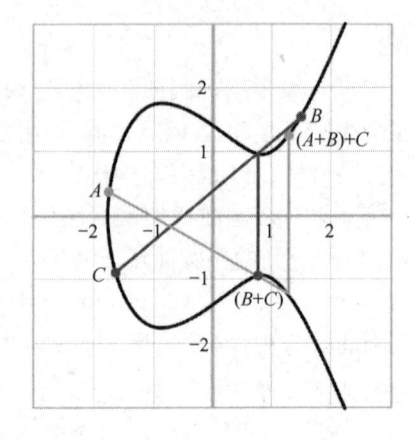

图 4-16 椭圆曲线加法群示意图

群公理包含下述四个性质（有时略去封闭性，只有三个性质）。若对于集合 $G \neq \phi$，G 上的运算·构成的代数结构 $(G, \cdot)$ 满足以下性质，则称 $(G, \cdot)$ 为一个群。

（1）封闭性。对于所有 G 中的 a、b，运算 $a \cdot b$ 的结果也在 G 中。

（2）结合律（Associativity）。对于 G 中所有的 a、b、c，等式 $(a \cdot b) \cdot c = a \cdot (b \cdot c)$ 成立。

（3）单位元（Identity Element，也称幺元）。G 中存在一个元素 e，使得对于 G 中的每个元素 a，都有 $e \cdot a = a \cdot e = a$ 成立。这个元素是独一无二的，它被称为群的单位元。

（4）逆元（Inverse Element）。对于 G 中的每个元素 a，总存在 G 中的一个元素 b 使 $a \cdot b = b \cdot a = e$，此处 e 为单位元，称 b 为 a 的逆元，记为 a^{-1}。

若群 $(G, \cdot)$ 还满足交换律（Commutativity），即对于 G 中所有的 a,b，等式 $a \cdot b = b \cdot a$ 成立，则称 $(G, \cdot)$ 为一个阿贝尔群（Abelian Group），又称交换群（Commutative Group）。

例如，整数的加法运算就是一个群，而且还是一个阿贝尔群，因为它满足群的定义：整数加法的封闭性、结合律、交换律都成立，整数加法运算中单位元是 0，所有整数 n 都有加法逆元 $-n$。自然数的加法运算就不是一个群。

由此可以发现，先前讲述的椭圆曲线的群，是一个满足交换律的阿贝尔群。对于密码学中涉及的群，一般来讲都是有限的，即群的元素数量要求是有限的，一般这么做是出于安全性和便于实现的考量。此时需要对原始的椭圆曲线做一些处理，将椭圆曲线限制到一个有限域内，通常使用的是素数域 F_p（$P = (x_p, y_p), x_p, y_p \in 0,1,\cdots,p-1$，$p$ 为素数）。其破解就会变成一个离散对数问题，这比连续曲线上的对数问题困难很多。素数域下椭圆曲线的定义为

$$E: Y^2 = X^3 + AX + B, \quad A, B \in F_p, \quad 4A^3 + 27B^2 \neq 0$$

其点集为

$$E(F_P) = {(x, y): x, y \in F_P, \ y^2 = x^2 + Ax + B} \cup {0}$$

例如，素数 $p=13$ 上的椭圆曲线为

$$E: Y^2 = X^3 + 3X + 8$$

想找出这个椭圆曲线上的点集，只需要枚举 x，然后看有没有 y 使得 $Y^2 = X^3 + 3X + 8$。这是一个二次剩余问题，我们已经解决得比较好了。当 $x=0$ 时，没有 y 与之对应，当 $x=1$ 时，有 $12=5,8$，从而 $(1,5)$ 和 $(1,8)$ 是椭圆曲线上的点，这样就可以在有限域上建立椭圆曲线了。F_{13} 上的椭圆曲线加法表如表 4-3 所示。

表 4-3　F_{13} 上的椭圆曲线加法表

		(1,5)	(1,8)	(2,3)	(2,10)	(9,6)	(9,7)	(12,2)	(12,11)
		(1,5)	(1,8)	(2,3)	(2,10)	(9,6)	(9,7)	(12,2)	(12,11)
(1,5)	(1,5)	(2,10)		(1,8)	(9,7)	(2,3)	(12,2)	(12,11)	(9,6)
(1,8)	(1,8)		(2,3)	(9,6)	(1,5)	(12,11)	(2,10)	(9,7)	(12,2)
(2,3)	(2,3)	(1,8)	(9,6)	(12,11)		(12,2)	(1,5)	(2,10)	(9,7)
(2,10)	(2,10)	(9,7)	(1,5)		(12,2)	(1,8)	(12,11)	(9,6)	(2,3)
(9,6)	(9,6)	(2,3)	(12,11)	(12,2)	(1,8)	(9,7)		(1,5)	(2,10)
(9,7)	(9,7)	(12,2)	(2,10)	(1,5)	(12,11)		(9,6)	(2,3)	(1,8)
(12,2)	(12,2)	(12,11)	(9,7)	(2,10)	(9,6)	(1,5)	(2,3)	(1,8)	
(12,11)	(12,11)	(9,6)	(12,2)	(9,7)	(2,3)	(2,10)	(1,8)		(1,5)

有限域上的椭圆曲线以及加法构成了一个有限群，现在来研究这个群里的元素个数。数学上已知，一个整数在有限域内大概有 50%的概率是二次剩余，50%的概率不是，因此可以猜测

$$\mathrm{card}E(F_P) \approx 50\% \times p \times 2 + 1 = p+1$$

事实上这样的猜测几乎是正确的，即有

$$\mathrm{card}E(F_P) = p+1-t_p, \quad |t_p| \leqslant 2\sqrt{p}$$

有限域上的椭圆曲线，其点的分布与实数域上的椭圆曲线非常不同，如图 4-17、图 4-18 所示。

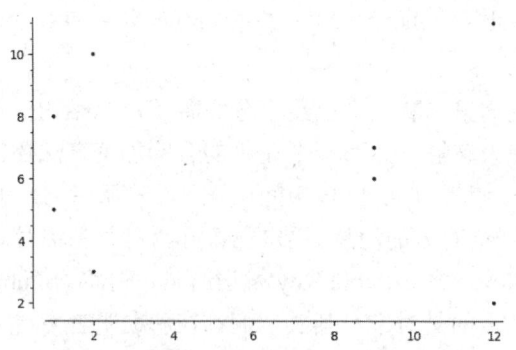

图 4-17　$A=3$，$B=8$ 时有限域上椭圆曲线点的分布（F_{13}）

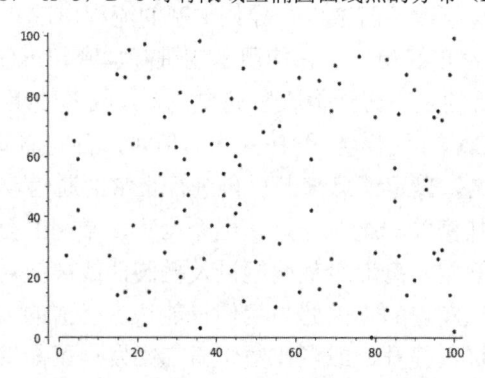

图 4-18　$A=3$，$B=8$ 时有限域上椭圆曲线点的分布（F_{101}）

在以上数学基础上，假设私钥 sk 是随机生成的数，那么可以将 sk 和椭圆曲线上一个预定义点 G 相乘得到椭圆曲线上的另一个点，这个点就是公钥 K，即 $K=\text{sk}\times G$，预定义点 G 由 Secp256k1 标准定义。由私钥 sk 生成公钥 K 是简单的，但反向计算却几乎不可能，体现了其安全性。

以 Alice 和 Bob 为例，椭圆曲线加密算法的具体流程如下。

（1）公私钥生成。

① Alice 首先构造一条椭圆曲线 E，在曲线上选择一点 G 作为生成元，并求 G 的阶为 n，要求 n 必须为质数。

② Alice 选择一个私钥 sk(sk<n)，生成公钥 $Q=\text{sk}\times G$。

③ Alice 将公钥组 E、Q、G 发送给 Bob。

（2）加密。

① Bob 收到信息后，将明文编码为 M，M 为曲线上一点，并选择一个随机数 r（$r<n$，n 为 G 的阶）。

② Bob 计算点 Cipher1 与 Cipher2，即两段密文，计算方法为

$$\text{Cipher1} = M + rQ$$
$$\text{Cipher2} = rG$$

③ Bob 把 Cipher1 和 Cipher2 发给 Alice。

（3）解密。

Alice 收到密文后，为了获得 M，只需要计算 Cipher1 − sk×Cipher2，因为

$$\text{Cipher1} - \text{sk}\times\text{Cipher2} = M + rQ - \text{sk}rG = M + r\text{sk}G - \text{sk}rG = M$$

然后将 M 解码即可。

公钥加密算法介绍到这里，看上去已经十分完备了，公私钥对可以顺利地生成并且在现有的算力条件下不会被暴力破解，然而一个完善的公钥加密算法还需要考虑遭受中间人攻击的情况。所谓中间人攻击，就是在 A 和 B 中间插入一个窃听者 C，在 A 和 B 相互发送公钥的时候就插入，截取双方发送给对方的消息，再自己备好两对公私钥对，caPublicKey,caPrivateKey 和 cbPublicKey,cbPrivateKey，将 caPublicKey 发送给 A，再将 cbPublicKey 发送给 B，这样 A 和 B 都会误以为和自己通信的是对方，其实他们都在和窃听者 C 通信。

俗话讲，兵来将挡，水来土掩，中间人攻击利用的是公钥可篡改的特性，那么最常见的是使用数字签名避免公钥被篡改，但这也会导致加密的流程出现变化。以 RSA 为例，数字签名的加/解密过程与公钥加密正好相反，它使用私钥进行加密，再使用对应的公钥来解密。其根本原因是，数字签名的目的是不想让他人冒充自己，接收者使用公钥进行数字签名的验证，同时加入证书认证机构（CA），这样 A 和 B 互相通信时，首先需要用 CA 的公钥解开数字证书，再验证对方的数字签名，确定消息来源后再进行正常的通信。

需要注意的是，公钥加密并非绝对安全。迄今为止，常用的公钥加密算法主要依赖于三个数学难题：质因数分解问题、离散对数问题以及椭圆曲线离散对数问题。然而，这些难题的反向计算在理论上是可以实现的，因此，我们只能认为当前的加密技术是暂时安全的。如果未来计算机的算力得到极大提升，或者在数学研究中发现了能够解决这些数学难题的多项式复杂度算法，那么即使使用穷举法，高算力的计算机（如正在研制的量子计算机）也可能

破解现有的加密技术，从而导致其不再安全。

思考：公钥加密算法能够做到对称加密算法能做到的所有事情，那为什么还有许多场景采用对称加密算法呢？

扩展阅读

4.3.2 公钥加密算法在区块链中的应用

1. 数字签名

说到签名，想必大家并不陌生。在文件上手写签名长期以来被用作签名者身份的证明。数字签名，顾名思义，即数字形态的签名。与在纸质合同上签名确认合同内容并证明身份的操作相同，数字签名是基于公钥加密技术，用以证实数字内容的完整性及来源的工具。数字签名是可信、不可伪造、不可重用的，且文件在签名后不可再更改。然而，这些性质在现实中的手写签名场景中有时难以实现。

现实中的手写签名能够被伪造，且可能被盗用。但由于现实中的文件管理相对易于实现，欺骗行为往往冒着被发现的风险，因此较为困难。现在思考数字签名的场景。众所周知，计算机文件极易复制，即便某人的手写签名难以伪造，在计算机上只需简单复制粘贴即可完成，这显然没有意义。因此，人们将密码学引入了数字签名中，最先开发的是利用对称加密算法进行的数字签名。

提及对称加密数字签名，首先要阐述另一个与之相关的概念——消息认证码（Hash-based Message Authentication Code，HMAC）。消息认证码基于对称加密，用于保护消息的完整性。其基本过程为，对某个消息利用提前共享的对称密钥和哈希算法进行加密处理，得到一个 HMAC 值。持有该 HMAC 值的一方可以证明自己拥有这样一个共享的对称密钥，进而确保其身份的合法性。例如，A 需要确认对方是自己曾经共享过密钥的 B，可向 B 发送随机消息，B 收到后进行计算，将得出的 HMAC 值返回给 A。A 通过校验 HMAC 值的正确性即可确认对方是否为 B。当然，以上是一个简化场景，未考虑中间人攻击和信道传递消息丢失的情况。

但这种方法存在安全隐患，如果仅有两方存在，一旦有一方否认与对方进行过消息认证码的交流，将无法证明。为避免这种情形，人们加入了第三方仲裁者，形成了对称加密的数字签名技术。仲裁者为通信双方提供不同的密钥，在收到一方消息后先解密，再使用另一方的加密密钥进行加密，然后发送给另一方。在仲裁者绝对可信的情况下，双方无法抵赖，仲裁者的证书对双方均起证明作用。

然而，这样的数字签名无法满足区块链去中心化的要求。如果使用上述数字签名方法，整个系统的加密和通信都将掌握在仲裁者手中。因此，区块链中一般使用基于公钥加密算法的数字签名方法。

正如上文所述，区块链中使用的数字签名是基于公钥加密技术，用以证实数字内容的完整性及来源的工具。数字签名起作用的一个典型场景是，A 通过信道发送给 B 一个文件，B 需要确认这份文件是 A 发送的原始版本。此时，A 需要对文件内容进行摘要，然后使用自己的私钥对这个摘要进行加密（签名），之后将文件和加密后的摘要一起发送给 B。B 收到后，用 A 的公钥对签名进行解密，得到数字摘要，然后将这个摘要与自己根据 A 发送的文件计算得出的摘要进行比较。如果一致，则该文件确实是 A 发送的，且内容未被篡改。

比较知名的数字签名算法包括 DSA（Digital Signature Algorithm）和安全强度更高的 ECDSA（Elliptic Curve Digital Signature Algorithm），先前介绍的 RSA 同样可用于数字签名。以下仍以 Alice 和 Bob 为例，对整个流程进行简要说明。

（1）Alice 使用其私钥对文件进行加密作为签名。

（2）Alice 将签了名的文件传给 Bob。

（3）Bob 使用 Alice 的公钥解密文件，从而验证签名。

数字签名的流程大体都可以分为三大阶段：密钥生成、签名和验证。例如，对于先前讲解过的 RSA、椭圆曲线加密算法和十分常用的 ElGamal，均存在与其对应的数字签名算法。下面对 RSA 和 ElGamal 的数字签名算法进行讲解，椭圆曲线加密算法相关的数字签名算法可阅读相关文献。

1）RSA 数字签名算法

（1）密钥生成。

RSA 数字签名算法的密钥生成与加密是一样的，公钥 $P_k = \{e, n\}$，私钥 $S_k = \{d\}$。

（2）签名(d, n)。

Alice 对消息 $M \in Z_n$ 签名，计算 $S = \text{sig}(H(M)) = H(M)^d \mod n$，并将 S 附在消息 M 后。

（3）验证(e, n)。

给定(M, S)，有 $\text{Verify}(M, S)$ 为真 $\Leftrightarrow H(M) = S^e (\mod n)$ 成立。

思考：为什么对消息的摘要进行签名而非直接对消息进行签名？

假设直接使用 RSA 数字签名算法对消息进行签名，攻击者任选一个数据 Y，用 Alice 的公钥计算出 $X = Y^e \mod n$，便可以用 Y 伪造 Alice 对消息 X 的签名，因为 $Y = X^d \mod n$，虽然这种做法伪造的消息 X 具有实际意义的可能性不大，但仍旧存在风险，而使用哈希算法就可以完美地避免这种情况的发生。

假设现在有消息 M_1、M_2 和签名 S_1、S_2，那么就可以得出消息 M_1、M_2 的签名，它们的关系为 $\text{sig}(M_1)\text{sig}(M_2) = \text{sig}(M_1 M_2)$，这样的情况是不安全的。

再者，假设攻击者现在截获了密文 C，满足 $C = M^e \mod n$，选择随机数 r，计算 $x = r^e \mod n$，$y = x \times C \mod n$，然后攻击者使用了某种方法让发送者对 y 进行签名，获得 $S = y^d \mod n$，这样的话攻击者就可以计算 $r^{-1} \times S \mod n$，按照上述得到的条件进行推导，可以得出

$$r^{-1} \times S \mod n = r^{-1} y^d \mod n = r^{-1} x^d C^d \mod n = C^d \mod n = M$$

即直接通过数学运算得到了明文消息 M。也就是说，用户应避免对未知的消息进行加密，否则有泄露的风险。

用哈希算法处理过的消息可以避免这些泄露风险，并且可以加快签名的速度。因为无论消息有多长，其哈希值长度是不变的。

思考：为什么哈希算法可以避免这些风险？

2）ElGamal 数字签名算法

首先需要选定一个大素数 p，g 是有限域 Z_p 的生成元。

（1）密钥生成。

Alice 的公钥为 (y, g, p)，其中 $y = g^x \bmod p$，p 的私钥为 x。

（2）签名。

Alice 选择一个秘密的随机数 k，满足 $0 < k < p-1$ 且 $\gcd(k, p-1) = 1$，即 k 和 $p-1$ 互素。计算

$$r = g^k \bmod p$$
$$s = (h(m) - x \times r) \times k^{-1}(\bmod (p-1))$$

(r, s) 即为数字签名，Alice 将 (m, r, s) 发送给 Bob。

（3）验证。

Bob 接收到消息 m 和签名 (r, s) 后，自行计算出 $h(m)$ 后验证 $y^r r^s = g^{h(m)} \bmod p$，验证成功则说明的确是 Alice 的签名。

除了常见的通信使用场景，在不同场景下，数字签名也逐渐发生了改变，包括盲签名、群签名、环签名等。

3）盲签名

盲签名（Blind Signature）于 1982 年由 David Chaum 在其论文 *Blind Signatures for Untraceable Payment* 中提出。签名者需要在无法看到原始内容的前提下对信息进行签名。盲签名可以实现对签名内容的保护，防止签名者看到原始内容；盲签名还可以实现防止追踪（unlinkability），即签名者无法将签名内容和签名结果进行对应。典型的实现包括 RSA 盲签名算法、Schnorr 盲签名算法等。1982 年，David Chaum 提出的 RSA 盲签名算法旨在规避电子货币中常常出现的双重支付问题（Double-Spending Problem），并用它构造了一个基于盲签名的在线电子银行系统，银行可以在线实时检查货币是否已经花掉。双重支付问题又称双花问题，是指在数字货币系统中，同一笔资金被重复使用的情况。这是一个严重的问题，因为它会导致货币贬值和系统崩溃。在传统的物理货币系统中，双重支付问题不存在，因为一张纸币一旦被支付，就不可能再支付给另一个人。然而，在数字货币系统中，由于数据可以被复制，如何防止同一笔资金被多次使用就成了一个关键问题。值得一提的是，这种 RSA 盲签名算法虽然安全，但是并不实用，因为银行数据库相当大，实时搜索需要的时间过长。

一个盲签名算法一般包括四个过程。

（1）系统初始化：产生盲签名算法中的所有系统参数。

（2）公私钥对生成：产生用户的私钥和公钥。

（3）签名：用户利用签名算法对消息进行签名，签名过程可以公开也可以不公开，但一定包含仅签名者才拥有的私钥。具体步骤如下。

① 盲化：用户将盲化因子注入待签名的消息。

② 盲签名：签名者对盲化过的消息进行签名。

③ 去盲化：用户从盲化签名（对盲化过的消息的签名）中去除盲化因子，获得去盲化后的签名（待签名消息的签名）。

（4）验证：验证者利用公开的系统参数、验证方法和签名者的公钥对给定消息的签名进行验证。

一个盲签名除了满足一般的数字签名性质外，还需要满足下面的四个性质。

（1）完备性：如果签名者和接收者都遵守盲签名生成算法，那么盲签名验证算法将始终接受签名生成算法输出的签名（它将始终输出"Accept"）。

（2）不可伪造性：在没有私钥的情况下，任何人不能伪造一个合法的签名。

（3）盲性：签名者对其所签署的消息是不可见的，即签名者不知道他所签署消息的具体内容。

（4）不可追踪性（广义的盲性）：签名消息被公布后，签名者无法知道这是他哪次签署的，即使保存了他所签的每个盲签名的记录。

下面以 RSA 盲签名算法为例进行讲解。

（1）公私钥对生成。

和 RSA 加密算法相同，签名者首先选择两个大素数 p 和 q，计算 $n=pq$，$\Phi(n)=(p-1)(q-1)$。再选择两个大数 e、d，满足

$$ed = 1 \bmod \Phi(n), \gcd(e, \Phi(n)) = 1$$

最后，签名者保存私钥(d, n)，并且公开公钥(e, n)和安全哈希算法 $H:\{0,1\} \to Z_n^*$。

（2）盲化。

用户选择随机数 $r \in_{\mathbb{R}} Z_n^*$，计算

$$m' = r^e H(m) \bmod n$$

其中，m 是待签名的消息，随后用户将盲化的消息 m' 发送给签名者。

（3）盲签名。

签名者计算

$$\sigma' = m'^d \bmod n$$

并将 σ' 发送给用户。

（4）去盲化。

$$\sigma = \sigma'^{r^{-1}} \bmod n$$

（5）验证。

$$\sigma^e = H(m) \bmod n$$

（6）安全性分析。

① 完备性。

如果用户和签名者确实诚实地执行了协议内容，那么

$$\sigma^e = (\sigma'^{r^{-1}})^e = (m'^{ed})r^{-e} = m'^{r^{-e}} = H(m)r^e r^{-e} = H(m) \bmod n$$

可以通过验证。

② 盲性。

由于使用了随机数 r，在盲签名中也称盲化因子 r，能够保证每个签名对(m, σ)在统计学上是独立于签名者看到的盲化签名对(m', σ')的。

③ 不可追踪性。

根据

$$m' = r^e H(m) \bmod n$$
$$\sigma' = m'^d \bmod n$$

可以推出该方法并不具有不可追踪性。其原因是，签名者可以自行保存所有盲签名过程中的记录 (m',σ')，对于一条新的消息 (m,σ)，签名者可以计算 $r' = \sigma'/H(m)^d \bmod n$ 和 $m'' = r'^e H(m) \bmod n$，随后，签名者判断 m' 和 m'' 是否相等，若二者相等则说明找到了签名记录，说明签名者可以根据盲签名的记录找到原始的签名记录。

因为签名者已知

$$\sigma' = m'^d \bmod n$$
$$\sigma = (m \times r^e)^d \times r^{-1} \bmod n$$

可以推出 $r' = \sigma'/H(m)^d \bmod n$ 其实是 r 的逆推，若 $r'=r$，则 $m''=m'$。这样的话，签名者可以验证是否有已知记录对应于新的消息 (m, σ)，这表明，尽管盲签名在签名生成时保护了消息内容，但签名者依旧可以通过逆推计算找到对应的签名记录，即该方法是不具有不可追踪性的。

4）群签名

群签名（Group Signature）是指某个群组内的一个成员可以代表该群组进行匿名签名。此签名可验证为来自该群组，但无法准确追踪到具体是哪个成员签署的。群签名需要设置一个群管理员来添加新的群成员，因此存在群管理员可能追踪到签名成员身份的风险。群签名流程如图 4-19 所示。

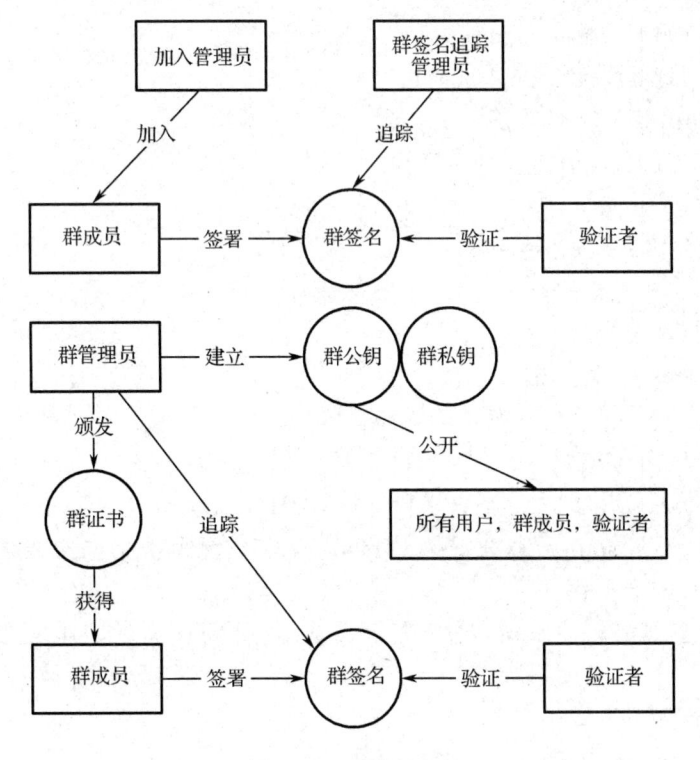

图 4-19 群签名流程

群签名的概念最早于 1991 年由 David Chaum 和 Eugene van Heyst 提出。群组包括一个群管理员和若干群成员，群管理员负责生成系统参数、群公钥、群私钥，并为群成员生成签名私钥或群成员身份证书。群成员则使用自己的签名私钥代表群组进行签名。1991 年最初提出的是静态群签名算法，1997 年则提出了基于 PKI（公钥基础设施）的群签名算法，如 CS97 和 LC98。之后，群签名进一步发展到了基于身份的群签名算法，即采用基于身份的公钥系统的群签名算法，如 CZK03 和 BW05，它起源于 2001 年，结合了基于身份加密的思想和群签名的机制，利用身份信息简化了公钥管理，同时保持了签名者的匿名性和可追踪性。

2001 年，Boneh D 和 Franklin M 提出了基于双线性对的身份加密算法。随后，在 2004 年，Camenisch J 和 Lysyanskaya A 将这一算法扩展到了群签名领域，为基于身份的群签名算法提供了理论基础。2015 年，SA Akleylek 等基于 CDH（计算性 Diffie-Hellman）问题假设和双线性对设计了一种高效且安全的身份验证及群签名算法，该算法在提高计算性能的同时，能够抵抗群组成员可能存在的联合攻击行为。针对基于身份的群签名算法中存在的密钥托管问题，陈虎等提出了无证书群签名算法。之后，Zhang 等和 Chen 等又在无证书群签名算法中加入了双线性对的设计，增强了安全性，但也增加了系统的计算开销。再后来，Zheng 等设计了一个基于椭圆曲线的无证书群签名算法，实现了匿名验证功能。

接下来将详细介绍基于 PKI 的群签名算法和基于身份的群签名算法。

（1）基于 PKI 的群签名算法。

LC98 是第一个基于离散对数的群签名算法，该算法相对于 CS97 效率更高，通信量更小，LC98 群签名流程如下。

① 系统建立。

群管理者执行如下步骤。

a. 选择两个大素数 p 和 q，且 $q|p-1$。

b. 选择 GF(p) 中阶为 q 的生成元 g。

c. 随机选择 $x_T \in [1,q-1]$ 为群的主私钥。

d. 计算 $y_T = g^{x_T} \bmod p$。

e. 群管理者公钥 $Y = (p,q,g,y_T)$。

② 注册。

群成员 U_i 执行如下步骤。

a. 随机选择一个整数 $x_i \in [1,q-1]$。

b. 计算 $y_i = g^{x_i} \bmod p$ 并将 y_i 发送给群管理员。

群管理员执行如下步骤。

c. 收到群成员 U_i 发来的 y_i 之后，随机选择 $k_i \in [1,q-1]$。

d. 计算 $r_i = g^{-k_i} y_i^{k_i} \bmod p$ 和 $s_i = k_i - r_i x_T \bmod p$，将二元组 (r_i,s_i) 发送给群成员 U_i。

群成员 U_i 执行如下步骤。

e. 验证等式 $g^{s_i} y_T^{r_i} r_i = y_i^{s_i} y_T^{r_i x_i} \bmod p$，若等式成立，则将 (r_i,s_i) 作为自己的群证书。

③ 签名。

群成员 U_i 执行如下步骤。

a. 计算 $\alpha_i = y_T^{r_i} g^{s_i} \bmod p$。

b. 随机选择 $t \in [1, q-1]$。

c. 计算 $r = \alpha_i^t \bmod p$。

d. 计算 s，由 $h(m) = rx_i + ts \bmod p$ 推导出 (r, s) 为群成员对消息 m 的签名。

④ 验证。

接收者执行如下步骤。

a. 计算 $\alpha_i = y_T^{r_i} g^{s_i} \bmod p, \mathrm{DH}_i = \alpha_i r_i \bmod p$。

b. 验证等式 $\alpha_i^{h(m)} = r^s \mathrm{DH}_i^r \bmod p$，若等式成立，则为合法签名。

⑤ 打开。

由于群管理者保存了群成员 U_i 的身份、证书 (r_i, s_i)、参数 (y_i, k_i)，可以根据证书判断签名的群成员身份。

⑥ 安全性。

LC98 基于离散对数问题，与最早需要使用知识签名的群签名算法 CS97 相比，大大提高了效率，减少了通信量，但是安全性存在一些缺陷。由于签名结果包含证书 (r_i, s_i)，同一群成员的签名具有相同的 (r_i, s_i) 部分，签名具有可连接性。另外，可以通过参数选取法伪造签名，步骤如下。

a. 选择随机数 v, w, v_i, w_i。

b. 计算 $r = yT^v g^w \bmod p$ 和 $r_i = y_T^{v_i} g^{w_i} \bmod p$。

c. 为了满足验证等式成立，从 $r_i h(m) = vs + (r_i + v_i) r \bmod q$ 和 $s_i h(m) = ws + (s_i + w_i) r \bmod q$ 中解出 s 和 s_i。

d. 可以推导出消息 m 的 LC98 签名是 (r, s, r_i, s_i)。

思考：如何证明该伪造签名可以通过验证？

经过后续对 LC98 的改良，人们得出结论，几乎所有改良的 LC98 都可以通过上述参数选取法对算法进行伪造，要解决这个缺陷必须改良 α_i 和 DH_i 的合法性验证问题。

要保证 α_i 和 DH_i 的合法性，也可以要求签名的群成员在群管理员的辅助下生成签名，或者由群管理员为每个群成员生成并公布一系列 $(\alpha_i, \mathrm{DH}_i)$ 二元组，每次签名使用一个 $(\alpha_i, \mathrm{DH}_i)$ 二元组，以便验证者检验 $(\alpha_i, \mathrm{DH}_i)$ 的合法性。但是这些做法是以牺牲群管理员的效率为代价的，同时也违背了群签名由群成员代替整个群组进行签名的初衷。

（2）基于身份的群签名算法。

① 系统建立。

给定安全系数 λ，密钥生成中心（Key Generation Center，KGC）作为群管理员选择一个素数 q、阶数为 q 的加法群 G_1 和乘法群 G_2，以及一个双线性映射 $e: G_1 \times G_1 \to G_2$。KGC 选择 3 个哈希算法 $H_1: \{0,1\}^* \times G_1 \to G_1, H_2: \{0,1\}^* \to Z_q^*$ 和 $H_3: G_1 \to Z_q^*$。KGC 随机选择 $s \in Z_q^*$ 作为主密钥，选择一个 G_1 的生成元 P，计算主公钥 P_{pub}。最后，KGC 公开系统参数并秘密地保存主密钥 s。公开的系统参数为 $\{G_1, G_2, e, q, P, P_{\mathrm{pub}}, H_1, H_2, H_3\}$。

② 密钥提取。

用户 U_i 选择随机数 $r \in Z_p^*$ 作为自己的私钥，计算 rP，将自己的身份信息 ID_i 和 rP 发送给群管理员 KGC。KGC 计算 $Q_{\mathrm{ID}_i} = H_1(\mathrm{ID}_i \| T, rP)$ 和 $S_{\mathrm{ID}_i} = sQ_{\mathrm{ID}_i}$。其中，$T$ 代表随机数 r 的有效时间，将 S_{ID_i} 通过安全信道发送给用户 U_i，KGC 设置用户 U_i 的密钥为 Q_{ID_i}，私钥对为 (r, S_{ID_i})。

③ 群成员加入。

假定用户 U_i 想要成为群组的合法成员，他需要和群管理员 KGC 进行以下交互。

a. 用户 U_i 选择随机数 $x_i \in Z_q^*$，然后将元组 $(rx_i, rP, \mathrm{ID}_i, x_iP)$ 发送给 KGC。

b. KGC 收到元组 $(rx_i, rP, \mathrm{ID}_i, x_iP)$ 后验证 $e(rx_iP, P) = e(x_i, rP)$。若等式成立，KGC 计算 $s_i = sH_1(\mathrm{ID}_i, rx_iP)$ 并通过安全信道 s_i 发送给用户 U_i。同时，群管理员 KGC 将元组 $(rx_i, rP, \mathrm{ID}_i, x_iP)$ 添加到群组的合法成员列表中。

c. 用户 U_i 收到来自群管理员 KGC 的 s_i 后，生成签名私钥对 (rx_i, s_i)。

④ 签名。

对于消息 m，群成员 U_i 选择随机数 $\alpha, \beta, k \in Z_q^*$，计算

$$R = kP, S_1 = rx_iQ_{\mathrm{ID}_i}$$

$$S_2 = rx_i\alpha H_1(\mathrm{ID}_i, rx_iP) + H_3(R)P, S_3 = rx_i\beta H_1(\mathrm{ID}_i, rx_iP) + H_2(m)P$$

$$S_4 = [H_2(m)\alpha + \beta H_3(R)]s_i$$

设置消息 m 的群签名为 $(R, S_1, S_2, S_3, S_4, rx_iP)$。

⑤ 验证。

对于给定消息 m 和签名，验证者验证 $e(S_4, rx_iP) = e(S_2, P_{\mathrm{pub}})^{H_2(m)} \times e(S_3, P_{\mathrm{pub}})^{H_2(R)}$ 和 $e(S_1, P) = e(Q_{\mathrm{ID}_i}, rx_iP)$，若两个等式均成立，则验证者接受签名，否则拒绝。

⑥ 打开。

当对签名产生争议时，KGC 验证

$$e(S_{\mathrm{ID}_i}, P) = e(H_1(\mathrm{ID}_i \| T, rP), P_{\mathrm{pub}})$$

$$e(s_i, P) = e(H_1(\mathrm{ID}_i, rx_iP), P_{\mathrm{pub}})$$

$$e(S_1, P_{\mathrm{pub}}) = e(S_{\mathrm{ID}_i}, rx_iP)$$

$$e(S_2, S_{\mathrm{ID}_i})^{H_2(m)} e(S_3, S_{\mathrm{ID}_i})^{H_2(R)} = e(S_4, S_1)$$

若均成立，则承认签名群成员的身份 ID_i。

5）环签名

环签名（Ring Signature）由 Ronald L.Rivest、Adi Shamir、Yael Tauman 三位密码学家在 2001 年亚洲密码学会议（亚密会）上首次提出，它属于一种简化的群签名形式。

签名者首先选定一个临时的签名者集合，该集合中包括签名者自身，且集合内所有成员的地位完全平等。随后，签名者利用自己的私钥以及签名集合中其他成员的公钥，即可独立地生成签名，无须他人协助。换言之，在环签名的生成过程中，真正的签名者可以任意选取集合中的一组成员作为可能的签名者，并使用自己的私钥和其他成员的公钥对文件进行签名。签名者选取的这组成员构成了一个"环"（Ring），由此生成的签名即为环签名。这样，签名者集合中的其他成员可能并不知晓自己被包含在了最终的签名之中。

环签名之所以被命名为"环"，是因为签名者能够利用自己的私钥将签名中的一系列值首尾相连，即这些签名值遵循一定规则组成一个环形结构，因此得名环签名。此外，环签名还无须群体建立过程，无特殊管理者，无须预先加入或撤出某个群体，群体的形成可根据需要在签名前由签名者自行指定，呈现出一种自组织的结构特性。这样的设计使得他人无法通过

签名追踪到签名者的具体身份，只能验证确定签名者属于该群体中的某个成员，但无法具体揭露是哪一个成员。

环签名的安全性体现在如下方面。

（1）正确性：按照正确的签名步骤对消息进行签名，并且传播过程签名不被篡改，即环签名满足验证等式。

（2）无条件匿名性：攻击者即便非法获取了所有成员的私钥，他能确定真正签名者的概率不超过 $1/r$（r 为环中成员的个数）。

（3）不可伪造性：环中其他成员不能伪造真实签名者的签名，攻击者即使在获得某个有效环签名的基础上也不能以不可忽略的优势成功伪造一个新消息的合法签名。

环签名与群签名相比，具有如下特征。

（1）管理系统不同：环中不存在管理者，环中成员的地位是平等的，而群签名中有一个群管理者，为其他成员分发密钥。

（2）匿名性不同：环签名和群签名都是一种个体代表群体的签名体制，以此来达成签名者匿名的目的，环签名具有无条件匿名性，任何人都不可能知道真正的签名者身份，群签名中的签名可以由群管理者打开，确定真正的签名者，具有可追踪性。

（3）组织结构不同：环签名是一种自组织结构，签名者使用其他成员的公钥时不需要他们同意，且环签名的成员可以任意离开、加入，群签名中成员相对固定，群成员加入离开时密钥需要改变。

环签名的发展历程大致可以分为三个阶段。2001—2002 年，以 Ronald L.Rivest 等人提出的环签名定义为标志性事件，这主要参考了 Ronald L.Rivest 等人的算法提出了相应的签名算法。2003—2004 年，经过两年对环签名概念及其意义的深入认识和理解，众多密码学领域的专家开始对其进行深入研究，涌现出众多新思想、新模型和新算法，这一时期被视为环签名发展的关键阶段。2005 年至今，研究重心更加侧重于环签名的安全性、效率和实用性，包括探索安全高效的环签名算法、研究环签名与普通数字签名之间的相互转化，以及环签名的推广和应用等。

在经典的环签名算法中，RST、AOS 和 ZK 环签名算法占据了重要地位。与先前介绍的数字签名方法类似，环签名的流程同样主要包含三大步骤：密钥生成、签名和验证。

下面将详细介绍首个环签名算法——RST，其理解基础在于掌握单向陷门函数的定义。

给定 x，可以较容易地计算 $y=f(x)$，而给定 y，计算满足 $y=f(x)$ 的 x 是十分困难的，但若找到对应的陷门 t，可以使得 f^{-1} 的计算变得容易。单向陷门函数可以看作将给定的 x 放在一个有暗门的盒子当中，如图 4-20 所示。

以基于 RSA 的陷门函数为例，每个成员 $A_i(1 \leqslant i \leqslant r)$ 有一个 RSA 公私钥对 $(P_i=(e_i,n_i),S_i=d_i)$，其中 $e_i d_i = 1 \bmod \varphi(n_i)$，由此可以定义单向陷门函数 $f_i(x)=x^{e_i} \bmod n_i$，显然，只有对应陷门信息 d_i 的成员 A_i 能够计算出 f_i^{-1}。为了将单个签名便利地组合成环签名，将陷门函数 f_i 扩展到 $\{0,1\}^b$ 上的 g_i，有

图 4-20 单向陷门函数

$$g_i(m) = \begin{cases} q_i n_i + r_i, (q_i+1)n \leqslant 2^b \\ m, \text{otherwise} \end{cases}$$

(1) 密钥生成。

生成陷门函数，公布函数并保存陷门信息 d_i。

(2) 签名。

给定待签名的消息 m、签名者 π、密钥 S_π 和所有成员公钥 $P_1, P_2, \cdots, P_r$，签名者通过以下步骤生成环签名。

① 选取密钥 k：计算 $k = h(m)$ 或 $k = h(m, P_1, P_2, \cdots, P_r)$。

② 选取随机黏合值：随机选择初始（黏合）值 $v \in \{0,1\}^b$。

③ 选取随机值 x_i：为其他所有成员选择 $x_i \in \{0,1\}^b (1 \leq i \leq r, i \neq \pi)$，并计算 $y_i = g_i(x_i)$，即 $y_i = x_i^{e_i} \mod n_i$。

⑤ 求解 y_π：根据 $y_i (1 \leq i \leq r, i \neq \pi)$，求满足 $C_{k,v}(y_1, y_2, \cdots, y_r) = v$ 的 y_π。其中，$C_{k,v}(y_1, y_2, \cdots, y_r)$ 指的是组合函数，示意图如图 4-21 所示。该函数输入为密钥 k、初始值 v，以及任意 $y_1, y_2, \cdots, y_r \in \{0,1\}^b$，以对称加密算法 E_k 为子程序，输出 $z \in \{0,1\}^b$，计算方式为

$$C_{k,v}(y_1, y_2, \cdots, y_r) = E_k(y_r \oplus E_k(y_{r-1} \oplus E_k(\cdots \oplus E_k(y_1 \oplus v)\cdots)))$$

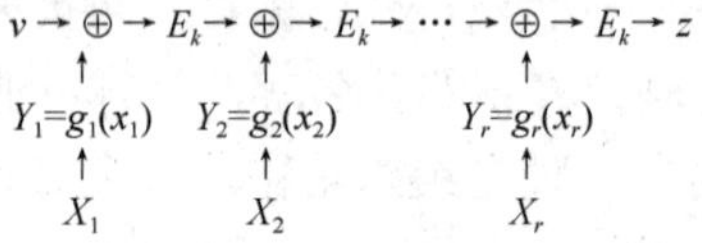

图 4-21 组合函数示意图

⑥ 对陷门函数求逆：根据 y_π 和陷门信息（私钥）求逆

$$x_s = g_\pi^{-1}(y_\pi) \text{ 即 } x_\pi = y_\pi^{d_\pi} \mod n_\pi$$

⑦ 输出环签名：对消息 m 的环签名为一个 $(2r+1)$ 元组 $(P_1, P_2, \cdots, P_r; v; x_1, x_2, \cdots, x_r)$。

(3) 验证。

根据对消息 m 的签名 $(P_1, P_2, \cdots, P_r; v; x_1, x_2, \cdots, x_r)$，验证者通过以下步骤验证。

① 应用陷门函数：对 $i = 1, 2, \cdots, r$，计算 $y_i = g_i(x_i)$。

② 获取密钥 k：计算加密密钥 $k = h(m)$。

③ 验证环等式：验证 y_i 是否满足 $C_{k,v}(y_1, y_2, \cdots, y_r) = v$，若等式成立，环签名为有效签名，否则为无效签名。

值得一提的是，数字签名的安全性是由数学方法予以保障的。通常来说，所使用的加密和摘要算法的安全性越高，数字签名也就越安全。当然，在实践过程中仍需正确地运用这些方法。2010 年，索尼公司曾因其 PS3 产品在采用 ECDSA 算法进行签名时，使用了重复的随机数，最终私钥被破解，造成了重大的经济损失。

2. 零知识证明

零知识证明最早由 MIT 的 Shafi Goldwasser 和 Silvio Micali 提出。作者在论文中提到，证明者（prover）有可能在不透露具体数据的情况下让验证者（verifier）相信数据的真实性。零知识证明可以是交互式的，即证明者面对每个验证者都要证明一次数据的真实性；也可以是非交互式的，即证明者创建一份证明，任何使用这份证明的人都可以进行验证。目前一般认为至少要满足如下三个条件。

(1) 完整性（Completeness）：真实的证明可以让验证者成功验证。

(2) 可靠性（Soundness）：虚假的证明无法让验证者保证通过验证，但允许存在小概率例外。

(3) 零知识（Zero-Knowledge）：如果得到证明，无法从证明过程中获知所证明信息之外的任何信息。

零知识证明的基本流程如下。

(1) 主张：证明者需要证明某个主张是正确的，例如，某人拥有的某个信息或某个交易有效。

(2) 证明：证明者需要构造一个证明，使得验证者可以验证这个证明，从而验证主张的正确性。证明必须是完整的、正确的，并且不透露任何关于主张的具体信息。

(3) 验证：验证者需要对证明进行验证，以确定主张的正确性。验证者可以检查证明的完整性、正确性和安全性，但无法获得任何关于主张的具体信息。

零知识证明根据证明的类型，可以分为非交互式证明、交互式证明等；根据应用领域，可以分为数字身份验证、交易验证、授权、访问控制、密码学协议、隐私保护等；根据算法类型，可以分为 Schnorr、Bulletproofs、zk-SNARK、zk-STARK 等；根据安全等级，可以分为完全安全、计算安全、信息理论安全等。

1) 非交互式证明

(1) 1988 年，Manuel Blum 等基于公共参考串模型，依托 Blum 整数的二次剩余计算困难性假设，构建了一个针对 NP 类语言的有界非交互式零知识证明系统。该系统随后在 1991 年由 Manuel Blum 等进行了改进。在非交互的形式下，证明者能够单向地生成消息供验证者使用。此外，该系统中的随机性源自一个预先生成的、均匀分布的公共参考串。由于公共参考串的随机性既不可被证明者和验证者预知，也不会受到他们操作的影响，因此，通常认为公共参考串应由某个可信第三方生成，或通过安全多方计算来生成。在探讨零知识性时需注意，由于缺乏交互性，模拟机难以像交互式系统那样不断重新设置有利于通过证明的挑战以"瞒过"验证者。然而，在公共参考串模型下，模拟机能够自行生成满足相同分布的公共参考串，甚至可以在没有简短证据的情况下，在公共参考串中嵌入陷门信息。模拟机始终拥有超出验证者的"额外能力"，使得 NP 类语言在公共参考串模型下构建非交互式零知识证明系统。

(2) 1986 年，Amos Fiat 等提出了 Fiat-Shamir 变换，能将交互式零知识证明系统变换为非交互式零知识证明系统。其核心思想在于，利用随机谕示机来替代交互式证明中验证者的随机挑战，从而省略交互步骤。鉴于实际中不存在理想的真正随机源，因此，在实际应用中通常使用哈希算法作为伪随机源。具体来说，证明者会模拟一个交互式证明过程，不断将历史交互信息的哈希值作为下一次随机挑战的值。由于哈希函数被视为一个不可预测的随机源，因此它能够模拟验证者在交互式证明中发出的随机挑战。值得一提的是，Fiat-Shamir 变换仅在随机谕示机模型下具备安全性。对于实际使用的哈希算法而言，该方法并不具备可证明的安全性。更为严重的是，后来 Shafi Goldwasser 等发现，在 Fiat-Shamir 变换下存在不安全的 3 轮公共随机性交互式证明，这意味着 Fiat-Shamir 变换本身可能存在风险。这些都表明，Fiat-Shamir 变换实质上是一种启发式方法。然而，由于其操作简便且无须第三方参与，

Fiat-Shamir 变换仍然广泛应用于零知识证明的工程化应用。零知识证明在区块链中得到应用的场景一般是证明交易合乎规则。zk-SNARK（zero-knowledge Succinct Non-Interactive Arguments of Knowledge，简洁非交互式零知识证明）是区块链中应用最广泛的一种零知识证明。

2）交互式证明

以 Schnorr 协议为例，如图 4-22 所示。原始的 Schnorr 协议是一个交互式的机制，该协议被广泛应用于 PKI 数字签名算法中。先描述该协议应用的场景：它允许在任何拥有相同生成元（指在离散对数问题中）的协议参与者 Alice 和 Bob 之间，证明 Alice 拥有私钥 $sk = a$，而无须直接交换私钥。在此过程中，双方都拥有的生成元设为 G，证明者 Alice 拥有私钥 sk，验证者 Bob 已经从 Alice 处取得了其公钥 PK。简而言之，Bob 要在不了解私钥 sk 的情况下验证 Alice 知道该私钥。

（1）Alice 随机选择一个标量 r，然后计算 $R=r×G$（椭圆曲线上的一点），将 R 发送给 Bob。
（2）Bob 回应一个随机标量 c。
（3）Alice 计算 $z=r+c×sk$，将标量 z 回应给 Bob。
（4）Bob 将 s 转换为椭圆曲线上的点，即 $z×G$，然后验证 $z×G$ 是否等于 $c×PK+R$。

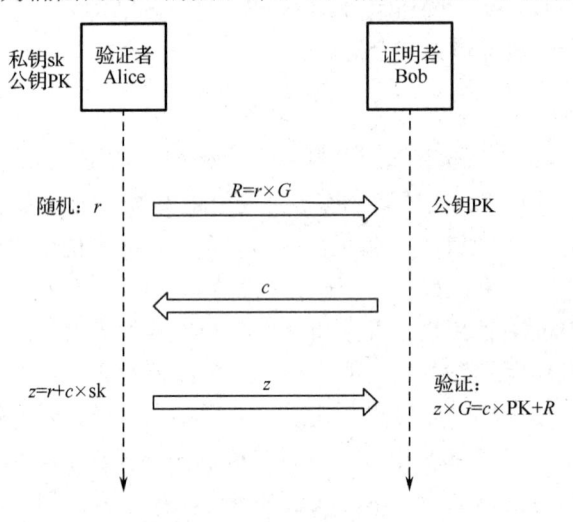

图 4-22　Schnorr协议（1）

由于 $z = r + c×sk$，等式两边同时添加相同的生成元可得 $z×G = c×PK+R$，即可验证 Alice 确实拥有私钥 sk，但是验证者 Bob 并不能得到私钥 sk 的值，因此这个过程是零知识的，且是交互式的，此协议也被称为 Sigma 协议。

可以注意到，交互式的零知识证明依赖于验证者的随机尝试，如果 Bob 没有回复一个随机标量 c，整个过程就会变成一次性交互，这也是为了防止 Alice 造假，因为 r 和 a 都是 Alice 生成的，且 Alice 知道 Bob 会去验证 $z×G$ 是否等于 $PK+R$，那么 Alice 可以让 $R=r×G-PK$ 且 $z=r$，并谎称 R 是随机生成的，这样的话 $PK+R=r×G=z×G$ 就恒成立了，Alice 就在不知道私钥的值的情况下通过了验证，且整个过程需要证明者和验证者进行多次交互才能达成，这类技术可以被应用于节点较少的私有链和联盟链中，但当节点过多时，这样的验证流程就显得烦琐了。

当然，可以利用 Fiat-Shamir 变换把交互式证明系统变成非交互式。在协议的第（2）步，

Bob 需要给出一个随机标量 c，这里可以让 Alice 用 c=Hash(PK,R) 来计算，从而去除协议第（2）步。这样的话，在 Alice 生成 R 之前，无法预知 c 的值，Alice 可直接发送 (R, z)，因为 Bob 拥有 Alice 的公钥 PK，于是 Bob 可自行计算出 c，然后验证 z×G 是否等于 c×PK+R，如图 4-23 所示。

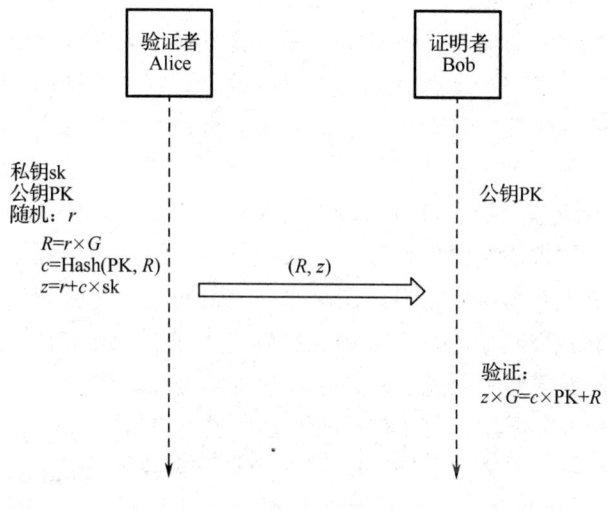

图 4-23　Schnorr 协议（2）

3）zk-SNARK 的实现

（1）编码成一个多项式问题。

把需要验证的程序编写成一个多项式方程

$$t(x)h(x) = w(x)v(x)$$

当且仅当程序的计算结果正确时这个等式才成立，证明者需要说服验证者这个等式成立。

（2）简单随机抽样。

验证者会选择一个私密评估点 s 来将多项式乘法和验证多项式函数相等的问题简化成简单乘法和验证等式 $t(s)h(s) = w(s)v(s)$ 是否成立的问题。这样做不但可以减小证明量，还可以大量减少验证所需的时间。

（3）同态（Homomorphic）编码/加密。

使用一个拥有同态属性的（并不需要完全同态，完全同态目前尚不适用）编码/加密函数 E。这个函数允许证明者在不知道 s 的情况下计算 $E(t(s))$、$E(h(s))$、$E(w(s))$、$E(v(s))$，只知道 $E(s)$ 和一些其他有用的加密信息。关于同态加密的详细内容将在 4.5.4 节讲解。

（4）零知识。

证明者通过乘以一个数来替换 $E(t(s))$、$E(h(s))$、$E(w(s))$、$E(v(s))$ 的值，这样验证者就可以在不知道真实的编码值的情况下验证他们正确的结构了。

有一个初步的想法，由于验证 $t(s)h(s) = w(s)v(s)$ 与验证 $t(s)h(s)k = w(s)v(s)k$（k 是一个不为 0 的私密随机数）在本质上几乎是相同的，两者的不同之处在于，如果仅接收到了 $t(s)h(s)k$ 和 $w(s)v(s)k$，那么从中提取出 $t(s)h(s)$ 或 $w(s)v(s)$ 的原始值几乎是不可能的。

4)零知识证明的经典应用

区块链距离其作为广泛应用的去中心化信任机器(Decentralized Trust Machine)的目标尚有较大差距,需要在多项技术上取得突破,其中,隐私问题、效率问题和存储问题等尤为突出。在比特币、以太坊等传统工作量证明(Proof of Work,PoW)共识机制的公有链暴露出一系列问题之后,十几年来,研究者们普遍借助零知识证明技术对区块链进行了一系列改进,并在一定程度上成功解决了这些问题。如果能够妥善运用零知识证明及其他隐私计算技术,理论上区块链能够突破各种限制,有效消除信息不对称,从而支撑起人们所需的各种功能,构建一个完善的去中心化生态。

对零知识证明在区块链中的已有应用研究至关重要,因为这些具体应用案例及其问题的解决方案能够为后续的技术创新提供借鉴,同时也能为设计具体应用场景提供现成的算法。目前,公有链在国内尚未获得广泛认可,国际上已有的公有链也并未在很大程度上对传统中心化行业产生深刻影响。究其原因,在于信任机制尚未成熟,与实体经济和大数据的结合尚不够紧密。因此,区块链需要不断融合新技术,寻求新的突破路径。

关于零知识证明的经典应用,这里以 Zcash 为例进行讲解。

2014 年,Zcash 的创始人 Zooko Wilcox 和 7 个科学家共同发起了一个实验性的区块链生态系统——Zerocash(又称为 Zcash)。该区块链系统的原生加密货币被命名为 ZEC。

Zcash 是 zk-SNARK 的首次广泛应用。Zcash 之所以能提供强大的隐私保障,是因为其屏蔽交易能在区块链上实现完全加密,同时仍可借助 zk-SNARK 证明在网络共识规则下验证交易的有效性。该提案最终成功筹集了 300 万美元,用于设计初始协议。2016 年 10 月 28 日,Zcash 网络正式上线。

自 2016 年诞生以来,Zcash 经历了多次重要升级。2016—2018 年,Zcash 发布了名为"Sprout series"的一系列早期升级。同时,Zcash 的技术团队还着手开发了两个核心升级协议——Overwinter 和 Sapling。Sprout、Overwinter、Sapling 旨在解决区块链网络在发展过程中出现的一些明显问题。2017 年 3 月,Zcash 创始人捐赠了 27.3 万个 ZEC(ZEC 是 Zcash 的货币单位,当时价值约 1700 万美元),用于成立 Zcash 基金会。2019 年,Zcash 的母公司更名为 Electric Coin Co.。

银行界对 zk-SNARK 技术表现出浓厚兴趣。通过与 JP Morgan 的紧密合作,Zcash 在上线两年后,即 2018 年 10 月 29 日,成功完成了 Zcash Sapling 升级。

2019 年 12 月 11 日,Zcash 迎来了第三次大升级——Blossom。此次升级主要改进了交易结算流程,缩短了区块生成时间,提高了整个网络的吞吐量,进而提升了网络的可用性和市场潜力。

2020 年 6 月,Zcash 进行了第四次大升级——Heartwood。此次升级引入了 FlyClient 算法,这是一种效率更高的轻客户端区块头验证算法,从而增强了对企业应用的支持。在区块链系统中,轻节点是一种特殊的软件,可与全节点进行交互。轻节点就像墙壁上砖块之间的"灰泥",有助于全节点更高效地广播信息,以维护整个区块链网络的运行。同时,Heartwood 还对 Zcash 的共识机制进行了修改,支持将 Coinbase 基金挖到屏蔽地址。

2020 年 11 月,Zcash 迎来了第五次大升级——Canopy。Canopy 标志着为期 4 年的新开发基金成立。早期的 Zcash 开发基金是在网络上线前成立的，将于 2020 年 11 月到期。在新的开发基金中，Zcash 网络矿工将获得 80%的挖矿激励，而剩余的 20%中，8%给新成立的 Major Grants Fund，7%给 Electric Coin Co.，5%给 Zcash Foundation。同样在 2020 年 11 月，Zcash 实施了减半政策，相应的区块奖励由 6.25ZEC 降至 3.125ZEC。与比特币类似，Zcash 的最大供应量也设定为 2100 万个 ZEC。

随着 2022 年 5 月的网络升级 5（NU5），Zcash 引入了 Orchard 屏蔽支付协议。该协议利用 Halo 2 零知识证明系统，该系统是一种新型的 zk-SNARK，它最终能够解决 Zcash 中的两个关键问题：在达到性能目标的同时删除可信设置，并支持可扩展的私人数字支付架构。

Zcash 的创建，其最重要的动因可能是创始人 Zooko Wilcox 对比特币交易内容公开性的极度不满。因此，他创建了一个允许人们匿名发送和接收资金的区块链平台。事实上，在 Zcash 中，对外可见的交易信息仅限于交易日期等时间戳数据。

zk-SNARK 借助密码学技术，使得证明者生成 proof，验证者通过验证 proof 即可信任 specific information 是真的。整个过程都以密文形式进行，从而减少了额外敏感数据的泄露。借助 zk-SNARK 技术，Zcash 设计了多个先进功能，其支持的地址类型如下。

（1）隐私地址（z-address），亦称 shielded address。

① Legacy Sprout shielded address（传统 Sprout 隐私地址）：此类地址以"zc"开头，属于 Sprout 地址。通过掩盖钱包地址，它能为交易提供金融隐私保护。使用此类地址进行交易的耗时约为 70~90 秒。

② Sapling upgrade shielded address（Sapling 升级隐私地址）：此类地址以"zs"开头。Sapling 升级在保留早期 Sprout 协议所有隐私设置的基础上，实现了交易速度的大幅提升，相应的交易用时缩短至低于 1 秒。

（2）公开透明地址（t-address）。t-address 不为交易提供任何隐私保护，与比特币交易类似。

基于以上地址类型，Zcash 支持多种交易类型。

（1）Private 交易类型（从 z-address 到 z-address）：隐私性最强，交易方和接收方的地址都被掩盖了。

（2）Deshielding 交易类型（从 z-address 到 t-address）：适用于与需要一定隐私的交易方交易，可清晰地知道资金来源，但资金去处被掩盖了。

（3）Shielding 交易类型（从 t-address 到 z-address）：发送方是隐私的，而接收方对全网可见。

（4）Public 交易类型（从 t-address 到 t-address）：与比特币交易类似，为大多数 Zcash 钱包的默认设置。

这些交易类型赋予了用户在 Zcash 区块链上发起交易时的自由选择权，他们可以选择隐藏少量信息或隐藏所有信息。例如，特殊地址的所有者可以利用 payment disclosure（支付披露）和 view-key（查看密钥）技术，出于合规或审计等目的，选择向可信第三方公开 z-address 和交易细节。而两个 t-addresss 之间的交易，与比特币交易类似，发送地址、接收地址、交易数额等信息是对全网可见的。

Zcash 每 2.5 分钟就能确认一个新的区块，这一速度远超过比特币，后者通常需要 10 分钟才能确认一个区块。自 2016 年上线以来，Zcash 已经取得了显著的进步，它通过强大的隐私保护功能，持续为区块链和加密货币用户提供对其交易数据可见性的控制。zk-SNARK 为全球市场上基于区块链的应用案例建立了隐私标准。个人和企业用户都要求提供与 Zcash 类似的隐私性、灵活性和性能。随着开发基金的引入和 Zcash 在 2020 年末的减半，该项目未来 10 年的发展将有助于将 Zcash 进一步确立为区块链产业的基础性成员。

4.4 密钥管理

在讲述完公钥加密算法后，又有一个问题浮现了出来：如何管理这些密钥呢？加密算法都是公开评估的，它们的安全性不依赖于对算法的保密或者是加密设备的保护，只依赖于密钥的保密性。因此，密钥管理是所有加密算法在实际应用中必须解决的一个问题，对于区块链技术也不例外，本节将讲述有关密钥管理的相关知识。

4.4.1 密钥管理的基本概念

密钥管理是一门综合性的技术，涉及密钥的生成、检验、分发、传递、保管、使用、销毁等全部流程，还与密钥的行政管理制度以及人员的素质密切相关。

密钥管理的目的是维持系统中各个实体之间的密钥关系，从而能够抗击各种威胁。系统面临的威胁包括但不限于：密钥泄露、密钥或公钥的身份真实性丧失、密钥未经授权就投入使用等。一个安全的密钥系统必须确保密钥难以被非法窃取，即便密钥被盗，其被滥用的风险也很小。此外，密钥的分发与更换流程应当对用户保持透明。

为了满足以上的要求，密钥组织结构一般都设计成层次化的结构，如图 4-24 所示，可以将密钥分为主密钥（Master Key）、密钥加密密钥（Key Encryption Key）和会话密钥（session key）三层。

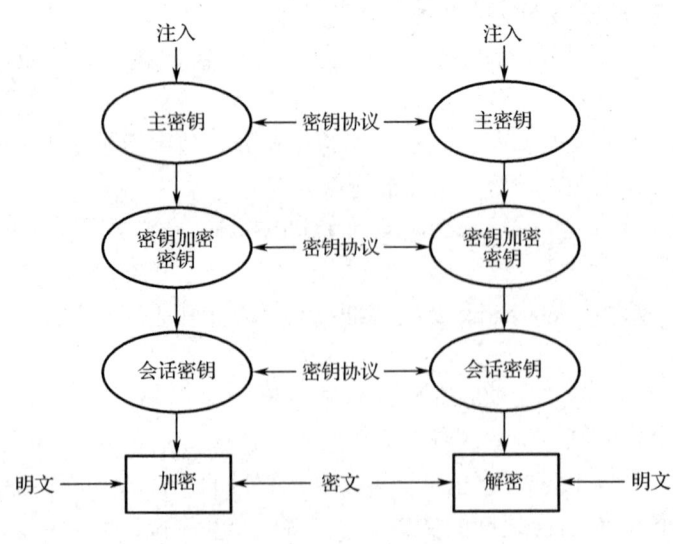

图 4-24 密钥组织结构

主密钥是用于生成或管理其他密钥的核心密钥。它是整个密钥管理系统中的根密钥,其安全性至关重要。主密钥通常由安全随机数生成器生成,并在系统中被严格保护,以防止未经授权的访问。主密钥的泄露可能会对整个密钥体系造成破坏。

密钥加密密钥是用于加密和解密其他密钥的密钥。它主要用于保护存储和传输过程中的数据密钥(Data Encryption Key,DEK),从而提供更高层次的数据安全性。密钥加密密钥通常用于密钥封装(Key Wrapping)和解封装(Key Unwrapping)操作。

会话密钥是通信会话期间临时生成的密钥,用于加密和解密会话中的数据。会话密钥通常具有短暂的生命周期,以增加安全性。一旦会话结束,会话密钥通常被丢弃或销毁。

密钥的管理遵循以下规则。

(1)区分密钥管理的策略和机制。

策略是密钥管理系统的高级指导,密钥管理机制是实现和执行策略的技术和方法。

(2)全程安全原则。

必须在密钥生成、检验、分发、传递、保管、使用、销毁等过程实施妥善的安全管理。

(3)最小权力原则。

应当仅向用户分发完成特定事务所需的最小密钥集合。

(4)责任分离原则。

一个密钥应当专用于一种功能,不要让一个密钥兼任几种功能。

(5)密钥分级原则。

可减少受保护的密钥的数量,简化管理工作,确保下层密钥被破译时不会影响上层密钥的安全。在将少量最高层级密钥注入系统后,下面各层密钥的内容可以按照某种协议不断地变化(如使用安全算法以及高层密钥动态地生成低层密钥),实现了从静止的密钥系统向动态的密钥系统的转变。

开放式的网络应用环境不可能再进行人工密钥分发。在层次化密钥结构中,除了一级密钥需要由人工装入,其他各层的密钥均可以由密钥管理系统按照某种协议自动分发、更换、销毁等。

4.4.2 密钥的生成、分发与协商

密钥生成对一个密码体制极其重要,密钥选择不当会极大地影响密码体制的安全性。在密钥生成时应当充分考虑密钥的随机性和密码特性,避免弱密钥的生成。什么是弱密钥呢?举例来说,在 DES 中,弱密钥是那些使加密和解密操作结果相同的密钥。这意味着使用这些密钥加密的数据可以直接被解密,无须密钥转换。DES 中四个主要弱密钥如下。

$$0x0101010101010101$$
$$0xFEFEFEFEFEFEFEFE$$
$$0xE0E0E0E0F1F1F1F1$$
$$0x1F1F1F1F0E0E0E0E$$

广义上,弱密钥可以是密码分析过程中被证明容易破解或对攻击者有利的任何密钥,如重复密钥、低随机性的密钥。

密钥的生成一般先通过密钥生成器，借助某种噪声源生成具有较好统计分布特性的序列，然后对这些序列进行各种随机性检验以确保其具有较好的密码特性。

不同层次的密钥生成的方式一般也不相同。

（1）主密钥：虽然主密钥的密钥量很小，但作为整个密码系统的核心，需要严格保证随机性，避免可预测性。因此，主密钥通常采用掷硬币、骰子或其他物理噪声发生器等生成。

（2）密钥加密密钥：可以采用伪随机数生成器、安全算法（例如，可以在主密钥的控制下由 ANSI X9.17 所给出的算法生成）或电子学噪声发生器生成。

（3）会话密钥：可以在密钥加密密钥的控制下通过安全算法动态生成。

密钥分发与密钥协商是保密通信中用于在通信双方之间建立共享密钥的协议。当协议运行结束时，参与双方将获得相同的密钥，且该公私钥对于其他任何方（除可信管理机构外）均不可知。

密钥分发是指保密通信中的一方通过该协议生成并选定密钥，随后将其安全传输给另一方或多方。协议执行完成后，参与双方均可获得密钥，且外界无法获知密钥内容。密钥分发可分为密钥预分发和密钥在线分发两种类型。密钥预分发由可信管理机构（Trust Authority，TA）预先完成密钥分配，用户通信时直接使用已分发的密钥。密钥在线分发则是在用户需要通信时，由 TA 实时进行密钥分发。

密钥协商是通过公开信道传输信息，使通信双方共同建立安全共享密钥的协议。协商过程中，双方基于各自输入的信息通过特定函数运算生成共享密钥。该协议在密码学领域已有经典实现，如 Diffie-Hellman 协议。

假设 Alice 和 Bob 是通信双方，Carol 是可信的第三方，密钥的分发主要有以下四种。

（1）密钥由 Alice 选定，通过物理手段传输给 Bob。

（2）密钥由 Carol 选定，通过物理手段传输给 Alice 和 Bob。

（3）如果 Alice 和 Bob 已经事先预分发了一个密钥，则一方可以使用旧密钥去加密新密钥，然后通过普通信道传输给另一方。

（4）如果 Alice 和 Bob 都分别和 Carol 有一个安全信道，那么 Carol 为 Alice 和 Bob 选定密钥之后，再通过安全的信道传输给 Alice 和 Bob。

分析上述四种方法可以发现，（1）和（2）是典型的人工密钥分发方法，而（3）和 4）是非人工密钥分发方法，人工密钥分发的缺陷是，当用户个数为 n 时，需要 C_n^2 种密钥，n 过大时不可行。对于两种非人工密钥分发方法。（3）分发初始密钥的代价过大，且攻击者一旦获得其中任意一个密钥，后续的密钥都会泄露。（4）虽然会话密钥数量为 C_n^2 个，但需要人工分发的主密钥为 n 个。

4.4.3 对称密钥分发

1. 无密钥分发中心（Key Distribution Center，KDC）的对称密钥分发

无 KDC 的对称密钥分发用双方共享的共享主密钥加密会话密钥，如图 4-25 所示。

（1）Alice 向 Bob 发出建立会话密钥的请求和一个时间戳 N_A。

（2）Bob 用与 Alice 共享的主密钥 K_m 对应答的消息加密，并发送给 Alice。应答的加密消

息中有 Bob 选取的会话密钥 K_s、Alice 和 Bob 的身份 ID、N_A 和另一个时间戳 N_B。

（3）Alice 使用新建立的会话密钥 K_s 对 N_B 加密后返回给 Bob。

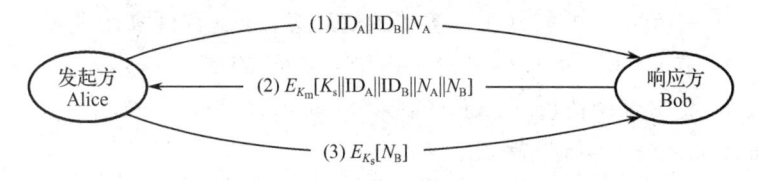

```
          (1) ID_A||ID_B||N_A
发起方 ←———————————————→ 响应方
Alice    (2) E_{K_m}[K_s||ID_A||ID_B||N_A||N_B]   Bob
          (3) E_{K_s}[N_B]
```

图 4-25　无KDC的对称密钥分发示意图

2. 有密钥分发中心的对称密钥分发

以 KDC 在网络中实施密钥分发的典型过程为例，详细说明分发流程。假设 Alice 和 Bob 分别于 KDC 共享了密钥 K_A、K_B。

（1）Alice 希望与 Bob 安全地通信，于是向 KDC 发出请求，附带时间戳 N_1。

（2）KDC 接收到 Alice 的请求后，用 Alice 和 KDC 共享的密钥 K_A 对应答消息进行加密并发送给 Alice，应答的加密消息中包含 KDC 为 Alice 和 Bob 之间选取的会话密钥 K_s、Alice 和 Bob 的身份 ID、时间戳 N_1 以及 KDC 想让 Alice 给 Bob 发送的加密消息 $E_{K_B}(K_s||ID_A)$。

（3）Alice 收到消息后将加密消息 $E_{K_B}(K_s||ID_A)$ 发送给 Bob。

（4）Bob 向 Alice 发送一个时间戳 N_2。

（5）Alice 使用 K_s 对 N_2 进行函数处理后发送给 Bob，证明 Alice 和 Bob 可以正常通信了。

（6）对于网络中用户数目十分多且地域分布广的情况，可以采用分层结构，以两层 KDC 结构为例，在每个小范围（如一个 LAN 或一个建筑物）内建立一个本地 KDC，负责该范围内的密钥分发，如果两个不同范围的用户想获得共享密钥，需要通过各自的本地 KDC，并由两个本地 KDC 经过一个全局 KDC 完成密钥分发。这样就建立了两层 KDC 结构。

这样层次化的密钥分发有时可以减少主密钥的分布，因为大多数密钥是在本地 KDC 和本地用户之间共享的，并且可以将 KDC 的危害限制在一个局部区域内，在 KDC 出现问题时不会造成大规模的密钥损坏。

4.4.4　公钥密钥分发

公钥密钥的分发与先前提到的对称密钥的分发有根本的区别，即公钥是公开的，所以不需要确保秘密性，但必须确保公钥的真实性和完整性，同时还应当保证私钥不会泄露。

依旧是假设 Alice 和 Bob 通信的流程，由于使用的是公钥加密算法，Alice 需要获得 Bob 的公钥，那么他一共有三种方式：从 Bob 处直接获取、从中央的一个公钥数据库中获得以及从私人数据库中获得（已经获取过 Bob 的公钥了）。

然而，除了 Alice 直接向 Bob 要求公钥的情况，Alice 如何确定自己拿到的公钥的确是 Bob 的公钥呢？此时如果出现一个人 M，用自己的公钥代替 Bob 的公钥，此时他们以为他们可以相互通信，但实际上他们都在和 M 通信，这就是所谓中间人攻击。那么如何避免公钥分发过程中出现中间人攻击呢？

可以使用公开密钥证书的方法来防止中间人攻击。假设 Bob 的公钥数据库中包含了比公钥更多的信息，如 Bob 的姓名、地址等，并且由一个证书认证机构 CA 进行签名，确保此信息的真实性，就可以证明这个公钥的确是 Bob 的。这里 CA 的签名称为证书，证书是一个数据结构，是一种由一个可信任的权威机构签署的信息集合。这种证书在许多公开密钥协议（如 PEM）中都扮演了重要的角色，不同的应用中有不同的证书，如公钥证书（Public Key Certificate，PKC）、优良保密协议（Pretty Good Privacy，PGP）证书、安全电子交易（Secure Electronic Transaction，SET）证书等。

公钥证书是一种包含持证主体标识、持证主体公钥等信息，并由可信的 CA 签署的信息集合，主要用于保护公钥的安全，确保公钥与用户标识符之间确实绑定在一起，如图4-26所示。公钥证书的持证主体可以是人、设备、组织机构或其他形式的主体，不需要保密，一般以明文的形式进行存储和分发，任何用户只需要知道 CA 的公钥，就可以验证证书签名的合法性。且由于公钥证书有 CA 的签名，攻击者无法伪造合法的公钥证书，所以只要 CA 是可信的，那么公钥证书就是可信的，公钥也就是可信的。

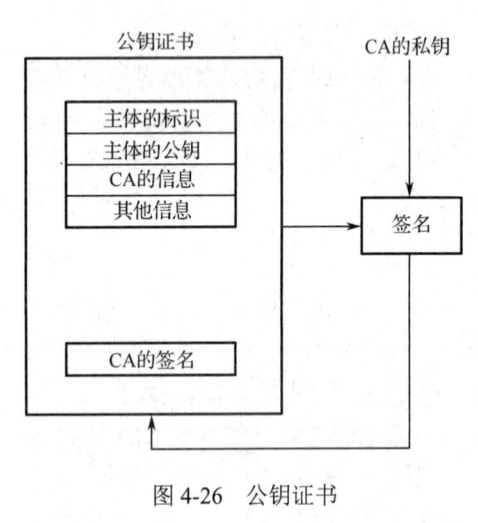

公钥证书主要的优势为：①用户只要获得用户的证书，就可以获得用户的公钥；②用户只要获得 CA 的公钥，就可以验证证书的真伪，从而安全地获得用户的公钥。因此，公钥证书为公钥的分发奠定了基础，成为公钥密码在大型网络系统中应用的关键技术。

目前应用最广泛的证书格式是国际电信联盟（International Telecommunication Union，ITU）提出的 X.509 标准。X.509 标准最早于 1988 年颁布，此后又于 1993 年和 1995 年进行过两次修改。INTERNET 工程任务组（IETF）针对 X.509 标准在 INTERNET 环境的应用，颁布了一个作为 X.509 子集的 RFC2459，从而使 X.509 在 INTERNET 环境中得到广泛应用。

图 4-26 公钥证书

4.4.5 区块链中的密钥管理

1. 公钥的管理

1）联盟链和私链

联盟链是由多个组织共同管理的区块链，这些组织通常有预先设定的联盟成员。联盟链的公钥管理特点如下。

（1）节点认证：联盟链中的每个节点（由参与的组织管理）都拥有自己的公私钥对。公钥用于节点之间的相互认证和通信加密。

（2）权限管理：每个参与组织的节点公钥由联盟链的权限管理系统统一管理，确保只有被授权的节点可以参与共识和交易验证。

（3）证书管理：联盟链通常采用公钥基础设施 PKI 来管理公钥证书。证书由受信任的 CA 颁发，确保公钥的有效性和真实性。

（4）更新和撤销：联盟链的公钥和证书管理系统应支持密钥的更新和撤销，确保在节点或密钥失效时能够及时处理。

私链由单一组织控制和操作，其公钥管理特点如下。

（1）集中化管理：由于私链由单一组织控制和操作，公钥管理相对集中化。公钥用于内部节点和用户的认证以及通信加密。

（2）内部证书颁发：公钥管理通常由组织内部的证书颁发机构（CA）进行，所有公钥和证书的颁发、管理和撤销由组织内部控制。

（3）权限和角色控制：私链中的公钥管理系统通常与权限和角色管理系统集成，确保不同角色和用户具有适当的访问权限。

（4）自动化管理：采用自动化工具和系统进行公钥的生成、分发、更新和撤销，简化管理流程，提高安全性。

2）公链

公链是完全开放的区块链，任何人都可以自由加入和参与。公链的公钥管理特点如下。

（1）去中心化管理：每个用户自行管理其公私钥对，公钥用于身份验证和交易签名。公钥的生成和管理完全在用户端进行。

（2）区块链地址：用户的公钥通过加密算法（如哈希算法）生成区块链地址，公开交易和资产存储在这些地址上。

（3）无中央控制：公链没有中央机构来管理公钥，所有交易和认证操作依赖用户自行管理的公私钥对。

（4）透明公开：公链上的所有公钥（或其派生的地址）都是公开的，任何人都可以查看链上交易的公钥，但无法直接获知对应的私钥。

（5）隐私和安全：公链利用复杂的加密算法确保交易的安全性和用户身份的隐私性。用户通常通过钱包软件来安全地管理他们的公钥。

总而言之，联盟链的公钥管理注重多组织协同，通过权限管理和证书体系保障安全性和认证。私链的公钥管理集中化，由单一组织内部管理，强调安全控制和自动化管理。公链的公钥管理完全去中心化，每个用户自行管理其公钥，依赖加密算法和去中心化网络确保安全性和透明性。

2．私钥的管理

1）钱包存储密钥

热钱包（Hot Wallet）和冷钱包（Cold Wallet）是管理加密货币密钥的两种方式。它们在安全性、便捷性和使用场景方面有显著差异。

热钱包是在线存储加密货币密钥的钱包，这意味着它们时刻连接互联网，便于快速访问和交易。热钱包最显著的特点是便捷性，适合日常交易和频繁使用，因为它们随时连接互联网，方便快速进行加密货币的发送和接收。热钱包通常包括手机钱包、桌面钱包和在线钱包（如交易所钱包）。热钱包的安全性并不是十分完善，由于热钱包时刻在线，容易受到黑客攻击和恶意软件的威胁。因此，使用热钱包时需要有额外的安全措施，如双重认证（2FA）和强密码。

热钱包相关的应用包括适合日常交易和小额支付的移动钱包 Trust Wallet、Coinbase Wallet；适合频繁交易、支持多种加密货币的 Exodus、Electrum；还有适合活跃用户的在线钱包 Binance Wallet、Blockchain.com Wallet。

冷钱包是离线存储加密货币密钥的钱包，这意味着它们不连接互联网，从而极大地提高了安全性由于冷钱包不连接互联网，几乎不可能受到在线黑客攻击，是最安全的加密货币存储方式。冷钱包通常包括硬件钱包、纸钱包和离线存储设备（如 USB 驱动器）。冷钱包不适合频繁交易，因为每次使用冷钱包都需要将其连接到互联网，这可能会比较麻烦，比较适合长期持有大量加密货币的用户，如投资者和机构。此外，如果冷钱包丢失或损坏，恢复密钥可能较为困难。

冷钱包通过 USB 连接到电脑进行交易，相关应用包括平时离线存储的硬件钱包 Ledger Nano S、Trezor 以及类似 Bitcoin Paper Wallet、LiteAddress 的纸钱包，纸钱包能生成很多公钥和私钥，并且直接打印在纸上，以避免丢失或损毁，如图 4-27 所示。

图 4-27 冷钱包的应用

2）普通设备存储密钥

使用普通设备存储密钥的方法包括协同签名和白盒密码。

协同签名（Multi-Signature，Multisig），也称多重签名，是一种加密技术，要求多个密钥持有人共同签署才能完成交易。这种机制提高了交易的安全性，协同签名的特点如下。

（1）多方参与：一笔交易需要多个签名者的批准，通常设定为 M-of-N 模式，即 N 个密钥中至少需要 M 个签名。

（2）安全性：即使一个签名者的密钥泄露，也无法完成交易，提高了交易的安全性。

（3）防止单点故障：避免单个密钥被盗或丢失导致的资产损失，可以分散风险。

（4）应用场景：多用于公司账户、机构投资和多人共同管理的资产，如需要董事会批准的资金动用。

协同签名的管理和使用相对复杂，需要协调多个签名者，签名过程耗时，可能影响交易速度。白盒密码（White-Box Cryptography）旨在保护加密算法和密钥，即使攻击者完全掌握运行环境（如可以调试或篡改代码和数据），也无法轻易提取密钥。白盒密码的特点如下。

（1）保护算法和密钥：白盒密码将密钥和算法紧密结合，通过复杂的变换和混淆技术，隐藏密钥及其使用方式。

（2）防止白盒攻击：能够防止在"白盒"环境中的攻击，即攻击者可以完全访问和控制软件和硬件环境。

（3）应用场景：多用于数字版权管理（DRM）、安全内容分发和保护移动应用中的敏感数据。

白盒攻击适用于需要高强度保护的应用场景，但其实现复杂且容易出现安全漏洞，性能可能比传统加密算法低。

3. PKI

在公钥加密中，可以通过证书机制来保护公钥，但证书的生成、颁发、撤销等过程并没有在 X.509 标准中进行定义。

安全地管理和颁发证书可以通过 PKI 来实现。PKI 的核心功能是解决证书生命周期中的认证和管理问题，在现代密码学应用领域具有重要的地位。

需要说明的是，PKI 是基于公钥和私钥机制构建的通用框架，旨在实现消息的安全可靠传递和身份确认，并不特指某项具体的密码学技术或流程。符合 PKI 标准的平台能够安全可靠地管理网络中用户的密钥和证书。目前存在多种标准，其中较为知名的包括 RSA 实验室制定的 PKCS（Public Key Cryptography Standards）系列标准以及 X.509 标准等。

一般情况下，PKI 至少包括如下核心组件。

（1）CA：负责证书的颁发和撤销，接受来自注册机构（Registration Authority，RA）的请求，是最核心的部分。

（2）RA：对用户的身份进行认证，校验数据合法性，负责登记，审核通过后发送给 CA。

（3）证书数据库：存放证书，多采用 X.500 标准格式。可以配合 LDAP 目录服务管理用户信息。

常见的操作流程为，用户通过 RA 登记申请证书，提供身份和认证信息等，CA 审核后完成证书的制作，颁发给用户，如果用户需要撤销证书则再次向 CA 发起申请。

CA 对用户颁发证书实际上是使用 CA 的私钥对某个用户公钥进行签名。这样任何人都可以用 CA 的公钥对该证书进行合法性验证，验证成功则认可该证书中所提供的公钥内容，实现用户公钥的安全分发。

用户证书的颁发可以有两种方式，一般可以由 CA 直接来生成证书（内含公钥）和对应的私钥，也可以由用户自己生成公钥和私钥，然后由 CA 来对公钥内容进行签名。后者情况下，一般用户会首先自行生成一个私钥和证书申请（Certificate Signing Request，CSR）文件，该文件中包括用户对应的公钥和一些基本信息，如通用名（Common Name，CN）、组织信息、地理位置等。CA 只需要对证书请求文件进行签名，生成证书文件，颁发给用户即可。整个过程中，用户可以保持私钥信息的私密性，不会被其他第三方获知（包括 CA）。

需要注意的是，用户自行生成私钥的情况下，私钥文件一旦丢失就无法恢复，因为 CA 不持有私钥信息。

证书超出有效期后会撤销，用户也可以主动向 CA 申请撤销某证书。CA 无法强制撤销已经颁发的证书，因此，为了实现证书撤销，往往还需要维护一个撤销证书列表（Certificate

Revocation List，CRL），用于记录已经撤销的证书序号。因此，通常情况下，当第三方对某个证书进行验证时，需要首先检查该证书是否在撤销列表中，如果在，则该证书无法通过验证；如果不在，则可以继续进行后续的证书验证。

4.5 秘密共享

秘密共享（Secret Sharing，SS）是安全多方计算中常用的秘密分割存储技术，在区块链中主要应用于拜占庭协议等场景，其目的是抵御多方合谋入侵。该技术的思想最早可追溯至20世纪40年代的阿达马编码（Hadamard Code），是分布式计算与安全多方计算领域提出的初步构想，旨在防止单点失效，确保信息安全分发。1979年，Adi Shamir 正式提出门限方案思想，标志着秘密共享技术的诞生。此后，学界从几何角度探索新的实现路径，例如，George Blakley 提出的方案将秘密视为几何空间中的点，通过若干平面的交点实现秘密重构。

4.5.1 秘密共享的思想

秘密共享的核心思想是将秘密分割为 n 份，分别交给参与方 $P_1, P_2, \cdots, P_n$ 保管，需要所有或部分参与方结合在一起才能恢复秘密，需要所有参与方的称为 n-out-of-n 秘密共享，需要部分参与方的称为 t-out-of-n 秘密共享，由秘密分割和秘密重构两部分组成。

近年来，区块链的持续发展使得应用密码学受到广泛关注，同时促使国内外学者加强对信息安全的研究。秘密共享技术作为构建安全多方计算协议的基础原语，其门限特性和拜占庭容错性在分布式系统中具有重要价值。由于该技术与信息安全三要素（机密性、完整性和可用性）高度契合，区块链与秘密共享形成了技术关联性和功能互补性。现有研究通过融合这两种技术，已在提升系统稳定性、提高效率等方面取得突破性进展。

以汉堡店为例，假设店主掌握秘制汉堡配方，为避免商业竞争对手窃取，只能将配方告知最信任的员工。然而，若其中一人背叛，秘密便会泄露。此时可采用秘密共享技术，将配方拆分为多个片段。例如，告知员工 A 面粉配比方法，员工 B 肉饼制作比例，厨师则掌握原料组合方式。每个参与者仅持有片段信息，需将所有片段信息组合才能还原完整配方。

对于 n-out-of-n 秘密共享，可想而知，这种秘密共享在应对敌方的信息窃取时是更加安全的，因为必须 n 条秘密全部泄露，整个信息才会泄露，但是，如果出现叛徒或故障，n-out-of-n 秘密共享也是极不安全的，只要有一个掌握秘密的节点叛变或出现故障，导致其无法提供他自身保管的那一份秘密，就会使信息的完整性出现问题。而对于 t-out-of-n 秘密共享，信息的完整性就相对容易保障，但安全性也会受影响。

现在假设 Trent 要把信息 M 分割后分别给 Alice 和 Bob 保管，协议如下。

（1）Trent 生成随机位串 R，和 M 等长。
（2）Trent 用 R 异或 M 得到 S：$M \oplus R = S$。
（3）Trent 把 R 交给 Alice，将 S 交给 Bob。
（4）Alice 和 Bob 将自己的消息异或就可以得到 M：$S \oplus R = M$。

这样就实现了最简单的二人分割消息。如果做法恰当，这种技术是十分安全的，实质上，这种做法相当于一个一次一密的乱码本，将密文和乱码本分开保存了。

这里使用门限方案的概念表示 t-out-of-n 秘密共享，使用二元组(t,n)来表示 t-out-of-n 秘密共享，即将秘密分割为 n 份子秘密，需要其中 t 份可以还原秘密，每份子秘密都称为影子（shadow）。当然，也可以构造更加复杂的门限方案，例如，2 个一楼的人和 4 个二楼的人可以重组秘密，1 个三楼的人和 3 个二楼的人也可以重组秘密，2 个四楼的人和 1 个一楼的人也可以重组秘密，每个人持有的秘密可以是不等量的。详细的研究可以参考 Adi Shamir、George Blakley 和 Gus Simmons 的研究。

4.5.2 秘密共享算法

下面讲解几种可以用于秘密共享的算法，感兴趣的读者可以阅读相关文献。

1. 拉格朗日插值多项式方案

Adi Shamir 利用有限域中的多项式方程来构造门限方案，称为 Shamir 秘密共享。选择一个素数 p，使之比可能的影子数目和可能的最大秘密都大。共享秘密时，需要生成一个次数为 $m-1$ 的任意多项式，例如，如果打算形成一个(3,n)的门限方案，则生成一个二次多项式

$$F(x) = (ax^2 + bx + M) \bmod p$$

其中，系数 a 和 b 是随机选择的私密系数，在分发影子后丢弃；M 是秘密，素数 p 是公开的。

影子通过计算该多项式在不同点上的值得到 $k_i = F(x_i)$，即第一个影子就是多项式在 $x=1$ 处的值，第二个影子就是多项式在 $x=2$ 处的值，以此类推。

由于二次多项式具有 3 个未知数，因此任意 3 个影子都可以联立得出这 3 个未知数，从而达成(3,n)的门限方案。

Shamir 秘密共享是目前应用最为广泛的阈值秘密共享技术，其示意图如图 4-28 所示，秘密分割和秘密重构过程如下。

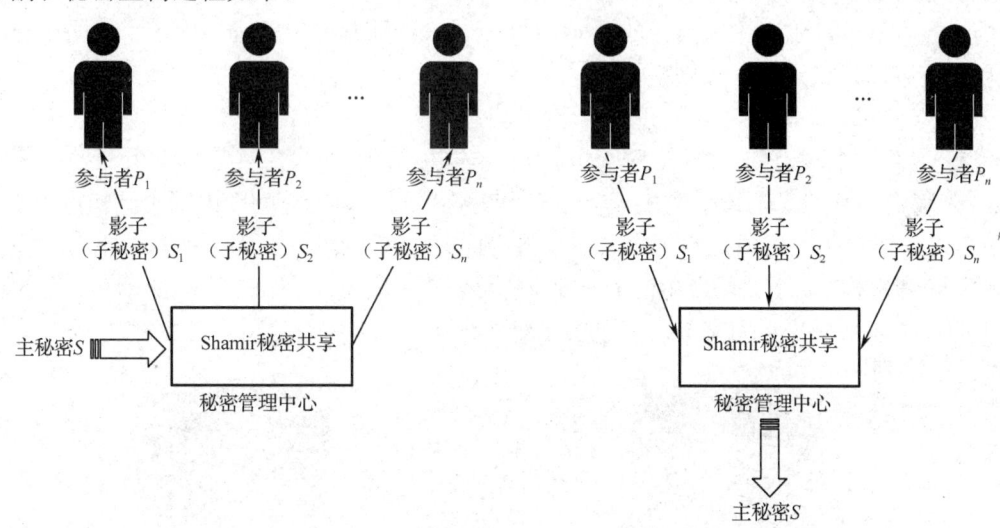

图 4-28 Shamir秘密共享示意图

（1）秘密分割：一个 Dealer 要将一个秘密 S 分割为 n 份，分发给 n 个参与者，其中任意

t 个参与者可以重构秘密 S，寻找一个 $t-1$ 次多项式，有 $f(x)=a_0+a_1x+\cdots+a_{t-1}x^{t-1}$，其中，$a_0=S$，Dealer 为每个参与者任意选择非 0 的 x_i 计算 $S_i=f(x_i)$，把 S_i 作为影子发送给参与者 P_i。

（2）秘密重构：任何大于或等于 t 个的参与者，可以通过其影子 S_i 和 x_i 通过拉格朗日插值定理可以恢复上面多项式 $f(x)$，并且令 $x=0$，实现秘密 S 的重构。

$$f(x)=\sum_{i=1}^{t}\left(s_i\times\prod_{j=1,j\neq i}^{t}\frac{x-x_j}{x_i-x_j}\right)$$

进一步对 Shamir 秘密共享的过程进行分析，可以发现在秘密共享阶段的计算为

$$s_i=f(x_i)=a_0+a_1x_i+\cdots+a_{t-1}x_i^{t-1}(1\leq i\leq n)$$

把该多项式用线性方程组的视角打开来看，是一个范德蒙德矩阵和一个列向量 $(a_0,a_1,\cdots,a_{t-1})^{\mathrm{T}}$ 的乘积，其中，范德蒙德矩阵和 Brickell 秘密共享中的矩阵 M 是对应的。

$$M=\begin{pmatrix}1 & x_1 & \cdots & x_1^{t-1}\\ 1 & x_2 & \cdots & x_2^{t-1}\\ \vdots & \ddots & \ddots & \vdots\\ 1 & x_n & \cdots & x_n^{t-1}\end{pmatrix}$$

因此，Shamir 秘密共享是 Brickell 秘密共享的特例。正因为范德蒙德矩阵具有特殊性、线性无关性（x_i 不相等的任意 t 阶方阵都是满秩的）和构造简单（分布式节点很容易统一这个矩阵）的特点，所以大多数方案都应用了 Shamir 秘密共享。如果需要把 Shamir 秘密共享应用到一般模式，可以考虑用一般矩阵替代范德蒙德矩阵。

2．矢量方案

George Blakley 发明了利用空间中点的方案，称为 Blakley 秘密共享，该方案将消息定义为 m 维空间中的一个点，每个影子都是包含这个点的 $m-1$ 维超平面方程，任意 m 个这种超平面的交点刚好可以确定这个点。如图 4-29 所示，三维欧几里得空间中的 3 个平面相交于一点，秘密可以嵌入交点的某一个坐标中。

Blakley 秘密共享的秘密分割和秘密重构过程如下。

（1）秘密分割：构造 n 个 t 维空间中的 $t-1$ 维超平面，分发给 n 个参与者，其中 $n\geq t$。图 4-29 是秘密分割的二维超平面，一个秘密拥有者 Dealer 通过空间中的一个已知点 P（秘密 S 是 P 的一个坐标值）生成任意多个过该点的平面。

（2）秘密重构：n 个参与者中的 t 个参与者可以重构秘密 S。如图 4-30 所示，任意 3 个参与者，即 3 个非平行平面的交点，即可实现对共享点（包含秘密 S）的重构。

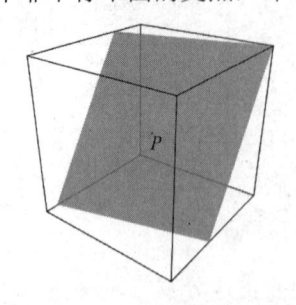

图 4-29　秘密分割的二维超平面 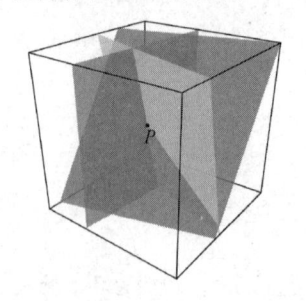　　　　图 4-30　三维欧几里得空间中的秘密重构

信息率是度量秘密共享方案安全性和效率的一个重要指标。所谓信息率可以简单理解为秘密的信息规模与每个影子的信息规模的比例，Brickell 秘密共享相比于 Blakley 秘密共享能够有效提高信息率。

Brickell 秘密共享采用向量方法，一个秘密拥有者 Dealer 把秘密 S 嵌入一个向量中，再通过一个矩阵把秘密 S 分割为 n 个影子，分发给 n 个参与者，具体方法如下。

选择秘密 S 和随机向量 $(y_2, y_3, \cdots, y_t)^T$，生成一个 $n \times t$ 矩阵 M，M 有 n 行，每行记为 M_i，任意 t 个行向量都是线性无关的。秘密份额为 $(S_1, S_2, \cdots, S_n)$，每个份额是行向量 M_i 和列向量 $(S, y_2, y_3, \cdots, y_t)^T$ 的乘积，即 $S_i = M_i \times (S, y_2, y_3, \cdots, y_t)^T$，其中

$$M = \begin{pmatrix} a_{11} & a_{12} & \cdots & a_{1t} \\ a_{21} & a_{22} & \cdots & a_{2t} \\ \vdots & \ddots & \ddots & \vdots \\ a_{n1} & a_{n2} & \cdots & a_{nt} \end{pmatrix}_{n \times t}$$

M 是一个公开参数，任何一个参与者的影子为 S_i，任意 t 个参与者对应矩阵 M 的 t 个行向量，这 t 个向量组成一个 $t \times t$ 的方阵，根据前面的要求，任意 t 个行向量线性无关，所以此 M 为满秩矩阵，可以有效地求解 $(\omega_1, \omega_2, \cdots, \omega_t)$，使得

$$(\omega_1, \omega_2, \cdots, \omega_t) \times \begin{pmatrix} a_{\rho(1)1} & a_{\rho(1)2} & \cdots & a_{\rho(1)t} \\ a_{\rho(2)1} & a_{\rho(2)2} & \cdots & a_{\rho(2)t} \\ \vdots & \ddots & \ddots & \vdots \\ a_{\rho(t)1} & a_{\rho(t)2} & \cdots & a_{\rho(t)t} \end{pmatrix} = (1, 0, \cdots, 0)$$

也就是任意 t 个 M 矩阵的行向量可以张成 $(1, 0, \cdots, 0)$，然后通过如下计算可以重构 S。

$$(S_\rho(1), S_\rho(2), \cdots, S_\rho(t)) \begin{pmatrix} \omega_1 \\ \omega_2 \\ \vdots \\ \omega_t \end{pmatrix} = S$$

3．Asmuth-Bloom 方案

该方案的具体实现是，对一个 (m,n) 的门限方案，选择一个大于 m 的大素数 p、n 个小于 p 的数 $d_1, d_2, \cdots, d_n$，使得 $d_1, d_2, \cdots, d_n$ 满足如下条件。

（1）d_i 的值按递增顺序排列。

（2）d_i 两两互素。

（3）$d_1 \times d_2 \times \ldots \times d_m > p \times d_{n-m+2} \times d_{n-m+3} \times \ldots \times d_n$。

分割影子时，首先选择一个随机数 r，计算 $S' = S + rp$，影子 $k_i = S' \bmod d_i$，利用中国剩余定理，任意的 m 个影子就能恢复秘密 S，任意 m-1 个影子却不能。

4．Kamin-Greene-Hellman 方案

该方案使用矩阵乘法，选择 $n+1$ 个 m 维向量 $V_0, V_1, \cdots, V_n$，使得他们形成的任意可能的 $m \times m$ 阶矩阵的秩为 m，向量 U 是 $m+1$ 维的行向量。秘密 S 是矩阵乘积 $U \times V_0$，影子是乘积 $U \times V_i$。

这样任意 m 个影子都可以用来求解 $m×m$ 的线性方程组，就可以求解出未知数 U，从而计算得到秘密 S。

4.5.3 秘密共享实例

秘密共享在区块链中的应用主要涉及隐私保护、数据安全和分布式共识等方面。

1．多签名钱包

多签名（Multi-signature）钱包需要多个私钥持有者共同签名才能进行交易。秘密共享可以用于分发私钥的份额，使得单个持有者无法单独使用钱包。这种方式增强了安全性和可靠性。例如，使用 Shamir 秘密共享将私钥分割多个份额，分发给不同的参与者，只有满足预定门槛数量的参与者联合起来才能恢复私钥。

2．分布式密钥生成

在去中心化环境中生成密钥需要确保密钥的安全性和隐私。秘密共享方案可以用于分布式密钥生成（DKG）协议中，各节点生成部分密钥份额，最后组合成完整密钥，不需要单一节点知道完整的密钥。例如，在区块链共识算法中，可以使用 DKG 协议生成共识节点的公私钥对。

3．数据隐私保护

区块链上的数据通常是公开的，为了保护隐私，可以使用秘密共享方案将敏感数据分割成多个份额，分别存储在不同的节点上。只有获得足够多的份额才能恢复原始数据。这样即使某些节点被攻击，攻击者也无法获取完整数据。

4．去中心化储存

在去中心化存储系统（如 IPFS、Storj）中，为了确保数据的安全性和可用性，可以将数据分割成多个片段，每个片段进一步使用秘密共享方案生成多个份额，存储在不同的节点上。只有获得足够多的份额才能恢复原始数据，确保数据的私密性和抗毁性。

5．区块链投票系统

在去中心化投票系统中，为了保护选票隐私，可以使用秘密共享方案将选票信息分割成多个份额，分发给不同的验证节点。只有在满足投票门槛后，选票信息才能被恢复和统计，从而防止选票信息泄露。

6．智能合约中的秘密管理

智能合约可以通过秘密共享方案管理敏感数据。例如，在去中心化保险合约中，投保人的敏感信息可以被分成多个份额，存储在不同的节点上，只有在特定条件下（如保险事故发生后）才能恢复这些信息。

7. 抗量子计算攻击

量子计算可能威胁到传统的加密方法，秘密共享方案可以增强区块链系统的抗量子计算能力。通过分割密钥和数据，即使量子计算攻击者获取了一部分信息，也无法恢复完整的密钥和数据。

8. 去中心化自治组织（DAO）

在 DAO 中，重要决策需要多个成员的共同同意。秘密共享方案可以用于分发决策密钥，只有达到预定的同意人数才能执行某些关键操作，如资金转移或合约变更，确保决策过程的安全性和透明性。

思考以下特殊应用场景下的秘密共享方案，并给出你认为可行的方案。

（1）有骗子的秘密共享。假设影子分发给了 Alice、Bob 和 Carol，这时需要他们三个决策并还原这个秘密，但是 Carol 实际上不同意还原这个秘密，于是他在提供影子的时候随机修改了其中几个字节，导致秘密还原错误，但是 Alice 和 Bob 也无法证明 Carol 的秘密是错误的，这时应该怎么办？

（2）不暴露共享的秘密共享。在一般的秘密共享中，所有人聚集到一起还原秘密，但这就暴露了他们的共享关系，如果想要不暴露这样的共享关系，以达成更加完善的安全性，应当如何做？

4.5.4 同态加密

同态加密（Homomorphic Encryption，HE）的问题最早在 1978 年由 Ronald L.Rivest、Leonard Adleman 和 Michael L. Dertouzos 提出，同年，Ronald L.Rivest、Adi Shamir 和 Leonard Adleman 还共同提出了 RSA。仅满足加法同态的算法包括 Paillier 和 Benaloh，满足乘法同态的算法包括 RSA 和 ElGamal。本章将对两类同态算法分别以一种为例做出讲解。

为了方便理解同态加密，这里使用一个例子来说明。假设 Alice 购买了一大块黄金，想要交给雕刻师加工，但考虑到雕刻师可能会私自偷取黄金的边角料，甚至偷偷削掉一部分私吞，这时 Alice 想了个办法，她把黄金锁在一个密闭的盒子里，为盒子安装一个手套，雕刻师必须将手伸入盒子，戴着这个手套进行加工，加工完成后 Alice 拿回这个盒子，里面的黄金不会有丝毫损失，如图 4-31 所示。

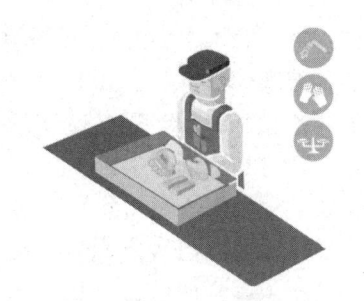

图 4-31 同态加密的黄金加工比喻

引入同态加密的定义：同态加密是一种加密方法，允许对密文进行特定形式的运算，且运算后得到的仍然是加密状态的结果。对此结果解密时，所获得的解密结果与直接对明文进行相同运算的结果完全一致。简言之，该技术使得用户可直接在加密数据上进行检索、比较等，无须解密数据，并确保整个处理过程中产生的计算结果始终准确。

思考：用黄金加工比喻同态加密的说法是否准确？

一句话概括同态加密算法，它可以对加密状态的数据进行计算，但得到的结果仍旧是加密的状态，就像隔空取物一样，其目的是保证在对密文进行计算时无须解密。因此，该技术经常被应用于云计算，在将秘密数据发送到云端之前进行加密，云端使用同态加密技术对秘密数据进行处理，再对处理后的加密数据解密就可以返回结果了。

这里根据同态加密算法能支持的运算种类，将其分为部分同态加密、分层完全同态加密和完全同态加密。部分同态加密只支持一种运算，如加法、乘法；分层全同态加密支持多个操作，但只支持预定大小的计算（通常是乘法深度）；完全同态加密支持对加密数据进行任意计算，是同态加密中最强的概念。以下是一个同态加密的 Hello world 示例。

```
# Every encryption needs a secret key. Let's get one of those.
myEncryptionKey = generateEncryptionKey()
# Now we can encrypt some very secret data.
encrypted5 = encrypt(myEncryptionKey, 5)
encrypted12 = encrypt(myEncryptionKey, 12)
excrypted2 = encrypt(myEncryptionKey, 2)
# We have three ciphertexts now.
# We want the sum of the first two.
# Luckily we used homomorphic encryption, so we can actually
do this.
encrypted17 = addCiphertexts(encrypted5, encrypted12)
# Maybe we want to multiply the result by the 3rd ciphertext.
encrypted34 = multiplyCiphertexts(encrypted17, encrypted2)
# See that? We operated on ciphertexts without needing the key.
# But no matter what we compute, the result is always encrypted.
# To actually see the final result, we have to use the key.
decrypted34 = decrypt(myEncryptionKey, encrypted34)
print(decrypted34) # This should print '34'
```

在同态加密中，对加密数据的计算保留了对底层明文的相同计算，该示例对整数进行加密，将它们相加、相乘，在实际应用中不可能一直对整数进行操作，可能会对加密位执行与、非、异或等位操作，对 8 位无符号整数执行加法和乘法模，对定点数字保留一个精度，不同的同态加密算法支持不同的明文类型和操作。

所有当代同态加密算法的一个共同点是，在这些算法中，每个密文都是一个相当高维的整数数组（至少有几百个整数，有时甚至数千个整数）。对于使用公钥加密算法进行同态加密的算法，其应当具有如表 4-4 所示的基本操作能力。

表 4-4 同态加密算法基本操作能力

操　作	对　称　加　密	公　钥　加　密
密钥生成	私钥	私钥→公钥
加密	明文，密钥→密文	明文，公钥→密文
解密	密文，密钥→明文	密文，私钥→明文
同态加密	密文（以及明文）→密文	

接下来以 Paillier 和 RSA 两种部分同态加密算法为例介绍同态加密算法的一般思想。加法同态和乘法同态的数学形式为

$$E(a)+E(b)=E(a+b)$$
$$E(a)\times E(b)=E(a\times b)$$

表 4-5 所示为同态加密的明文空间和密文空间。

表 4-5 明文空间和密文空间

明 文 空 间	密 文 空 间
2	Enc(2)
+	⊕
3	Enc(3)
5	Enc(5)

1. Paillier

Paillier 是一个支持加法同态的公钥密码系统，由 Pascal Paillier 在 1999 年的欧密会（EUROCRYPT）上首次提出，此后在 PKC'01 中提出了该算法的简化版本，也就是现在最常用的 Paillier 的最优算法，在众多部分同态加密算法中，Paillier 因具有效率高、安全性证明完备等特点被广泛使用。

Paillier 的加/解密过程如下。

1）密钥生成

（1）随机选择两个大素数 p、q，满足

$$\gcd(pq,(p-1)(q-1))=1$$

其中，p、q 长度相等，gcd 为最大公约数。

（2）计算

$$n=pq$$
$$\lambda=\operatorname{lcm}(p-1,q-1)$$

其中，lcm 为最小公倍数。

（3）随机选择整数 $g\in Z_{n^2}^*$（也可以让 $g=n+1$ 以优化计算速度）。

（4）定义 L 函数

$$L(x)=\frac{x-1}{n}$$

计算

$$\mu=(L(g^\lambda \bmod n^2))^{-1} \bmod n$$

公钥为 (n, g)，私钥为 (λ, μ)。

2）加密

（1）输入明文信息 m，满足 $0\leqslant m\leqslant n$。

（2）选择随机数 $r\in Z_{n^2}^*$，且 $\gcd(r,n)=1$。

(3) 计算密文 $c = g^m r^n \bmod n^2$。

如果取 $g=n+1$，根据二项定理，有

$$g^m = (n+1)^m = \binom{m}{0}n^m + \binom{m}{1}n^{m-1} + \cdots + \binom{m}{m-2}n^2 + mn + 1 \bmod n^2$$

其中，前面 $m-1$ 项都是 n^2 的倍数，在模 n^2 消去，因此，这里把模指数运算简化为 1 次模乘运算，加速了计算过程，即

$$g^m = mn + 1 \bmod n^2$$

3）解密

(1) 输入密文 c，满足 $c \in Z_{n^2}^*$。

(2) 计算明文消息

$$m = L(c^\lambda \bmod n^2) \times (\mu \bmod n)$$

(3) 正确性与安全性。

① 解密正确性。根据密钥的定义，可以推导出，当 $g \in Z_{n^2}^*$ 时，满足

$$g^\lambda \equiv 1 \bmod n$$
$$g^{n\lambda} \equiv 1 \bmod n^2$$

基于此，再结合二项定理，可以得到

$$\begin{aligned}
d(c) &= L(c^\lambda \bmod n^2) \times \mu \bmod n \\
&= L((g^m r^n)^\lambda \bmod n^2) \times (L(g^\lambda \bmod n^2))^{-1} \bmod n \\
&= L((g^\lambda)^m \bmod n^2) \times (L(g^\lambda \bmod n^2))^{-1} \\
&= L((1+kn)^m \bmod n^2) \times (L(1+kn))^{-1} \\
&= mk \times k^{-1} \\
&= m
\end{aligned}$$

② 同态加正确性。有

$$\begin{aligned}
d(c_1 c_2 \bmod n^2) &= d(g^{m_1} r^n \times (g^{m_2} r^n \bmod n^2)) \\
&= d(g^{m_1+m_2}(r^2)^n \bmod n^2) \\
&= m_1 + m_2
\end{aligned}$$

注意，明文的加法是加密域的乘法运算。

③ 同态标量乘正确性。有

$$d(c_1^a \bmod n^2) = d(g^{m_1 a} r^n \bmod n^2) = m_1 a$$

注意，明文的标量乘是加密域的指数运算。详细的 Paillier 数学原理可以阅读相关文献。

④ 安全性。

Paillier 满足语义安全，即在选择明文攻击下的密文的不可区分性（IND-CPA）。直观地说，就是密文不会泄露明文中的任何信息。

安全性可以归约到判定性合数剩余假设（Decisional Composite Residuosity Assumption, DCRA），即给定一个合数 n 和整数 z，很难判定 z 在模 n^2 下是否为 n 次剩余（目前还没有多

项式时间的算法可以攻破），即是否存在 y 满足 $z \equiv y^n \bmod n^2$。

假设 c 是明文 m_0 或 m_1 的密文，当且仅当 cg^{-m_0} 为 n 次剩余的情况下，c 是 m_0 的密文，而这个判定是困难的，对于 m_1 来说也是如此。

2．RSA

RSA 的安全性基于大数分解的困难性。直至今日，长度超过 1000 位的 RSA 密钥仍被认为是安全的。

RSA 同态加密的各个阶段如下。

1）密钥生成

（1）随机选择两个不相等的素数 p 和 q（实际应用中，这两个数越大，就越难破解）。

（2）计算 $n = pq$，n 的长度就是密钥长度。实际应用中，RSA 密钥一般是 1024 位，重要场合则为 2048 位。

（3）根据

$$\varphi(n) = (p-1)(q-1)$$

计算 n 的欧拉函数 $\varphi(n)$。

（4）随机选择一个整数 e，也就是公钥中用来加密的那个数字。$\varphi(n)$ 与 e 互质，且 $1 < e < \varphi(n)$。

（5）计算 e 对于 $\varphi(n)$ 的模反元素 d，计算公式为

$$de = 1 \bmod \varphi(n)$$

（6）公钥 $\mathrm{pk} = (n,e)$，私钥 $\mathrm{sk} = (n,d)$。

2）加密

对明文进行比特串分组，使得每个分组对应的十进制数小于 n，然后依次对每个分组 m 进行加密，所有分组的密文构成的序列就是原始消息的加密结果，即 m 满足 $0 \leq m < n$，其加密得到的密文为 $c = E(m) \equiv m^e \bmod n$，且 $0 \leq c < n$。

3）解密

对于密文 $0 \leq c < n$，解密算法为 $m = D(c) \equiv c^d \bmod n$。给出两个明文 m_1 和 m_2，使用上述方法加密后得到两个密文为

$$c_1 = E(m_1) = m_1^e \bmod n$$
$$c_2 = E(m_2) = m_2^e \bmod n$$

将两个密文相乘得到，有

$$c_1 c_2 = E(m_1)E(m_2) = m_1^e m_2^e \bmod n$$

由于

$$E(m_1 m_2) = m_1 m_2 \bmod n$$

可以得出

$$E(m_1 m_2) = E(m_1)E(m_2)$$

验证了 RSA 的乘法同态性。

根据对同态加密的讲解，再回过头看最开始提到的黄金加工的例子，可以发现真实的同态加密和上述例子中的对应关系，盒子对应加密算法，盒子上的锁对应密钥，将黄金放在盒子里并加锁对应将数据用同态加密算法进行加密，对黄金进行加工的过程则对应应用同态加密的特性在无法获得数据的条件下直接处理加密结果，Alice 开锁的过程对应对结果进行解密的过程。

同态加密在云计算与大数据时代具有重大意义。当前，尽管云计算具备低成本、高性能及便捷性等优势，但出于安全考虑，用户仍不敢将敏感信息直接托管至第三方云平台进行处理。若有了实用的同态加密技术，用户便可安心使用各类云服务，且数据分析过程不会导致隐私泄露。加密数据经第三方平台处理后生成的加密结果，仅用户本人可进行解密，整个过程中第三方平台无法获取任何有效信息。另一方面，同态加密与区块链技术形成有效互补，借助该技术，区块链智能合约能够处理密文却无法获知真实数据，从而显著提升隐私安全性。

3．同态加密的应用

（1）Zether 协议。Zether 协议构建了隐私支付系统，通过 ElGamal 同态加密算法对用户余额及交易金额进行加密。验证节点可在不解密的情况下验证交易有效性，确保链上交易金额仅对收发双方可见。

（2）AZTEC 协议。以太坊上的 AZTEC 协议结合同态加密与零知识证明技术，支持加密状态下的隐私资产转移。该协议为以太坊智能合约提供了隐私计算能力，有效保护交易细节。

（3）NuCypher。NuCypher 采用同态加密与代理重加密技术，实现在区块链环境中不暴露数据内容的安全共享，适用于数据隐私保护与访问控制场景。

（4）Enigma。Enigma 平台基于同态加密与安全多方计算（SMPC）技术，支持对加密数据的分布式计算，允许在不泄露原始数据的前提下完成复杂的数据处理与分析。

（5）Arpa Chain。Arpa Chain 通过同态加密实现多方数据协同计算，应用于金融、医疗等领域，在保障数据所有权的同时确保隐私安全。

（6）PlatON。PlatON 利用同态加密开展大规模隐私保护计算，支持机器学习模型训练等数据分析任务，确保计算过程的数据安全。

（7）Chainlink。Chainlink 去中心化预言机通过同态加密，保障数据从源端到智能合约的加密传输，仅在合约执行时解密使用以增强安全性。

（8）Band 协议。Band 协议采用同态加密实现跨链数据隐私保护，在传输与处理过程中防止数据泄露及外部攻击，同时提升预言机数据的可信度。

阅读资料

同态性源自代数领域，通常分为四种类型：加法同态、乘法同态、减法同态和除法同态。若同时满足加法同态与乘法同态，则称为代数同态，即全同态（Fully Homomorphic）；若四种同态性均满足，则称为算术同态。基于此，全同态加密（Fully Homomorphic Encryption，FHE）应运而生，其核心特性是允许在无须密钥解密的条件下对密文执行任意计算，即对任意有效函数 f 和明文 m，满足 $f(\text{Enc}(m))=\text{Enc}(f(m))$。与传统的同态加密相比，全同态加密的显著优势在于支持对加密数据无限次执行加法与乘法操作，从而实现在密文上运行任意复杂算法。这一特性使其在云计算安全、密文检索、安全多方计算等领域具有重要理论与应用价值。

2009 年，Craig Gentry 提出了首个全同态加密方案，这不仅是密码学的重大突破，也解决了计算机科学领域悬置 30 余年的难题，标志着全同态加密研究的正式开启，其原理可通过阅读原始论文进一步探究。

当前主流的全同态加密方案主要包括以下三类。

（1）基于理想格（Ideal Lattice）的方案：Craig Gentry 与 Shai Halevi 于 2011 年提出的方案可实现 72 位安全强度，但公钥大小约 2.3GB，且密文刷新需耗时数十分钟。

（2）基于整数近似 GCD 问题的方案：Marten van Dijk 等于 2010 年提出的改进方案通过简化模型，将公钥压缩至几十 MB 量级。

（3）基于容错学习（Learning With Errors，LWE）问题的方案：Zvika Brakerski 与 Vinod Vaikuntanathan 等在 2011 年提出基础框架，Lopez-Alt 等则于 2012 年设计了支持多密钥的全同态方案，进一步满足实时多方安全计算需求。

4.6 习题

一、简答题

1. 什么是哈希算法？请列出其主要特性。
2. 解释 Merkle 树的结构及其在区块链中的作用。
3. 公钥加密算法的基本原理是什么？
4. 密钥管理中，密钥的生成有哪些关键步骤？
5. 什么是秘密共享？请简单描述其基本思想。
6. 同态加密的基本概念是什么？它有何特点？
7. 哈希算法的抗碰撞性是什么？为什么在密码学中重要？
8. 描述对称加密和非对称加密的主要区别。
9. 什么是数字签名？它在区块链中的作用是什么？
10. 描述公钥基础设施（PKI）在密钥管理中的角色。

二、讨论题

1. 哈希算法在区块链中的重要性有哪些？请结合实例进行说明。
2. 与传统的加密算法相比，公钥加密算法在区块链应用中有何优势？
3. 请描述 Merkle 树的构建过程以及它在区块链交易验证中的应用。
4. 密钥管理在区块链系统中有哪些挑战？请详细阐述。
5. 秘密共享算法是如何保障数据安全的？请给出具体的算法示例。
6. 请讨论同态加密在区块链中的潜在应用及其优势。
7. 如何利用哈希算法进行数据完整性验证？请举例说明。
8. 解释什么是密钥协商？在区块链环境中它如何工作？
9. 公钥加密算法是如何实现信息加密的？请详细说明。

10．讨论 Merkle 树在分布式系统中的作用与重要性。

三、计算题

1．假设一个区块链系统使用 SHA-256 进行交易处理，若每笔交易的哈希运算的时间为 0.1 秒，请问处理 1000 笔交易需要多长时间？

2．如果一棵 Merkle 树的深度为 4，那么它最多可以存储多少个叶节点？

3．求解欧拉函数 $\varphi(2000)$。

4．用伪代码简述 AES 加密过程的主要步骤（不含密钥编排），并简要说明。

5．设在 ElGamal 数字签名算法中，$p=17$，$g=2$。①若选取 $x=8$，计算 y。②若选取 $k=9$，试对消息 $m=7$ 进行签名。

第 5 章 区块链共识算法

区块链架构是一种分布式架构。在分布式系统中，多个主机通过异步通信方式组成集群，这类系统需要通过主机间的状态机复制，确保各节点达成一致的状态信息。在此过程中可能出现的通信故障（如主机失联、网络拥塞等）会导致错误信息传播，因此需要在异步网络不可靠的预设条件下建立容错协议，以实现各节点间的可靠状态共识。基于这一需求，分布式系统共识算法应运而生，这些算法构成了区块链共识机制的技术基础，主要包括实用拜占庭容错（Practical Byzantine Fault Tolerance，PBFT）算法、工作量证明（Proof of Work，PoW）共识机制、委托权益证明（Delegated Proof of Stake，DPoS）共识机制等。

5.1 共识算法总体介绍

共识算法可被定义为通过区块链网络实现节点间一致性决策的机制。在去中心化的区块链架构中，不依赖中央机构，而是通过分布式节点投票实现交易一致性。共识算法不仅确保协议规则的有效执行，还支持零信任环境下的交易验证，从而有效防止数字货币的双花问题。其核心设计目标在于，当网络中存在故障节点或恶意节点（拜占庭节点）时，仍能保证诚实节点达成正确共识。

在区块链诞生之前，共识问题就已经产生了。自 20 世纪 70 年代起，美国国家航空航天局（NASA）为开发航空航天的容错计算机系统，于 1973 年委托斯坦福研究院开展专项研究，重点解决多处理器在"任意失效"场景下的共识难题——包括硬件故障、网络分区及恶意攻击等复杂情况。Leslie Lamport 参与的软件实现容错（Software Implemented Fault Tolerance，SIFT）系统研究取得突破性进展，不仅实现了高可靠飞行控制系统，更首次提出并解决了著名的拜占庭将军问题，由此奠定分布式共识理论基础，开创了分布式计算研究领域。

1982 年，Leslie Lamport 等针对存在恶意用户的拜占庭将军场景进行了描述和论证；1999 年，Miguel Castro 和 Barbara Liskov 提出的实用拜占庭容错算法（PBFT 算法）首次实现该理论的工程化应用。区块链技术兴起后，共识算法进一步发展出适用于不同场景的变体。传统 PBFT 算法与区块链共识算法仍存在显著差异，例如，PBFT 算法要求节点数量固定，仅适用于联盟链场景；而 PoW 等经典区块链共识算法则可适配多种链类型。

正如第 2 章讲解的那样，分布式系统在运行中面临着几个主要难题，包括网络不可靠问题、时钟不一致问题和节点故障问题等。而在分布式领域，解决类似问题的最常规方法是状态机复制（State Machine Replication，SMR），状态机复制也叫复制状态机（Replicated State Machines，RSM）或多副本状态机。所谓状态机，包括一组状态、一组输入、一组输出、一个转换函数、一个输出函数和一个独特的"初始"状态。一个状态机从"初始"状态开始，每个输入都被传入转换函数和输出函数，以生成一个新的状态和输出。在接收到新的输入前，状态机的状态保持不变。状态机的算法描述如算法 5-1 所示。

算法 5-1　状态机

```
# 初始状态
state = init
log =[ ]
    while true:
    # 客户端输入
    on receiving cmd from a client
    log.append(cmd)
    #生成新的状态和输出
    state,output = apply(cmd, state)
    send output to the client
```

　　状态机必须具备确定性，多个相同状态机的副本，从同样的"初始"状态开始，经历相同的输入序列后，会达到相同的状态，并输出相同的结果。就像日常生活中，两个人从同一个地点出发，按照相同的方向行驶相同的距离，必将到达相同的地点。

　　一般来讲，分布式系统通过复制多个副本来提供高可用和高性能的服务，然而多副本又会带来一致性问题。状态机的确定性是实现容错和一致性的理想特性，试想，对于相同的输入，在多个复制的状态机中，每个状态机的副本会产生一致的输出，并且达到一致的状态。同时，只要节点数量足够多，系统就能识别出哪些节点的状态机输出存在差异。例如，由三个节点组成的分布式系统，假如有一个状态机的输出和另外两个不同，系统就认为这个状态机输出了错误的结果。更重要的是，系统并不需要直接停掉故障节点，只需要隔离故障节点，并通过通信来修复有故障的状态机即可，这样的三节点系统可以容忍一个节点负载过高的问题。节点负载过高会影响写请求的完成，但三个节点的分布式系统只要另外两个正常，即便一个节点负载过高，系统仍能正常工作，写请求延迟不会受到影响，这一优点将在详细讨论 Paxos 算法或 Raft 算法时阐述。

　　实现状态机复制常常需要一个多副本日志（Replicated Log）系统，这个原理受日志相关经验启发，如果日志的内容和顺序都相同，多个进程从同一状态开始，并且从相同的位置以相同的顺序读取日志内容，那么这些进程将生成相同的输出，并且最终达到相同的状态。

　　共识算法常用来实现多副本日志，使得每个副本对日志的值和顺序达成共识。每个节点都保存相同的日志副本，这样整个系统中的每个节点都能有一致的状态和输出。这些节点看起来就像一个单独的、高可用的状态机。

　　在 Raft 算法的论文里提到，使用状态机复制能使分布式系统实现以下功能。

　　（1）在网络延迟、分区、丢包、重复和重排序的情况下，确保不会返回错误的结果。

　　（2）状态机不依赖于时钟。

　　（3）高可用性。一般来说，只要集群中超过半数的节点正常运行，能够互相通信并且能够与客户端通信，那么这个集群就完全可用。例如，某些共识算法保证了由 5 个节点组成的分布式系统可以容忍其中的 2 个节点故障，有时甚至不需要系统管理员修复它，稍后故障节点会从持久化存储中恢复其状态，并重新加入集群。

不仅如此，达成共识还可以解决分布式系统中的以下经典问题。

（1）互斥（Mutual Exclusion）：分布式系统中哪个进程先进入临界区访问资源？如何实现分布式锁？

（2）选主（Leader Election）：对于单主复制的数据库，想要正确处理故障切换，需要所有节点就哪个节点是领导者达成共识。如果某个节点由于网络故障无法与其他节点通信，则可能导致系统中产生两个领导者，它们都会处理写请求，数据就可能产生分歧，从而导致数据不一致或丢失。

（3）原子提交（Atomic Commit）：对于跨节点或跨分区事务的数据库，一个事务可能在某些节点上失败，但在其他节点上成功。如果我们想要维护这种事务的原子性，则必须让所有节点对事务的结果都达成共识：要么全部提交，要么全部中止/回滚。

总而言之，在共识算法的帮助下，分布式系统不仅可以像单一节点一样工作，还可以具备高可用性、自动容错和高性能。借助共识算法来实现状态机复制，能够解决分布式系统中的大部分问题，因此，共识问题是分布式系统最基本、最重要的问题。

思考：经过上述对共识的讲解，你理解的"共识"（consensus）和第 2 章讲解的"一致性"（consistency）是一样的吗？

虽然在汉语中，"达成共识"和"达成一致"是相同的意思，但在计算机领域，这两个概念的侧重点其实并不相同。共识侧重于研究分布式系统中的节点达成共识的过程和算法，而一致性则侧重于研究副本最终的稳定状态，且计算机中的一致性不会讨论拜占庭容错的情况。

5.1.1 区块链共识算法的目的

共识算法是区块链网络实现去中心化并保证安全性的核心机制，它解决了一个关键问题：如何在一个去中心化的网络中让互不信任的参与者就网络状态（如交易的有效性和区块的顺序）达成一致。

区块链技术的关键特征在于确定发布区块的节点。当网络节点成功发布一个区块时，该节点将获得加密货币奖励。因此，可能会有许多节点竞争成为区块的发布节点。这个问题可以通过共识机制来解决，它允许一组互不信任的节点协同工作。共识机制本质上是一个决策过程，通过该过程，网络参与者能够就特定决策达成一致，从而优化网络运行。

由此可以看出，共识算法的设计需适应不同应用场景的需求，如区块链类型（公有链、私有链或联盟链）、去中心化程度要求、吞吐量及延迟需求等。这些新场景和新需求推动了多样化共识算法的产生。共识算法主要解决分布式系统中多个节点对某一状态达成一致结果的问题。分布式系统通过多个服务节点协同处理事务，要求各副本对外呈现一致的数据状态。此类一致性问题可追溯至 20 世纪 80 年代，其设计目标是通过整合分布式系统中的不可靠节点，构建有序的系统架构，从而提升系统的可用性与可靠性。

5.1.2 区块链共识算法的分类

一般来讲，根据不同的分类标准，共识算法可分为不同类别。例如，根据是否容忍拜占庭故障，可分为 CFT（仅容忍崩溃故障）和 BFT（可容忍拜占庭故障）类算法；根据算法的确定性，可分为确定性共识算法与概率性共识算法；根据选主策略，可分为选举类共识算法和证明类共识算法。

此处综合了上述两种分类方法，将共识算法分为以下四种。

（1）证明类共识：一般称为 PoX（Proof of X）类共识机制，这类共识机制一般运行在匿名的 P2P 网络中，去中心化程度较高，通常伴随加密货币激励机制。节点通过获得"证明"取得区块记账权，并由此获得区块奖励。

（2）轮流类共识：BFT 类主节点通过视图编号及节点数集合确定。由于需全网节点两两通信，通信开销较大，可扩展性较差，故多用于私有链和联盟链。

（3）广播选举类共识：在每轮"领导人"任期中，节点向集群内其他服务器节点广播投票请求。若候选节点获得同一任期号下集群中多数服务器节点的选票，则赢得选举成为领导人，此类共识的经典算法为 Paxos 算法。

（4）混合类共识：通过结合多种共识算法的优势筛选节点，以优化区块链性能，如以太坊曾采用的 PoW+PoS 混合共识机制。需说明的是，此分类存在争议，以太坊最初采用 PoW 共识机制，2019—2022 年以 PoS 信标链与 PoW 主链并行运行，后于 2022 年完成合并，最终完全转向 PoS 共识机制。

5.1.3 共识算法在区块链中的重要性

1. 维持去中心化

共识算法通过在网络中的多个节点间分布决策权力实现去中心化。这意味着没有单一的控制节点或失败节点，网络的运作不依赖于任何单个节点。这不仅提高了网络抵御攻击的能力，还确保了网络的开放性和透明性。

2. 保障安全性

通过共识算法，即使网络中存在恶意节点，只要诚实节点的比例足够高（通常超过一半），网络便能正确处理交易，保护数据不被篡改，增强了区块链网络抵御各种攻击（如双花攻击、51%攻击）的能力。

5.2 证明类共识

5.2.1 工作量证明（PoW）

在区块链 1.0 时期，比特币采用工作量证明作为系统的共识机制，虽然会消耗大量算力，但具备良好的去中心化特性。其原理是通过对工作结果的认证来证明一个节点完成了一定的工作量，节点算力越大，记账的概率也就越大，在记账后可以获得奖励，类似于按劳分配的思想。

PoW 通过计算一个随机数（nonce），将交易数据与该随机数拼接后，使生成内容的哈希值满足特定条件。当节点成功找到符合条件的哈希值后，会立即向全网广播打包好的区块，其他节点接收到该区块后，将即刻进行验证。

为使区块链交易数据记录在区块链上并在一定时间内达成共识，PoW 提供了一种思路，所有网络节点通过竞争记账权实现分布式协作。所谓竞争记账是指，如果想生成一个新的区块并写入区块链，必须解出比特币网络出的 PoW 谜题，谁先解出答案，谁就获得记账权，然后开始记账，并将解出的答案和交易数据记录给其他节点进行验证，自己则开始下一轮挖矿。如果区块的交易被其他节点验证有效并且谜题的答案正确，就意味着这个答案是可信的，新的区块将被写入验证者的节点区块链，同时验证者进入下一轮的竞争挖矿。

PoW 谜题有三个关键要素：PoW 函数、区块以及难度值。

以比特币中的区块链为例说明 PoW 的工作流程。比特币区块结构如图 5-1 所示，分为区块头和区块体，其中，区块头的细分如下。

（1）父区块哈希值：前一区块的哈希值，采用 SHA-256(SHA-256()) 计算，占 32 字节。

（2）版本号：区块版本号，表示本区块遵守的验证规则，占 4 字节。

（3）时间戳：该区块产生的近似时间，采用精确到秒的 UNIX 时间戳，必须严格大于前 11 个区块时间戳的中位数，同时全节点也会拒绝时间戳超前当前时间 2 小时以上的区块，占 4 字节。

（4）难度值：该区块代表 PoW 的难度目标，已经使用特定算法编码，占 4 字节。

（5）随机数：为了找到满足难度目标所设定的随机数，用于解决 32 位随机数在算力飞升的情况下不够用的问题，规定时间戳和货币交易信息均可更改，以此扩展随机数的位数，占 4 字节。

（6）Merkle 树根哈希值：该区块中交易的 Merkle 树根的哈希值，采用 SHA-256(SHA-256()) 计算，占 32 字节。

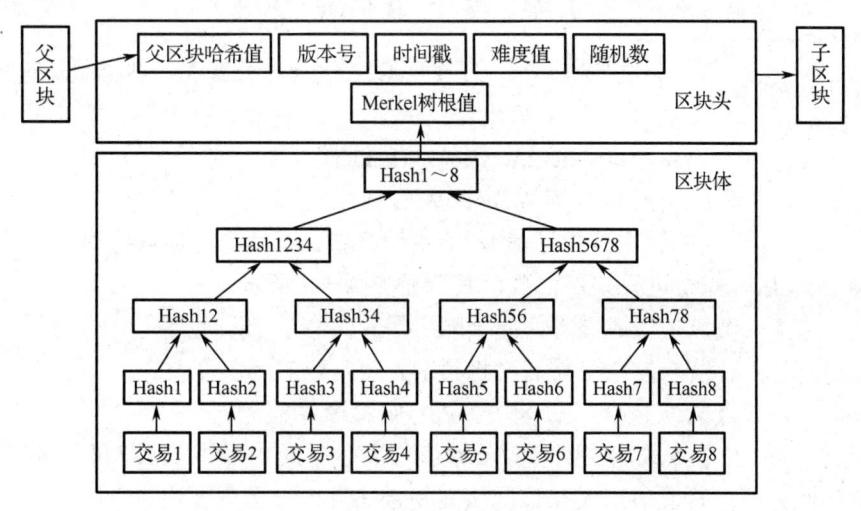

图 5-1　比特币区块结构

说明：比特币中的 PoW 函数使用的是 SHA-256 函数，即 256 位的哈希算法；难度值是随着网络环境变动的，新难度值=旧难度值×（过去 2016 个区块花费时长/20160 分钟）；目标值=最大目标值/难度值，最大目标值为一个固定数，若过去 2016 个区块花费时长少于 20160 分钟，那么这个系数比较小，最大目标值会被调大些，反之，最大目标值会被调小，因此，比特币的难度和出块速度成反比。

计算 SHA-256(SHA-256(Block_Header))，即对区块头（Block_Header）进行两次 SHA-256 运算，将结果与目标值比较，若小于目标值即有效。区块头中包含 Merkle 树根哈希值，其意义在于，为使区块头能完整反映该区块包含的所有交易，在区块头的构造过程中需通过 Merkle 树算法生成 Merkle 树根哈希值，并将该哈希值作为交易数据的摘要存储于区块头中。

需注意的是，区块头中除随机数外的数据均为确定值，因此计算过程的核心在于不断调整随机数的值，并对区块头进行双重 SHA-256 运算。

在阐述 PoW 的三要素后，方可进一步讲解其具体运行流程，PoW 整体流程如图 5-2 所示。

1. 生成 Merkle 树根哈希值

节点生成一笔货币交易，并与其他所有待打包的交易通过 Merkle 树算法生成 Merkle 树根哈希值，因此区块是 PoW 的三要素之一。

2. 组装区块头

区块头作为 PoW 的输入参数，需将前一步生成的 Merkle 树根哈希值与区块头的其他组成部分（父区块哈希值、版本号、时间戳、难度值、随机数等）进行组装。这是本章着重解析比特币区块头结构设计的原因。

3. 计算 PoW 的输出

下面可以直接通过公式和一些伪代码理解 PoW 的输出。

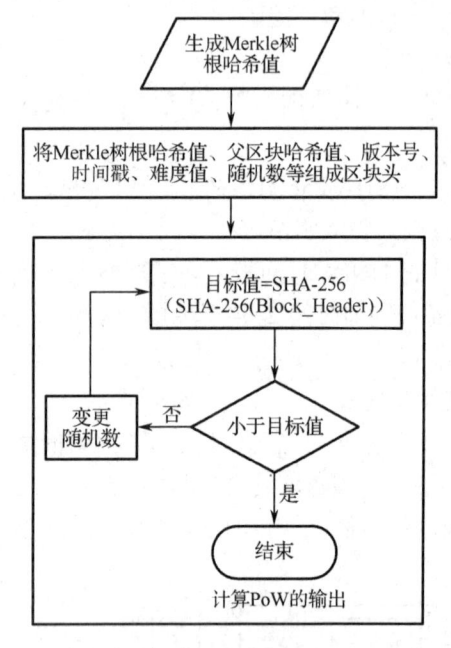

图 5-2 PoW整体流程

（1）PoW 的输出=SHA-256(SHA-256(Block_Header))。

（2）if（工作量证明的输出<目标值），PoW 完成

（3）if（工作量证明的输出≥目标值），变更随机数，继续与目标值比对。

在 PoW 完成后，需要进行共识记账，其流程如图 5-3 所示。

（1）交易广播：节点 1 生成交易并向全网广播。

（2）交易打包：各节点接收交易后，将其纳入待打包的区块。

（3）PoW：各节点执行 PoW，对区块头进行哈希运算。

（4）区块广播：某节点成功找到有效哈希值（即完成 PoW）时，立即向全网广播该区块。

（5）有效性验证：其他节点仅在该区块交易合法且未被历史区块包含时，才会确认其有效性。

（6）链式延伸：节点接收该区块后，在其末端生成新的区块，延续区块链。

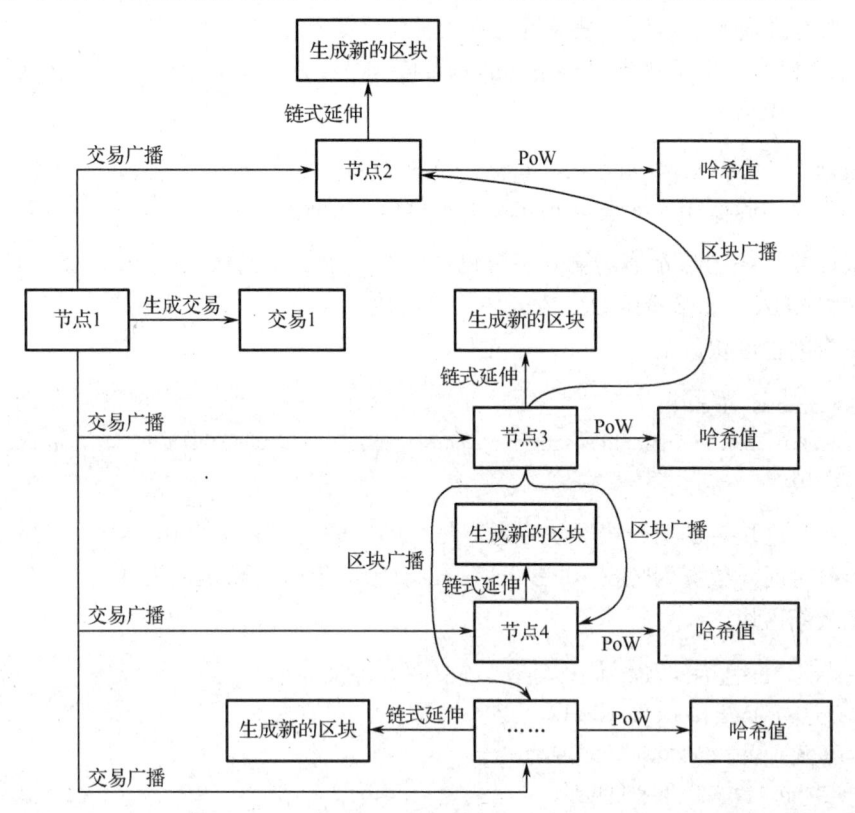

图 5-3 共识记账

由此，PoW 做到了完全去中心化，实现了节点的自由进出，破坏系统花费需要的成本也比较大，一定程度上确保了安全性，但是对网络要求较高且浪费资源，效率较低。

4．伪代码

PoW 的伪代码如下。

（1）区块类。

```python
class Block:
    def __init__(self, index, previous_hash, timestamp, data, hash, nonce):
        self.index = index
        self.previous_hash = previous_hash
        self.timestamp = timestamp
        self.data = data
        self.hash = hash
        self.nonce = nonce
```

index：区块的索引，是区块在区块链中的位置。

previous_hash：父区块哈希值，用于链接前一个区块。

timestamp：时间戳。

data：区块中包含的数据，如交易信息。

hash：当前区块的哈希值，是通过特定的算法计算得出的。

nonce：随机数，用于找到符合条件的哈希值。

（2）计算哈希值。

```
def calculate_hash(index, previous_hash, timestamp, data, nonce):
    return sha256(f"{index}{previous_hash}{timestamp}{data}{nonce}")
```

该函数计算区块的哈希值。输入参数包括区块的索引、父区块哈希值、时间戳、数据和随机数。使用 SHA-256 哈希函数生成区块的哈希值。

（3）生成创世区块。

```
def create_genesis_block():
    return Block(0, "0", current_timestamp(), "Genesis Block", calculate_hash(0, "0", current_timestamp(), "Genesis Block", 0), 0)
```

创世区块是区块链的第一个区块，通常是手动生成的。索引为 0，父区块哈希值设为 0，时间戳为当前时间，数据为"Genesis Block"。计算哈希值时，随机数为 0。

（4）生成新区块。

```
def create_new_block(previous_block, data):
    index = previous_block.index + 1
    previous_hash = previous_block.hash
    timestamp = current_timestamp()
    nonce = 0
    new_hash = calculate_hash(index, previous_hash, timestamp, data, nonce)

    while not is_valid_hash(new_hash):
        nonce += 1
        new_hash = calculate_hash(index, previous_hash, timestamp, data, nonce)

    return Block(index, previous_hash, timestamp, data, new_hash, nonce)
```

index：新区块的索引，是父区块的索引加 1。

previous_hash：新区块的父区块哈希值。

timestamp：新区块的时间戳。

nonce：随机数，初始化为 0。

new_hash：初始计算的新区块哈希值。

不断调整随机数 nonce，直到找到一个符合难度要求的哈希值，通过 is_valid_hash() 函数验证哈希值是否符合难度要求。

（5）验证哈希值。

```
def is_valid_hash(hash):
    difficulty = 4
    return hash.startswith("0" * difficulty)
```

验证哈希值是否符合难度要求，如前 n 位是否为 0。这里的难度值 difficulty 设为 4，意味着哈希值的前四位必须为 0。

（6）获取当前时间戳。

```
def current_timestamp():
    return int(time.time())
```

通常使用 time.time()函数，返回值是当前时间的秒数表示。

（7）区块链初始化。

```
blockchain = [create_genesis_block()]
```

生成创世区块，并将其添加到区块链的列表中。

（8）添加新区块到区块链。

```
new_data = "Some transaction data"
new_block = create_new_block(blockchain[-1], new_data)
blockchain.append(new_block)
```

new_data：新区块包含的数据，如交易信息。

调用 create_new_block()函数，传入当前区块链的最后一个区块和新数据，生成新区块。将新区块添加到区块链中。

（9）输出区块链。

```
for block in blockchain:
    print(f"Index: {block.index}, Hash: {block.hash}, Nonce: {block.nonce}, Data: {block.data}")
```

遍历区块链，输出每个区块的详细信息。

5.2.2 权益证明（PoS）

2011 年，比特币论坛用户 Quantum Mechanic 首次提出"权益证明（Proof of Stake，PoS）"技术。其核心理念在于，相较于 PoW 中节点通过算力竞争挖矿的资源消耗模式，PoS 采用随机选举机制，由被选中的验证者负责生成新区块。

需注意术语差异，PoS 中不存在"矿工"，取而代之的是"验证者"（validator）。新区块的生成不通过"挖矿"（mine），而是通过"铸造"（mint）或"锻造"（forge）完成。

验证者的选择并非完全随机。节点需向网络抵押一定数量的加密货币作为权益（可视为保证金），方可成为验证者。权益份额与成为验证者的概率正相关。若验证者验证了欺诈性交易，其抵押的权益将被部分罚没。该机制通过经济博弈实现约束：当罚没金额超过可能获得的收益时，验证者将因得不偿失而自觉维护系统安全。

与 PoW 依赖算力竞争不同，PoS 以验证者抵押的代币数量（权益）作为参与资格和影响力的衡量标准。用户通过锁定代币成为验证节点，系统根据代币持有量及持有时间随机选择区块生产者（验证者）。验证者成功添加区块后，可获得区块奖励及交易费用。PoS 的命名源于代币持有量与权益的直接关联性——持有量越大、时间越长，权益越高。PoS 流程如图 5-4 所示。

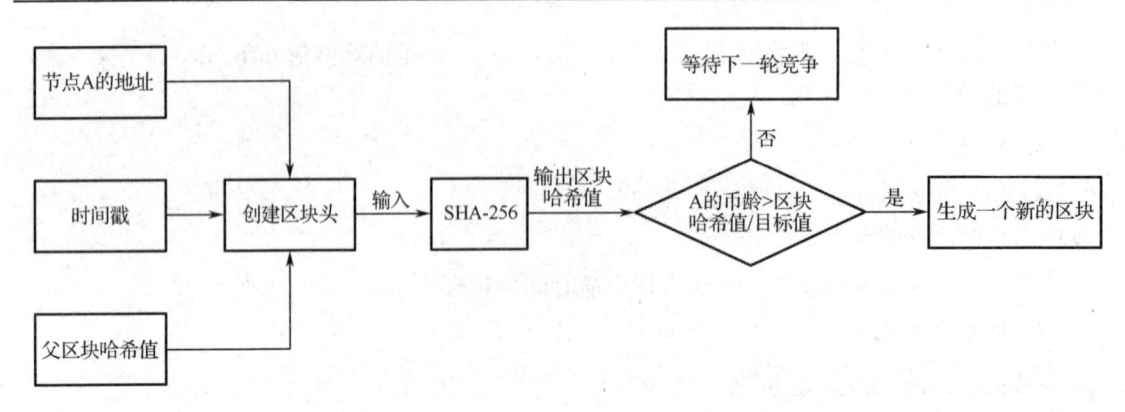

```
                          ┌──────────────┐
                          │ 等待下一轮竞争 │
                          └──────────────┘
                                  ↑
                                  │否
┌──────────┐                                    ┌─────────┐
│节点A的地址│                                    │        │
└──────────┘                                    │A的币龄>区块│   是   ┌────────────┐
              ↘                                 │哈希值/目标值│─────→│生成一个新的区块│
┌──────────┐    ┌────────┐  输入  ┌──────┐ 输出区块 └─────────┘      └────────────┘
│ 时间戳   │───→│创建区块头│─────→│SHA-256│─哈希值─→
└──────────┘    └────────┘        └──────┘
              ↗
┌──────────┐
│父区块哈希值│
└──────────┘
```

图 5-4 PoS 流程

PoS 有如下三大核心机制。

（1）币龄与随机选择：为保障公平性，PoS 引入"币龄"概念（代币数量×持有时间）。币龄越高，被选为区块生产者的概率越大。节点成功生成区块后，其币龄清零，代币可重新抵押以累积新币龄。

（2）激励与通胀控制：PoS 通过区块奖励（类似存款利息）鼓励长期持币，既赋予持币者治理权，又减少市场抛压。合理的奖励分配机制可抑制通胀，维持经济模型稳定。

（3）安全性强化：相比 PoW，PoS 大幅降低 51% 攻击成本。为防范恶意行为，系统设置"罚没条件"（Slashing Conditions）：若验证者存在双重签名等欺诈行为，其抵押代币将被部分或全部没收，从而大幅提高作恶成本。

PoS 的算法描述如算法 5-2 所示。

算法 5-2　PoS

```
# 定义验证者集合
validators = []    #这是一个空列表，用于存储所有的验证者及其相关信息


# 验证者抵押一定数量的代币作为保证金
def lock_stake(validator, stake):   #此函数用于接受一个验证者和其抵押的代币数量
    validator.stake = stake    #为验证者设定其抵押的代币数量
    validators.append(validator)   #将验证者添加到验证者集合中


# 选择验证者的算法（如基于随机选择、持币数量）
def select_validator():    #此函数用于选择一个验证者
    total_stake = sum(v.stake for v in validators)    #计算所有验证者总抵押的代币数量
    threshold = random.uniform(0, total_stake)    #生成一个 0 与所有验证者总抵押的代币数量之间的随机数
    cumulative_stake = 0    #初始化
    for validator in validators:    #遍历所有验证者
        cumulative_stake += validator.stake    #累加当前验证者抵押的代币数量
```

```
            if cumulative_stake >= threshold:    #当累积的抵押代币数量达到或超过阈值
时，选择该验证者
                return validator    #返回被选择的验证者

# 验证者生成区块
def generate_block(validator, transactions):    #接受一个验证者和一组交易
    block = create_new_block(transactions)    #生成一个新的区块
    block.validator = validator    #将区块的验证者设为生成该区块的验证者
    return block    #返回新区块

# 验证区块
def validate_block(block):    #接受一个区块
    if is_valid(block):    #如果区块有效
        add_block_to_chain(block)    #将区块添加到区块链中
        reward_validator(block.validator)    #奖励生成该区块的验证者
    else:
        penalize_validator(block.validator)    #惩罚生成无效区块的验证者

# 主流程
def main():
    # 假设有一些初始验证者
    lock_stake(Validator("Alice"), 1000)    #初始化一些验证者并抵押其代币
    lock_stake(Validator("Bob"), 2000)
    lock_stake(Validator("Charlie"), 1500)
    while True:
        validator = select_validator()    #选择一个验证者
        transactions = get_pending_transactions()    #获取待处理的交易
        new_block = generate_block(validator, transactions)    #生成新的区块
        validate_block(new_block)    #验证区块
        wait_for_next_block_time()    #等待下一次生成区块的时间
```

PoS 还有一种改良版本，即委托权益证明（Delegated Proof of Stake，DPoS）。在 DPoS 中，持币用户通过抵押代币获得选票，以投票方式选出若干节点作为区块生产者，代表持币用户履行生成区块的职责。DPoS 的治理结构与公司董事会制度相似，持币用户将区块生产工作委托给更具专业能力的节点运营者，同时共享参与出块所获得的奖励。其核心思想是，通过动态策略定期或按需选择部分节点作为代表，这些节点负责生成并验证新区块、进行签名及相互监督；若代表节点无法维持分布式网络正常运行，将被除名，并由其他节点重新选举产生新代表。

DPoS 依赖于受托节点（Delegates），所有受托节点权限平等，主要职责包括保障节点稳定运行、收集网络中的交易数据、验证交易并将交易打包至区块、广播区块并待其他节点验证后将其添加至本地数据库、推动区块链生态发展。受托节点在功能上类似于比特币网络中的矿工，完成验证与区块生成任务后，可获得区块奖励及交易手续费。

DPoS 的算法描述如算法 5-3 所示。

算法 5-3　DPoS

```
# 定义代表节点集合
delegates = []    #空列表，用于存储所有的代表节点及其相关信息

# 每个持币者投票选出代表节点
def vote_for_delegate(voter, delegate, votes):    #接受一个投票者、一个代表节点和投票数量
    delegate.votes += votes    #增加代表节点的得票数

# 选出前 N 名得票最多的代表节点
def select_top_delegates(N):    #接受一个参数 N，表示选出前 N 名代表节点
    delegates.sort(key=lambda d: d.votes, reverse=True)    #根据得票数对代表节点进行降序排序
    return delegates[:N]    #返回前 N 名代表节点

# 轮流选择代表节点生成区块
def select_delegate():
    current_delegate = delegates.pop(0)    #弹出第一个代表节点
    delegates.append(current_delegate)    #将该代表节点重新加入队列末尾
    return current_delegate    #返回当前代表节点

# 代表节点生成区块
def generate_block(delegate, transactions):    #接受一个代表节点和一组交易
    block = create_new_block(transactions)    #生成一个新的区块
    block.delegate = delegate    #将区块的代表节点设为生成该区块的代表节点
    return block    #返回生成的区块

# 验证区块
def validate_block(block):
    if is_valid(block):    #如果区块有效
        add_block_to_chain(block)    #将区块添加到区块链中
        reward_delegate(block.delegate)    #奖励生成该区块的代表节点
    else:
```

```
            penalize_delegate(block.delegate)    #惩罚生成无效区块的代表节点

# 主流程
def main():
    # 假设有一些初始代表节点
    delegates = [Delegate("Alice"), Delegate("Bob"), Delegate("Charlie"), Delegate("Dave")]
    # 假设有一些初始投票
    vote_for_delegate(Voter("Eve"), delegates[0], 100)
    vote_for_delegate(Voter("Frank"), delegates[1], 200)
    vote_for_delegate(Voter("Grace"), delegates[2], 150)
    vote_for_delegate(Voter("Heidi"), delegates[3], 250)
    # 选出前 3 名代表节点
    top_delegates = select_top_delegates(3)
    while True:
        delegate = select_delegate()    #轮流选择一个代表节点
        transactions = get_pending_transactions()    #获取待处理的交易
        new_block = generate_block(delegate, transactions)    #生成新的区块
        validate_block(new_block)    #验证区块
        wait_for_next_block_time()    #等待下一次生成区块的时间
```

值得一提的是，区块链 DApp 平台 EOS 初期采用的 DPoS 共识机制基于最长链共识，与 PoW 类似，其区块不具备绝对最终性，交易的不可逆需要等待多个区块确认。2018 年，EOS 将共识机制替换为拜占庭容错 DPoS（BFT-DPoS）。

PoS 具有如下优势。
（1）无须大量计算，极大减少了能源消耗。
（2）快速交易确认：支持更高的交易吞吐量。
（3）安全性强：通过经济激励与惩罚机制提升网络抗攻击能力。
（4）可扩展性强：为区块链大规模应用奠定基础。

PoS 面临的挑战主要如下。
（1）中心化风险：若代币分布不均，可能导致权力集中。
（2）无利害关系问题：部分持有大量代币的验证者可能消极参与网络维护。
（3）初始分配难题：需平衡代币分配公平性，防止早期参与者过度掌控网络。

PoS 最具标志性的应用案例是以太坊 2.0。需特别说明的是，以太坊在诞生初期采用前文所述的 PoW，后通过升级逐步转向 PoS，其过渡过程将在 5.5 节详述。

5.2.3　PoC 和 PoET

覆盖证明（Proof of Coverage，PoC）是一个较低计算量的证明协议，其灵感来自导游协

议（Guided Tour Protocol，GTP），是一种允许矿工证明其正在提供无线网络覆盖的创新证明。

为防止 DoS 攻击，GTP 在服务器集中接收大量请求时，通过调度节点进行流量分散。当客户端访问时，需先由经过哈希排序的调度节点计算目标服务器地址，请求需通过全部调度节点的验证后，才能到达服务器进行处理。PoC 最常见的应用是在 Helium 网络中。Helium 网络是一个物理性的无线网络，它的成功取决于是否能为网络内的设备提供可靠的网络覆盖。因此，Helium 网络需要一套验证覆盖真实性的算法。利用射频（Radio Frequency，RF）独一无二的优势，PoC 为 Helium 网络及其参与者提供了有意义的相关证明。

具体来说，PoC 依赖于以下射频特性。

（1）射频的物理传播有距离限制。

（2）射频信号的强度与传输距离的平方成反比。

（3）射频以光速传播，没有延时。

利用这些特性，Helium 网络使用"PoC 挑战"持续对热点发出问询。PoC 的强大之处在于，这些无线覆盖的证明会持续生成并被永久存储于链上。

Helium 网络将每次独立的 PoC 验证称作一次挑战，网络维护者可以通过挑战来证明他们对网络的贡献并获得 HNT 代币奖励。在挑战中将所有角色分为挑战者、被挑战者和见证人。

在 Helium 网络上应用 PoC 的目的是鼓励和奖励那些真实且诚实地提供网络服务的节点购买并使用 Hotspot 设备（一种小型硬件设备，可为 Helium 网络中的设备构建广域无线网络。其功能类似于 Wi-Fi 路由器，但专注于为物联网设备远程传输少量数据）。通过在家庭或办公室部署该设备，用户可为所在城市提供覆盖数英里的低功耗网络，该网络可支持城市中数十亿台物联网设备的连接，并通过参与网络维护获得 HNT 代币作为奖励，同时为周边物联网设备提供无线接入服务。PoC 负责协调各 Hotspot 间的协作，其运行逻辑类似于网络健康自动检测系统：每个 Hotspot 均搭载完整的区块链节点，持续向区块链发起查询以验证网络覆盖有效性，同时通过向 PoC 发起问询来确认自身是否完成了有效的网络覆盖。

PoC 的执行步骤如下。

（1）网络发起挑战。网络将随机选择一个或多个 Hotspot 发起一个"挑战"。被挑战的 Hotspot 必须在一定时间内响应这个挑战，以证明其存在和运作状态。

（2）发送挑战信号。被挑战的 Hotspot 发出一个特定的信号或数据包，这个信号需要被附近的其他 Hotspot 接收。这个信号通常是加密的，确保只有预定的接收者可以解密并正确响应。

（3）信号接收。附近的 Hotspot 需要捕捉和验证这个信号，然后将证明它接收到信号的记录提交回网络。这个处理过程需要快速并准时完成，以满足挑战的时间要求。

（4）数据验证。网络将验证接收到的数据，检查其时效性和有效性。系统通过比对发送和接收的数据的加密签名，验证数据的完整性。

（5）记录和奖励。成功完成挑战的 Hotspot 会在区块链上记录其活动，证明其有效地提供了网络服务。根据网络规则，参与并成功完成挑战的 Hotspot 可能会获得代币或其他形式的奖励。

（6）信誉评分。每个 Hotspot 的表现会影响其信誉评分，成功响应更多验证挑战的 Hotspot 会获得更高的评分。这个评分有助于网络用户和其他设备判断哪些 Hotspot 是可靠和值得信任的。

锯齿湖（Hyperledger Sawtooth）是 Intel 在 2016 年 4 月推出的实验性分布式账本平台，Intel 将其描述为用于构建、部署和运行分布式账本的高度模块化平台，是 Hyperledger 的五大子项目之一，适用于物联网场景，智能合约可以在锯齿湖上实现自动化的设备管理、数据共享和价值交换。锯齿湖支持运行时间证明（Proof of Elapsed Time，PoET）算法。

PoET 以 Intel 的 SGX（Software Guard Extensions）技术为基础。SGX 是 Intel 引入的新的防护扩展指令集，使用特殊的指令和软件可以将应用程序代码放入一个隔离区域（称为 enclave）中运行。运行时，SGX 会在安全的内存区生成一个 enclave，对于 enclave 的加入和退出都有严格的界限。在 enclave 中的数据在写回时会被加密并验证完整性。

本质上，PoET 和 PoW、PoS 一样，是类似于抽奖的算法，其算法流程如下。
（1）每个节点随机选择一个"等待时间"。
（2）根据等待时间，开始进入等待状态。
（3）率先退出等待状态的节点获得记账权。

可以看出，相比 PoW，PoET 运算量非常小，相比 PoS 也不会中心化，但随之而来的问题是，无法保证节点真的随机挑选了一个等待时间，也无法确定节点真的等待了这么长时间。锯齿湖通过 SGX 技术有效解决了上述的两个问题。

5.3　轮流类共识

5.3.1　拜占庭将军问题

拜占庭帝国计划进攻一个强大的敌国，为此部署了 10 支军队实施包围。该敌国虽整体实力不及拜占庭帝国，但其防御体系足以抵御 5 支常规拜占庭军队同时进攻。由于战略限制，这 10 支军队无法集合在一起单点突破，必须在分开的包围状态下同时攻击。任何单支军队独立进攻都必然失败，至少 6 支军队同时发动袭击才能攻克敌国。各部队分散在敌国边境不同方位，依靠通信兵传递军情以协调进攻决策与攻击时间。核心困境在于，将军们无法确知军中是否存在叛徒，叛徒可能擅自篡改进攻决策或攻击时间。在此情形下，拜占庭将军们能否建立一套分布式通信协议，实现可靠的远程协同以赢得战役？这便是计算机领域著名的"拜占庭将军问题"。

5.3.2　PBFT 算法

PBFT 算法源自 Lamport 提出的拜占庭将军问题，而拜占庭故障则是指在分布式系统中，节点可以通过制造各种错误来影响其他节点的共识。

PBFT 算法旨在解决存在少数节点作恶（伪造信息）场景下的分布式系统共识问题。Lamport 在 1982 年就指出，对于拜占庭将军问题来说，总节点数为 N，叛变的节点总数为 F，当 $N \geqslant 3F+1$ 时，问题才有解，最坏的情况需要 $F+1$ 轮交互才能达成一致。但当时提出的 BFT 算法存在复杂度过高的问题，因此也就有了 PBFT 算法。PBFT 算法是基于两阶段提交的算法，采用密码学相关技术确保信息传递过程无法被篡改和破坏。

要理解 PBFT 算法首先要明白的是，PBFT 算法本质上到底解决了什么问题。我们知道，系统的当前的状态=初始状态+一系列有序状态数据操作。将数据操作看作一笔交易，PBFT 算法就是解决在可能出现拜占庭故障的分布式节点中如何对交易的顺序达成共识的问题。

PBFT 算法将交易的排序问题分解成三部分：交易的提出（proposal）、交易的准备、交易的提交（commit）。所谓 commit，是将该笔交易放在一个特定的位置执行。PBFT 算法要达到的效果是，当拜占庭节点数量不超过总节点数的 1/3 时，系统中非拜占庭节点之间的状态是一致的。

所以 PBFT 算法的实现思路是，保证每个 proposal 都是唯一且有序的、每笔被 commit 的交易都对应一个 proposal、每笔被 commit 的交易都会被超 2/3 的节点 commit。

PBFT 算法流程如图 5-5 所示。

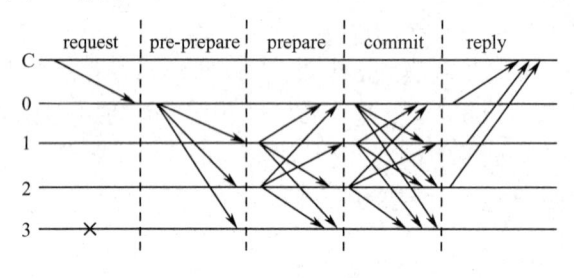

图 5-5 PBFT算法流程

（1）请求（request）阶段：首先通过轮换或随机算法选出某个节点为主节点，此后只要主节点不切换，则称为一个视图（view）。在某个视图中，客户端将请求发送给主节点，主节点负责广播请求到所有其他副本节点。所有节点处理完成请求，将处理结果返回给客户端，客户端检查是否接收到了至少 $F+1$ 个来自不同节点的相同结果，将其作为最终结果。其中主节点广播过程包括了三个阶段的处理：预准备（pre-prepare）阶段、准备（prepare）阶段和提交（commit）阶段。预准备阶段和准备阶段确保在同一个视图内请求发送的顺序正确，准备阶段和提交阶段确保在不同视图之间的确认请求顺序正确。

（2）预准备（pre-prepare）阶段：主节点为从客户端接收到的请求分配提案编号，然后发出预准备消息<PRE-PREPARE,view,n,digest,message>给各副本节点，其中，message 是客户端的请求消息，digest 是消息的摘要。

（3）准备（prepare）阶段：副本节点接收到预准备消息后，验证消息合法性，如验证通过则向其他节点发送准备消息<PREPARE,view,n,digest,id>，附带自己的 ID 信息，同时接收来自其他节点的准备消息。接收到准备消息的节点对消息同样进行合法性验证，验证通过则把这个准备消息写入消息日志中，集齐至少 $2F+1$ 个验证过的消息才进入准备状态。

（4）提交（commit）阶段：广播提交消息，告诉其他节点某个 proposal 在视图里已经处于准备状态。如果集齐至少 $2F+1$ 个验证过的提交消息，则说明 proposal 通过。具体实现上还包括视图切换、checkpoint 机制等其他技术问题。

（5）回复（reply）阶段。

现在再思考，PBFT 算法是如何解决先前提出的每个 proposal 都是唯一且有序的、每笔被 commit 的交易都对应一个 proposal、每笔被 commit 的交易都会被超 2/3 的节点 commit 的呢？

（1）每个 proposal 都是唯一且有序的。

非常简单，只要给每个 proposal 赋值一个 n，同时每个非拜占庭节点约定不接收两个具有相同 n 值的 proposal，对于非拜占庭节点而言，每个被接收的 proposal 都是唯一且有序的。

（2）每笔被 commit 的交易都对应一个 proposal。

PBFT 算法流程可以视为由无数轮次组成，在每一轮中，有一个 proposal 被提出，节点通过"少数服从多数"原则决定该 proposal 是否被 commit，即每个被 commit 的交易，首先是一个 proposal。

（3）每笔被 commit 的交易都会被超 2/3 的节点 commit。

可以继续把这个条件拆分成两个：①确定一个 proposal 被超过 2/3 的节点投票；②确定超过 2/3 的节点都确认了条件①。

之所以需要同时满足条件①和②，是因为在存在拜占庭节点的网络中，节点自己接收到的消息和其他节点接收到的消息不一定是完全一样的。拜占庭节点可能会传播伪造的消息，即从每个节点看到的视图不一定是一样的。

思考：PBFT 算法如何保证条件①和②？

在 PBFT 算法中，节点的通信消息使用非对称加密来保证真实性。因此，只要每个节点都有一个公钥以及一个私钥，并使用私钥来加密自己需要传输的消息，就可以使其他节点使用这个节点的公钥来解密，得到真实的消息。对于任意一个 proposal 的投票消息，节点需要收集所有其他节点的投票消息，每个节点都会将自己的投票消息广播以便其他节点收集。只要节点收集到超过 2/3 的节点的投票消息，就可以保证在本地节点的视图中，序列号 n 对应的就是被投票的 proposal。

简单证明：假设系统节点总数为 $3F+1$，其中至多存在 F 个拜占庭节点。若节点 A 和 B 都接收到关于 $(n,proposal)$ 和 $(n,proposal1)$ 的超过 2/3 的节点投票，即各自获得至少 $2F+1$ 个节点的投票，根据集合运算原理，两个投票集的交集至少包含 $(2F+1)+(2F+1)-(3F+1)=F+1$ 个节点。这意味着存在至少 $F+1$ 个节点同时为两个不同的 proposal 投票，这些节点必然属于拜占庭节点，与系统最多存在 F 个拜占庭节点的前提假设矛盾。因此，在 PBFT 算法中，有且仅有一个唯一的 $(n,proposal)$ 会被超过 2/3 的节点投票，条件①满足。

条件①对于一个节点而言，只是本地看到的视图，为了保证本地视图也是全局视图，节点需要在条件①满足后，通过广播通知所有其他节点。当节点接收到超过 2/3 节点发送的针对同一 $(n,proposal)$ 条件①满足的通知时，即可确认这些节点的视图与本地视图一致，此时条件②也满足。

当然，上述算法流程只是保证了算法的安全性（safety），即对于非拜占庭节点而言，最终 commit 的 proposal 的顺序一定是一致的，但是没有保证算法的活性（liveness）。所谓活性是指整个系统在持续不断地形成共识。活性的关键在于提出 proposal 的节点是否为非拜占庭节点，如果是非拜占庭节点，则通过上述算法流程，最终该 proposal 会被 commit，如果提出 proposal 的节点是拜占庭节点，则可能非拜占庭节点之间接收到的 proposal 都是不一致的，当然就不可能达成条件①。

要解决算法的活性问题，一个可行的方案是超时机制，因为无法知道哪个节点是非拜占庭节点，所以如果非拜占庭节点发现当前负责提出 proposal 的节点迟迟不能提出有效的

proposal，就会触发超时机制，挑选一个新的节点（领导者节点）负责提出 proposal。

挑选新的领导者节点本质上也是一种共识，原则上需要首先提出一个 proposal，指定一个节点当选，然后经过上述的共识流程来 commit 这个 proposal，实现领导者节点的选举。然而这样是行不通的，因为需要挑选领导者节点的原因就是现在 proposal 无法正常被提出，领导者的更换不能由 proposal 发起，而是应该按照一个约定规则来确定领导者节点，当前领导者节点变成拜占庭节点后，所有其他节点会发送一个超时的投票给下一个准备当选的领导者节点，而该节点在接收到超过 2/3 节点的投票时，正式成为新的领导者，这个过程也就是 PBFT 算法中的 view-change。

总结来看，拜占庭将军问题之所以难以解决，主要在于，任何时刻系统中都可能存在多个 proposal，但提出 proposal 的成本与达成共识的成本是不匹配的，因此极其容易受到干扰。由此延伸出一种改进策略，即增加 proposal 成本以限制一段时间内网络中出现的 proposal 数量，并且放宽一致性的需求，约定沿着最长的主链扩展，并且通过增加恶意破坏的成本抑制攻击行为，PoX 系列算法基本是沿着这个思路不断改进而形成的。

5.3.3 HotStuff 算法

HotStuff 算法是一个建立在部分同步模型上的拜占庭容错协议，作为 BFT 算法的一种，于 2019 年提出后不久即被 Facebook 的数字货币系统 Libra 采用。该算法具有线性视图变更（Linear View Change）特性，将主节点轮换融入常规共识流程，切换主节点无须增加额外开销，且系统在切换期间仍可持续对外提供服务。

HotStuff 算法的基础共识流程（Basic-HotStuff）围绕核心的三轮投票展开，视图在此过程中以单调递增方式持续切换。每个视图内设有唯一主节点，负责区块打包、消息收集和转发、生成法定人数证书（Quorum Certificate，QC）。完整流程包含五个阶段：准备（prepare）阶段、预提交（pre-commit）阶段、提交（commit）阶段、决定（decide）阶段和最终（finally）阶段。主节点若需提交特定分支（达成最终共识），需在 prepare、pre-commit 和 commit 三个阶段分别收集 $N-F$ 个共识节点的签名投票，通过门限签名算法（Threshold Signatures）合成 QC 后广播至从节点。

HotStuff 算法的优势主要体现为：①算法复杂度为 $O(n)$；②实现复杂度相对较低；③逻辑架构更易理解。其中，算法复杂度的优势尤为显著，特别是在其他算法普遍保持 $O(n^2)$ 甚至更高复杂度的背景下。值得注意的是，这种性能提升源于系统状态转换和算法流程的简化——在有限状态机模型中，状态值数量与状态转换路径数量直接决定算法实现和调试的难度。

HotStuff 算法的思想与 PBFT 算法的思想极其相似，通过指定领导者节点发起 proposal，依赖其他节点投票决策。PBFT 算法采用视图机制确定领导者节点，即以单调递增序号标识共识轮次，每个视图通过预设节点标识号计算产生唯一领导者节点。特殊之处在于，PBFT 算法的投票消息收集由各节点独立完成（防止拜占庭节点作恶），每个节点仅信任自身获取的投票消息，并基于此独立判断 proposal 是否达成共识。

PBFT 算法复杂度高的关键点在于每个节点都需要收集投票消息，其原因是，节点仅信任自身获取的投票消息。若能解决该问题，即可消除由此产生的重复工作——无须每个节点独立收集投票消息，只需指定节点完成收集后将结果广播至全网，即可将算法复杂度由 $O(n^2)$ 降至 $O(n)$。

HotStuff 算法基于此进行了优化，通过门限签名算法确保投票结果不可伪造。具体而言，HotStuff 算法中的领导者节点不仅负责提出 proposal，还需收集节点投票消息并将结果整合为易于验证且不可伪造的证据。门限签名算法的特性在于，仅当对同一数据获得足够数量的子签名时，才能合成有效签名；验证者只需确认最终签名即可确保整个签名过程的合法性。门限签名算法使所有节点可将投票消息的收集工作委托给领导者节点，同时保证领导者节点无法伪造投票结果，从而将算法的复杂度降低一个数量级。

除了门限签名算法外，HotStuff 算法更加优越的地方在于，通过将每轮共识的同步阶段标准化为"投票－收集投票消息"的简单动作，并采用流水线（pipelining）与"搭便车"（piggybacking）的设计方法，实现整体算法的优化，如图 5-6 所示。

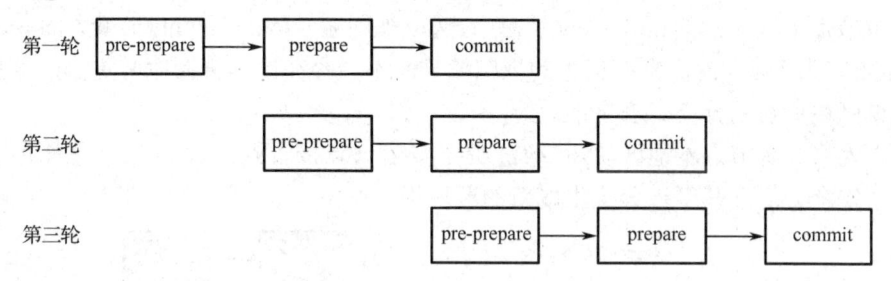

图 5-6 HotStuff 算法流水线

在 PBFT 算法中，存在专门的 view-change 阶段用于更换故障领导者节点，view-change 实质上就是一个特殊的 proposal，当节点判断当前领导者节点故障时，会直接广播针对该特殊 proposal 的投票，而无须等待领导者节点提出 proposal。这里的领导者节点更换必须经历至少一轮完整的共识。HotStuff 算法对此作出改进，为了减少更换领导者节点所需要的流程，在每次发送完 proposal 之后主动更换领导者节点。

HotStuf 算法对 PBFT 算法的优化可归纳为三点：①将节点广播投票改为领导者节点收集投票消息后统一广播，使通信复杂度从 $O(n^2)$ 降至 $O(n)$；②每轮投票不仅是对本轮请求的共识，也是对上一轮请求的共识；③每轮投票更换一次领导者节点，尽可能减少领导者节点故障时更换领导者节点所需要的时间。

HotStuff 算法包括流水线 HotStuff 算法和非流水线 HotStuff 算法，下面依次介绍。

1．非流水线 HotStuff 算法

非流水线 HotStuff 算法也称 Basic HotStuff 算法，分为新视图（new-view）阶段、准备（prepare）阶段、预提交（pre-commit）阶段、提交（commit）阶段、决定（decide）阶段，如图 5-7 所示。

（1）new-view 阶段。

每个视图开始时，新的领导者节点收集由 $N-F$ 个副本节点发送的 new-view 消息，每个 new-view 消息中包含了发送节点上高度最高的 prepareQC（如果没有则设为空）。prepareQC 可以看作某个区块 $N-F$ 个节点的投票集合，作为共识过程中第一轮投票达成的证据。

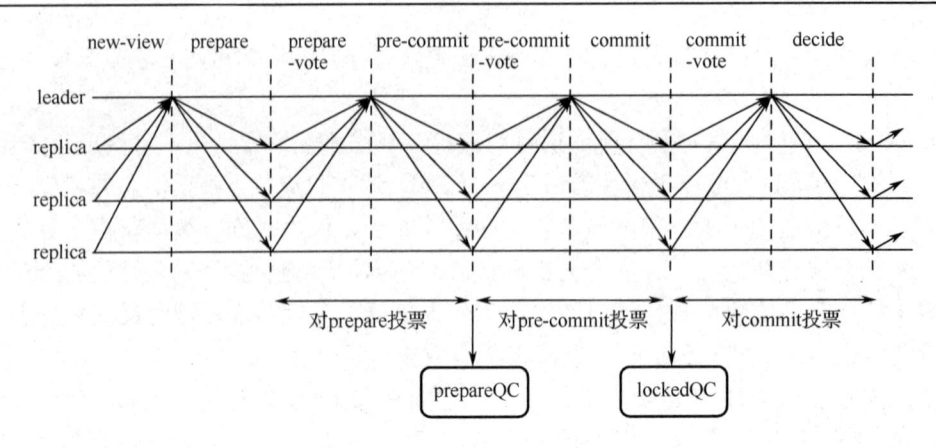

图 5-7　非流水线HotStuff算法

领导者节点从接收到的 new-view 消息中，选取视图编号（view number）最大的 preparedQC 作为 highQC。由于 highQC 具有最大的视图编号，不会存在比其视图编号更高的区块获得确认，因此该区块所在的分支是安全的。

图 5-8 为领导者节点本地区块树，#71 是领导者节点接收到的 highQC，阴影所表示的分支就是一个安全分支，基于该分支生成新的区块不会产生冲突。

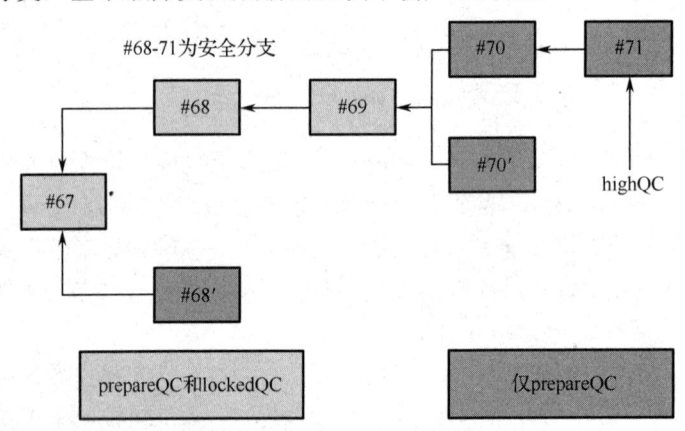

图 5-8　领导者节点本地区块树

（2）prepare 阶段。

领导者节点会在 highQC 所在的安全分支生成新区块，并广播 proposal（包含新区块和 highQC），其中 highQC 作为 proposal 的安全性验证。其他节点（replica）接收到当前 view 对应领导者节点的 proposal 消息后，replica 依据 safenode-predicate 规则验证 proposal 合法性。若验证通过，replica 将向领导者节点发送 prepare-vote，使用自身私钥份额对 proposal 进行签名。prepare 阶段如图 5-9 所示。

replica 对于 proposal 的验证遵循如下规则。

① proposal 消息中的区块是从本机 lockedQC 的区块扩展产生的，即 m.block 是 lockedQC.block 的子孙区块。

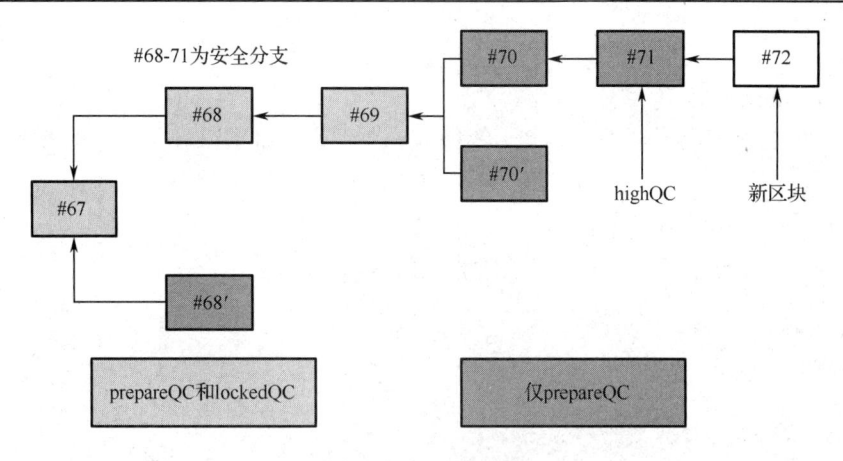

图 5-9　prepare阶段

② 为了保证活性，除了上条规则，当 proposal.highQC 的视图编号高于本地 lockedQC 时也会接收该 proposal。活性安全措施如图 5-10 所示。

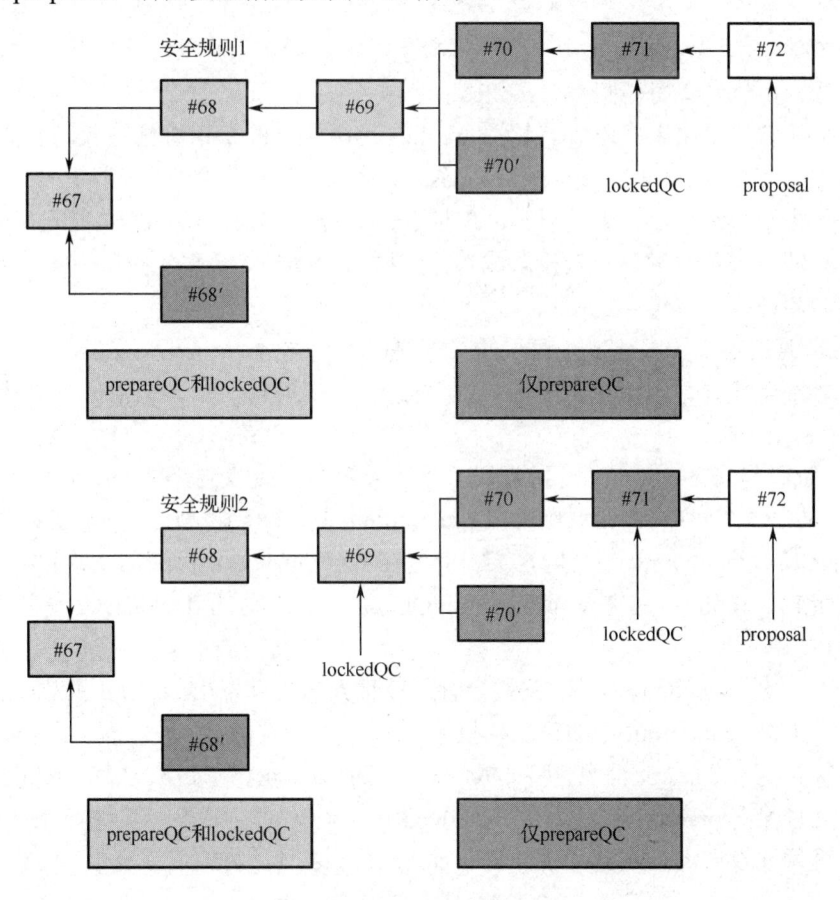

图 5-10　活性安全措施

安全性的判断规则对比的是 lockedQC，而不是第一轮投票结果，所以即使节点在上一轮针对区块 A 投了 prepare 票，如果 A 没有 commit，那么下一轮依然可以对 A'投票，即第一轮投票可以撤回。

（3）pre-commit 阶段。

领导者节点发出 proposal 消息以后，等待 $N-F$ 个节点对于该 proposal 的签名，集齐签名后会将这些签名组合成一个新的签名，以生成 prepareQC 并保存在本地，然后将其放入 pre-commit 消息中广播给 replica。

prepareQC 可以表明有 $N-F$ 个节点对相应的 proposal 进行了签名确认。

```
digraph prepare {
    rankdir=LR;

    Leader -> Replica1 [label="pre-commiT"]
    Leader -> Replica2
    Leader -> Replica3
    Leader -> Replica4
}
```

在 PBFT 算法和 Tendermint 中，签名（投票）消息通过节点间相互广播传递，各节点都要做收集工作，所以对于每轮投票，replica 都需要至少验证 $N-F$ 个签名。

在 HotStuff 算法中引入门限签名算法，replica 利用各自的私钥份额签名，投票通过 replica 与领导者节点交互实现。replica 接收到 proposal，对其签名后，发送给领导者节点。领导者节点集齐签名（投票）消息后，将其组装，广播 pre-commit 消息。replica 验证 pre-commit 消息中的签名，验证通过则表示第一轮投票成功。这样 HotStuff 算法每轮投票中每个 replica 仅需执行一次签名验证。

LibraBFT 算法是基于 HotStuff 算法的共识协议，但是并没有采用门限签名算法。当 replica 接收到 pre-commit 消息时，会对其签名，然后回复给领导者节点。

（4）commit 阶段。

commit 阶段与 pre-commit 阶段类似，当领导者节点接收到当前 proposal 的 $N-F$ 个 pre-commit-vote 时，会将这些投票组合成 pre-commitQC，然后将其放入 commit 消息中广播。

当 replica 接收到 commit 消息时，会对其签名 commit-vote，然后回复给领导者节点。更重要的是，此时，replica 锁定在 pre-commitQC 上，将本地的 lockedQC 更新为接收到的 pre-commitQC。

从 replica 发出 pre-commit-vote 到领导者节点集齐消息并发出 commit 消息，这个过程相当于 PBFT 算法和 Tendermint 中的第二轮投票。

replica 接收到了 commit 消息，验证成功后，表示第二轮投票达成。此时 replica 回复给领导者节点，并且保存 pre-commitQC 到 lockedQC。

最后，当领导者节点接收到了 $N-F$ 个 commit-vote 时，将他们组合成 commitQC，广播 decide 消息。

（5）decide 阶段。

replica 接收到 decide 消息中的 commitQC 后，认为当前 proposal 是一个确定的消息，然后执行已经确定的分支上的 tx，将 viewnumber 加 1 并开启新阶段。

注意，这里也是针对输入进行共识，达成共识后再执行已经确定共识分支上的交易。

思考：非流水线 HotStuff 算法是否安全？

要探究非流水线 HotStuff 算法是否安全，需要证明其是否符合两条安全性规则：①同一视图下，不会对冲突的区块产生相同类型的 QC；②正常的 replica 不会 commit 冲突的区块。

对于规则①，可以用反证法证明，假设在同一个视图下产生了相同类型的 QC，而且最多存在 F 个恶意节点，那么就会有一个诚实节点双投了，这与前提假设矛盾。

引理 5.1：对于任意两个有效的 QC_1、QC_2，如果 QC_1.type==QC_2.type，且 QC_1.block 与 QC_2.block 冲突，那么必然有 QC_1.viewnumber!=QC_2.viewnumber。

证明：

假设 QC_1.viewnumber==QC_2.viewnumber，那么在相同的视图下，有 $2F+1$ 个 replica 分别对 QC_1.block、QC_2.block 进行投票，这样就存在一个正常节点在算法流程中针对某个消息投了两次票，这与算法流程冲突。

对于规则②也可以用反证法证明，假设正常节点 commit 了冲突的区块，追踪到最早出现的冲突区块的位置，则这个位置肯定与两条安全性规则相矛盾。

证明：

首先，根据引理 5.1，在相同的视图下，正常的 replica 不会对冲突的区块产生 commitQC，所以不会 commit 冲突的区块。下面证明在不同的 view 下，正常的 replica 也不会对冲突的区块产生 commit。

假设 viewnumber 在 v_1 和 v_2 时（v_1<v_2）commit 了冲突的区块，即存在 commitQC_1 = {block_1, v_1}、commitQC_2={block_2, v_2}，且 block_1 与 block_2 冲突。为了简化证明，同时假设 v_1 与 v_2 之间不存在其他 commitQC 了，即 commitQC_2 是 commit_1 之后的第一个 commitQC。在 v_1 和 v_2 之间，肯定存在一个最小的 v_s（v_1<v_s≤v_2），使得 v_s 下存在有效的 prepareQC_s{block_s, v_s}，其中，block_s 与 block_1 冲突。

当含有 block_s 的 prepare 被广播后，节点会对该消息进行安全性验证，由于 block_s 与 block_1 冲突，显然不符合规则①。那么是否符合规则②呢？

假设 block_s.parent.viewnumber>block_1.viewnumber，那么显然 block_s.parent 与 block_1 冲突，所以 block_s.parent 是更早与 block_1 冲突的，这与 v_s 最小矛盾。

假设有 $2F+1$ 个节点对于 block_s 的 prepare 消息投了票，那么这些节点在接收到 prepare_s 时，会进行 safenode-predicate 验证，正常情况下，由于 block_s 与 block_1 冲突，那么正常节点不会投出 prepare-vote，也不会产生 prepareQC_s，v_s 根本不会存在，这与上述假设冲突。因此，在不同的视图下，不可能对相同的 block 产生 commit。

2. 流水线 HotStuff 算法

流水线 HotStuff 算法也称 Chain HotStuff 算法，是在非流水线 HotStuff 算法基础上实现的效率改进版本，节点处理包括预准备（pre-prepare）阶段、准备（prepare）阶段、预提交（pre-commit）阶段、提交（commit）阶段，如图 5-11 所示。每个阶段都有一次广播。通过将不同 proposal 的处理阶段进行重叠，可复用每轮广播，完成多个 proposal 的阶段转换。该设计理念与计算机系统结构中的 CPU 流水线十分相似。

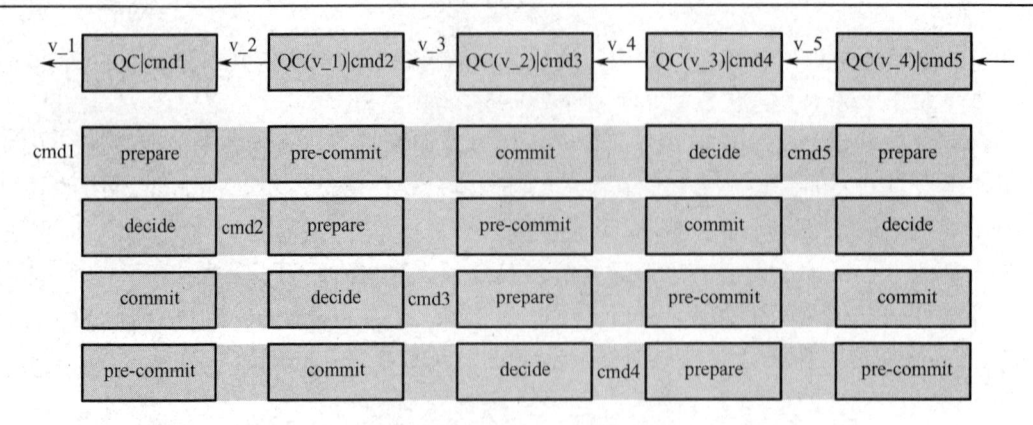

图 5-11　流水线HotStuff算法

此处，QC 即上述事件发生的"证据"，由至少 2/3 节点的投票构成。可以看到，每个 cmd（proposal）在 prepare 阶段被提出，经历后续三个阶段后达成共识；每个 QC 既是所指向的 cmd 达到下一阶段的证明，也是上一个 cmd 的证明，同时还是上上个 cmd 的证明，分别对应不同 cmd 在各自阶段的完成状态。

5.4　广播选举类共识

5.4.1　Paxos 算法

Leslie Lamport 在 1989 年提出了 Paxos 这个名词，但是 Paxos 算法的相关论文直到 1998 年才正式发表，并于 2001 年进行了详细解释。Paxos 算法被认为是分布式共识算法的灵魂，以至于谷歌在 2008 发表的大数据经典论文 *The Chubby lock service for loosely-coupled distributed systems* 中直接指出："所有异步共识的协议，其本质核心都是 Paxos 算法。"之后也出现了 Paxos 算法的变体，如 Raft 算法。后来 Leslie Lamport 提出了著名的拜占庭将军问题，在这个问题的基础上又出现了 PBFT 算法，同样，PBFT 算法也有很多变体。

Paxos 算法的原理基于"两阶段提交"算法进行泛化和拓展，通过消息传递逐步消除系统中的不确定状态，可以容忍消息丢失、延迟、乱序及重复。Paxos 算法将节点分成三种逻辑角色：提案者（proposer）、接受者（acceptor）、学习者（learner）。提案者提出 proposal（提案），等待其他节点批准（chosen）为结案（value）。系统中每个 proposal 都拥有一个唯一且递增的提案号。接受者负责对 proposal 进行投票，接受 proposal。学习者获取批准结果并帮助传播结果，不参与投票过程。

Paxos 算法的总体流程可概括为，一个或多个提案者发起 proposal，Paxos 算法使得某个 proposal 在所有进程中达成一致，即系统中的多数节点同时认可该 proposal。

Paxos 算法可分为三个阶段。

（1）准备（prepare）阶段。提案者生成全局唯一且递增的 proposal ID（可采用时间戳加服务器 ID），向所有接受者发送仅含 proposal ID 的 prepare 请求。接受者接收到 prepare 请求后，作出"两个承诺，一个应答"。两个承诺：①不再接受 ID 值小于或等于当前请求的 prepare

请求；②不再接受 proposal ID 小于当前请求的 accept 请求。在不违背已作出承诺的前提下进行应答，回复已 accept 过的 proposal 中 ID 值最大的那个 proposal 的内容及 ID，没有则返回空值。

（2）接受（accept）阶段。提案者接收到多数接受者的 promise 响应后，向接受者发出携带具体 proposal 值的 accept 请求，接受者针对接收到的 accept 请求进行 accept 处理。

（3）学习（learn）阶段。提案者在接收到多数接受者的 accept 之后，标志着本次 accept 成功，将形成的决议广播至所有学习者。

5.4.2 Raft 算法

Raft 算法是基于 Paxos 算法改进的一种变体——Multi-Paxos，是对该算法进行的简化设计与实现。Raft 算法包含三种角色的节点：领导者（leader）、候选者（candidate）和跟随者（follower）。决策前通过选举产生全局领导者来简化后续流程，负责决定日志（log）的提交，且日志只能由领导者向跟随者单向同步。

典型工作流程包含两个主要阶段。

（1）领导者选举：初始所有节点均为跟随者。当节点在随机超时期间未收到领导者或候选者的消息时，将转换为候选者并发起选举请求。在当前任期（term）中获得超过半数投票的节点当选领导者；若选举失败，则随机超时后开启新一轮选举。

（2）日志同步：领导者接收客户端请求生成新日志，并将其分发给所有跟随者。领导者会识别系统中最新的日志记录，强制所有跟随者同步至该记录，确保数据单向同步机制。

接下来将详细介绍 Raft 算法中的要点和执行步骤。

1．多数派原则

多数派指的是一个群体的数量达到总数的一半以上。多数派原则指系统的决断无须全员参与，多数派达成的共识即可视为整个系统的答复。

以集群存在 5 个节点为例，多数派需要集齐 3 个及以上节点，至多允许 2 个节点存在故障或与主流意见背离。同理，若集群有 6 个节点，则多数派需要集齐 4 个及以上节点，同样至多允许 2 个节点故障或与主流意见背离。综上，这是奉行多数派原则的集群通常将节点个数设置为奇数的原因之一。

多数派原则贯穿 Raft 算法的始终。无论是数据同步还是领导者选举，只需达到多数派认可即可采纳结果。处于拒绝或未响应状态的少数派，在感知到该决断已被集群多数派认同后，最终也会执行采纳。

多数派原则是提高分布式系统可用性（A）的关键。对于整个系统而言，要求全员响应以实现强一致性（C）的保证过于苛刻，因为无法确保所有节点都能健康运作——这种底线思维是研发人员的必备素养。退而求其次，只要多数派达成共识即可决断，系统下限将显著提高。从全员响应到多数派共识，本质是将随机性问题转化为数学期望问题。多数派原则大幅提升了 A 的指标，后续讨论重点在于 Raft 算法如何在多数派原则下达成 C 的要求。

2. 一主多从、读/写分离

1)一主多从

在 Raft 算法中,领导者负责总揽全局,推进核心事务;跟随者职责相对简单,但在基于多数派原则的算法中,跟随者凝聚成多数派即可代表系统决断,甚至推翻领导者的决策。

2)读/写分离

如图 5-12 所示,读操作可由集群任意节点提供执行;写操作需由领导者统一处理并同步至跟随者,若跟随者率先收到客户端的写请求,需转发至领导者处理。该机制通过读操作负载均衡提升系统吞吐量,并通过写操作集中处理降低共识复杂度,但也引发两个问题。

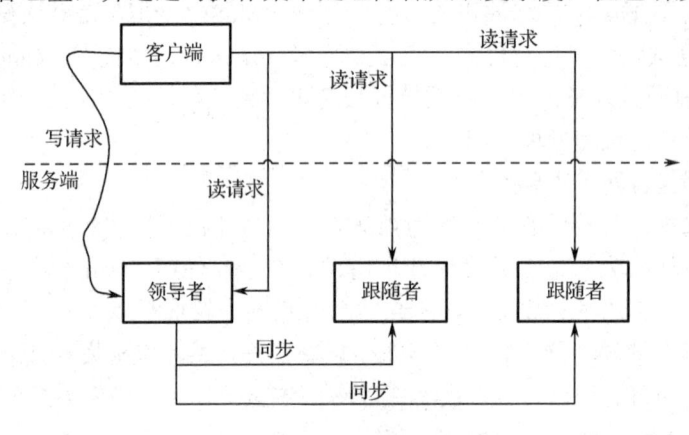

图 5-12 读/写分离

(1)读操作若由数据滞后的跟随者提供服务,客户端可能读取旧数据。因此,Raft 算法仅保证最终一致性,无法满足即时一致性,工程实践中需通过改进方案实现即时一致性。

(2)集群一主多从,总揽全局,若领导者故障可能导致系统瘫痪。Raft 算法通过领导者选举机制确保领导者不可用时,跟随者能接替成为新的领导者。

3. 状态机与预写日志

状态机(State Machine)是节点实际存储数据的容器,写请求的最后一步是将结果写入状态机,而读请求也需要从状态机中获取数据进行响应。

预写日志(Write Ahead Log,WAL)通过日志的方式记录下每笔写请求的明细,使得变更历史有迹可循。在 Raft 算法中,写请求会先组织成预写日志的形式添加到日志数组中,当某条日志(写请求)获得集群多数派认可后,才能被提交并将变更应用到状态机。

下面思考一个问题:为什么需要设计预写日志这道流程,而不是直接将写请求应用到状态机呢?这样是否陡然增加了系统的复杂度?

预写日志的设计正是共识算法的精妙之处,其目的是解决顺序一致性的问题。预写日志由数组承载,为多笔写请求提供缓冲区;每条日志作为写请求的抽象,通过记录操作明细实现内容比对。该机制确保只要预写日志数组中被批准应用至状态机的部分内容完全一致,即可解决写请求乱序问题,实现数据最终一致性。

4. 两阶段提交

两阶段提交可从单机和系统两个维度解读。从单机层面，写请求分为"添加到预写日志"和"应用到状态机"两个步骤，这是两阶段提交的体现；在系统层面，两阶段提交可分解为如下流程。

（1）领导者接收客户端写请求。

（2）领导者将请求添加到预写日志，并向集群广播同步该请求，这个过程可以称为"提案"（proposal）。

（3）各节点接收同步请求后，通过校验机制判断是否执行同步。

（4）若集群半数以上节点（含领导者）成功添加该请求至预写日志并向领导者返回确认（ACK），则领导者提交请求并向客户端返回成功响应。

（5）其他节点通过心跳或其他数据同步感知提交动作，最终提交该请求至预写日志。

（6）已提交的预写日志具备应用至状态机的资格。应用时机取决于实现策略：追求最终一致性可异步应用，追求立即一致性则需领导者先应用再响应 ACK。

上述流程中，第（2）步是提案（proposal）阶段，第（4）步是提交（commit）阶段，两者构成了两阶段提交。

这种设计实现了与多数派原则的串联打通：提议阶段使领导者收集集群共识，多数派达成一致即可提交请求，将响应耗时从依赖全员响应优化为仅需多数派响应，显著提升系统可用性。

需要注意的是，所有已提交的请求都受到"最终一致性"这个语义的保护。那么为什么说一个请求只要被多数派认可（添加到预写日志），就能够具备最终一致性呢？这其实依赖于领导者选举机制的保障。

5. 领导者选举

领导者是写请求的入口，如果出现问题，会导致整个集群不可写。Raft 算法中建立了一套完整的选举机制，当领导者失效时，可由跟随者接替成为新领导者。这里讨论两个问题如下两个问题。

（1）跟随者如何检测到领导者失效并触发补位。

领导者需定期向跟随者发送心跳以确认存活。对应的，跟随者会设置心跳监测定时器，若超过指定时长未收到心跳，则判定领导者失效，随即切换为候选者并发起选举，尝试接替成为新领导者。

（2）具备何种资格的跟随者可接替为领导者。

跟随者成为候选者后，会向所有节点广播竞选请求。当获得赞同票的节点数（包括候选者自身）达到多数派时，该候选者将当选为新领导者。

此外，参与投票的节点在决定结果时会有一套固定的判断机制，这呼应了多数派准则下最终一致性的保证机制这一问题。

6. 任期与日志索引

任期（term）就像是朝代，集群由一个领导者切换到另一个领导者的过程称为"改朝换代",此时对应的任期数会进行累加。

当一个候选者发起一轮竞选时,会将当前任期在旧任期的基础上加 1,倘若胜任当选为新的领导者,这就将成为自己的"国号"。

值得一提的是,不是每个任期都有领导者,因为在候选者未胜出的情况下,任期可能进一步进行了累加,从而实现任期的跨越。但能够保证的是,每个任期至多只会有一个领导者。

节点中的预写日志存放在一个数组中,每则日志在数组中的位置称之为索引(index)。于是,每则预写日志会有两个核心的标识属性。

(1) term:标志了这则日志是哪个任期的领导者在位时同步写入的。

(2) index:标志了这则日志在预写日志数组的位置。

通过{term,index}二元组可以组成一个全局唯一键,定位到一则日志,并且能够保证位于不同节点中的日志,只要其 term 和 index 均相同,其内容一定完全一致。日志索引图如图 5-13 所示。

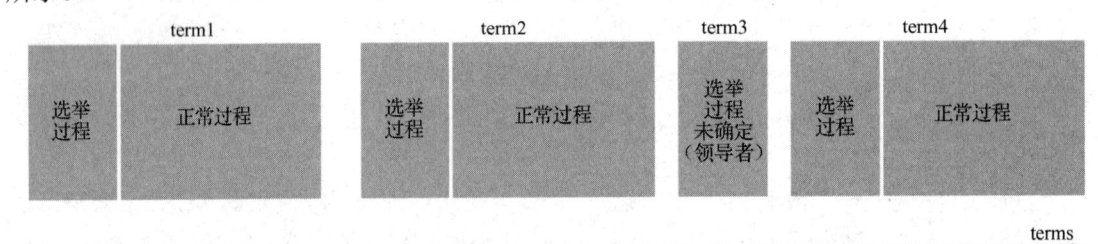

图 5-13 日志索引图

7. Raft 算法下节点的角色定义与转换

1)领导者

领导者是写请求的统一入口,在接收到来自客户端的写请求时,会开启"两阶段提交"的流程,其任务如图 5-14 所示。

(1) 广播 proposal,向所有节点同步这一请求。

(2) 当请求得到多数派的赞同后,才会提交。

领导者还需周期性地向集群中所有节点广播心跳,即发出心跳请求,告知自己的健康状况,用途包括让跟随者重置心跳监测定时器,避免其切换成候选者发起竞选;在心跳中携带领导者最新已提交日志的标识 ID,同步集群日志提交进度。

同时需要注意,心跳请求是单向传输的,因此,跟随者无须回复领导者的心跳请求。

2)跟随者

跟随者任务如图 5-15 所示。

(1) 同步领导者发送的写请求,在此过程中参与共识确认,若同步成功,会给予领导者正向反馈,当领导者的日志同步请求收到半数以上节点的认可时,会提交日志。

(2) 通过领导者心跳中携带的 commitindex 信息,及时完成已被多数派认可的预写日志的提交,以推进其写入状态机的进度。这一项相当于做到了数据的备份,也为读请求最终一致性提供了保证。

图 5-14　领导者任务

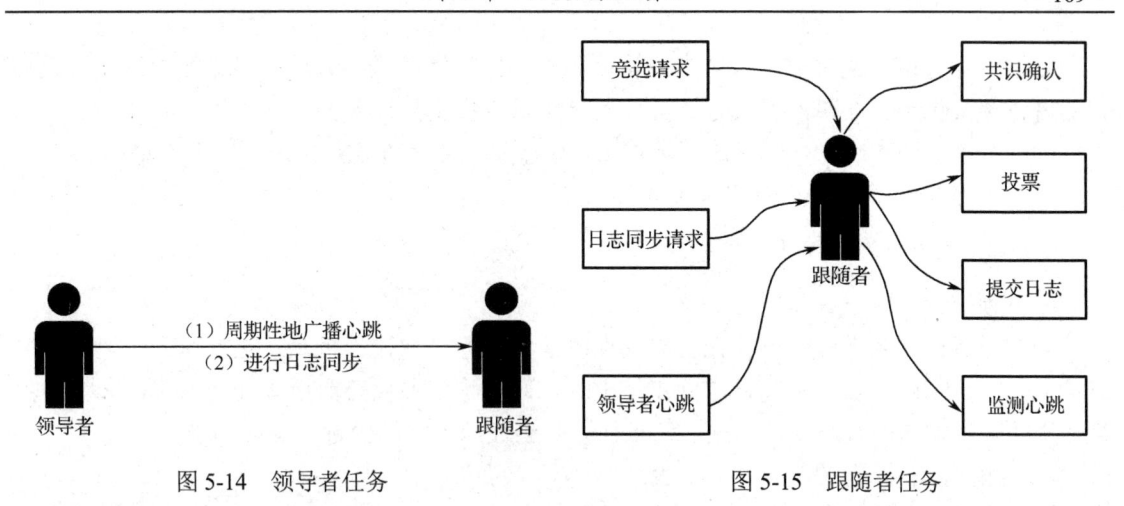

图 5-15　跟随者任务

（3）对候选者的竞选请求进行投票。

（4）通过心跳监测定时器监测领导者的健康状态，当超时未接收到心跳时，则会切换为候选者发起竞选。

3）候选者

候选者是一个临时态，成为候选者意味着此时正处于成与败的分岔路口，其任务如图 5-16 所示。

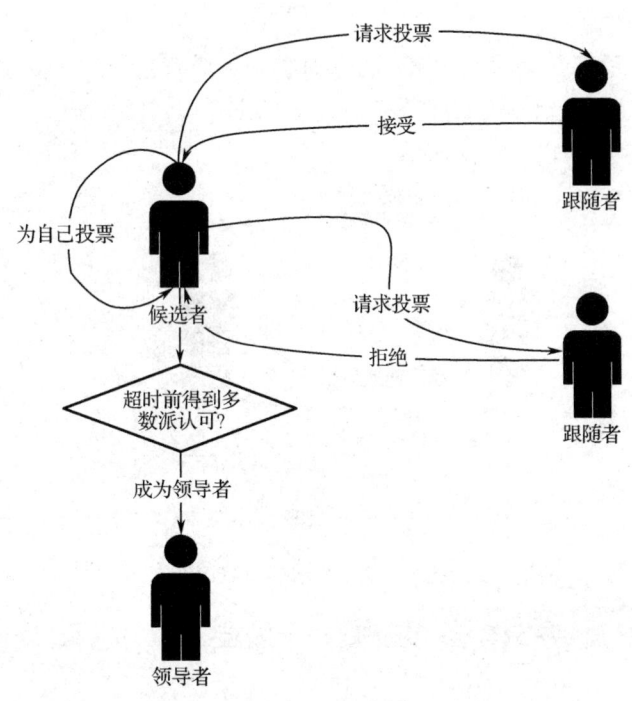

图 5-16　候选者任务

（1）若跟随者成为候选者，会将当前任期加 1，作为竞选任期。

（2）跟随者会将自身的一票投给自己，向所有节点广播、拉票。

(3) 若竞选请求超时前得到多数派认可，则上位为领导者；若遭到多数派拒绝，则退为跟随者；若接收到了任期大于或等于自身竞选任期的领导者的请求，则退为跟随者。

(4) 若竞选请求超时，则竞选任期加 1，发起新一轮竞选请求。

(5) 梳理 Raft 算法下的外部请求链路。

4）Raft 算法的角色转换

(1) 领导者→跟随者。

当领导者检测到当前系统存在更高任期时，将执行"禅让"机制，主动退为跟随者。检测途径包括：①向跟随者发起日志同步请求时，通过响应参数获取更高任期信息；②收到更高任期领导者发送的心跳或日志同步请求；③收到任期更大的候选者竞选请求。

(2) 跟随者→候选者。

领导者需要定期向跟随者发送心跳，维持领导者身份。若跟随者超过一定时长没接收到领导者心跳，会将状态切换为候选者，在当前任期的基础上加 1 作为竞选任期，发起竞选。

(3) 候选者→跟随者。

候选者在竞选过程中遇以下情形将退为跟随者状态：①未获得多数派支持；②接收到任期大于或等于当前竞选任期的领导者请求。

(4) 候选者→领导者。

候选者竞选时，若获得了多数派支持，则切换为领导者。

(5) 候选者→候选者。

候选者的竞选过程有一个时间阈值，若超时仍未形成有效结论（多数派支持或反对），则会维持候选者身份，将竞选任期加 1，发起新一轮竞选。

Raft 算法的角色转换如图 5-17 所示。

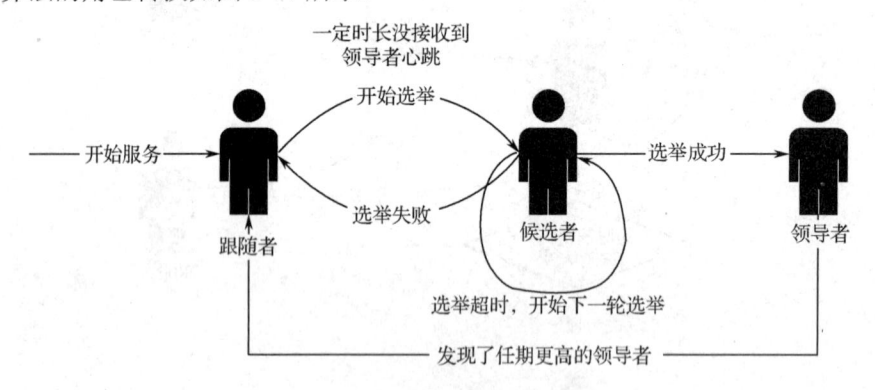

图 5-17　Raft算法的角色切换

8．客户端与服务端（一领导者+多跟随者）的交互

1）写

(1) 写操作需要由领导者统一收口。若跟随者接收到了写请求，则会告知客户端领导者的所在位置（节点 ID），让客户端重新将写请求发送给领导者处理。

(2) 领导者接收到写请求后，会先将请求抽象成一则预写日志，追加到预写日志数组的末尾。

（3）领导者会向集群中所有节点广播同步该日志的请求，该过程称为第一阶段的 proposal。

（4）跟随者将日志同步到本地的预写日志数组后，会给领导者回复同步成功确认（ACK）。

（5）当领导者确认该预写日志已被集群的多数派（含自身）同步完成时，将提交该日志并向客户端返回写请求成功确认（ACK）。

上面描述了一个最理想化的写流程链路，如图 5-18 所示，其中还存在几个场景需要进行补充。

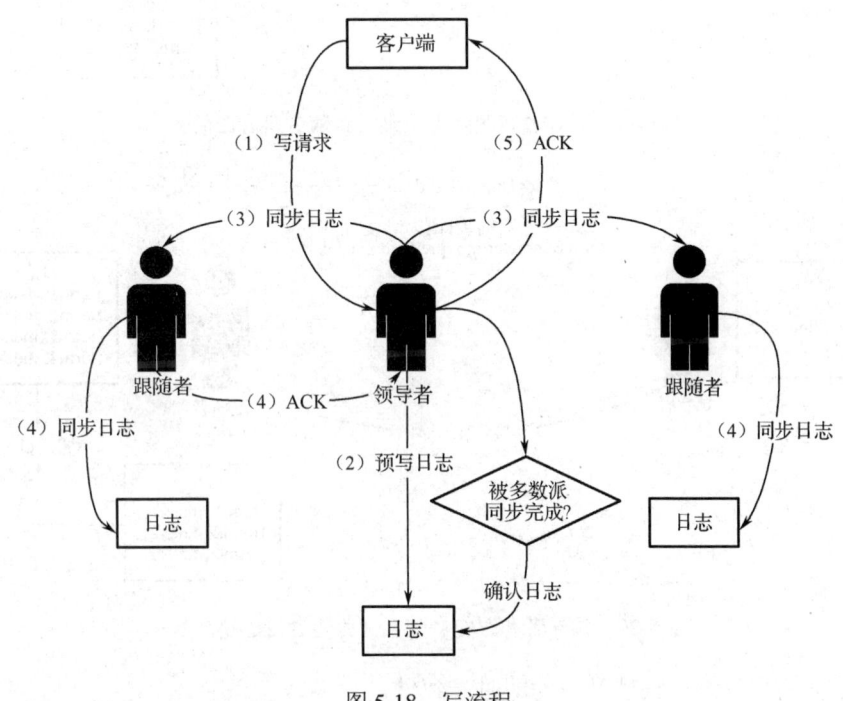

图 5-18　写流程

case 1：领导者任期滞后。

在第（4）步中，若跟随者发现当前领导者的任期小于自己记录的最新任期，本着"前朝的剑不斩本朝官"的原则，跟随者会拒绝领导者的日志同步请求，并在响应中返回最新的任期；领导者感知到新任期后，也会主动完成退位。

case 2：跟随者日志滞后。

同样在第（4）步中，若跟随者的预写日志存在历史缺失（尽管领导者任期有效），跟随者将拒绝同步。领导者检测到任期一致但同步失败时，将逐条向前同步日志直至补全缺失条目，使流程恢复正常，如图 5-19 所示。

case 3：跟随者日志超前。

同样在第（4）步中，若领导者的任期是最新的，但是跟随者在领导者最新同步日志的索引及其之后已存在日志，且日志内容与当前领导者不一致，则跟随者需要移除这部分超前的日志，然后同步领导者传送的日志，确保日志顺序一致，如图 5-20 所示。

小结：case 2 和 case 3 的处理方式共同保证了在 Raft 算法下，各节点间预写日志数组的已提交部分无论在内容还是顺序上都是完全一致的。

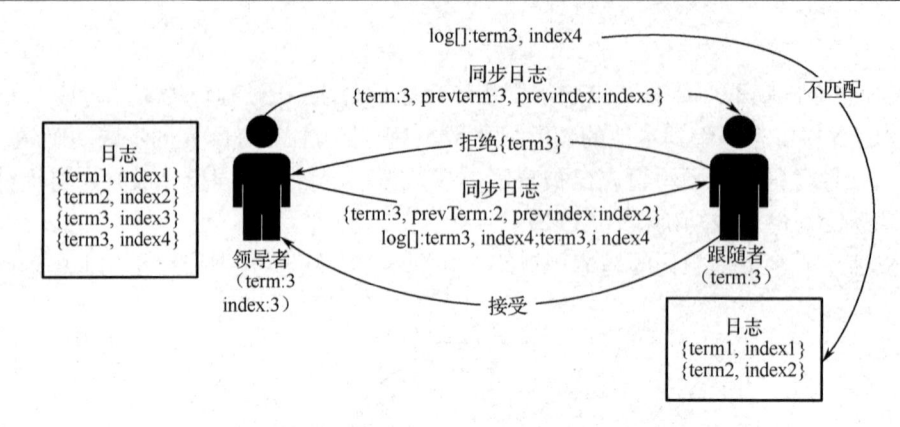

图 5-19 领导者和跟随者交互（跟随者日志滞后）

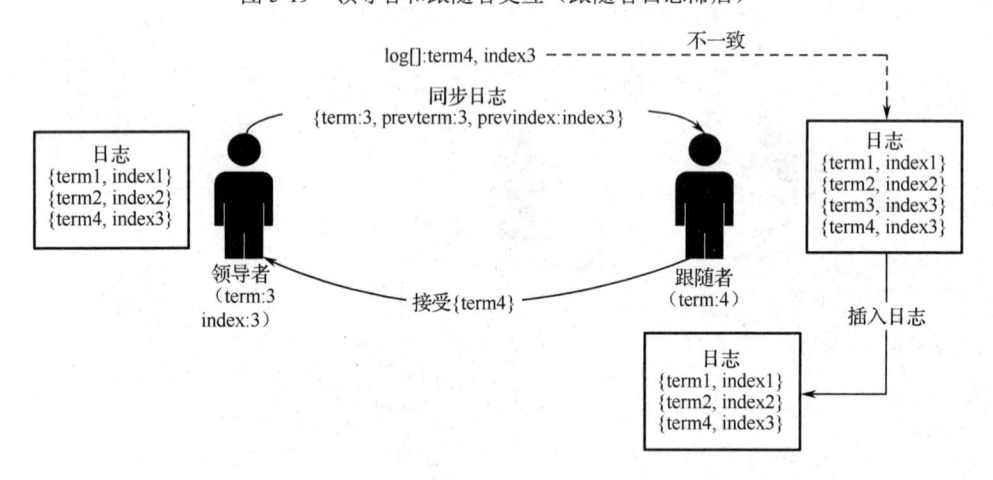

图 5-20 领导者和跟随者交互（跟随者日志超前）

case 4：如何将最终一致性升级为即时一致性。

标准 Raft 算法仅保证最终一致性（CAP 理论中的 C）。若需实现强一致性，需在写/读流程增加以下机制：第（5）步中，领导者在预写日志提交后，立即将其应用到状态机，再向客户端返回成功确认（ACK）。该机制确保读取领导者状态机时始终能读取到最新的数据。

2）读

读流程如图 5-21 所示。

在 Raft 算法的标准模型中，客户端的读请求可以被集群中的任意节点处理，最终会从状态机中获取数据进行响应。由于预写日志、两阶段提交与多数派原则的机制保证了已提交的日志具有"最终一致性"语义，而只有已提交的日志才有资格被应用到状态机，因此状态机的数据也必然具有最终一致性，但无法保证即时一致性（即跟随者与领导者之间的数据状态同步时效性）。若要求读流程满足即时一致性的要求，则需进行额外处理。

（1）日志索引（appliedindex）校验：每次领导者处理写请求后，会将最新一笔应用到状态机的日志索引回复给客户端。后续客户端与跟随者交互时需携带该日志索引。若跟随者发现自身的日志索引落后于客户端的日志索引，则表明本机数据存在滞后，此时跟随者将拒绝该请求，由客户端将请求转发至其他节点处理。

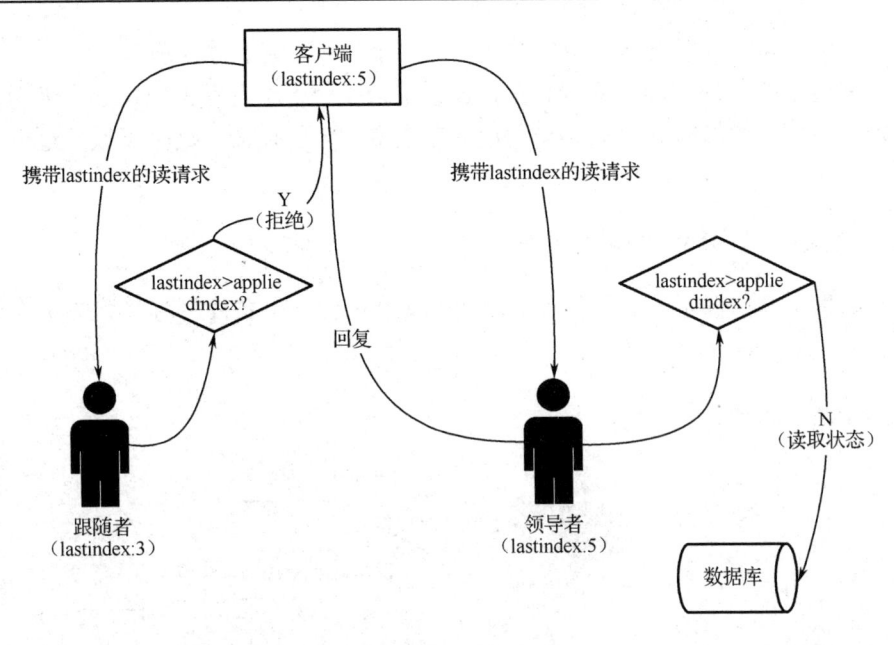

图 5-21　读流程

（2）强制读主：跟随者接收到读请求时，统一将其转发给领导者处理，只要领导者处理写请求时确保先写入状态机，后向客户端响应，状态机数据即可保证即时一致性，如图 5-22 所示。但此方案的弊端在于领导者压力过大，其他跟随者仅作为数据副本的备份。

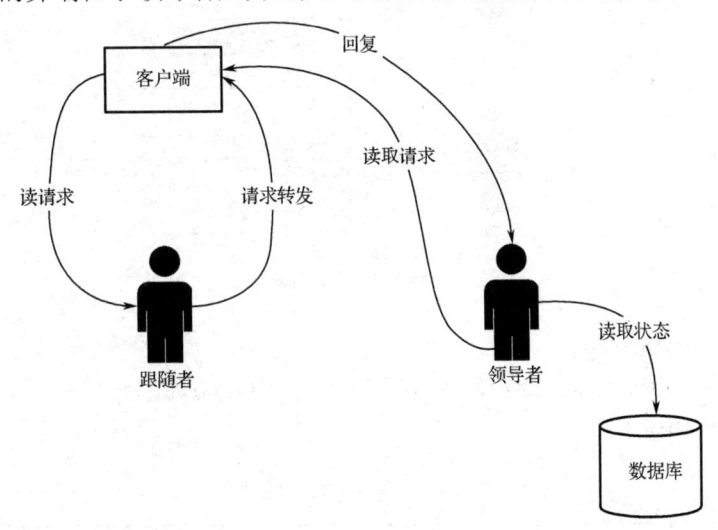

图 5-22　强制读主

这种强制读主的方案还存在一个问题，就是领导者在处理读请求时，需要额外对自己做一次合法性身份证明。这是因为倘若当前网络出现分区情况，外界早已更换朝代，而领导者仍坐落于小分区中不知大清已亡，固执地认为自己是正统，那么此时提供的读服务就无法保证即时一致性，会退化为最终一致性。

解决这个问题的方案是，领导者提供读服务时，需要额外向集群所有节点发起一轮广播，当得到多数派的认可，证明自己身份仍然合法时，才会对读请求进行响应。

这个领导者身份合法校验的问题只存在于读请求中而不影响写请求，这是因为领导者处理写流程时，在提议阶段就必须与外界通信，获取多数派的反馈。这个反馈的过程实际上就已经完成了对领导者身份合法性的校验。

9．Raft 算法下的内部请求链路梳理

下面讨论服务端内部不同角色的节点之间的交互流程，主要按照请求类型分类展开。

1）日志同步请求

日志同步请求如图 5-23 所示。

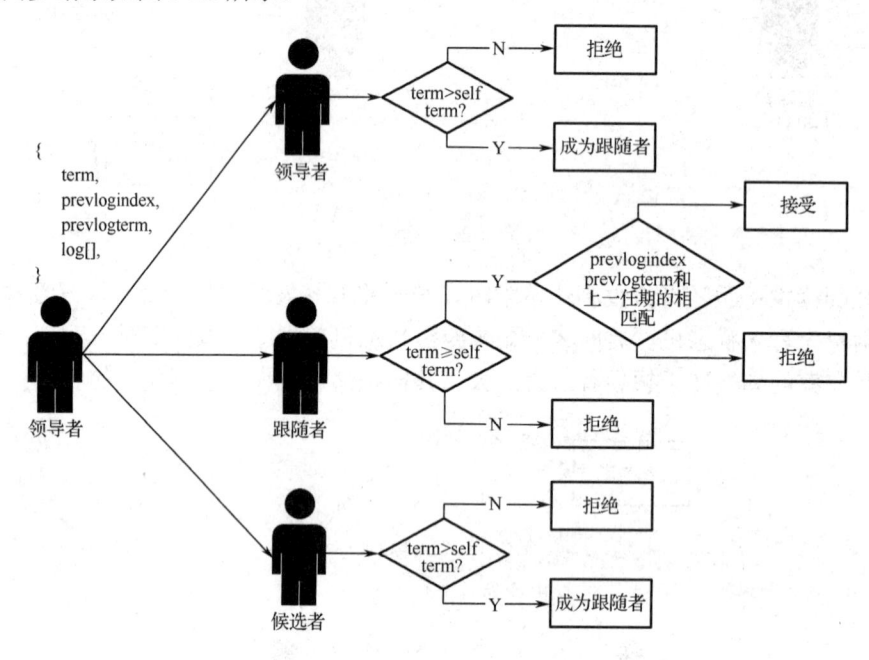

图 5-23 日志同步请求

（1）请求起点：领导者。
（2）请求意图：领导者向其他节点同步预写日志（proposal）。
（3）请求参数如表 5-1 所示。

表 5-1 日志同步请求参数

字　段	说　明
term	领导者的任期
leaderID	领导者的节点 ID，方便后续跟随者转发写请求
leadercommit	领导者最新提交的日志索引，方便跟随者更新数据进度
prevlogindex	前一条日志的索引
prevlogterm	前一条日志的任期
log[]	同步的日志，可能为多笔，因为跟随者可能滞后了多笔日志

（4）请求终点。

终点 1：领导者。

① 若任期小于或等于自身，则拒绝，并回复自己的最新任期。

② 若任期大于自身，则退为跟随者，按照跟随者模式处理请求。

终点 2：跟随者。

① 若任期小于自身，则拒绝，并回复自己所在的任期。

② 若跟随者存在不一致的日志，则删除多余的日志，同步领导者日志与之保持一致。

③ 若跟随者存在日志滞后，则拒绝，让领导者重发更早的日志，直到补齐所有缺失。

终点 3：候选者。

① 若任期小于或等于自身，则拒绝，并回复自己的最新任期。

② 若任期大于等于自身，则退为跟随者，按照跟随者模式处理请求。

（5）响应参数如表 5-2 所示。

表 5-2　日志同步请求响应参数

字　　段	说　　明
term	节点当前的任期
success	同步日志的请求是否成功

（6）领导者后处理。

若多数派都完成了日志同步，领导者会提交这笔日志；若某个节点拒绝了日志同步请求，并回复了一个更新的任期，领导者会退为跟随者，并更新任期；若某个节点拒绝了日志同步请求，但回复了相同的任期，领导者会递归发送前一条日志给该节点，直到其接受日志同步请求为止；若有节点超时未给领导者回复，领导者会重发该请求。如图 5-24 所示。

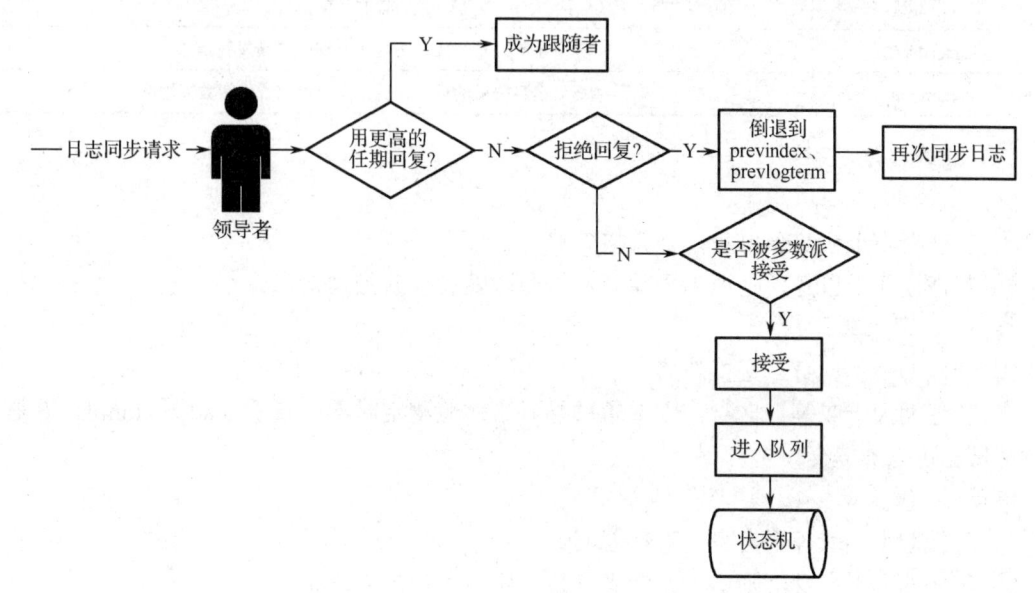

图 5-24　领导者后处理

2）心跳、提交请求

心跳、提交请求如图 5-25 所示。

（1）请求起点：领导者。

（2）请求意图：定期向跟随者发送心跳，维持领导者身份，方便跟随者更新数据进度。

（3）请求参数如表 5-3 所示。

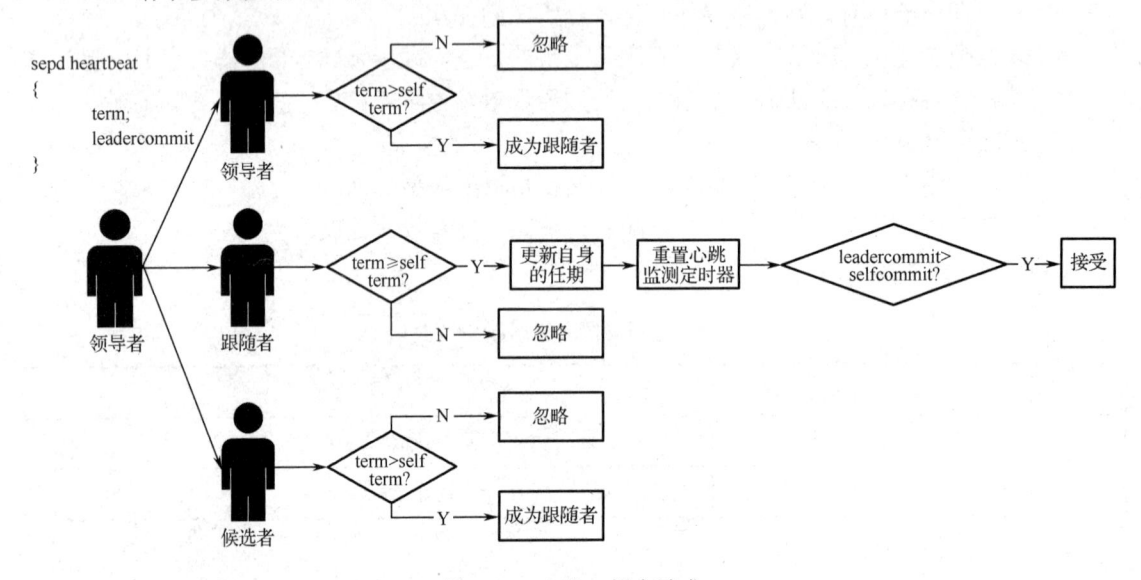

图 5-25 心跳、提交请求

表 5-3 心跳、提交同步请求参数

字 段	说 明
term	领导者的任期
leaderID	领导者的节点 ID，方便后续跟随者转发写请求
leadercommit	领导者最新提交的日志索引，方便跟随者更新数据进度

（4）请求终点。

终点 1：领导者。

① 若任期小于或等于自身，则直接忽略。

② 若任期大于自身，则退为跟随者，按照跟随者模式处理请求。

终点 2：跟随者。

① 若任期小于自身，直接忽略。

② 若任期大于或等于自身，则重置领导者心跳监测定时器，查看 leadercommit，看是否有预写日志可以被提交。

终点 3：候选者

① 若任期小于或等于自身，直接忽略。

② 若任期大于自身，则退为跟随者，按照跟随者模式处理请求。

3）竞选请求

竞选请求如图 5-26 所示。

（1）请求起点：候选者。

（2）请求意图：拉票，希望得到多数派认同，成为领导者。

（3）请求参数如表 5-4 所示。

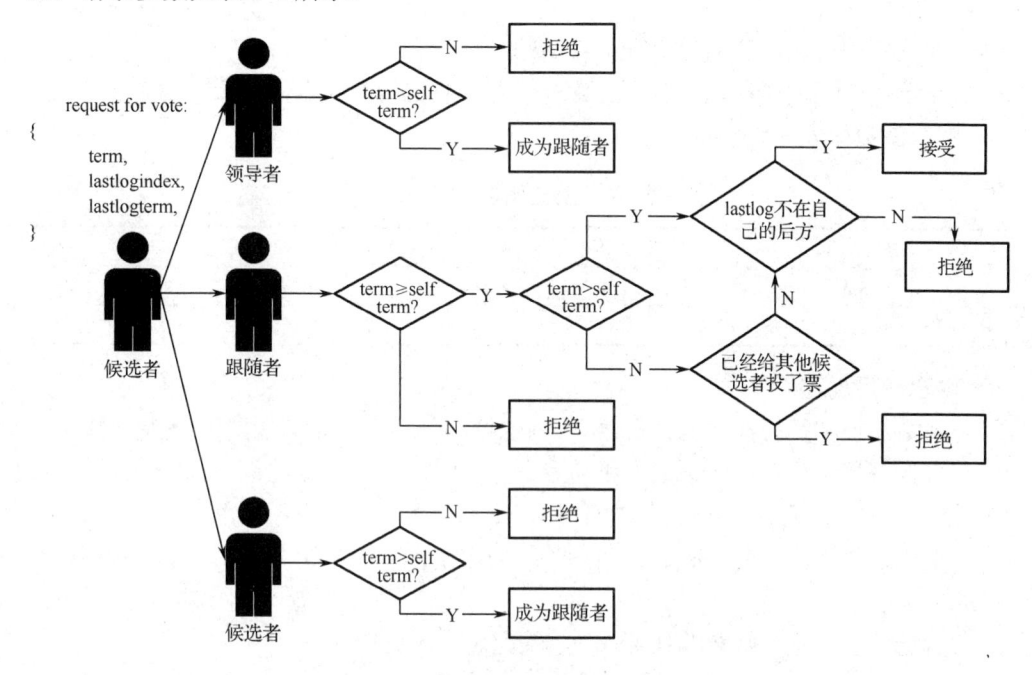

图 5-26 竞选请求

表 5-4 竞选请求参数

字　段	说　明
term	候选者的竞选任期，如果上位了，就采用此任期
candidateID	候选者的节点 ID，方便向随者标记自己将票投给了谁
lastlogindex	候选者最晚一笔预写日志的索引
lastlogterm	候选者最晚一笔预写日志的任期

（4）请求终点。

终点 1：领导者。

① 若候选者的竞选任期小于或等于自身，则拒绝，并回复自己的最新任期。

② 若候选者的竞选任期大于自身，则退为跟随者，按照跟随者模式处理请求。

终点 2：跟随者。

① 若候选者的竞选任期小于自身，则拒绝，并回复自己的最新任期。

② 若已经将票投给了其他候选者，则拒绝；

③ 若已经将票投给了这个候选者，则接受，对候选者请求进行幂等去重；

④ 若候选者的 lastLogTerm 大于自己最后一笔预写日志的任期，接受；

⑤ 若候选者的 lastLogTerm 小于自己最后一笔预写日志的任期，拒绝；

⑥ 若候选者的 lastLogTerm 等于自己最后一笔预写日志的任期，且候选者的 lastLogIndex 大于等于自己最后一笔预写日志的索引，接受；

⑦ 若候选者的 lastLogTerm 等于自己最后一笔预写日志的任期，且候选者的 lastLogIndex 小于自己最后一笔预写日志的索引，拒绝。

终点 3：候选者。

① 若候选者的竞选任期小于或等于自己的竞选任期，拒绝；

② 若候选者的竞选任期大于自己的竞选任期，则退为跟随者，按照跟随者模式处理。

（5）响应参数如表 5-5 所示。

表 5-5 竞选请求响应参数

字 段	说 明
term	节点当前的任期
granted	是否投了赞同票

（6）候选者后处理。

① 若多数派投了赞同票（包括自己），则上位为领导者，竞选任期则为新的国号。

② 若多数派投了反对票，则退为跟随者。

③ 若反对票中出现了比自己更高的任期，则退为跟随者，更新任期。

④ 若形成多数派决议前，接收到了任期大于或等于自己的领导者的请求，则退为跟随者，更新任期。

⑤ 若竞选请求超时，则竞选任期加 1，发起新一轮竞选。

（7）小结。

跟随者只愿意将票投给数据状态不滞后于自己的候选者，并且候选者要获得多数派的赞同票才能成为领导者，即只有数据一致性状态在多数派中处于领先地位的候选者才有资格成为领导者。正是这一机制保证了"两阶段提交，提交即可响应"这一流程的合理性。

5.4.3 Zab 算法

Zab 算法也称原子广播算法（Atomic Broadcast），是一种提供强一致性保证的共识算法。

Zab 算法要求每个节点以相同的顺序接收每条消息。这里的相同顺序不是物理意义上的接收，而是逻辑上实际送达的顺序。换言之，一个节点完全可以在网络层面以任意顺序接收消息，但必须以正确的顺序向上层提供，类似于 TCP 协议对数据包的重排序处理。如果将每个节点看作一个状态机，将每条消息看作状态迁移指令，那么通过顺序保证机制，能够确保每个节点的最终状态一致。

理论上 Zab 算法允许每个节点都独立地广播消息，但这会显著增加整个系统的复杂性，例如，每个节点可能需要缓存消息以确定顺序。所以很多算法都进行了简化处理：首先选举一个节点充当领导者，然后让领导者决定顺序。某种程度上，可以把领导者当作一个中心发号器：在消息广播前先获取一个递增的 ID，然后用这个 ID 来决定顺序。如果让中心发号器同时承担发送消息的职责，就得到了目前这类共识算法。

Zab 算法分为消息广播和崩溃恢复两大块。

(1) 消息广播 (boardcast): Zab 算法中,所有写请求都由领导者来处理。正常工作状态下,领导者接收请求并通过广播协议来处理。

(2) 崩溃恢复 (recovery): 当服务初次启动,或者领导者失效时,系统就会进入恢复模式,直到选出有合法数量跟随者的新领导者,并由其将系统状态同步至最新。

1. 消息广播

ZooKeeper 集群中存在以下三种角色的节点。

(1) 领导者 (leader): 当集群启动或崩溃恢复时由跟随者通过选举产生,为客户端提供读/写服务,并处理事务请求。

(2) 跟随者 (follower): 当集群启动或崩溃恢复时参加选举,未当选的节点自动成为跟随者,为客户端提供读取服务,处理非事务请求,接收到的事务请求将转发给领导者。

(3) 观察者 (observer): 不参加选举,为客户端提供读取服务,处理非事务请求,对于接收到的事务请求同样会转发给领导者。使用观察者的目的是扩展系统,提高读取性能。

领导者接收到消息请求后,会为消息分配全局唯一的 64 位自增 ID——ZXID (ZooKeeper Transaction ID),通过 ZXID 的数值比较可实现因果有序性。

领导者通过先进先出 (FIFO) 队列 (基于 TCP 协议保障消息全局有序) 将携带 ZXID 的消息作为提案 (proposal) 广播至所有跟随者。跟随者收到 proposal 后,首先将其持久化写入磁盘,成功后再向领导者发送 ACK 确认。当领导者收到合法数量的 ACK 后,将向所有跟随者发送 commit 指令,并在本地执行该消息。跟随者收到 commit 指令后执行对应消息。

相比于完整的两阶段提交,Zab 算法的核心差异在于不要求事务终止确认——跟随者仅需返回 ACK 或断开连接,这使得领导者和跟随者在特定时刻可能存在状态差异,因此它不能处理领导者失效的情况,为此,Zab 算法专门设计了恢复模式。

从优化角度看,Zab 算法在广播过程不需要终止事务,只需要合法数量 ($2n+1$ 台服务器中的 $n+1$ 台) 的跟随者返回 ACK 即可 commit,提升了整体的性能。

领导者与每个跟随者之间通过独立 FIFO 消息队列进行异步通信,实现收发解耦。领导者与跟随者之间只需要往队列中发消息,如果使用同步的方式会引起阻塞,性能将下降很多。

消息广播如图 5-27 所示。

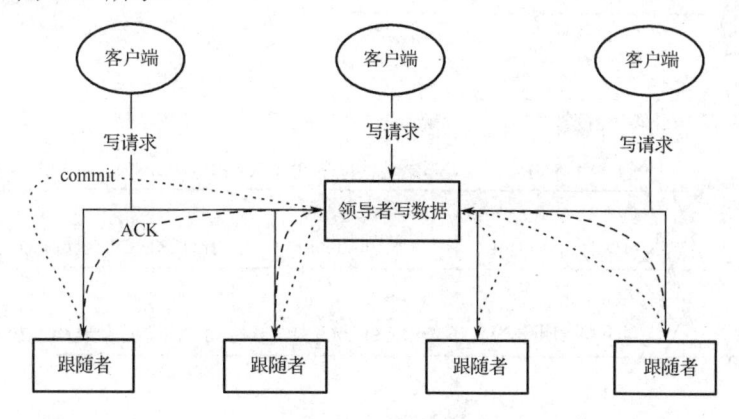

图 5-27 消息广播

2. 崩溃恢复

崩溃恢复的主要任务就是选举领导者（Leader Election），领导者选举分两个场景：ZooKeeper 服务器启动时的领导者选举；ZooKeeper 集群运行过程中领导者失效后的领导者选举。

1）参数

（1）MYID：服务器 ID，是在安装 ZooKeeper 时配置的，MYID 越大，该服务器在选举中被选为领导者的优先级就越大。Zab 算法中通过 MYID 避免了多个节点可能有相同 ZXID 的问题，可以对比 Raft 算法中通过随机超时机制规避多个节点可能同时成为领导者的问题。

（2）ZXID：事务 ID，由 ZooKeeper 集群中的领导者进行 proposal 时生成的全局唯一的事务 ID，由于只有领导者才能进行 proposal，所以这个 ZXID 很容易做到全局唯一且自增。ZXID 越大，表示当前节点成功提交了最新的事务，这也是在崩溃恢复时需要优先考虑 ZXID 的原因。

（3）epoch：投票轮次，每完成一次领导者选举的投票，当前领导者的 epoch 会增加一次。在没有领导者时，本轮次的 epoch 会保持不变。

2）节点状态

在选举的过程中，每个节点的当前状态会在以下几种状态之中进行转变。

（1）LOOKING：竞选状态。
（2）FOLLOWING：随从状态，同步领导者状态，参与领导者选举的投票过程。
（3）OBSERVING：观察状态，同步领导者状态，不参与领导者选举的投票过程。
（4）LEADING：领导者状态。

3）选举流程

选举流程如图 5-28 所示。

（1）每个服务器会发出投票，初始投票投给自己，投票信息：(MYID,ZXID)。
（2）收集来自各服务器的投票。
（3）处理投票并重新投票。处理逻辑：优先比较 ZXID，然后比较 MYID。
（4）统计投票，若某投票获得半数以上服务器认可，就可以确定领导者。
（5）改变服务器状态，进入正常的消息广播流程。

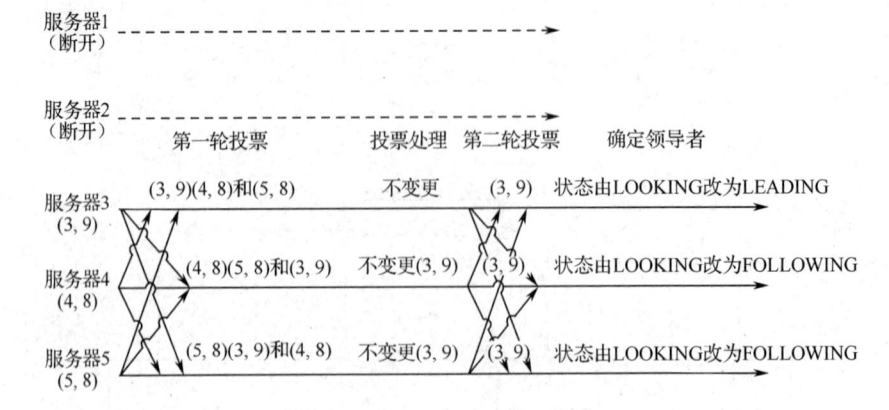

图 5-29 选举流程

4）Zab 算法需要解决的两大问题

（1）已经被处理的消息不能丢。该问题会出现在以下场景：当领导者接收到合法数量跟随者的 ACK 后，就向各跟随者广播 commit 命令，并在本地执行 commit 操作后向连接的客户端返回 ACK。但是如果在各跟随者在接收到 commit 命令前领导者就失效了，剩余的服务器将无法执行该消息。

为了解决这一问题，Zab 算法的恢复模式使用了以下策略。

① 选举 ZXID 最大（拥有 proposal 最大值）的节点为新领导者：proposal 被 commit 前需获得合法数量跟随者的 ACK 确认，即合法数量服务器的事务日志中已记录该 proposal。因此，只要合法数量节点存活，必存在一个节点包含所有已 commit 的 proposal。通过选举 ZXID 最大的节点，新领导者必然包含全部已 commit 的 proposal。

② 新的领导者将自己事务日志中已生成但未 commit 的 proposal 重新处理。

③ 新的领导者与跟随者建立先进先出的队列，先将自身有而跟随者没有的 proposal 发送给跟随者，再将这些 proposal 的 commit 命令发送给跟随者，以保证所有跟随者都保存了所有 proposal，并且所有跟随者都处理了所有的消息。

（2）被丢弃的消息不能再次出现。该问题会出现在以下场景：领导者生成 proposal 后就失效了，其他跟随者并没有接收到此 proposal，因此经过崩溃恢复重新选了领导者后，这条 proposal 是被跳过的。此时，之前失效的领导者重新启动并注册成跟随者，他保留的被跳过的 proposal 状态与整体的系统状态是不一致的，需要将其删除。

Zab 算法通过巧妙的 ZXID 来解决这一问题，如图 5-29 所示。ZXID 的高 32 位是 epoch 编号，每经过一次领导者选举产生一个新的领导者，新领导者会将 epoch 加 1；ZXID 的低 32 位是消息计数器，每接收到一条消息这个值加 1，新领导者选举后重置为 0。这样设计的好处是，旧领导者失效后重启，它不会被选举为新领导者，因为此时它的 ZXID 肯定小于当前的新领导者。当旧领导者作为跟随者接入新领导者后，新领导者会让它将所有拥有旧 epoch 的、未被 commit 的 proposal 删除。

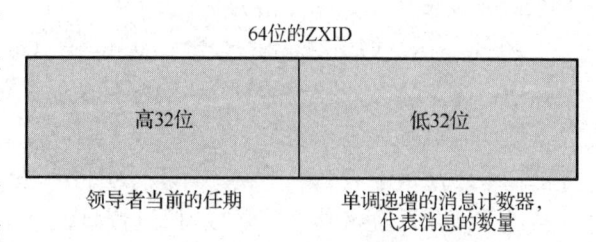

图 5-29 ZXID 设计

Zab 算法设计的优秀之处有两点，一是简化两阶段提交，提升正常工作情况下的性能；二是巧妙地利用自增序列，简化了异常恢复的逻辑，也很好地保证了顺序处理这一特性。

5.5 混合类共识

5.5.1 PoW+PoS 混合共识机制

2013 年，PoS 并没有被写进以太坊白皮书。"尽管比特币区块链模型非常简陋，但是实践证明它已经足够好用了，在未来五年，它将成为全世界两百个以上的货币和协议的基石。"这是以太坊白皮书中的一段话，以太坊从最开始就采用了比特币区块链 PoW 共识机制。然而在 Vitalik Buterin 看来，PoW 不仅存在"交通"拥堵、浪费能源的问题，而且逐渐走向中心化。随着挖矿难度的增大，ASIC 专业矿机应运而生，导致了算力垄断的局面。

PoS 根据每个节点的代币数量与持有时间的乘积来决定记账权，代币数量与持有时间的乘积越大，就越有优先记账权，记账后乘积被销毁，这个过程被称作"币天销毁"。相比于 PoW 的算力证明，PoS 可有效减少能源消耗、缩短共识时间、避免算力中心化矿池作恶。尽管以太坊之前已有 PPCoin 采用 PoS 的先例，但当时 PoS 的研究和实现尚不成熟。Vlad Zamfir 指出："PPCoin 运行过程中暴露出诸多问题，如'理性分叉'问题（也被称为'无利益相关'问题）。当时以太坊研究者尚未找到足够安全的 PoS。"

Vitalik Buterin 在《Casper 的过去、现在和未来》一文中提到："以太坊的权益证明研究始于 2014 年 1 月，是从'剑手协议'开始的。"Casper（security-deposit based economic consensus protocol）是以太坊的权益证明协议。Casper 的共识机制可以通过直接控制保证金来约束验证人的行为，这是与经典 PoS 的不同之处。2014 年 4 月，Vlad Zamfir 以志愿者身份参与以太坊的开发。据他所述，Vitalik Buterin 在同年维也纳比特币峰会上与其共同提出"剑手协议"概念。"若在相同层级的分叉上同时签署两份协议，签署者将丧失区块奖励。"这是 Vitalik Buterin 为解决无利害关系（nothing at stake）问题提出的方案。后来，Vlad Zamfir 正式加入以太坊的开发，并在"剑手协议"的基础上指出要求验证者存储远高于奖励金额的保证金，以此抵御贿赂攻击。当时，Vitalik Buterin 与 Vlad Zamfir 正致力于解决贿赂攻击问题（缺乏保证金机制的 PoS 易受低成本贿赂攻击）。

2015 年初，Vlad Zamfir 遇到了 Matthew Wampler-Doty，他向 Vlad Zamfir 提到了保证金的概念：未来将形成持有超过 2/3 安全存款保证金的卡特尔验证者（垄断联盟），因为构建最终区块无须其他验证者参与。这些非卡特尔验证者仅持有不足 1/3 的安全存款保证金，将被屏蔽，最终从验证者名单中移除。新一组持有超过 2/3（此时总保证金量会减少）安全存款保证金的卡特尔验证者将随之形成，此过程将持续运作直至仅剩（至多）两个验证者。Vlad Zamfir 深受启发，着手研究卡特尔验证机制，并将其融入剑手协议，由此形成 Casper 的初始设计框架——剑手协议+保证金。

2015 年 3 月，以太坊开发者 Vinay Gupta 在博文中阐述了以太坊的四个发展阶段：Frontier（前沿）——以太坊启动；Homestead（家园）——从 Alpha 过渡至 Beta 版本；Metropolis（大都会）——开发 Mist 钱包及优化用户体验；Serenity（宁静）——实现 PoS。当前以太坊有两个开发团队，一个负责以太坊 1.x 版本的开发维护，另一个负责以太坊 2.0 研发。君士坦丁堡分叉属于以太坊 1.x 版本迭代的组成部分。以太坊 2.0 是相对于现行版本的重大升级，其核心目标是通过"宁静"（Serenity）计划转向 PoS。Casper 包含两个并行方案：Vitalik Buterin 的混合证明 Casper FFG，以及 Vlad Zamfir 的纯权益证明 Casper CBC。据《ETH 2.0 工程指南》作者 James Prestwich 所述，以太坊 2.0 测试网计划于今年第一季度启动。以太坊 2.0 初期将采用 Casper FFG 运行。此阶段，信标链（Beacon Chain）与以太坊 1.x 主链形成镜像关系，信标链作为不具备任何功能的侧链，以太坊 1.x 继续沿用 PoW 出块。EthFans 编辑阿剑告诉 Odaily 星球日报："用户通过 PoW 链锁定以太币至指定合约即可获得信标链验证者资格并赚取 PoS 奖励，但信标链新生成的以太币无法回流至 PoW 主链。"以太坊 2.0 架构图如图 5-30 所示。

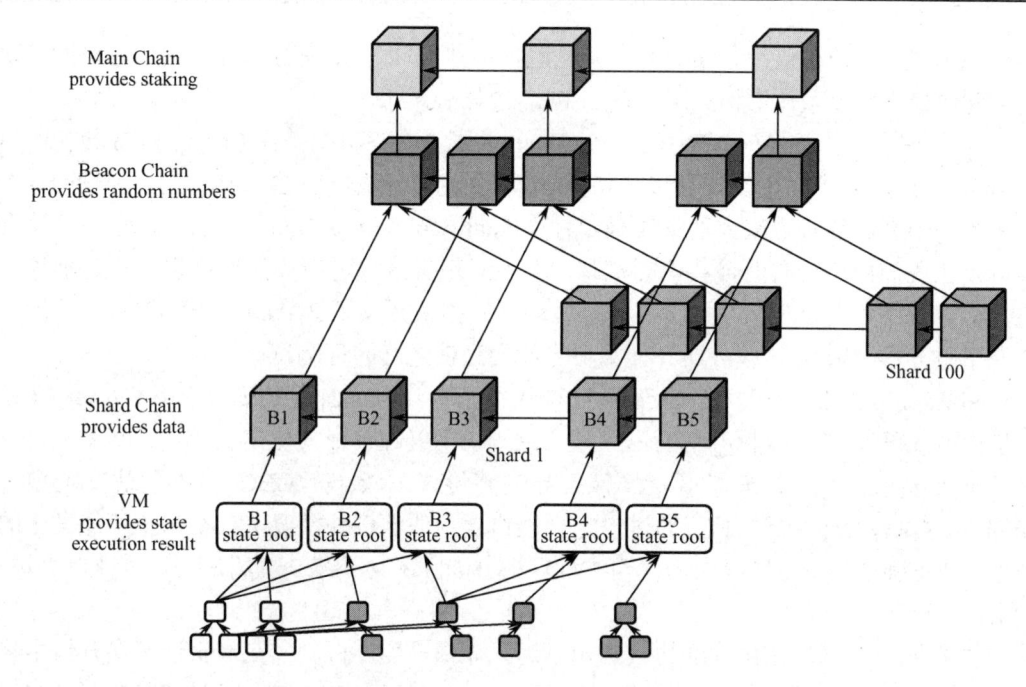

图 5-30 以太坊 2.0 架构图

分片阶段，信标链将创建 1024 个分片（各具独立地址），Casper FFG 信标链通过二次随机选举完成出块验证权并防范作恶行为。验证者需向分片地址抵押 32 枚新以太币。信标链每生成 64 个区块（每分钟出 10 个块）就随机筛选 128 名验证者作为待定委员，再从中二次随机选取若干委员组建委员会。当选委员可验证并生成新区块，但其任期严格限定为 6.4 分钟，后续区块控制者将在下一届的新委员会中诞生。以太坊的 PoS 虽然本质上属于链下治理，但处理细节上则以技术手段来强化链上治理。以太坊黄皮书译者杨镇指出，相较于 DPoS，以太坊的 PoS 旨在构建更平等的投票机制，二者差异显著。

原定于 1 月 16 日的君士坦丁堡升级与 Casper FFG、Casper CBC 均没有任何关联。值得注意的是，在君士坦丁堡的五个 EIP 升级协议中，EIP-1234 是以太坊向 PoS 转换过程中采用的"温水煮青蛙"式既定策略。该协议由 Afri Schoedon 于 2018 年 7 月 19 日提出，建议将难度炸弹延迟 12 个月，并将矿工奖励从 3 ETH 减少至 2 ETH。该协议于 2018 年 8 月 31 日的以太坊开发人员视频会议上通过，并于君士坦丁堡硬分叉时执行。

以太坊的挖矿难度随挖矿时间呈指数增长，即每产出 10 万个区块后，挖矿难度扩大一倍。根据王晓伟（Hsiao-Wei Wang）的以太坊 2.0 架构图推测，炸弹难度预计将推迟至以太坊 2.0 阶段实施。

2015—2016 年，Vitalik Buterin 和 Vlad Zamfir 对 PoS 的研究仍处于探索阶段，而可扩展性研究中的"渔夫两难"和"投注共识"问题耗费了以太坊开发团队大量时间。Vitalik Buterin 后来总结称："我们在解决 PoS 和可扩展性中的核心问题上遭遇了一系列失败，Vlad Zamfir 暂停了他在 Casper CBC 协议中的所有工作。"此外，The DAO 事件与 DoS 攻击导致以太坊团队在长达 6 个月内几乎无法推进原有研究方向。

直至 2017 年，Vitalik Buterin 与 Vlad Zamfir 的 Casper 研究取得突破。以太坊率先开发了

名为"最小罚没"的协议：若某区块在某轮验证中获得 2/3 验证者同意，则该区块的父块被敲定。此"最小罚没条件"构成了 Casper FFG 的核心思想。

Casper FFG 是以太坊在过渡阶段的 PoW+PoS 混合共识机制。在 Casper FFG 最初的设计中，Vitalik Buterin 将 PoS 叠加在以太坊的 PoW 上，即区块仍通过 PoW 产生，但每 50 个区块会设置一个 PoS 检查点来评估最终确定性（Finality）。Vitalik Buterin 兴奋地表示："这会是一种可以让我们快速转向混合共识的机制，并且对现有区块链造成的冲击也最小。理论上我们将有可能升级为完全的 PoS。"为此，以太坊开发团队开发了 Python 测试客户端，通过不同虚拟专用服务器（VPS）、服务器和计算机之间的通信进行验证测试。

Vlad Zamfir 于 2017 年发表 Casper CBC 相关论文。与 Casper FFG 不同，Casper CBC 强调"建构中修正"，其协议框架包含三个核心原则：①仅部分形式化定义协议；②明确协议需满足的属性要求；③通过满足既定属性推导完整协议。Casper CBC 引入预估安全预言机（Estimated Safety Oracle）机制，通过设定合理错误预估的例外情况，列举未来可能发生的错误类型，其正确性在特定区间内由建构过程保证。该协议属于纯 PoS 机制，计划在以太坊 3.0 版本实施。

2017 年 6 月 21 日，EIP-649 协议提出延迟"炸弹难度"机制，在君士坦丁堡升级中将平均出块时间缩短至 15 秒以下，并将区块奖励从 5 ETH 降至 3 ETH，为共识机制过渡争取时间。2018 年，多个以太坊开发团队开始分片技术实践。Vitalik Buterin 指出："将分片系统的核心置于 PoS 链可显著提升效率。若将分片作为 PoW 链上的智能合约，则需处理 EVM 开销、Gas 机制及不可预测的 PoW 出块时间等问题；而 PoS 与分片结合能实现更快出块。"至此，原有的 PoW+PoS 混合共识机制被放弃，正式转向以太坊 2.0 的 Casper PoS+Sharding（分片）技术架构。

这种变更引发持续争议。Vitalik Buterin 早在 2014 年就指出："PoS 仍是加密货币领域最具争议的议题。"对此，行业观点呈现明显分歧：区块链研究员李尼认为 PoS 大幅降低能源消耗，理论上能有效缓解中心化风险；矿宝负责人刘杰则主张 PoW 通过经济机制保障安全性，高额电费投入与资产规模呈正相关。原力协议创始人孤矢向 Odaily 星球日报表示："当前 DPoS/PoS 在安全性上均不及 PoW，但 PoW 的完全去中心化导致治理效率低下，但没有办法，安全和去中心化是非此即彼的问题。"

PoW 造成了算力垄断，PoS 则属于资本家的游戏。穷者越穷，富者恒富，即使以太坊摆脱了算力垄断，却难免再次陷入富者恒富的鸿沟。无论链上治理还是链下治理，共识机制的规则和程序都由人来制定。共识机制问题，业内争论不休，如果上升到人类的社会治理层面，无非是管得多好，还是管得少好。在确保安全前提下，弱中心化管理必然带来效率问题。

5.5.2 BFT-DPoS 混合共识机制

BFT-DPoS 是 PBFT 算法与 DPoS 共识机制的结合。在 PBFT 算法中，负责交叉验证的共识节点被设定为相对可信节点，通过节点编号进行随机数模运算确定主节点（Primary Node），由主节点生成区块后分发给副本节点进行五阶段验证流程，最终完成区块有效性确认。

在 DPoS 中，区块生产者通过选举产生，具备可信属性。当选节点直接充当 PBFT 算法中的共识节点，其中，主节点由当前轮次区块生产者（producer）担任，副本节点则由其余 20 个 producer 担任。当区块生成后，系统立即启动全网广播机制，触发所有副本节点进行交叉验证。

通过 PBFT 算法与 DPoS 共识机制的结合，新生成的区块可即时获得其他 producer 的验证。区块通过 2/3 以上节点验证后即被认为是不可篡改的，该机制使区块确认时间显著缩短，提升了系统吞吐量。

（1）增强 BFT-DPoS 吞吐量。

EOS 通过优化区块生产间隔增强 BFT-DPoS 的吞吐量，设置每个 producer 每 3 秒生成 6 个区块（即 0.5 秒/区块）。该方案存在潜在分叉风险——当 producer1 在 2.5~3 秒时段生成的区块因验证延迟未及时传递至 producer2 时，后者已在 3~3.5 秒时段开始新区块的生产，可能导致系统出现分叉。

针对此问题，Daniel Larimer 将随机出块顺序改为由见证人商议后确定的出块顺序，这样网络连接延迟较低的见证人之间就可以相邻出块（如日本→中国→俄罗斯→英国→美国节点顺序）。该拓扑优化使 0.5 秒出块间隔具备技术可行性。

（2）交易确认时效性分析。

系统采用并行处理机制，区块 producer 在新区块生成的 0.5 秒间隔期内，同步接收其他见证人对前序区块的验证结果。该设计使交易确认平均耗时压缩至 1 秒内（含 0.5 秒区块生产时间与验证响应时间）。

（3）分叉防御机制。

EOS 规定，一旦区块达到不可逆状态（2/3 见证人确认），就无法在此之前进行分叉，保证了交易的永久可信。另外，即使多数见证人想分叉区块链，也只能以相同的速度（0.5 秒）与主链竞争，就算主链只剩下一个见证人，分叉链也永远不会追上主链，保证了系统的稳定。

5.6 习题

一、简答题

1. 什么是区块链共识算法？请简要定义其作用。
2. 描述 PoW 的基本原理。
3. 什么是 PoS？与 PoW 相比，有哪些优缺点？
4. 解释 DPoS 的工作机制。
5. 什么是 PBFT 算法？其主要特点是什么？
6. 描述 Raft 算法的基本思想及其在分布式系统中的应用。
7. 什么是共识机制的安全性？在设计共识算法时需要考虑哪些安全性问题？
8. 什么是分布式共识？它与集中式共识有什么区别？
9. 共识算法如何影响区块链的性能和可扩展性？
10. 区块链中如何处理分叉问题？请给出不同共识算法的处理方式。

二、讨论题

1. 请讨论 PoW 在比特币中的应用，并分析其优势和劣势。
2. PoS 如何解决 PoW 的能源消耗问题？请给出具体实例。
3. 比较 PoW 和 PoS 在安全性、效率和去中心化方面的差异。
4. 如何评估一个共识算法的性能？请列出评估指标并进行说明。
5. 在区块链中，如何通过共识算法实现交易的不可篡改性？
6. 请分析 PBFT 算法的应用场景及其适用性。
7. Raft 算法与 Paxos 算法的异同点是什么？哪种算法更适合于区块链？
8. 描述共识算法在区块链治理中的重要性。
9. 探讨共识算法的演化历程，特别是新兴算法的特点及应用。
10. 分析分布式共识算法对去中心化应用（DApp）的影响。

三、应用题

1. 在一个 PoW 系统中，假设每个节点每秒钟能进行 100 次哈希计算。如果有 10 个节点同时参与挖矿，计算每秒钟的总哈希计算能力。

2. 假设一个 PBFT 算法的网络中有 100 个节点。系统每个区块的出块时间包括三个阶段：预准备（pre-prepare）阶段、准备（prepare）阶段和提交（commit）阶段。

（1）在理想状态下，每个阶段的消息复杂度为 $O(N^2)O(N^2)O(N^2)$，请计算每个阶段系统在一次共识过程中总共需要发送的消息数量。

（2）若每个消息的传输时间为 5 毫秒，整个过程需要几秒钟才能完成？

（3）假设网络中有 10% 的恶意节点，且这些节点会在准备阶段发送错误信息。请分析如何通过 PBFT 算法来确保最终的共识仍然可以达成。

3. 假设在一个混合共识机制的系统中，出块的时间中 50% 由 PoW 主导，50%PoS 主导。若 PoW 平均出块时间为 12 分钟，PoS 每 5 分钟选出一个节点出块，节点 E 拥有 5% 的权益。计算节点 E 每小时期望出多少个块。

4. PoW+PoS 混合共识机制是如何结合两者优势的？请设计一个区块链场景，说明为何这种混合共识机制比单一共识机制更具优势。

5. 假设你是一个区块链网络的设计者，计划采用 PoW。请描述你将如何防止网络中出现"双花"（Double Spending）问题？

第 6 章 智能合约

6.1 什么是智能合约

6.1.1 智能合约的历史

合约（contract），亦称合同。根据维基百科定义，合同是规定两方或多方相关的某些具有法律效力的权利和义务的协议。合同通常涉及货物、服务、金钱的转让或未来转让的承诺，缔约方的行为与意图构成缔约行为。如果发生违反合同的情况，受害方可以寻求司法救济，如损害赔偿或衡平法救济，也可以解除合同。国际法参与者之间具有约束力的协议称为条约。

合同的起源可以追溯到古代文明时期，当时的合同主要为口头协议，或通过象形文字和楔形文字记录在泥板、羊皮纸等材料上。如图 6-1 所示，古巴比伦的《汉谟拉比法典》（约公元前 1754 年）确立了财产、劳动、商业交易的规范，古埃及的罗塞塔石碑（公元前 196 年）则记录了税收和宗教礼仪制度。这些早期合同形式侧重于人际信任和社会规范的遵守。

图 6-1　《汉谟拉比法典》（左）和罗塞塔石碑（右）

现代合同起源于法律体系的发展，特别是与产权和个人权利的保护密切相关。随着商业活动的增加和市场经济的发展，书面合同逐渐成为法律体系的重要组成部分，确保条款强制执行力。英国法学家 William Blackstone 的《英国法律评论》（1765—1769）奠定了现代合同法的理论基础，而英国《合同法案》（1872）将其原则法典化。此外，经济和工业革命的发展，以及 20 世纪消费者保护运动和电子商务的兴起，也促使合同法不断适应新的商业环境和技术变革。

从古代基于信任的口头协议到现代法律文书的演变，反映了社会、经济与法律实践的发展和变化。然而传统合同存在许多令人诟病的问题，核心问题在于需要值得信赖的个人来遵守合同。例如，Alice 与 Bob 订立 10 元赌约，Bob 败诉后拒绝支付并指控 Alice 作弊。此例表明，缺乏可靠执行机制或可信第三方监管时，如果一方选择不遵守合同，另一方可能需要通过法律途径来强制执行或寻求补偿，导致交易成本上升与结果不确定性。在跨国或多法域场景中，这一问题尤为突出

为了解决传统合同的问题，1994 年，美国计算机科学家 Nick Szabo 提出了智能合约的概念，他将其定义为"执行合约条款的计算机化交易协议"。智能合约设计的总体目标是满足常见的合同条件（如付款条件、留置权、保密性等），减少恶意例外情况，并减少对可信第三方的需求。相关的经济目标包括降低欺诈损失、仲裁和执行成本以及其他交易成本。

1996 年，Nick Szabo 进一步提出了一些关于智能合约功能的探索。在他的文章中提到，智能合约的设计理念是"嵌入世界的契约"。基本思想是，可以将多种合同条款嵌入我们所处理的硬件和软件中，从而构成违约行为，对于破坏者来说代价高昂。

以自动售货机为例，可以将其视为智能合约的原始祖先。在有限的潜在损失范围内（收银台中的金额小于破坏机制的成本），机器接收硬币，并通过一个简单的机制公平地进行硬币和商品的交易。智能合约超越了自动售货机，提议将合约嵌入各种有价值且由数字方式控制的财产中。智能合约以动态、主动执行的形式引用该财产，并在主动措施不足的地方提供更好的观察和验证。自动售货机（如电子邮件）在售货公司和客户之间实现异步协议，而某些智能合约需要两方或多方之间同步交互。

尽管受限于当时的技术条件，尤其缺乏去中心化环境，Nick Szabo 的理论仍为现代智能合约奠定了基础。此后近二十年，该领域主要停留于理论研究与概念验证阶段。

2008 年，中本聪提出了比特币系统，人们发现其底层的区块链技术与智能合约天然契合：区块链为智能合约提供去信任执行环境；智能合约则赋予区块链节点行为可编程性。自此，区块链逐渐成为智能合约最主要的计算场景与载体，智能合约也被赋予了新的含义。

真正让智能合约走向繁荣的是以太坊的出现。2015 年，Vitalik Buterin 等人推出以太坊平台，它引入了一个重要的创新——图灵完备的智能合约系统。开发者可以编写支持复杂运算和逻辑判断的智能合约，使得智能合约可以在去中心化环境中自动执行，无须依赖传统中介。这一特性开辟了众多新的应用场景，如去中心化金融（Decentralized Finance，DeFi）、数字身份、供应链管理等，促进了智能合约的快速发展和普及。

6.1.2 李嘉图合约

虽然上文提到智能合约的概念起源于 Nick Szabo，但其实在智能合约的发展过程中，李嘉图合约也扮演了重要的角色，并为智能合约的实现提供了理论基础和实践经验。

20 世纪 90 年代末，李嘉图合约最初在 Ian Grigg 发表的一篇名为 *Financial Cryptography in 7 Layers* 的论文中提出，并用于债券交易和支付系统。其核心理念可描述为，编写一份法律和计算机软件均可理解和接受的文档。对此，李嘉图合约解决了在互联网上价值发行所面临的挑战，通过在一份文档中验证发行者并明确合同的所有术语和条款，使其成为具有法律约束力的合约。

根据 Ian Grigg 提出的原始定义，李嘉图合约被定义为一份文档，并涵盖以下属性。

（1）发行者向持有者提供的一份合约。

（2）持有者拥有价值权利，并由发行者管理。
（3）具有较好的可读性（类似于常见的纸质合同）。
（4）具有程序可读性（类似于数据库）。
（5）采用数字签名。
（6）携带密钥和服务器信息。
（7）与唯一的安全标识符结合使用。

在实际操作过程中，合约通过生成一个文档予以实现，该文档包含基于法律格式的合约条款及机器可读标签，并由发行方使用其私钥进行数字签名。随后，通过消息摘要对文档进行哈希运算，生成唯一标识文档的哈希值。该哈希值在合约执行过程中被进一步使用，并通过数字签名将每项交易连接起来，同时作为意图证据的标识符哈希值。

李嘉图合约不同于智能合约，智能合约不包含任何合约文件，只专注于合约的执行。相比而言，李嘉图合约更关注于包含合约的法律文本、文档语义的丰富性和生成过程。合约的语义分为两种类型，即操作语义和指称语义。前者定义合约的实际执行、正确性及安全性，后者则与全部合同的实际意义有关。在比特币系统中可以看到简单的智能合约实现（完全面向执行过程），而李嘉图合约则生成人类可理解的文档（计算机程序可解析部分内容）。Ian Grigg 在论文中提出，这可以视作法律语义与操作性能（语义 vs 性能）之间的关系。

智能合约将上述两种元素（语义和性能）结合在一起，进而实现了一种理想模型。

6.1.3 智能合约的定义与特征

目前，行业内尚未形成公认的智能合约定义。有观点认为，狭义的智能合约可以看作运行在分布式账本上，预置规则、具有状态、条件响应，可封装、验证、执行分布式节点复杂行为，完成信息交换、价值转移和资产管理的计算机程序。广义的智能合约则是无须中介、自我验证、自动执行合约条款的计算机交易协议，可按照其设计目的分为旨在作为法律替代和补充的智能法律合约、旨在作为功能型软件的智能软件合约、旨在引入新型合约关系的智能替代合约（如在物联网中约定机器对机器商业行为的智能合约）。这里引用 IBM 官网对于智能合约的定义：智能合约是存储在区块链上的数字合约，当满足预定条款和条件时自动执行。

在以太坊的官方文档中，用几个特征对智能合约作了如下定义。

（1）计算机程序：智能合约只是计算机程序，"合同"一词在该情况下没有法律意义。

（2）不可变性：智能合约一旦部署，其代码就无法更改。与传统软件不同，修改智能合约的唯一方法是部署新实例。

（3）确定性：考虑到启动其执行的交易上下文以及执行时以太坊区块链的状态，智能合约的执行结果对于每个运行它的节点来说都是相同的。

（4）EVM 上下文：智能合约在非常有限的执行环境下运行，可以访问自己的状态、调用它们的交易上下文以及有关最新区块的信息。

（5）去中心化的世界计算机：EVM 作为每个以太坊节点上的本地实例运行，但由于 EVM 的所有实例都在相同的初始状态下运行并产生相同的最终状态，因此整个系统作为单个世界计算机运行。

智能合约具有强制执行性,即使面对恶意攻击,所有条款也必须严格按照既定规则执行。这里的强制执行是一个广义概念,既包含传统法律形式的约束,也包含技术手段对合约执行过程的控制。值得注意的是,真正的智能合约不应依赖外部执法机制,而应遵循"代码即法律"原则,即合约执行不受任何第三方干预。

除自动执行和强制执行外,智能合约还应具备安全性和"不可阻挡"性。这意味着智能合约程序必须在一定容错范围内连续执行,保持稳定的内部状态,即使外部环境恶化也不会中断或异常终止。传统计算机程序的执行依赖特定的运行环境,一旦外部条件变化就可能进入不确定状态或异常退出,而智能合约则应避免此类问题。虽然安全性和不可阻挡性更多是理想属性而非必要条件,但将其纳入智能合约的定义有助于指导相关研究,推动技术成熟。

关于智能合约能否完全实现无人工干预,学界仍存在争议。部分观点认为智能合约应保留人工控制和输入的可能性。另一些观点则认为,尽管特定场景下人工干预是可取的,但并非智能合约的必要属性。理想化的智能合约应实现全自动。智能合约一般采用状态机模型管理内部状态和流转,这为程序设计提供了高效框架。

另一个亟待解决的问题是,智能合约代码形式能否获得与传统法律合同等同的法律效力。目前,法律体系尚不能直接理解和认可代码形式的"合同"。因此,如何让智能合约获得与传统法律文本相当的约束力、可理解性和可接受性,是一个关键挑战。此外,智能合约的实际应用必须符合相关法律法规。为此,一个可能的思路是设计智能合约专用语言,使其既可被机器执行,又具备人类可读性,这将显著提升其在司法实践中的可采信度。目前,学界已在合约语义、法律解释等方面开展了诸多有益探索。

此外,智能合约还应具备确定性,这意味着运行同一智能合约的节点必须得到相同结果,否则将无法在全网范围内达成共识。因此,智能合约采用的编程语言本身必须是确定的,杜绝任何可能导致跨节点计算结果不一致的非确定性因素。一些常见编程语言中的特定函数(如浮点运算、数学函数等),可能在不同运行环境中产生微小偏差,最终导致共识失败。为确保输入输出严格对应,编译后的代码必须完全忠实于高级语言描述的业务逻辑。

综上,一个成熟的智能合约模型应具备以下核心要素。

(1) 自动执行:触发条件满足时自主激活合约条款,无须人工干预。

(2) 强制执行:严格遵守预定规则执行,不受任何外部因素影响。

(3) 语义明确性:采用人机均可理解的语言,条款表述清晰准确、无歧义。

(4) 稳健性:合约程序容错稳定,不受外部环境变化影响。

在实际应用中,各要素优先级存在差异:自动执行和强制执行是智能合约的基本要求,而语义明确性和稳健性可根据场景适当放宽。例如,某些衍生合约可能不严格要求语义明确性和稳健性,但仍须满足自动执行和强制执行的基本要求。总体而言,开发兼具机器可执行性与人类可读性的合约语言,仍是推进智能合约技术成熟的重要方向。

6.1.4 实际应用案例

智能合约正在多个领域发挥变革性的作用,推动各行业流程的优化升级。下面就智能合约在主要领域的应用前景进行概述。

1. 金融领域

去中心化金融（DeFi）已成为重要的发展趋势，基于智能合约的 DeFi 应用为用户提供了更加自主高效的资产管理方式。2024 年 7 月，DappRadar 报告显示，受代币价格上涨驱动，锁定在 DeFi 智能合约中的资产总价值达 1920 亿美元。智能合约不仅促进金融资产和服务的自由交易，相比传统金融中介，DeFi 应用更加透明可信、操作准确，有望成为未来金融创新的重要方向。以下是一个简单的 DeFi 借贷协议的智能合约示例，展示了如何在以太坊上实现代币的存储和提取，并根据存款时间计算利息。

```solidity
// SPDX-License-Identifier: MIT
pragma solidity ^0.8.0;
import "@openzeppelin/contracts/token/ERC20/IERC20.sol";
contract DeFiLending {
    IERC20 public token;
    uint256 public interestRate; // Interest rate per block
    mapping(address => uint256) public balances;

    constructor(IERC20 _token, uint256 _interestRate) {
        token = _token;
        interestRate = _interestRate;
    }

    function deposit(uint256 amount) public {
        require(amount > 0, "Amount must be greater than zero");
        token.transferFrom(msg.sender, address(this), amount);
        balances[msg.sender] += amount;
    }

    function withdraw(uint256 amount) public {
        require(amount > 0, "Amount must be greater than zero");
        require(balances[msg.sender] >= amount, "Insufficient balance");
        uint256 interest = (amount * interestRate) / 100;
        uint256 totalAmount = amount + interest;
        balances[msg.sender] -= amount;
        token.transfer(msg.sender, totalAmount);
    }

    function checkBalance(address user) public view returns (uint256) {
        return balances[user];
    }
}
```

通过上述代码，可以直观地理解智能合约在 DeFi 中的实际应用，进一步体会智能合约如何通过代码实现去中心化的资产管理和交易。

2. 政务领域

在选举投票等政务领域，智能合约可提供安全可信的解决方案。基于智能合约的投票系统采用加密技术保护选票，具备防篡改特性，有效消除舞弊顾虑。此外，智能合约简化了投票流程，降低了参与门槛，有助于提升传统投票系统的覆盖率。如图 6-2 所示，2020 年美国大选中，犹他县即通过区块链平台 Voatz 系统远程收集缺席选票，相关身份信息和投票数据均得到保护。

图 6-2　Voatz系统

3. 企业管理

在企业管理中，区块链单一账本可充当可信数据源，智能合约则通过自动化执行消除传统工作流程中的诸多障碍，如审批延迟、数据差异等，从而提升管理效率并降低运营成本。如图 6-3 所示，2015 年，美国存管信托与清算公司（The Depository Trust and Clearing Corporation，DTCC）利用区块链处理了超过 1.5 万亿美元的证券交易，涉及约 3.45 亿笔交易，充分展现了智能合约的应用潜力。

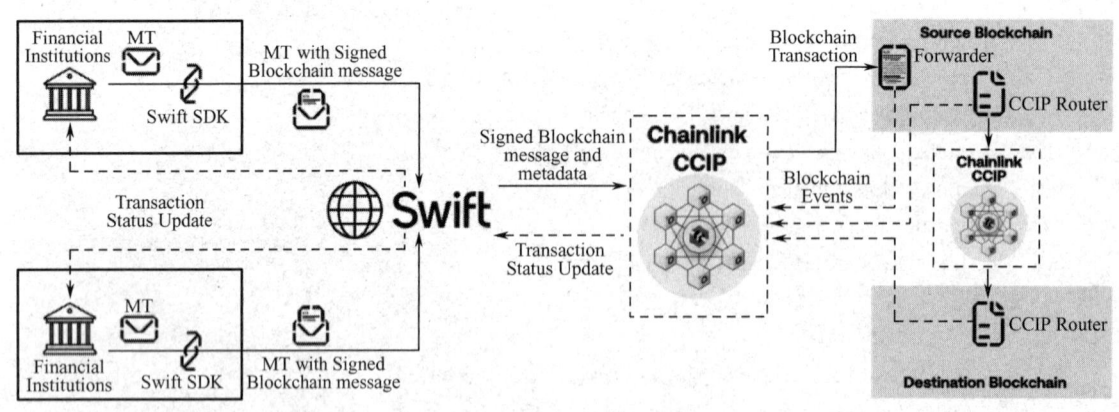

图 6-3　DTCC将资本市场上链

4. 供应链管理

在供应链管理中，智能合约可提升物流效率、优化库存管理。例如，货到付款交易完成后，智能合约可自动通知上游供应商启动生产，及时补充库存。区块链取代传统纸质流程，降低信息损耗和作假风险，并可通过智能合约实现任务和款项的自动化处理。亚马逊公司在供应链各环节部署智能合约的典型场景如图 6-4 所示。

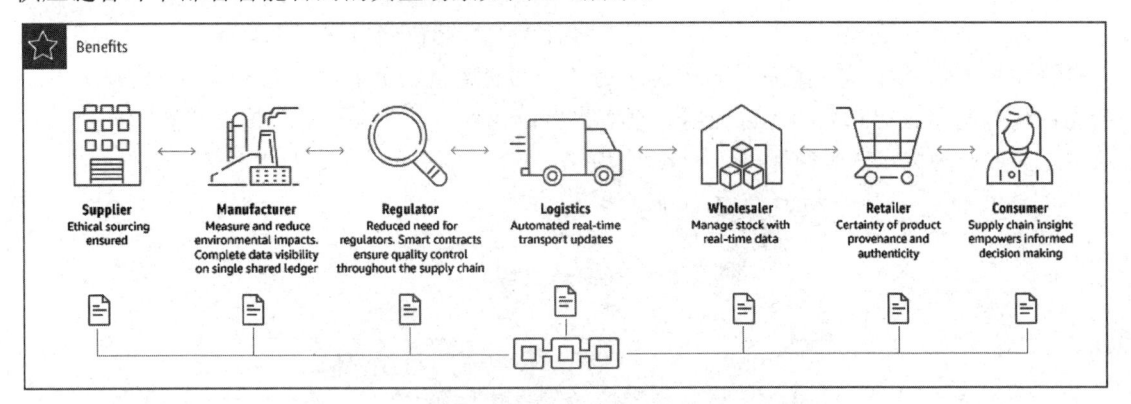

图 6-4　在供应链各环节部署智能合约的典型场景

5．智能交通

在智能交通领域，智能合约可作为"预言机"服务于自动驾驶、事故判定等。如图 6-5 所示，车载传感器采集车辆定位、路况等数据，由智能合约进行分析，可实时调整保险费用等参数。谷歌等科技巨头正利用智能合约加速无人驾驶的研发和应用。

图 6-5　智能合约在智能交通中的应用

6．医疗保健

在医疗保健领域，个人健康档案可加密上链，并由私钥管理访问权限，兼顾隐私合规要求。手术记录、药品溯源等信息也可通过区块链存证，便于医保报销和供应链管理。制药巨头诺和诺德（Novo Nordisk）通过区块链收集患者数据从而确保医疗信息不可篡改。总之，智能合约为医疗数据提供了安全共享机制，有助于提升行业管理水平。

7. 军事领域

智能合约为军事领域注入新动能。通过将任务参数和协同算法写入智能合约，可实现无人机群（图6-6）的自主决策和协同作战。智能合约有望革新军事通信保密体系，构建更可靠的加密传输通道。智能合约还可应用于军需供应链管理、军费分配等，提升军队管理效率。总之，智能合约为军队管理提供了高效可信的技术支撑，有助于推动军事变革。

图6-6 无人机群

综上所述，作为区块链最重要的应用形式之一，智能合约正加速渗透公共事务、民生、军事等多个领域，显著提高相关业务流程的运行效率。随着法律架构逐步完善与性能瓶颈不断突破，智能合约有望在更广阔的领域发挥关键作用，成为数字经济时代的新质生产力。

6.2 比特币脚本

比特币脚本是比特币系统中用于处理和验证交易的一种基于堆栈的简单编程语言。尽管比特币脚本不具备图灵完备性，但它是智能合约概念的早期实现。通过比特币脚本，比特币交易实现了基础的可编程性，使得交易双方能够根据预设条件控制资金流转。这种可编程性为以太坊等公链上发展更加复杂、灵活的智能合约提供了重要基础。

本节将详细探讨比特币脚本的运作原理，重点关注其中的锁定与解除机制，以及常见的脚本类型和多重签名钱包的实现。通过学习比特币脚本，读者可以更好地理解智能合约的基本概念和运行逻辑，为进一步学习以太坊等公链上的智能合约打下坚实的基础。

6.2.1 图灵完备性

在探讨比特币脚本的特性之前，首先需要了解图灵完备性（Turing-complete）的概念。图灵完备性指一个计算系统能够执行任何可计算的算法。换言之，若某编程语言或计算模型被证明是图灵完备的，则其计算能力等同于通用图灵机，能够解决所有可计算问题。现代计算机编程语言，如C++、Java等均具备图灵完备性。它们支持条件分支、循环等通用计算所必需的控制流机制，使得开发者能够编写实现任意算法逻辑的程序。图灵完备性赋予了这些语言强大的表达能力，使其能够胜任各类计算任务。

比特币脚本语言虽包含许多操作码，但其设计存在刻意限制以确保安全性与可预测性。其中，最重要的限制是，比特币脚本语言具有非图灵完备性（Turing-incomplete），这意味着它不具备通用编程语言的计算能力。图灵非完备性主要体现在，比特币脚本不支持循环语句和复杂的流程控制。这一设计旨在避免脚本执行过程中出现无限循环或递归等可能导致系统瘫痪的问题。通过去除循环语句，比特币脚本的执行时间可被精准预测，脚本的复杂度也得以控制在安全的范围内。这种非图灵完备的设计，使得比特币脚本无法实现某些复杂的算法逻辑，这在一定程度上限制了其表达能力。但同时也避免了图灵完备语言中可能出现的一些安全漏洞。鉴于比特币交易的去中心化验证机制，图灵非完备性成为确保比特币网络安全稳定的一个必要条件。

尽管存在这些限制，比特币脚本仍然可以满足各种复杂金融场景的需求。开发者们通过巧妙的脚本设计，在有限操作码集合上实现多重签名、时间锁、哈希锁定等高级功能，足以支撑比特币作为可编程货币的应用基础。

总体来说，非图灵非完备性虽然在一定程度上限制了比特币脚本的表达能力，但它是比特币系统在去中心化共识机制下保障安全性的核心设计，开发者在此约束下仍能发挥巧思，实现各种智能合约应用。

6.2.2 锁定与解锁

比特币脚本是一种基于堆栈的非图灵完备脚本语言，主要用于控制比特币交易输出的解锁条件。每个比特币交易由一个或多个输入和一个或多个输出组成，其中每个输入都引用了之前交易的一个输出。若需使用被引用的交易输出，则新交易必须满足该输出附加的解锁条件，这些解锁条件由比特币脚本定义。

在比特币交易验证过程中，节点通过检查交易输入中的解锁脚本（scriptSig）和相应输出中的锁定脚本（scriptPubKey）来验证该交易的合法性，确保资金仅由合法所有者支配。解锁脚本和锁定脚本分别被称为交易的输入脚本和输出脚本。实际交易中的锁定脚本与解锁脚本如图 6-7 所示。

```
"vin": [
  {
    "txid": "12b5633bad1f9c167d523ad1aa1947b2732a865bf5414eab2f9e5ae5d5c191ba",
    "vout": 0,
    "scriptSig": {
      "asm": "3044022041d56d649e3ca8a06ffc10dbc6ba37cb958d1177cc8a155e83d0646cd5852634022047fd6a02e26b00de9f60fb61326856e66d7a0d5e2bc9d01fb95f689fc705c04b[ALL]",
      "hex": "473044022041d56d649e3ca8a06ffc10dbc6ba37cb958d1177cc8a155e83d0646cd5852634022047fd6a02e26b00de9f60fb61326856e66d7a0d5e2bc9d01fb95f689fc705c04b01"
    },
    "sequence": 4294967295
  }
],
"vout": [
  {
    "value": 1.00000000,
    "n": 0,
    "scriptPubKey": {
      "asm": "04fe1b9ccf732e1f6b760c5ed3152388eeeadd4a073e621f741eb157e6a62e3547c8e939abbd6a513bf3a1fbe28f9ea85a4e64c526702435d726f7ff14da40bae4 OP_CHECKSIG",
      "desc": "pk(04fe1b9ccf732e1f6b760c5ed3152388eeeadd4a073e621f741eb157e6a62e3547c8e939abbd6a513bf3a1fbe28f9ea85a4e64c526702435d726f7ff14da40bae4)#hr2t1zup",
      "hex": "4104fe1b9ccf732e1f6b760c5ed3152388eeeadd4a073e621f741eb157e6a62e3547c8e939abbd6a513bf3a1fbe28f9ea85a4e64c526702435d726f7ff14da40bae4ac",
      "type": "pubkey"
    }
  }
],
```

图 6-7 实际交易中的锁定脚本与解锁脚本

锁定脚本作为输出的花费条件，规定了未来使用该输出必须满足的条件。因其常包含公钥或比特币地址（公钥哈希值），历史上曾被称为脚本公钥。在比特币应用程序中，通常以 scriptPubKey 形式出现在源代码中。

解锁脚本是满足输出锁定脚本条件的解决方案，使输出可被消费。解锁脚本是交易输入的一部分，常包含由用户比特币钱包生成的数字签名，因此它曾被称为 scriptSig，在大多数比特币应用程序的源代码中仍沿用此命名。注意，并非所有解锁脚本都一定包含数字签名。

具体来说，当新交易试图花费之前交易的一个输出时，节点会将该输出的锁定脚本与新交易相应输入的解锁脚本拼接，在比特币堆栈虚拟机中执行。如果执行的结果为真，则解锁成功，交易合法，相应的输出可以被花费；反之，如果执行结果为假，则说明解锁条件不满足，交易无效。该机制保证了比特币交易的安全性、合法性和一定的可编程性，使得用户可以通过编写脚本实现多重签名、时间锁等功能，这也是智能合约概念的早期体现。

接下来通过具体的示例详细说明比特币脚本的执行过程。

如图 6-8 所示，交易 B 的输入源自交易 A 的输出，即未花费的交易输出（Unspent Transaction Output，UTXO）。交易 A 与 B 分别包含解锁脚本（InputA、InputB）和锁定脚本（OutputA、OutputB）。需要注意的是，比特币交易中可能带有多个输入和输出，在这里为了简化示例，仅展示单一输入、输出情况下脚本的执行过程。同时需要强调，InputA、OutputA、InputB、OutputB 是四个内容不同的脚本，而执行交易的过程中只会使用交易 A 的锁定脚本 OutputA 和交易 B 的解锁脚本 InputB，比特币程序会先执行 InputB，再执行 OutputA。只有当脚本都执行正确，返回结果为真时，才能认为交易 B 有资格花费 A 的 UTXO，即交易合法。

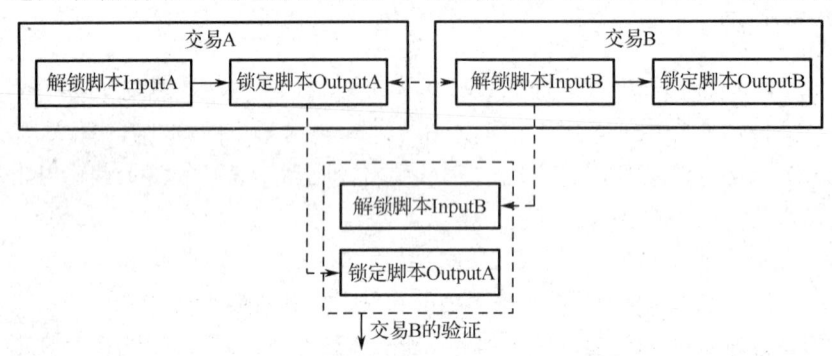

图 6-8 比特币脚本执行过程

这里以 Alice、Bob 和 Cathy 的比特币交易为例，对比特币脚本执行及交易验证流程进行简要说明。如图 6-9 所示，存在两笔交易：Alice to Bob 交易、Bob to Cathy 交易。

（1）Alice to Bob 交易。

Bob 需要提供自己的公钥给 Alice。Alice 收到公钥后，把 Bob 的公钥写入交易的锁定脚本中，把这些币"锁"到 Bob 的公钥上，只有持有 Bob 的私钥才能解锁这些被"锁"住的比特币。当该交易被区块链确认后，Bob 就可以认为收到了 Alice 的转账，因为只有 Bob 的私钥可以解锁这些比特币。

（2）Bob to Cathy 交易。

Cathy 向 Bob 提供自己的公钥。Bob 将 Cathy 的公钥写入新交易输出的锁定脚本，这时还没有对 Bob 拥有的 UTXO 进行解锁，即没有解锁脚本。为了向区块链证明 UTXO 的使用权，

Bob 将当前这个不带解锁脚本的交易进行编码、哈希等处理后，得到一串他需要签名的文本，通过自己的私钥对这份文本进行签名，写入交易的解锁脚本中，最终得到一个包含 Bob 私钥签名的交易。至此，这笔交易可以完整地广播到网络中。

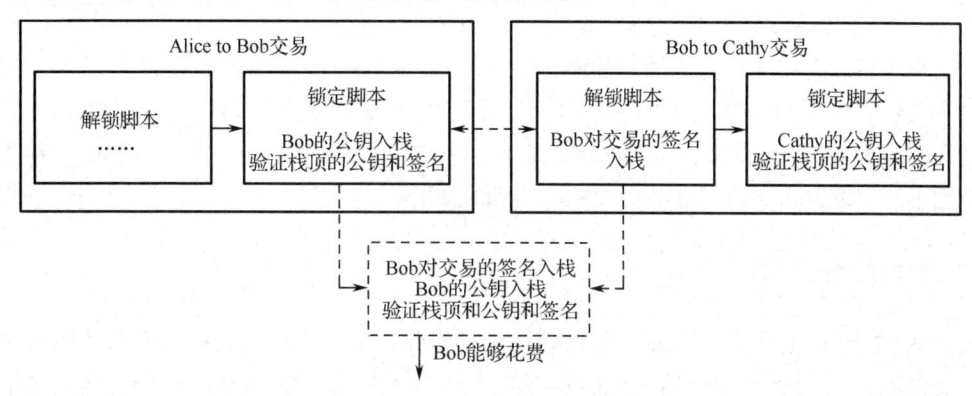

图 6-9 Alice、Bob 和 Cathy 的比特币交易

（3）交易验证。

比特币系统中的各节点在收到 Bob to Cathy 交易时，将验证 Alice to Bob 交易的 UTXO 是否有效且未被花费，从中取出锁定脚本，结合 Bob to Cathy 交易的解锁脚本进行验证。

可以看到，拼接后的脚本执行过程是，依次将 Bob 的公钥和对交易的签名入栈，再根据栈顶的公钥和签名对签名进行计算，验证其解密后的文本是不是 Bob to Cathy 交易进行编码、哈希等操作后的文本。验证通过后，该 UTXO 将重新锁定至 Cathy 的公钥。后续 Cathy 花费比特币时需重复上述流程。

注意：本例采用 Pay-to-PublicKey（P2PK）模式，Bob 直接提供公钥。当前主流应用多采用 Pay-to-PublicKey-Hash（P2PKH）模式，即使用公钥哈希值（比特币地址）进行锁定。

下面介绍比特币区块 100120 中的交易实例。

交易 ID 为 6f557e58b971f837b63fded993cfee6b9d9d37dc189d2220b2b3861e10938c58，它依赖于交易 110ed92f558a1e3a94976ddea5c32f030670b5c58c3cc4d857ac14d7a1547a90 的 UTXO，后文将使用哈希值的前四位作为简写，即交易 6f55 花费了交易 110e 的输出。

交易 110e 的锁定脚本如下。

```
OP_PUSHBYTES_65 04d1…f322    #省略部分字符，下同
OP_CHECKSIG
```

交易 6f55 的解锁脚本如下。

```
OP_PUSHBYTES_72 3045…be01
```

验证交易 6f55 时，系统按照解锁脚本→锁定脚本的顺序执行合并脚本。

```
OP_PUSHBYTES_72 3045…be01    #将签名 3045…be01 入栈
OP_PUSHBYTES_65 04d1…f322    #将公钥 04d1…f322 入栈
OP_CHECKSIG
```

注意：此时栈顶的两个元素自上而下分别是 04d1…f322 和 3045…be01，这两个元素分别

来自两笔交易中的输入脚本和输出脚本。

执行 OP_CHECKSIG 操作时弹出栈顶两个元素（公钥、签名），验证签名是否通过该公钥对应私钥生成，验证对象为当前交易哈希值，然后返回结果至栈顶。如果栈顶元素为 True，则交易验证通过，否则交易不合法。

本实例中的比特币脚本从某种程度上也可以看作一种智能合约。交易 110e 的输出脚本自带了一个公钥，使用该公钥对应的私钥签名的交易都可以花费交易 110e 的 UTXO。该合约的执行过程为，交易 6f55 给出了签名（事件驱动），对应的比特币转移到了交易 6f55 输出脚本对应的地址中（价值转移），这一过程由软件自动完成。

6.2.3 常见脚本类型

通过 6.2.2 节对比特币脚本锁定与解锁机制的介绍，我们了解到比特币交易的输出通常包含一个锁定脚本，用于指定该输出的解锁条件。根据锁定脚本的不同，比特币交易的输出可以分为以下几种常见类型。

1. Pay-to-PublicKey（P2PK）

P2PK 类型的锁定脚本包含公钥，对应的解锁脚本需要提供与该公钥匹配的私钥签名。这种脚本结构简单，但由于公钥直接暴露在链上，存在一定的隐私风险。

2. Pay-to-PublicKey-Hash（P2PKH）

P2PKH 是目前比特币交易中最常见的脚本类型。与 P2PK 不同，P2PKH 中包含的是公钥的哈希值，而非公钥本身。对应的解锁脚本除需要提供私钥签名外，还需要提供与锁定脚本中哈希值匹配的公钥。

如图 6-10 所示，Alice 和 Bob 都使用 P2PKH。P2PKH 允许 Alice 将 satoshi（比特币最小单位）发送至比特币地址，Bob 可以使用一个简单的加密密钥花费这些 satoshi。

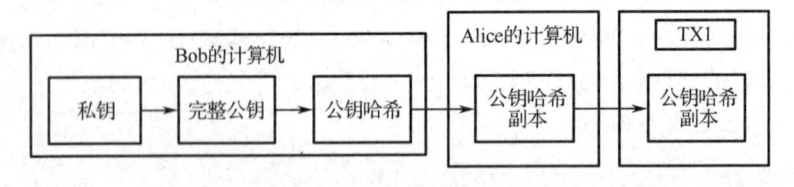

图 6-10 P2PKH使用实例

P2PKH 比 P2PK 更常见，相较于 P2PK，P2PKH 的主要优势如下。

（1）安全性：P2PKH 传递的不是自己的公钥而是公钥的哈希值，虽然在现有体系下通过公钥计算私钥是非常困难的，但是依旧存在潜在风险。使用公钥哈希值则可以防止公钥泄露。

（2）节省手续费。由于锁定脚本使用了长度更短的公钥哈希值，所以可以减少手续费。

交易 6f55 的锁定脚本如下。

```
OP_DUP      #将栈顶元素复制一份，即此时栈顶依次为公钥、公钥、签名
OP_HASH160  #将栈顶元素取出，求得哈希值，并返回栈顶
```

```
OP_PUSHBYTES_203af948b0b2bdae673c801791bc15bccd297adef4    #将公钥哈希值入栈
OP_EQUALVERIFY  #验证栈顶两个元素是否相等，异常则终止
OP_CHECKSIG    #验证栈顶的公钥和签名，若返回True则验证通过
```

花费其UTXO的交易对应的解锁脚本如下。

```
OP_PUSHBYTES_73 3046…ee01
OP_PUSHBYTES_65 047…209b
```

完整的执行过程如下。

```
OP_PUSHBYTES_73 3046…ee01
OP_PUSHBYTES_65 047…209b OP_DUP
OP_HASH160
OP_PUSHBYTES_203af948b0b2bdae673c801791bc15bccd297adef4 OP_EQUALVERIFY
OP_CHECKSIG
```

3. Pay-to-Script-Hash（P2SH）

P2SH中包含脚本的哈希值，解锁需提供与该哈希值匹配的序列化脚本，验证通过后将被反序列化并执行。

如图6-11所示，P2SH与P2PKH的工作流程几乎相同。Bob创建兑换脚本，对兑换脚本进行哈希运算，并将兑换脚本的哈希值提供给Alice。Alice创建一个包含该哈希值的输出。

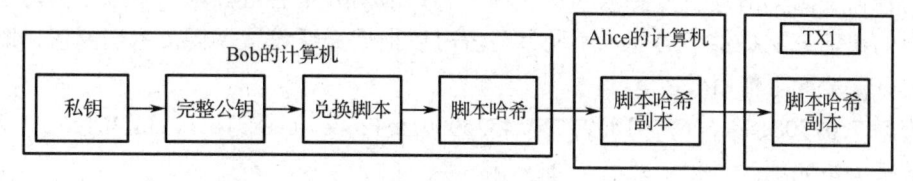

图6-11 P2SH使用实例

P2SH被大量应用于多重签名钱包中，将在6.2.4节中单独说明。

4. Null-Data

Null-Data常被用于存证或销毁证明，是OP_RETURN操作对应的脚本，这个交易的输出会被当作无效UTXO，无法被花费。在比特币系统中，一个真实的交易ID为ffa9be08511d78acc0e0aa8303b3841fdb586b85e09af19b7e8d665a10df0659。通过浏览该交易，可得其第一个锁定脚本如下。

```
OP RETURN
OP_PUSHBYTES_39 6964…1141
```

当然，比特币脚本远不止以上类型，尤其在比特币社区激活了隔离见证（SegWit）后，部分脚本内容被移动到了Witness字段中，感兴趣的读者可进一步扩展学习。

通过对这几种常见脚本类型的学习，读者可以更深入地理解比特币脚本的灵活性和可扩展性。这些不同类型的脚本是构建复杂智能合约的基础。

6.2.4 多重签名钱包

多重签名（Multi-Signature）是一种特殊的数字签名方案，要求一笔交易必须获得多方的共同授权才能生效。在传统的数字签名方案中，一笔交易只需要获得单一签名者的授权，而多重签名方案要求一笔交易需要集齐规定数量的签名才能通过验证，执行相应操作。

多重签名的本质是将单点控制风险分散到多个参与方，提高系统容错能力和安全性。即使某些签名者的私钥泄露或失效，只要集齐的签名数量未达到要求，交易就无法通过验证，资金也就无法被盗取。多重签名赋予了参与各方否决权，任何单一参与方都无法独断专行，有利于实现分布式控制。

多重签名钱包是多重签名的典型应用场景。从形式化的角度定义一个 m-of-n 多重签名钱包：给定含 n 个公钥的集合 $P=\{P_1, P_2, \cdots, P_n\}$，定义多重签名验证函数 $MV(T, S)=1$，有 $S \subseteq P$ 且 $|S| \geq m$，其中，T 表示交易，S 表示签名集合，$|S|$ 表示集合 S 的基数，即签名数量。

具体而言，m-of-n 多重签名钱包要求交易 T 获得钱包中至少 m 个公钥对应私钥的签名才能通过验证并转移资金，这里 $m \leq n$，即要求的签名数量不超过总公钥数。当 $m=1$ 时，多重签名钱包退化为普通的单签名钱包；当 $m=n$ 时，要求所有参与方的一致授权。

在现实场景中，多重签名的需求广泛存在。例如，一个公司的财务支出可能需要多个合伙人或高管共同签署才能生效；家庭财产的管理可能需要多位成员达成一致。多重签名钱包在比特币系统中实现了类似的功能，使比特币系统可以模拟出决策机制，提升资金使用的安全性，即任何支出都需要多方签名同意，单一私钥泄露并不会危及全部资金，同时也为资金使用权限的灵活分配提供了可能，不同参与者可以根据需要设置不同的签名阈值，既防止了单点故障，又兼顾了使用效率。

以交易 7c0750818dc6c67761d591536a452c0091fc4262c7d51821c1f453df461c6ad4 为例，其对应的解锁脚本如下。

```
OP_0   #初始化栈，在栈上放置一个空数组
OP_PUSHBYTES_71 3044…c401   #将签名数据 A 入栈
OP_PUSHBYTES_71 3044…a601   #将签名数据 B 入栈
OP__PUSHDATA1 5241…53ae   #将 Redeem Script 入栈（序列化后的脚本，称为 Redeem Script）
```

其花费的 UTXO 的锁定脚本如下。

```
OP HASH160   #求得栈顶元素哈希值，并返回栈顶
OP_PUSHBYTES_20 08620a36625add363b20be66f8978f3f237f9c82   #将 Redeem Script 的哈希值入栈
OP_EQUAL   #对比栈顶两个元素是否相等，验证失败则退出；若验证通过，则说明 Redeem Script 的哈希值符合其花费的 UTXO 的锁定脚本中规定的 Redeem Script 的哈希值，可以执行 Redeem Script
```

注意：此时栈中仍有签名数据 A、B。将 Redeem Script 反序列化的脚本如下。

```
OP_PUSHNUM_2   #将 2 入栈，即最少有 2 个人同意
OP_PUSHBYTES_65 0465…f68e   #操作 3 次，依次将 3 个公钥入栈
OP_PUSHBYTES_65 0485…8ed3
OP_PUSHBYTES_65 04b6…9347
OP_PUSHNUM_3   #将 3 入栈，即有 3 个人可以签名
```

OP_CHECKMULTISIG　#按 N、公钥、M、签名的顺序验证多方签名信息，若返回 True，则交易可以成功地花费输入的 UTXO

可以看到多方签名钱包由代码定义，能够在各个节点中独立执行，并通过区块链保证多方共识不可篡改，这也是智能合约的主要特点。

然而，比特币脚本不是图灵完备的，无法执行循环等复杂操作。为了改进这一点，开源社区便产生了支持图灵完备的智能合约的以太坊项目。

6.3　以太坊智能合约

以太坊账户模型之所以备受青睐，很大程度上归功于其简洁高效的设计理念。与基于 UTXO 的比特币相比，以太坊账户模型不仅能避免维护海量 UTXO 数据的开销，更为智能合约的无缝集成提供了理想的基础。这一承载智能合约的核心机制，正是其特有的状态模型。

本节将详细剖析以太坊智能合约的运作机制。通过学习以太坊智能合约，读者可以深入理解智能合约的精髓，领会如何在区块链上实现图灵完备的计算能力。这不仅为后续学习其他公链的智能合约奠定了基石，更有助于探索区块链与智能合约在各领域的创新应用。

6.3.1　账户模型和状态模型

账户模型通过地址关联的数据结构表征用户持有的数字资产。当转账交易发生时，以太坊严格遵照预设规则，在转出方账户中扣减指定金额，同时在接收方账户中等额增加，通过两个账户余额的此消彼长来反映资产流转。

从抽象的视角分析账户余额的管理和转账行为的内在逻辑，不难发现，前者可视为广义上的系统状态，而后者则是驱动状态转移的规则。如图 6-12 所示，在售票系统中，剩余票数可理解为系统状态，售票行为则对应一条状态转移规则；在签到系统中，已签到人员名单可理解为系统状态，签到行为则触发状态转移。

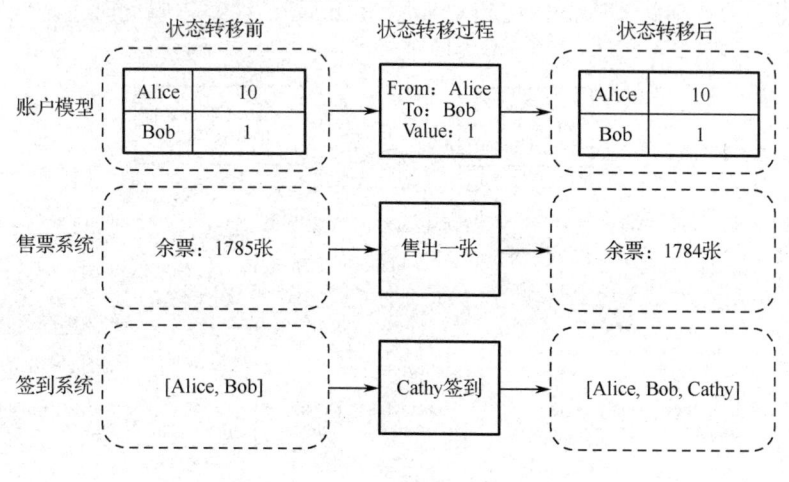

图 6-12　三种系统下的状态转移

可见，状态转移规则只要确保不出现二义性结果，就能基于初始状态迭代生成新状态。对于共享同一初始状态的参与者，如果严格遵照相同的状态转移规则，最终必然达成共识。状态 0 经由交易 1 和交易 2 的顺序处理，注定转移为状态 2。由此可见，对交易序列达成共识即可保证全局状态的一致性。

从状态模型视角看，原有账户模型仅是一个有限子集，其状态定义与转移规则均由以太坊预设，本质上局限于账户余额的管理。而具备一般性的状态模型大幅拓展了表现力，不仅能轻松实现账户余额的管理和转移，更能灵活支持各类智能合约。

6.3.2 在以太坊中编织智能合约

以太坊对区块链技术的发展贡献卓著，其中最具革命性的当属将智能合约引入区块链，极大拓展了整个区块链生态的应用边界。智能合约是运行于区块链的计算机程序，利用区块链的共识机制保障执行过程的一致性。下面将从原理和实现层面概要剖析如何在以太坊中编织智能合约的逻辑。

1. 状态模型上的代码执行

核心思路是将计算机程序运行时的变量等数据存入区块链，将交易视为执行指定代码的载体。每笔交易的完成都意味着链上的状态数据通过指定代码完成了一次蜕变。存储于链上的数据对应状态，代码则对应状态转移规则——二者的结合完美契合状态模型的核心思想。需要特别强调的是，状态转移必须具备确定性，即给定当前状态，不能导向多个新状态。通俗来说，代码逻辑中不得引入随机数（nonce）等不确定性因素，避免相同输入导致不同输出。

智能合约通过该机制，赋予指定代码逻辑管理和更新区块链状态的权限，以此定制交易背后的状态转移规则。在全体参与者的共识下，合约代码被反复执行，推动状态不断转移，最终构筑起以太坊所倡导的"世界计算机"。

如图 6-13 所示，定义 Grow 和 Rename 两个函数声明状态转移途径。当首次向 Grow(1,1) 触发状态转移时，合约中的年龄状态（20→21）和身高状态（178→179）即刻完成更新，精准地执行了自定义的状态变换逻辑。同理，调用 Rename('Cathy')，姓名状态也从 Alice 转移为 Cathy。至此得到了最新状态<name: Cathy, age: 21, height: 179>，它同时也是该段智能合约代码所对应的链上数据。

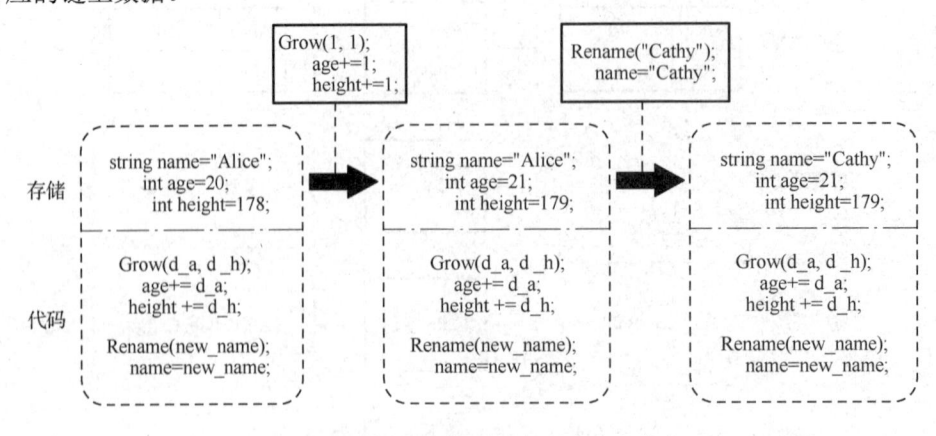

图 6-13 通过状态模型管理用户个人信息

2. 合约账户与数据存储

为有效管理智能合约与状态的复合实体，以太坊通过延伸账户模型，用专门的合约账户对应每个合约实例。有别于普通账户，合约账户的地址（合约地址）并非源自公钥，而是在合约创建时根据既定算法实时生成。相应地，原本用于管理用户资产的账户被称为外部账户，因为它们的操控权在外部用户手中。这里的内外，本质上是以太坊视角的二元划分。

以太坊合约账户在普通账户的基础上增加了两个核心字段：合约代码以字节码的形式存储在合约代码区；而状态数据则保存在一个单独的键值映射中，合约账户中只记录状态树的哈希值。一旦状态树中的变量发生改变，状态树的哈希值和账户字段也会随之更新。如此一来，状态树哈希值的变更可以完整地刻画账户状态的转移。

注意：由于合约账户并不由具体的公钥和私钥控制，不能从合约地址发起任何以太坊的交易，所以在绝大多数情况下，合约随机数并不会改变。

如图 6-14 所示，个人信息合约的 Grow 和 Rename 函数逻辑最终会以字节码形式存储于合约代码区，而 name、age、height 等状态变量则依次位于状态树的 0x0000000、0x00000001、0x00000002 等位置（实际布局可能更为复杂，此处为简化示例）。最后，将整个状态树的哈希值 0xb39a372c93a8b8b970e359a978fba643f94ac966c0d862e27da7770d8f485396 填入对应字段，以完整记录合约的最新状态。

	记录个人信息合约的地址
对应	0x5499F82BE656085c9636d85b559df2B17d5db33A

账户余额	0
累计发起交易	0
合约机器码	0x6080604052600436...0029
合约存储	0xb39a372c93a8b8b9..5396

哈希运算

变量存储	
0x0000000	0x416c695365('Alice')
0x0000001	0x14(20)
0x0000002	0xb2(178)

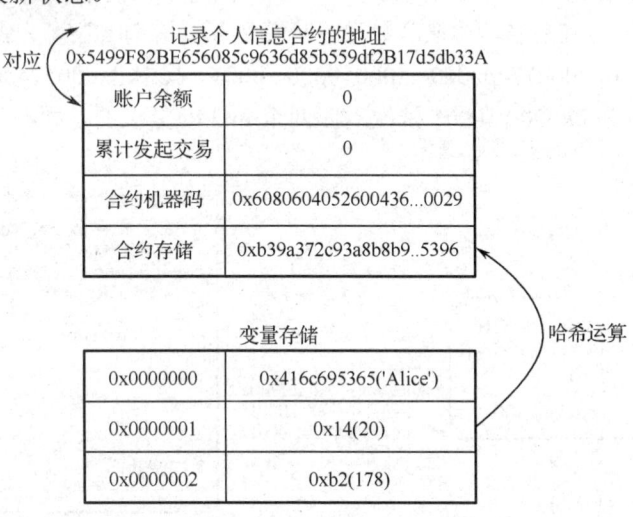

图 6-14 合约账户与数据存储

3. 合约地址的生成

以太坊主要提供两种合约地址生成途径：一是组合创建者地址和随机数计算生成；二是组合创建者地址、指定的初始值以及合约代码的哈希值生成。

举例而言，对于创建者地址 0x238661F085A338F04B0C7C956A796B57018151F0 和随机数 0，RLP 编码序列化结果为 0xd694238661F085A338F04B0C7C956A796B57018151f080。对该序列化结果进行哈希运算，取末尾 160 位（20 字节）即得到新创建的合约地址 0x5499F82BE656085c9636d85b559df2B17d5db33A。

需要指出，由于合约创建依赖随机数，随机数必须随之递增，以免多次生成相同的合约地址。

6.3.3 智能合约驱动

为契合状态模型的设计，以太坊依托交易来推进全局状态的转移，智能合约的状态变更也不例外。纵观智能合约的生命周期，所有状态变更均由某笔触发性交易发起，智能合约的每次执行都由特定交易启动。

1. 合约调用

在交易的处理过程中，以太坊严格按照既定逻辑执行合约代码，并基于执行结果更新链上状态。作为交易的接收方，智能合约按照发送方指定的函数和参数完成执行。这一过程类似于传统计算机程序的函数调用，凡是以合约账户为接收方的交易都可视为一次合约调用。

为准确指定智能合约中的特定函数及参数，交易数据字段需包含以下信息：在现有的 ABI 标准中，使用函数名的哈希值作为调用过程中函数的索引，并在这个哈希值后面附上经过编码序列化的参数。

如图 6-15 所示，调用个人信息合约的 Grow 函数需要确定合约地址，还需确定目标函数 Grow(int256,int256)的准确签名。对该函数进行哈希运算后取前 8 字节，得到 0xddb774da。至此，可构造调用数据 0xddbb774da0000...00010000...0001，其中 0xddb774da 用于标识被调用的函数，0x0000...0001 和 0x0000...0001 依次对应两个 int256 类型的参数，完整表达了合约调用 Grow(1,1)的语义。

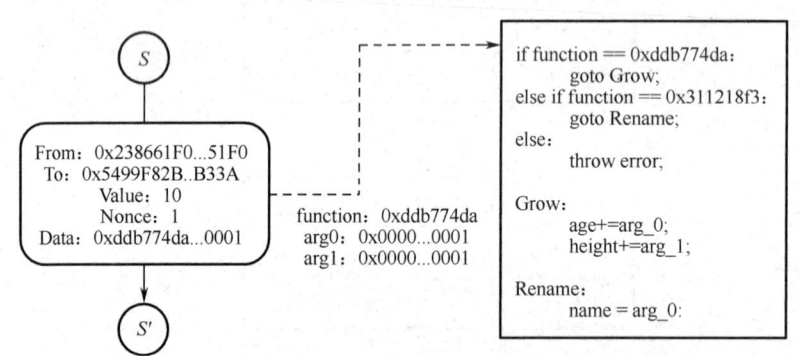

图 6-15 智能合约的调用

2. 合约创建

回溯前文合约账户的数据结构，不难发现，智能合约的执行逻辑存储于合约账户中。合约的字节码从无到有的生成过程本质上就是状态变更的体现。为将代码写入合约账户，需要通过发送交易来实现。将字节码写入区块链的过程，就是所谓的合约创建（亦称部署）。

然而，创建合约的交易在发起之初，还不存在可以指定为接收方的合约账户和字节码。以太坊通过两项举措予以解决：一是将接收方地址留空，以此表明其特殊身份；二是交易数据字段不再用于传递调用参数，而是直接承载合约代码及其初始逻辑。在合约创建的场景下，交易数据中需要包含合约代码及其初始逻辑，通过交易执行，最终上链的是由初始逻辑所确定的合约初始状态。

3. 停机问题与燃料（Gas）机制

以太坊的状态模型很好地契合了智能合约的运行，但仍存在一个很严重的问题。如果交易调用的智能合约存在死循环，那么这个交易将不会停止，这将对网络稳定性构成严重威胁。然而，对于一个计算机程序（图灵机），任何人都无法判断它是否能够在有限的时间内结束执行——这便是非常著名的停机问题。英国科学家艾伦·麦席森·图灵（Alan Mathison Turing）在 1936 年证明了停机问题是不可解的。

以太坊引入 Gas 机制确保智能合约运行的可终止性。Gas 机制的设计理念可以类比汽车的运转：对于无须燃料的永动机和超人驾驶员，我们无从判断其行驶的终点；但对于现实中的汽车，行驶的每时每刻都伴随着汽油的消耗，而油箱的储量决定了行程的上限。

与此类似，以太坊为字节码中的各类操作都规定了相应的 Gas 消耗额度，并要求交易发送方预付足够的 Gas。智能合约逐步执行指令，从预付的 Gas 中扣除对应的额度，直至 Gas 被耗尽。预付 Gas 为智能合约的运行划定了一个确切的时限，巧妙地规避了无限执行风险。

4. 以太坊虚拟机

除了停机问题，合约代码的存储和运行格式也至关重要。对于去中心化的异构网络，参与节点的环境可能大相径庭，直接使用硬件指令又局限于特定架构，可以采用统一的虚拟机和指令集，为此设计了专用的以太坊虚拟机 EVM（图 6-16）及其字节码格式。

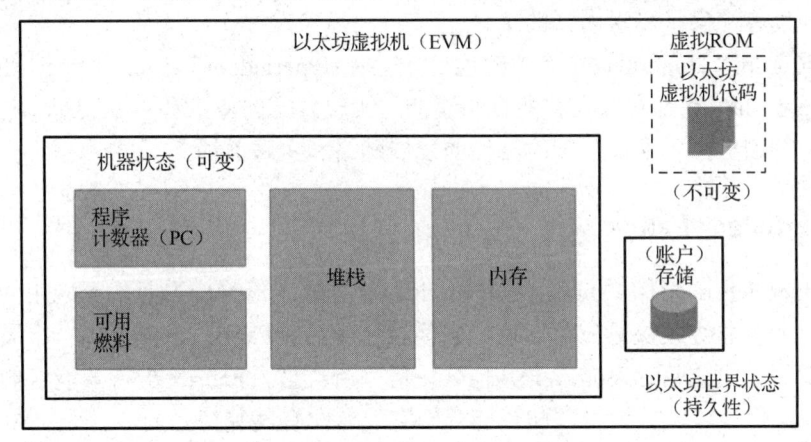

图 6-16 以太坊虚拟机（EVM）

EVM 本质上是一个 256 位的基于栈的虚拟机，256 位意味着运行期间的数据宽度为 256 位，远超主流硬件架构的 32 位或 64 位；基于栈则表明 EVM 的运行过程围绕栈结构展开，所有指令都对栈顶数据进行操作。

在现实场景中，开发者通常用 Solidity、Vyper 等高级语言编写智能合约，再将其编译为 EVM 字节码，最后以字节码的形式部署到以太坊中。

综上所述，以太坊巧妙地将智能合约引入区块链，极大地拓展了区块链的应用空间。以太坊采用了账户模型来管理用户资产和合约状态，并基于此构建了表达力极强的状态模型。在此基础上，以太坊设计了专门的合约账户和存储机制，并通过预付 Gas 等手段克服了潜在的停机问题，最终依托以太坊虚拟机 EVM，实现了图灵完备的智能合约系统。

然而，以太坊智能合约并非万能灵药。基于公有链的开放生态，以太坊智能合约难以满足众多商业应用对性能、隐私等方面的要求。与之相比，Hyperledger Fabric 作为企业级联盟链平台，在智能合约的设计上有着不同的考量。6.4 节将详细剖析 Hyperledger 智能合约。

6.4 Hyperledger 智能合约

扩展阅读

Hyperledger 是 Linux 基金会于 2015 年 12 月发起的开源区块链及工具的伞形项目。IBM、Intel 和 SAP Arib 为基于分布式账本的区块链协作开发作出了贡献。2021 年 10 月，该项目更名为 Hyperledger 基金会（Hyperledger Foundation），作为全球性合作组织，为开发者、用户和服务商提供了开放、标准化的平台，支持开发和部署各种区块链技术和应用。

Hyperledger 的核心价值在于提供中立、开放的生态系统，各行业参与者可以在此基础上协作，共同塑造未来的商业区块链基础设施。Hyperledger 托管了多个面向不同应用场景和技术需求的子项目，涵盖了从基础架构、开发工具到应用程序的全栈解决方案。

作为区块链核心应用之一，智能合约在 Hyperledger 的技术框架中占据重要地位。Hyperledger 的多个项目都对智能合约的实现和创新作出了贡献，提供了支持多语言编程、兼容不同应用场景的智能合约开发环境。这些项目在架构设计、权限管理、性能优化等方面各有特色，为开发者提供了灵活多样的选择。

本节将重点介绍 Hyperledger 旗下的项目，包括 Hyperledger Fabric、Hyperledger Sawtooth 和 Hyperledger Iroha，探讨它们在智能合约设计与实现方面的特点和贡献。通过对 Hyperledger 的学习，读者可以更深入地理解智能合约的发展脉络和实践前沿。

6.4.1 Hyperledger Fabric

Hyperledger Fabric 简称 Fabric，是 Hyperledger 家族中最早成熟且广泛应用的开源项目之一。作为一个为企业级区块链应用而设计的模块化平台，Fabric 旨在提供一个灵活、可扩展且高度可定制的区块链基础设施。与其他区块链平台类似，Fabric 支持智能合约和分布式账本技术，但在架构设计、共识机制和智能合约实现方面有其独特之处。

Fabric 采用了创新的 execute-order-validate 的交易模型，引入了 Channel 机制实现数据和业务的隔离，并支持使用通用编程语言（如 Go、Java 等）开发智能合约。这些特性使得 Fabric 成为构建企业级区块链应用的首选平台之一。接下来将深入剖析 Fabric 的架构设计和智能合约实现。

1. Fabric 概述

Fabric 旨在构建模块化、可扩展、高度可定制的区块链基础设施，以满足企业级应用对性能、安全性、隐私保护等方面的需求。不同于比特币和以太坊等全球共享的公有链，Fabric

只允许获得授权的商业组织参与网络维护，由于这些商业组织之间本身就有信任基础，其去中心化程度较低。

Fabric 使用模块化架构，开发者可按需求在平台上自由组合可插拔的身份认证、共识机制、加密算法等组件，从而突破网络处理瓶颈，提高可扩展性，满足商业级的业务需求。Fabric 中的智能合约称为链码（Chaincode），作为应用层与区块链底层交互的媒介，通过调用链码函数实现交易逻辑，完成对分布式账本的读/写操作。联盟链由多个组织的 Peer 节点共同构成，每个组织成员都拥有代表其自身利益的一个或多个 Peer 节点。Peer 节点是链码及分布式账本的宿主，可在 Docker 容器中运行链码，实现对分布式账本键值对（Key-Value Pairs）数据库或其他状态数据库的读/写操作，从而更新和维护账本。

相对于公有链，以 Fabric 为代表的联盟链强调机构或组织之间的价值与协同关联性，并在性能、隐私性、隔离性、可扩展性上拥有优势，是区块链未来重要的发展方向。

2. Fabric 逻辑架构

Fabric 的逻辑架构如图 6-17 所示。从应用层和底层视角出发，Fabric 提供了一系列的接口和服务，支持身份管理、账本管理、交易管理、智能合约管理等核心功能。

从应用层视角来看，Fabric 为开发人员提供了丰富的接口和服务。

（1）身份管理：通过 CLI、SDK 等接口，获取用户证书及其私钥，支持身份验证、消息签名与验签等操作。

（2）账本管理：提供多种方式查询与保存账本数据的功能，如查询指定区块号的区块数据，以支持上层应用的数据需求。

（3）交易管理：构造并发送交易提案背书，经过合法性检查后请求交易排序，打包成区块，并在验证后提交到账本，确保交易的完整性和正确性。

（4）智能合约管理：基于链码 API 编写智能合约程序，通过安装和实例化链码，实现状态变更。

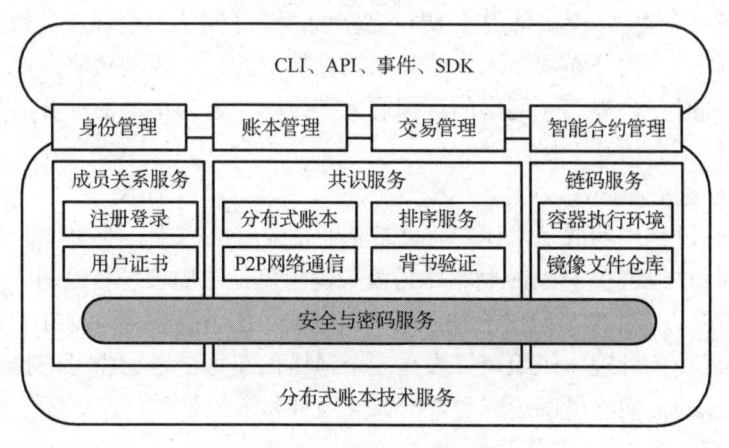

图 6-17 Fabric的逻辑架构

从底层视角看，Fabric 构建了一个稳固的区块链基础设施。

（1）成员关系服务：Fabric-CA 节点提供成员注册登录服务，管理用户证书的生命周期。

MSP 组件实现认证和权限管理，保障成员间的信任。

（2）共识服务：利用背书节点和排序节点共识组件（如 Solo、Kafka 等）实现交易的排序、打包和记账，同时通过 Gossip 消息协议提供 P2P 网络通信，确保节点间账本的一致性。

（3）链码服务：基于 Docker 容器提供的隔离运行环境，支持多语言开发的链码程序，同时提供镜像文件仓库管理，支持环境的快速部署与测试。

（4）安全与密码服务：BCCSP 组件封装了生成密钥、消息签名与验签、加密与解密等安全服务，支持可插拔的算法定制。

3. Fabric 网络

作为模块化的企业级区块链平台，Fabric 网络的构建过程体现了其灵活性和可扩展性。接下来将详细介绍 Fabric 网络，从最初的通道配置到网络扩展和管理，通过该过程逐步了解 Fabric 网络的核心组件（包括通道、节点、链码等）及其协同工作机制。

如图 6-18 所示，典型 Fabric 网络包含如下几个关键组件。

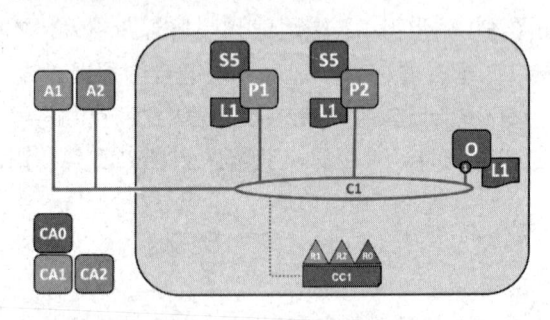

图 6-18 典型Fabric网络

（1）通道（Channel）。

通道是 Fabric 网络实现数据隔离和隐私保护的核心机制，它允许特定的网络成员进行私密交易，C1 代表一个通道，为参与组织提供私密的通信子网络，确保交易数据只对授权成员可见。它不仅维护自己的分布式账本，还强制执行特定的访问控制策略。通过这种方式，通道在保证隐私的同时，也提高了网络的可扩展性和效率，因为不同的业务流程可以在不同的通道中并行处理，不会相互干扰。

（2）组织（Organizations）。

组织是 Fabric 网络中的成员实体，可以是企业、政府机构或其他团体。R1、R2 和 R0 代表不同的组织，每个组织在 Fabric 网络中扮演关键角色，它们管理自己的成员、控制自己的节点（如 Peer 节点），并参与网络治理。组织通过成员服务提供商（MSP）定义其身份和权限结构，实现对成员的管理。组织可以参与多个通道，在每个通道中可能扮演不同的角色，这种灵活性使得 Fabric 网络能够适应复杂的业务场景和组织关系。

（3）Peer 节点。

Peer 节点是 Fabric 网络的核心组件，负责维护账本、运行智能合约。P1 和 P2 代表两个 Peer 节点。这些节点承担着网络中的大部分工作负载，包括接收交易提案、运行智能合约、验证交易并将其提交到账本。Peer 节点可以担任背书者（负责运行智能合约并对结果签名）

或提交者（负责验证交易并更新账本）等角色。通过这种方式，Peer 节点确保了网络的去中心化特性，同时提供了交易处理和数据存储的能力。

（4）账本（Ledger）。

账本是 Fabric 网络中所有交易的永久有序记录。L1 代表分布式账本，每个参与通道的 Peer 节点都维护一个完整的账本副本，这个账本由两个不同但相关的部分组成：区块链和世界状态。区块链是一个不可变的有序交易记录，世界状态是账本当前状态的快照，通常采用键值对存储结构。该设计兼顾交易处理效率与数据一致性，支持快速查询与完整性验证。

（5）智能合约（Chaincode）。

在 Fabric 网络中，智能合约被称为链码，封装了业务逻辑和交易规则。S5 代表部署在 Peer 节点上的智能合约，定义了如何与账本交互，包括读/写规则。它在隔离环境中执行，确保了安全性和一致性。通过智能合约，Fabric 实现了复杂的业务逻辑，使得区块链不仅是一个数据存储系统，还是一个功能强大的分布式应用平台。

（6）排序服务（Ordering Service）。

排序服务是 Fabric 网络中的关键组件，负责在网络范围内为交易排序并打包区块。O 代表排序节点，排序服务接收来自客户端和背书 Peer 节点的交易，将它们排序并打包成区块，然后将这些区块分发给所有的 Peer 节点。此外，排序服务还维护着通道配置，确保网络策略一致性。通过集中化的排序过程，Fabric 网络能够在保证交易顺序的同时，提高整体的交易吞吐量。

（7）证书颁发机构（Certificate Authorities，CA）。

CA 是 Fabric 网络中身份管理和认证的基础。CA0、CA1 和 CA2 代表不同组织的 CA，CA 负责为网络中的所有参与者（包括 Peer 节点、排序节点和客户端）颁发数字证书。这些证书用于身份验证、交易签名和 TLS 通信加密。通过 X.509 标准证书，Fabric 网络实现了强大的身份管理系统，确保了网络的安全性和可信度。

（8）客户端应用程序（Client Applications）。

客户端应用程序是用户与 Fabric 网络交互的入口。A1 和 A2 代表不同的客户端应用程序。这些应用程序使用 Fabric SDK 与网络通信，可以发起交易请求、查询账本状态，以及监听网络事件。客户端应用程序通常实现特定的业务逻辑，并调用智能合约与区块链交互。作为用户与区块链的交互入口，使得复杂的区块链能够以用户友好的方式被使用。

（9）通道配置（Channel Configuration）。

通道配置定义了通道的结构和规则，是管理通道的核心。CC1 代表通道配置，包含通道成员资格、访问控制策略和共识参数等重要信息。通过使用通道配置，Fabric 网络实现了高度的可配置性和灵活的网络管理机制，使得不同的业务需求可以在同一网络中得到满足。

如图 6-19 所示，Fabric 网络中有三个关键组织：R1、R2 和 R0。这个网络的核心是通道 C1，是组织间的专属通信管道。首先，这些组织需要就网络的基本规则达成一致，体现在 CC1 中。CC1 不仅定义了参与组织的身份，还规定了它们在网络中的权限和责任，这是网络治理的基础，确保每个组织都清楚自己的角色和权限。CA0、CA1 和 CA2 代表各组织的证书颁发机构，负责颁发和管理身份凭证，确保参与者的可信度。

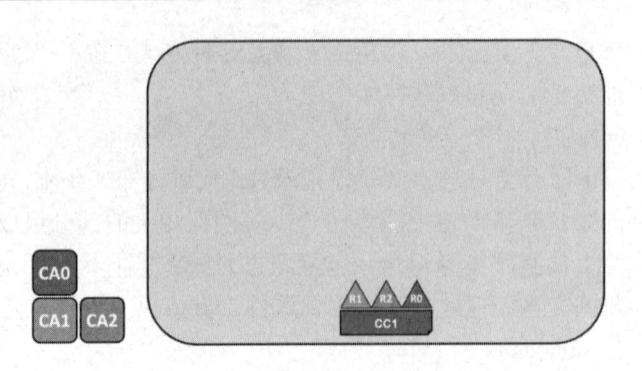

图 6-19 定义通道配置

通过 CC1 的部署，组织间可以构建实际的网络基础设施。如图 6-20 所示，R1 和 R2 各自部署了 Peer 节点 P1 和 P2。这些 Peer 节点是组织参与网络的关键接口，维护着通道账本 L1。同时，R0 部署了排序节点 O，它在网络中承担"交通指挥"的职能，负责对交易进行排序并打包成区块。

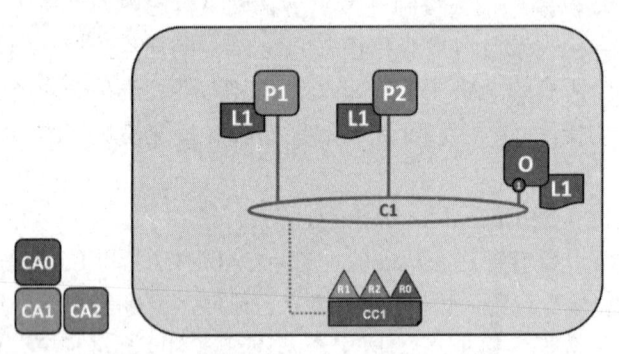

图 6-20 节点部署

如图 6-21 所示，智能合约 S5 被部署在 P1 和 P2 上，封装了组织间达成一致的业务规则，它将在 Peer 节点上执行，完成账本状态的读/写操作。

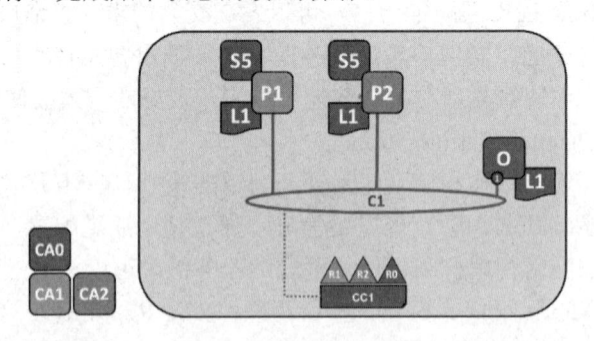

图 6-21 智能合约部署

如图 6-22 所示，为实现网络交互，组织开发了客户端应用程序 A1 和 A2，是最终用户与 Fabric 网络互动的窗口，通过 Fabric SDK 与 Peer 节点通信，发起交易请求或查询账本状态。

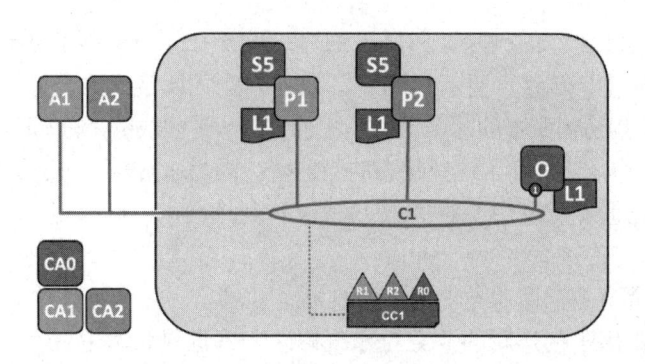

图 6-22 在通道上使用客户端应用程序

Fabric 网络的构建过程展示了 Fabric 的几个关键特性。
（1）模块化设计：每个组件（Peer 节点、排序节点、CA）都可以独立部署和管理。
（2）隐私保护：通过通道机制实现了数据的隔离和私密交互。
（3）灵活的权限管理：通过通道配置，可以精细地控制每个组织的权限。
（4）可扩展性：可以通过添加新的组织、节点或通道轻松扩展 Fabric 网络。

4．链码

链码是 Fabric 实现智能合约的核心组件。它是一种特殊的程序，封装了区块链中的业务逻辑，定义了如何与账本交互以及如何处理交易。

在 Fabric 中，链码与智能合约的概念密切相关但有所区别。智能合约定义了参与组织之间的业务规则和条款，而链码则是这些规则的具体技术实现。如图 6-23 所示，vehicle 链码包含三个智能合约：car contract、boat contract 和 truck contract，insurance 链码包含四个智能合约：policy contract、liability contract、syndication contract 和 securitization contract。一个链码可以包含多个智能合约，为开发者提供了灵活的组织方式。

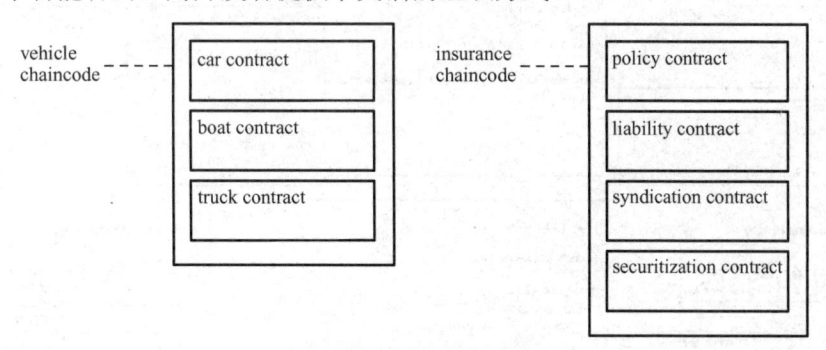

图 6-23 智能合约和链码

以下是链码的主要特性和功能。
（1）状态管理。链码最基本且最重要的功能是管理账本的世界状态。世界状态是账本当前状态的快照，通常以键值对结构存储。链码可以查询当前的世界状态，获取特定键的值，允许智能合约基于最新状态进行决策。同时，链码也可以创建新的键值对或更新现有的值，这些更改会在交易成功验证和提交后反映在世界状态中。此外，链码还可以从世界状态中删除特定的键值对，实现资产的删除或归档。通过这些操作，链码能够实现复杂的资产生命周期管理，如资产的创建、转移、更新和删除，为各种业务场景提供了灵活的支持。

智能合约通过编程访问账本的两个不同组成部分：一是区块链，它不可篡改地记录所有交易的历史；二是世界状态，它缓存了这些状态的当前值，因为通常需要快速访问对象的最新值。

智能合约主要在世界状态中执行读取、写入和删除操作，同时也可以查询不可篡改的区块链交易记录。

① get 操作通常用于查询业务对象的当前状态信息。
② put 操作通常用于创建新的业务对象或修改账本世界状态中现有业务对象的信息。
③ delete 操作通常用于从账本的当前状态中移除业务对象，但不会影响其历史记录。

智能合约提供了多种可用的应用程序接口（API）。需要特别强调的是，无论交易在世界状态中是读取、写入还是删除，区块链都会保存完成记录。

（2）交易处理。智能合约在 Peer 节点上运行时，接收一组被称为交易提案的输入参数，并将这些参数与其程序逻辑结合，用于读取和写入账本。世界状态的变更会生成交易提案响应（简称交易响应），其中包含一个读/写集，记录了已读取的状态以及在交易有效时写入的新状态。需要特别注意的是，在智能合约运行阶段，世界状态并不会立即更新。

每笔交易都包含唯一标识符、交易提案和一组由相关组织签署的响应。所有交易，无论是否有效，都会被记录在区块链上。然而，只有有效的交易才会对世界状态产生实际影响。以汽车所有权转移交易为例，如图 6-24 所示，标记为 t3 的交易涉及 ORG1 和 ORG2 之间的汽车转移，交易输入为{CAR1, ORG1, ORG2}，输出为{CAR1.owner= ORG1, CAR1.owner= ORG2}，表示 CAR1 的所有权从 ORG1 转移到了 ORG2。值得注意的是，交易输入由发起方 ORG1 签名，而输出部分则由背书策略指定的 ORG1 和 ORG2 共同签名。这些签名通过参与方的私钥生成，确保了网络成员能验证所有参与方是否就交易细节达成了一致。

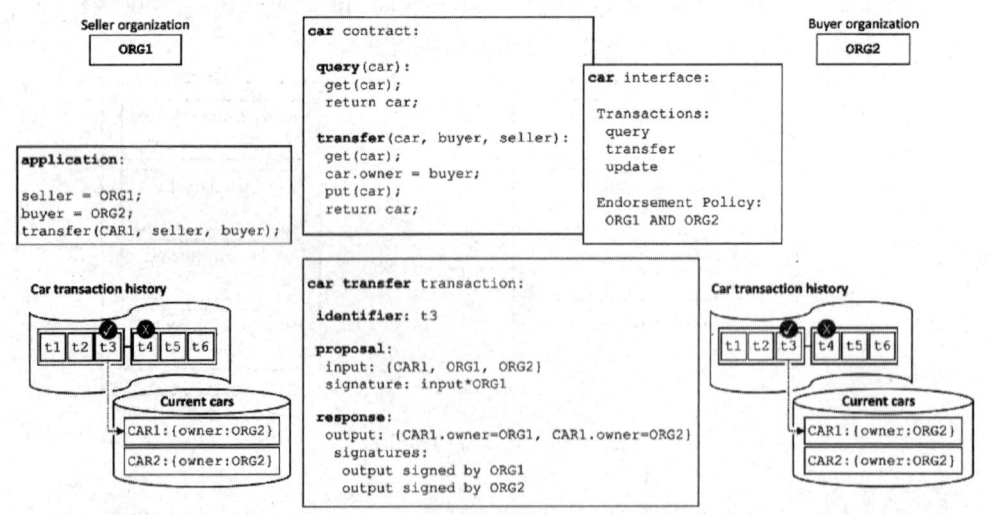

图 6-24 交易处理

当交易被分发到网络中的所有 Peer 节点时，每个节点会通过两个阶段对交易进行验证。第一阶段，节点会检查交易是否按照背书策略要求，获得了足够数量的组织签名。第二阶段，节点会验证当前的世界状态是否与交易执行时的读集相匹配，确保在此期间没有发生其他更新。只有同时通过这两项验证的交易才会被标记为有效。所有交易无论其有效性如何都会被记录在账本中，但只有有效的交易才会导致世界状态的实际更新。

在本例中，交易 t3 被认定为有效，因此 CAR1 的所有权变更为 ORG2。相比之下，交易 t4（图 6-24 中未显示）被判定为无效。虽然 t4 也被记录在账本中，但它并未引起世界状态的更新，因此 CAR2 的所有权仍然保持在 ORG2。

（3）访问控制。链码通过与 Fabric 的策略框架集成，实现了细粒度的访问控制。最典型的是背书策略，它定义了哪些组织需要执行和验证交易，确保只有经过授权的参与者才能影响特定的业务流程。

如图 6-25 所示，每个智能合约都有与之相关的背书策略。背书策略规定智能合约生成的交易必须获得指定数量组织的批准，才能被认定为有效交易。转移汽车所有权的智能合约交易需要由 ORG1 和 ORG2 共同执行并签名才能生效。

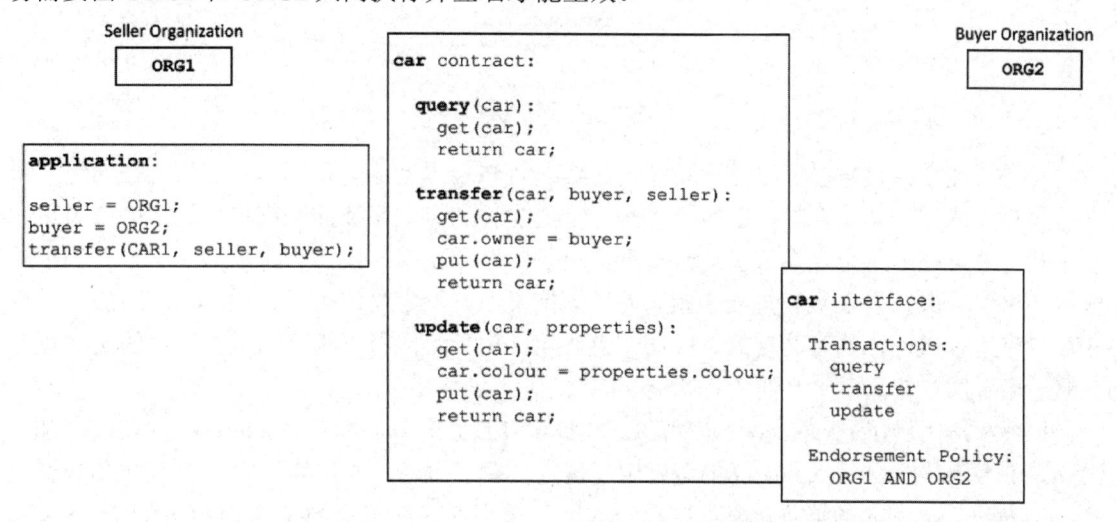

图 6-25 背书策略

背书策略是 Fabric 区别于以太坊或比特币等的特性之一。在其他系统中，网络中的任何节点都可以生成有效交易，而 Fabric 更贴近现实世界的运作模式，即交易必须由网络中受信任的组织进行验证。例如，有效的身份签发交易需由政府机构签署，车辆转让交易需由汽车的买方和卖方签署。背书策略旨在使 Fabric 能更准确地模拟这类现实世界的交互。

需要指出的是，背书策略只是 Fabric 中策略类型的一个实例，还可以定义其他策略，包括确定谁可以查询或更新账本、谁可以向网络中添加或移除参与者等。通常，这些策略应由区块链中的组织联盟事先协商确定，但它们并非一成不变，可以制定专门的策略来规定如何修改现有策略。

（4）跨链码调用。Fabric 允许组织通过"通道"同时参与多个独立的区块链。通过加入多个通道，组织可以参与"网络之网"。通道提供了一种高效共享基础设施的方式，同时保证了数据和通信的隐私性，既能帮助组织将与不同交易方对接的工作流程分离，又能在必要时协调独立活动，实现了独立性和集成性的平衡。

如图 6-26 所示，通道为组织之间提供完全独立的通信机制。当链码定义提交到通道时，链码中的所有智能合约都可供该通道上的应用程序使用。

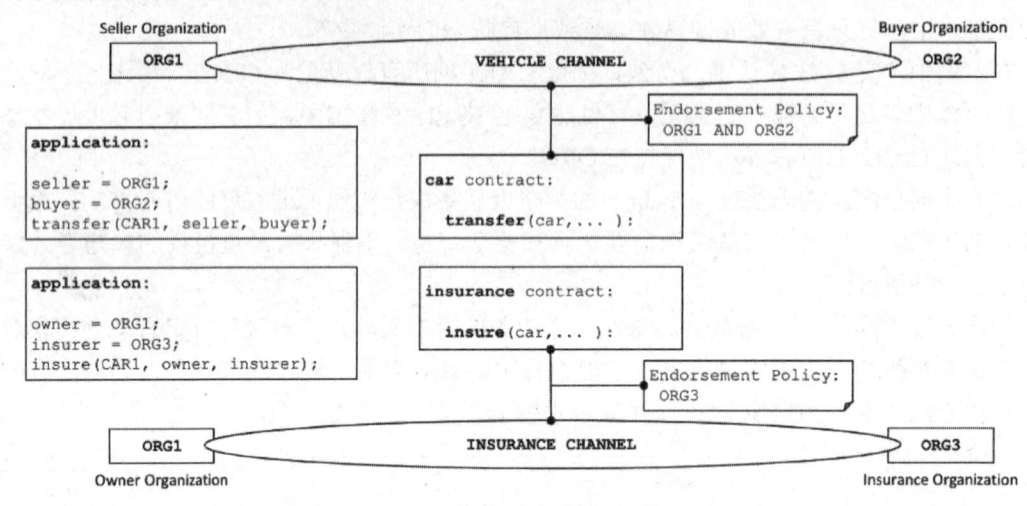

```
Seller Organization                                              Buyer Organization
   ORG1  ─────────────  VEHICLE CHANNEL  ─────────────  ORG2
                                    │
                                    │           Endorsement Policy:
                                    │             ORG1 AND ORG2
   application:                     │
   seller = ORG1;              car contract:
   buyer = ORG2;
   transfer(CAR1, seller, buyer);   transfer(car,... ):


   application:                insurance contract:
   owner = ORG1;
   insurer = ORG3;                 insure(car,... ):
   insure(CAR1, owner, insurer);
                                    │           Endorsement Policy:
                                    │             ORG3
                                    │
   ORG1  ─────────────  INSURANCE CHANNEL  ─────────────  ORG3
Owner Organization                                         Insurance Organization
```

图 6-26 通道机制

尽管智能合约代码以链码包形式安装在组织的 Peer 节点上，但通道成员只有在通道上定义链码后才能运行智能合约。链码定义是一个包含控制链码参数的结构体，包括链码名称、版本和背书策略。每个通道成员通过批准其组织的链码定义来就链码参数达成一致。当足够数量的组织（默认为多数）批准了相同的链码定义后，该定义即可提交至通道。随后，通道成员可以运行链码内的智能合约，并遵守链码定义中指定的背书策略。值得注意的是，背书策略适用于同一链码中定义的所有智能合约。

以图 6-26 为例，car contract 在 VEHICLE CHANNEL 上定义，insurance contract 在 INSURANCE CHANNEL 上定义。car contract 的链码定义规定了背书策略，要求 ORG1 和 ORG2 都签署交易，insurance contract 的链码定义仅要求 ORG3 签署交易。ORG1 同时在 VEHICLE CHANNEL 和 INSURANCE CHANNEL 上，因此可以与 ORG2 和 ORG3 协调活动。

链码定义本质上是通道成员间的治理共识工具。ORG1 和 ORG2 都希望使用 car contract 的交易，由于要求多数组织批准链码定义，因此两个组织都需要批准 AND{ORG1,ORG2} 的背书策略，否则 ORG1 和 ORG2 将批准不同的链码定义，无法将链码定义提交到通道。这一过程确保来自 car contract 的交易需要得到两个组织的批准。

Fabric 的设计理念充分体现了对企业需求的深刻理解。其架构支持多通道，为数据隔离和隐私保护提供了有力支持，可插拔的共识机制和身份管理服务则赋予了系统极大的灵活性和可扩展性。特别是其独特的链码实现，不仅支持多种编程语言，还通过精心设计的生命周期管理，确保智能合约的安全部署和有效治理。

6.4.2 Hyperledger Sawtooth

Hyperledger Sawtooth 简称 Sawtooth，是 Hyperledger 家族的重要开源项目，提供了为构建分布式账本应用设计的模块化平台。与 Fabric 类似，Sawtooth 也支持许可链场景。虽然该项目已经迁移出 Hyperledger，但其在架构设计和智能合约实现方面有重要研究价值。

1. Sawtooth 概述

Sawtooth 旨在提供企业级、高度模块化且可配置的区块链平台。它的设计理念强调与业务逻辑的分离，允许开发者自定义区块链组件，如共识算法、权限管理等。这种灵活性使得 Sawtooth 能够适配多样化的应用场景。与 Fabric 相比，Sawtooth 在交易处理和状态存储方面采用了不同的设计。Fabric 使用通道，而 Sawtooth 引入了事务族（Transaction Family）的概念，通过处理器注册表（registry）和命名空间隔离实现交易的并行处理。此外，Sawtooth 使用基于 Radix Merkle 树的全局状态存储结构，而非 Fabric 的键值对存储结构。

2. Sawtooth 架构设计

Sawtooth 的核心组件包括验证器（validator）、处理器注册表（registry）和交易处理器（Transaction Processor）。验证器负责与其他节点通信、管理区块链和分发状态；处理器注册表跟踪链上的处理器，协调交易路由；交易处理器包含处理特定交易的业务逻辑。在共识方面，Sawtooth 支持可插拔的共识机制，其默认的共识算法是消逝时间证明（Proof of Elapsed Time，PoET），这是一种可验证的随机函数，在许可链场景中能以较低计算成本达成共识。权限管理采用基于角色的访问控制（Role-Based Access Control，RBAC），允许在交易处理器级别设置读/写权限。此外，Sawtooth 支持基于身份的交易签名，增强了安全性。

3. Sawtooth 智能合约实现

（1）交易处理器。Sawtooth 中的智能合约被称为交易处理器。当交易被提交到 Sawtooth 时，验证器会根据交易类型和处理器注册表（Transaction Processor Registry）的信息，将交易分配到对应的交易处理器上执行。Sawtooth 的交易处理器具有很大的灵活性，开发者可以自定义交易类型、状态数据结构和处理逻辑。每个交易处理器通过实现 apply 方法处理特定类型的交易，可以访问和修改状态数据，进行密码学计算，或调用外部接口。多个交易处理器可以并行执行，提高交易处理效率。交易处理器之间通过全局状态实现彼此隔离，避免了数据竞争和冲突。

（2）多语言 SDK 支持。Sawtooth 支持 Python、JavaScript、Go、C++、Java、Rust 等主流编程语言开发交易处理器。这种多语言支持降低了智能合约的开发门槛，开发者可以使用自己擅长的语言来构建交易处理器。为了简化智能合约的开发，Sawtooth 为各种语言提供了完备的 SDK，封装了节点通信、编/解码等底层操作，提供了更高层的抽象接口。以 Python SDK 为例，开发者继承 TransactionHandler 类并实现 apply 方法，即可构建基本的交易处理器。SDK 还提供了状态读/写、事件处理、加/解密等辅助工具，使开发者能够聚焦于业务逻辑本身。

（3）部署与执行流程。在 Sawtooth 中，开发者只需将编写好的交易处理器注册到处理器注册表，并启动与验证器相连的交易处理器。当特定类型的交易出现在网络中时，验证器会自动调用对应的交易处理器来执行。这种即插即用（plug-and-play）的工作模式使得智能合约的部署和升级变得非常方便。

（4）状态存储优化。Sawtooth 采用了基于 Radix Merkle 树的全局状态存储结构，通过将状态数据组织为一棵巨大的哈希树，Sawtooth 实现了高效的状态读/写和快速的状态同步。智能合约可以通过地址前缀（Address Prefix）快速定位和访问自己关心的状态数据，无须遍历整个状态空间。同时，Merkle 树的密码学特性确保状态数据的完整性和不可篡改性。

Sawtooth 的智能合约体系仍在不断发展和完善之中。未来，Sawtooth 社区计划引入 WebAssembly（WASM）等新的执行环境，以进一步提升智能合约的性能和跨平台性。同时，Sawtooth 也在积极探索基于形式化验证的智能合约安全分析技术，以减少漏洞，提高系统鲁棒性。这些发展方向为 Sawtooth 注入了新的活力。

总之，Sawtooth 在智能合约的设计与实现上别具一格，其灵活务实的架构、对多样性的包容，以及对性能与安全的重视，为构建高效可信的分布式应用奠定了坚实基础。

6.4.3　Hyperledger Iroha

Hyperledger Iroha 简称 Iroha，是 Hyperledger 家族中另一个值得关注的项目。与 Fabric 和 Sawtooth 不同，Iroha 的设计目标是提供一个简洁、易用的分布式账本平台，特别适用于构建数字资产管理系统和金融应用。

1．Iroha 主要特点

（1）基于 C++实现，提供 Java、Python 等多种编程语言的 SDK，易于与现有系统集成。
（2）采用了基于 RBAC 的细粒度权限控制，提高了系统的安全性。
（3）支持高效的批量数据处理和查询，满足金融场景的高吞吐量需求。
（4）设计简洁，部署和维护成本低，适合快速构建应用原型。

相比于 Fabric 和 Sawtooth，Iroha 的设计理念更加聚焦于金融和数字资产管理的具体需求，提供优化的解决方案。同时，Iroha 也更加重视系统的易用性和可维护性，力图降低区块链的使用门槛。

2．Iroha 架构设计

（1）Torii：Iroha 网络的入口，负责处理客户端的请求，并转发给相应的模块处理。
（2）Consensus：负责交易排序和区块生成的共识模块。Iroha 默认使用 YAC（Yet Another Consensus）算法，该算法是基于 Raft 的变种，可以在存在错误节点的情况下确保网络的安全性和活性。
（3）Simulator：对客户端请求进行模拟执行，以检查其有效性，并生成状态变更集。
（4）Validator：对 Simulator 生成的状态变更集进行验证，确保其合法性。
（5）Synchronizer：负责与其他节点同步区块和交易数据，以维护全网的状态一致性。
（6）Storage：本地存储模块，采用 PostgreSQL 数据库，支持高效的数据检索和查询。

Iroha 的架构设计借鉴了传统分布式系统和数据库的经验，强调模块化解耦、并发处理，实现了较高的性能和可扩展性。同时，Iroha 采用无状态的请求/响应交互模型，降低了系统的复杂度，使其更容易理解和调试。在权限管理方面，Iroha 实现了一套完善的基于角色的访问控制机制。系统中的每个角色都拥有一组权限，控制着对特定资源和操作的访问。账户可以被分配不同的角色，从而获得相应的权限。这种细粒度的权限控制可以有效防止未经授权的操作，提高系统的安全性。

6.5 其他智能合约平台

6.5.1 EOS

1. EOS 基本概念

EOS 是 Block.One 公司开发的区块链底层公链系统，其目的是解决现有区块链应用性能低、安全性差、开发难度高以及过度依赖手续费的问题。任何团队都可以基于 EOS 以比较快的速度开发出所需要的 DApp（基于区块链的分布式应用），让用户无须支付手续费即可方便地使用，且几乎感受不到区块链的存在。

EOS 的系统设计聚焦于突破阻碍分布式应用大规模落地的核心瓶颈。持有 EOS 代币的开发者可以在 EOS 上发布一个或多个应用。EOS 对开发者的吸引力在于其可扩展性，例如，在子链、侧链和跨链技术成熟后，EOS 每秒可以处理数百万笔交易并且无须用户支付手续费。目前该领域的研究文献和研究团队越来越多。

2. EOS 的特点

EOS 与以太坊网络的关键区别在于设计理念不同。以太坊的核心设计理念之一是对所有潜在应用都表示中立，正如 GitHub 上以太坊的设计原理文档中所述的"拒绝内置任何特定应用场景功能"。这种理念降低了应用程序的复杂程度，但依然要求许多不同的应用程序进行代码重用。如果平台本身能够提供更多的常用功能，那么必然可以帮助开发者提升效率。但这种开放性也导致了 Parity 多重签名钱包等重大安全问题。从这个角度来讲，以太坊很像区块链世界的 Android 系统。

不同于以太坊的设计理念，EOS 意识到不同的应用程序存在共性的功能需求，基于这样的理念，系统内置了如下特性：①基于角色的权限管理；②用于界面开发的 RPC 自描述接口；③自描述数据库体系；④声明式许可方案。这些特性能够简化用户账户管理流程，并在权限声明、账户恢复等安全机制上形成有效防护。

EVM 交易首先由 Leap 主节点接收并完成基础验证。随后，专用 EVM 执行节点从 Leap 节点集群获取交易数据，通过重新执行交易实现 EVM 状态同步。更新后的 EVM 状态将推送至 RPC 服务节点，使其能够响应 MetaMask 等钱包客户端的标准 JSON-RPC 请求。通过解耦 Leap 主节点与 EVM 执行节点，系统实现了弹性扩展架构：新增 RPC 节点只需从 EVM 执行节点同步状态数据，无须连接维护全局状态的 Leap 节点集群。

EOS 的特点如下。

（1）标准化。系统提供标准化账户、文件命名方法、权限体系，拥有标准化的资源使用规则，提供标准化的社区治理"宪法"。标准化规则都以代码形式固化在系统底层协议里。EOS 启动时利用代码移除超级权限，并通过多重签名算法将权限移交给选举产生的 21 个超级代表节点。EOS 实现了最彻底的标准化，最大限度地去除了人为因素。

（2）强扩展性。EOS 可实现侧链扩展和跨链通信，支持并行处理，这是实现其白皮书所述百万级 TPS（每秒交易处理量）的核心技术基础。凭借跨链通信和高 TPS 特性，该系统可承载海量 DApp 并发运行，极大地增强了可扩展性。

（3）层次结构。系统构建了基础 1/0 底层规则→社区治理结构→EOS 通证经济→链上应用生态→整体投资布局的完整公链生态运转层次结构。

（4）有序性。每个层次都有明确的运行规则和共识机制保证运转，实现了统一的开发、参与、生态协同，形成了更高层次的有序作业。如果以太坊是区块链世界的 Android 系统，那么 EOS 就是区块链世界的 iOS 系统。

3．EOS 的功能特性

从功能上看，EOS 实现了很多之前未能实现的特性。

（1）高并发。曾经"以太猫"单个应用引起的高并发交易导致网络几乎瘫痪，各大交易所不得不暂停提币以缓解网络堵塞。而 EOS 采用 BitShares 之前开发的闪电网络，以实现百万级 TPS。

（2）零手续费。以太坊上运行的每行代码都要消耗 Gas，这对于早期用户来说很不友好。而 EOS 让企业承担费用，从而降低了用户进入的门槛。

（3）智能合约可升级。以太坊的每次代码升级都异常麻烦，EOS 的升级只需下载一个更新包即可。

（4）低延迟。EOS 白皮书里强调了响应速度，具有响应速度快、延迟低的特性。

（5）系统用户基础属性。EOS 提供了完备的操作系统功能模块，对开发者来说极具吸引力。开发者倾向于选择一个可以帮自己处理用户登录、权限管理、用户数据等的平台。

4．EOS 的经济模型

EOS 和以太坊使用不同的经济模型，本质上是所有权模式和租赁模式的对比。

对以太坊来说，交易中每次的计算操作、存储操作、带宽使用等都需要消耗 Gas，手续费是波动的，可以设置得非常高，因为矿工会优先处理手续费高的交易。这一现象在众筹合约中尤为显著，若手续费设置不够高，交易将无法进入打包阶段。

此外，在这种经济模型下，富有的用户可能会用高手续费交易淹没网络，引发网络拥堵，该经济模型还要求所有人在应用的开发、部署和使用过程中不停地消耗 Gas。

相比之下，EOS 会采用所有权模式，持有 EOS 代币即可拥有相应比例的网络带宽、存储空间和计算能力。这意味着如果用户拥有 1% 的 EOS 代币，无论网络其余部分负载如何，他始终可以访问 1% 的网络带宽。小型初创企业和开发者只需购买相对较小的网络份额，即可获得稳定可靠、可以预见的网络带宽和计算能力。当需要扩展应用程序时，只要购买更多的 EOS 代币即可。此外，除了首次购买 EOS 代币，没有其他的网络服务器等投入成本，也可以出售这些代币以收回初始的投资。

6.5.2 TRON

1. TRON 基本概念

波场 TRON 是由 TRON 基金会构建的区块链去中心化智能合约平台，其目标是建立一个真正去中心化的互联网，为开发者提供便捷、高效、低成本的智能合约开发部署平台，让普通用户也能便捷地使用区块链和去中心化应用（DApp）。

基于 TRON，开发者可以使用多种主流编程语言（如 Java、Python 等）快速开发出基于区块链的 DApp，且用户无须支付任何手续费即可方便地使用 DApp。TRON 旨在为 DApp 提供一个高速、高扩展性、高可用性的底层公链平台。

TRON 已经吸引了众多开发者的加入，目前基于 TRON 开发的 DApp 数量和用户数量都呈现快速增长的趋势，TRON 正在成为区块链领域的重要平台之一。

2. TRON 的特点

与以太坊强调对所有应用保持中立不同，TRON 在设计之初就认识到了优化 DApp 开发体验的重要性。TRON 通过在底层协议部署 DApp 常用的功能模块，如用户账户系统、资源管理、权限管理等，大幅简化 DApp 的开发难度，提高开发效率。同时，TRON 采用更加灵活的治理机制和激励模型，以促进生态的良性发展。

TRON 的主要特点如下。

（1）高 TPS 和可扩展性。TRON 采用改进的 DPoS 共识机制，实现上千 TPS 的交易处理能力，满足 DApp 的高并发需求。同时，TRON 支持横向扩容，可以通过增加节点数来进一步提高性能。此外，TRON 还计划通过分片、跨链等技术实现更高的可扩展性。

（2）零手续费。在 TRON 上部署和使用 DApp 都是免费的，降低了用户的使用门槛，有利于 DApp 的推广普及。DApp 的资源消耗由 TRON 基金会和超级代表节点承担。

（3）多语言支持。TRON 支持使用多种主流编程语言来开发智能合约和 DApp，如 Java、Python、Go 等，开发者可以根据自己的习惯来选择，无须专门学习新的语言。

（4）内置的基础功能。TRON 在底层协议部署 DApp 常用的功能模块，避免重复开发，提高效率。对普通用户而言，TRON 提供了一个类似于 iOS 的集成环境。

（5）灵活的治理机制。TRON 通过 28 个超级代表节点实施网络维护和治理。超级代表节点由代币持有者投票选出，定期轮换。该机制使得 TRON 在保持去中心化的同时，实现了更加高效灵活的治理。

3. TRON 的激励和经济模型

为了激励更多开发者加入 TRON 并持续贡献，TRON 采用了一套灵活的经济模型。

（1）开发者可以向 TRON 基金会和社区提交提案，有机会获得 TRX（TRON 代币）奖励。提供优秀 DApp 的开发者还可获得超级代表节点提名，有机会获得更多收益。

（2）超级代表节点通过提供稳定的网络服务获得一定比例的 TRX 奖励。优秀的超级代表节点还可获得用户投票奖励。

（3）对于普通用户，持有并锁定 TRX 可获得一定投票权，通过投票可以选出优秀的超级代表节点。此外，用户还可通过参与 DApp 来获得 TRX 激励。

6.5.3 Solana

1. Solana 基本概念

Solana 是由 Anatoly Yakovenko 于 2017 年创立的高性能、开源的区块链平台。作为专注于可扩展性的公链项目，Solana 旨在为 DApps 提供高吞吐量、低延迟和低成本的基础设施。

Solana 支持智能合约功能，允许开发者使用 Rust、C++等编程语言快速开发区块链应用。平台提供了一整套解决方案，包括高效的共识机制、并行处理技术、去中心化交易、跨链桥接等，覆盖 DApp 开发和运行的全过程。

经过多年发展，Solana 已成为全球领先的公链平台之一，在去中心化金融（DeFi）、非同质化代币（NFT）、Web3 等多个领域得到广泛应用，推动了区块链的创新，服务数字经济。

2. Solana 的特点

（1）高性能和可扩展性。Solana 采用历史证明（Proof of History，PoH）共识机制和并行处理技术，单链 TPS 可达 65000 以上，远超传统区块链系统。支持数千个节点参与，实现了高度去中心化和可扩展性。

（2）开发者友好的生态系统。Solana 为开发者提供了丰富的工具和资源，包括 Solana CLI、Anchor 框架、Solana Playground 等。支持 Rust、C++编程语言，与主流开发工具兼容，方便开发者快速构建和部署 DApp。

（3）低成本。得益于高效的网络设计，Solana 的交易手续费极低，通常不到 0.01 美元，为高频小额交易场景（如 DeFi 应用）提供了可行性支撑。

（4）跨链互操作性。Solana 实现了与以太坊等其他区块链的跨链桥接，支持资产和数据的跨链转移，极大增强了 Solana 的连通性和价值流动。

（5）丰富的 DApp 生态。Solana 上已经发展出了丰富的 DApp 生态，涵盖 DeFi、NFT、游戏、社交等多个领域。许多知名项目选择在 Solana 上构建，形成了一个繁荣的开发者和用户社区。

（6）环境友好。相比于 PoW，Solana 的共识机制能耗更低，更加环保。这使得 Solana 在可持续发展方面具有优势，吸引了更多环保意识强的开发者和用户。

6.5.4 321Chain

1. 321Chain 基本概念

321Chain 是电子科技大学交子区块链研究院独立自主研发的区块链网络系统。作为安全、高性能、灵活易用并且自主可控的区块链基础网络系统，321Chain 专注于解决用户在使用区块链时遇到的应用门槛高、实施难度大、部署复杂、运维困难、效率低下等问题。

321Chain 的核心组件包括分布式账本系统、网络系统、加密系统、共识系统、访问控制系统、合约引擎、区块链 App 开发框架七大底层部件。这些组件共同构建了一个完整的区块链网络系统，使用户能够简便、快捷、高效地构建基于区块链的服务和应用。

经过多年发展，321Chain 已在金融、物流、政务等多个领域得到实际应用，推动区块链的落地，服务实体经济。

2. 321Chain 的特点

（1）安全隐私保护。321Chain 拥有完善的用户、密钥、权限管理和隔离处理机制，采用多层加密保障，支持同态加密等隐私处理技术，具备可靠的网络安全基础能力，有效保障用户隐私与运营安全。

（2）高性能。321Chain 采用自主研发的共识算法，可实现秒级交易确认，且具备高可靠和高容错性。系统支持 7×24 小时连续运行，平均年故障时间小于 5 天，平均故障修复时间小于 4 小时。在标准环境下，区块链 TPS 可达 1000，区块平均生成时间为 1 秒。

（3）灵活易用。321Chain 针对不同业务场景，提供完备的技术开发组件，帮助用户落地，拓展更多应用场景。系统支持 Java、GoLang 等多语言 SDK 客户端访问，提供 20 多个 API 接口，可对接不同业务系统。

（4）多样化共识机制。321Chain 支持 Kafka、PBFT、RAFT 三种共识算法，可在不同的应用场景和性能要求下灵活选择。

（5）丰富的智能合约功能。321Chain 提供智能合约接口，支持合约的上传、载入、安装、卸载、管理等功能。系统支持合约模板、合约编译、合约执行、合约运行虚拟机、合约隔离沙箱等多种功能，满足不同的业务需求。

（6）可视化管理与监控。321Chain 提供区块链浏览器功能，支持区块查询、交易查询及服务监控。系统还包括工单管理、日志管理等功能，方便用户进行可视化管理和监控。

6.5.5　FISCO BCOS

1. FISCO BCOS 基本概念

FISCO BCOS 是深圳市金融区块链发展促进会开源工作组牵头研发的金融级、安全可控的国产区块链底层平台。作为最早开源的国产区块链底层平台之一，FISCO BCOS 于 2017 年面向全球开源。

FISCO BCOS 支持智能合约开发，允许开发者使用 Solidity 等主流语言快速开发区块链应用。平台提供了一整套的联盟链解决方案，包括节点接入、分布式身份管理、隐私保护等，覆盖联盟链应用落地的全生命周期。

如图 6-27 所示，整体架构上，FISCO BCOS 划分为基础层、核心层、管理层和接口层。

（1）基础层：提供区块链的基础数据结构和算法库等。

（2）核心层：实现区块链的核心逻辑，分为链核心层和互联核心层。

① 链核心层：实现区块链的交易执行引擎和分布式存储等。

② 互联核心层：实现区块链的基础 P2P 网络通信、共识和区块同步等。

（3）管理层：实现区块链的管理功能，包括参数管理、账本管理和 AMOP 等。
（4）接口层：面向区块链用户，提供多种协议的 RPC、SDK 和交互式控制台。

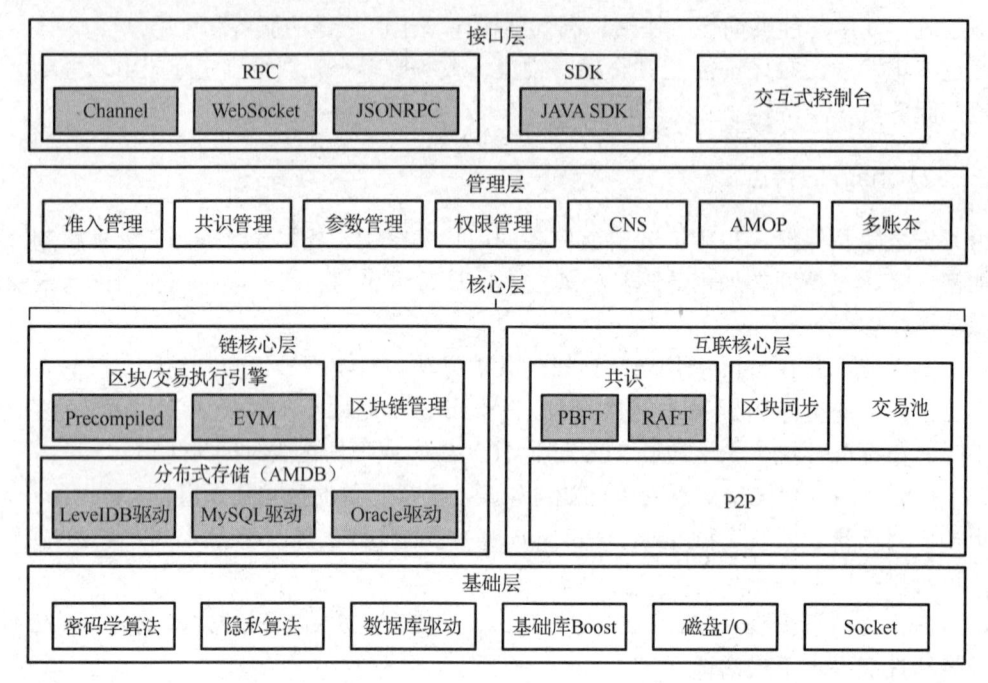

图 6-27　Fisco BCOS整体架构

2. FISCO BCOS 的特点

（1）企业级性能。FISCO BCOS 采用并行交易处理框架和多群组架构设计，单链 TPS 可达 20000 以上，满足企业级应用对区块链的高性能要求。同时支持多链并行、跨链交互等扩展方案，可实现规模化商用部署。

（2）丰富易用的开发工具。FISCO BCOS 围绕智能合约编写、编译、部署、测试等开发流程，提供了一整套配套工具，支持使用 Solidity、Java 等多种语言，方便开发者快速上手。

（3）强大的隐私保护。FISCO BCOS 内置多种隐私保护机制，包括群组可见性隔离、隐私数据分级存储等，平衡可用性和隐私性，满足企业在数据安全和监管合规方面的需求。

（4）灵活的共识机制。FISCO BCOS 支持 PBFT、Raft、rPBFT、BFT 等共识算法，可在不同的应用场景和性能要求下灵活选择。

（5）广泛的生态连接。FISCO BCOS 支持与已有系统的对接集成，提供与现有业务系统、通信协议、身份认证等企业 IT 基础设施的无缝连接，大幅降低区块链应用的集成难度，助力快速商用落地。

（6）可视化运维监控。FISCO BCOS 提供了丰富的系统监控运维工具，包括 Web 管理平台、系统监控、节点部署工具等，实现了对业务流程、系统状态、异常告警等的可视化管理，大幅提高联盟链的管理效率。

6.5.6 其他平台

1. 趣链

趣链（HyperChain）是趣链科技自主研发的新一代区块链基础设施平台。作为国内首个支持多链多协议的联盟链开发平台，趣链旨在为政务、金融、供应链、医疗、能源等众多行业提供区块链技术支持和解决方案。

基于趣链，开发者可以快速构建满足多样化业务需求的联盟链应用，提供了高性能的区块链内核、完善的开发框架和工具、灵活的部署和运维方案，并对互操作性、扩展性、数据安全进行了优化设计，显著降低联盟链应用的开发门槛和成本。

2. 长安链

长安链是国家信息中心主导开发的新一代自主可控区块链基础设施平台。作为国家级重点区块链项目，长安链旨在为政务、金融、供应链等多个重要领域提供高性能、安全可靠的区块链技术支持和解决方案。

基于长安链，开发者和企业可以高效构建符合国家标准和行业需求的联盟链应用。长安链提供了自主研发的高性能共识机制、完善的智能合约开发环境、灵活的跨链互操作机制，并在可扩展性、隐私保护和监管合规等方面进行了针对性优化设计。这些特性使得长安链能够有效降低区块链应用的开发难度和部署成本，满足大规模商用场景的性能和安全需求，为推动我国区块链技术创新和产业发展提供了重要支撑。

3. 蚂蚁链

蚂蚁链是蚂蚁集团自主研发的企业级区块链平台，致力于为金融、供应链、政务、医疗等多个领域提供高性能、安全可信的区块链技术支持和解决方案。

基于蚂蚁链，企业和开发者可以快速构建和部署满足复杂商业场景需求的区块链应用。蚂蚁链提供了高吞吐量的共识机制、丰富的智能合约开发工具、完善的隐私计算框架，并在跨链互操作、可观察性、绿色节能等方面进行了创新设计。这些特性使得蚂蚁链能够有效降低区块链应用的开发和运维成本，同时满足企业级应用对性能、安全性和合规性的严格要求，为推动区块链技术在各行业的规模化应用提供了强有力的技术支撑。

6.5 节介绍了 EOS、TRON、Solana、321Chain、FISCO BCOS 等国内外有代表性的智能合约平台。这些平台或专注于特定领域，或在性能与可扩展性上有独到之处，体现了智能合约的多样性和发展活力。

然而，智能合约的发展远不止于此。国内外还涌现出一大批极具潜力的智能合约平台，如博雅正链、BSN（区块链服务网络）、汉邦链、天河链等。这些平台在共识机制、隐私保护、跨链交互等方面进行了有益的探索和创新，为智能合约注入了新的活力。

读者可以根据自己的兴趣和需求，选择感兴趣的平台进行学习和实践。通过阅读平台的官方文档和源代码、运行示例项目、参与社区讨论等，可以更深入地理解平台的设计理念、工作原理和开发流程，积累宝贵的智能合约开发经验。

6.6 智能合约安全

6.6.1 智能合约常见漏洞

以太坊图灵完备的智能合约使得用户可以方便地创建各类去中心化应用，但与此同时也增加了安全风险。一方面，智能合约的开发比较灵活，只要具备一定的计算机基础都可以创建或调用智能合约，但是如果开发者缺乏对底层运行机制和原理的理解，很容易出现安全问题。另一方面，智能合约被部署之后，一旦出现安全漏洞，由于区块链数据具有不可篡改性，无法通过打补丁或更新的方式来修补漏洞，大多数情况只能采取禁用合约等手段来防止损失扩大。对于造成较大经济损失的智能合约，可以采取硬分叉的方式来规避，但是硬分叉涉及的参与者太多，需要获得大多数节点的共识。因此，相比传统的软件漏洞，智能合约漏洞所造成的经济损失更加惨重。大部分的智能合约漏洞出现的原因是开发者在编写智能合约时，安全要素考虑有疏漏，埋下安全隐患，有部分智能合约漏洞出现的原因是攻击者有意识地在智能合约中设置一定的陷阱以牟取经济利益。如图6-28所示，根据慢雾科技发布的《2024上半年区块链安全与反洗钱年度报告》，2024上半年区块链安全事件造成的经济损失高达14.33亿美元，其中智能合约漏洞以46.8%的占比位居风险首位，且损失规模呈持续增长态势。

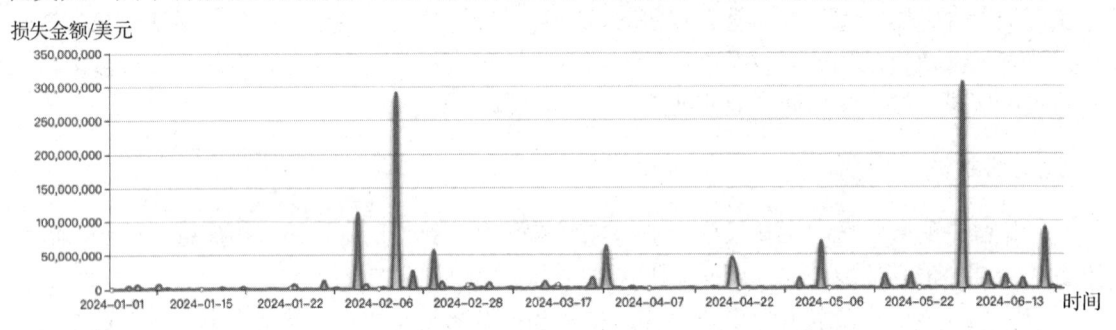

图 6-28　2024上半年区块链安全事件造成的经济损失

智能合约中涉及大量有价值的数字货币，使其容易成为攻击者的目标，典型案例包括The DAO攻击、BEC代币整数溢出漏洞与SMT智能合约漏洞。近些年已经发生了多起智能合约重大安全事件，如表6-1所示。

表 6-1　智能合约重大安全事件

时　间	事　件	经 济 损 失
2016年6月17日	区块链最大的众筹项目The DAO遭到可重入攻击,导致用户的余额被转入攻击者地址	300多万个ETH被分离出资产池,造成6500万美元的经济损失
2017年11月18日	以太坊Parity钱包出现多签名钱包漏洞	上亿美元被冻结且多重签名智能合约无法使用
2018年4月22日	BEC美蜜合约因溢出漏洞而遭到黑客攻击	BEC价格几乎归零,损失金额约10亿美元
2018年8月22日	GOD.GAME合约因溢出漏洞而遭到黑客攻击	以太坊总量被归零

2016年6月17日，以太坊中的去中心化众筹项目 The DAO 遭到黑客攻击，该项目是去中心化自治组织（Decentralized Autonomous Organization，DAO）的典型项目，由以太坊爱好者共同发起，被称为史上最大的众筹项目，类似于风险投资基金运作的去中心化项目。该组织中没有中心化的管理机构，投资者拥有更多的控制权和自主权。此次攻击利用了智能合约中的可重入漏洞，导致300多万个 ETH（总价值约6500万美元）被转走，成为智能合约漏洞的一个典型案例。

2018年7月，数字加密货币交易平台 Bancor 遭到内部攻击，管理员密钥被窃取，导致价值1250万美元的 ETH 丢失。这主要因为部分智能合约中设定了管理员角色，该角色的权限非常高，可以更新用户的账户功能，一旦管理员密钥被盗用或存在"内鬼"，则相应的所有数字加密货币都将丢失。据统计，此前有342个代币合约存在管理员角色。

上述案例表明，智能合约漏洞有些是开发者无意添加的，有些是未遵循编码规范导致的，也有些是故意嵌入的。智能合约中任何一行代码、一个函数或一个特性设计的缺陷，都可能造成惨重的经济损失，因此智能合约的安全问题不容忽视。目前，智能合约主要的漏洞包括交易顺序依赖漏洞、时间戳依赖漏洞、异常处理漏洞、竞态条件漏洞、整数操作漏洞、基于块 Gas 限制的漏洞、call 注入漏洞等。下面对几种典型的漏洞进行解析。

1. 交易顺序依赖漏洞

交易顺序依赖漏洞（Transaction-Ordering Dependence Vulnerability）又称 Front-running 攻击，是一种因交易执行顺序差异导致智能合约产生非预期结果的漏洞。具体地说，针对同一智能合约，假设在同一段时间内产生了两笔交易 T1 和 T2，且两笔交易都针对相同的变量执行了某个操作。矿工在打包交易时，可以自主选择执行的先后顺序，即两笔交易被写入区块链的顺序是由产生新块的矿工决定的，用户本身无法控制。然而，不确定的执行顺序会导致执行结果存在截然相反的结果。

交易发送后会先存入交易池中，区块链节点在共识过程中会从交易池中按照规则选取一批交易放入新块中，此时该新块还没有被确认为最终块，不同节点选取的交易及其排序都是不固定的，因此智能合约所执行的函数顺序也是不可预测的。一般矿工会选择 Gas 高的交易放入新块中，这样攻击者可以通过提高 Gas 使得其交易在其他交易之前被写入，进而影响智能合约最终的执行结果。

MarketPlace 合约是一个关于股票市场的去中心化应用，声明了两个变量 price 和 stock，以及两个功能函数 updatePrice 和 buy。updatePrice 函数用来更新 price，仅合约所有者可以修改。buy 函数代表用户从智能合约中购买股票，可以看出用户购买股票的数量是与 price 相关的，所有用户可公开调用。智能合约的其他功能进行了省略，包括购买股票之后需要进行转账操作。MarketPlace 合约的具体代码如下：

```
contract MarketPlace {
    uint public price;
    uint public stock;
    …
    function updatePrice(uint _price) {
```

```
            if(msg. sender == owner)
                price = _price;
}
function buy(uint quant) returns(uint) {
            if(msg.value<quant * price||quant>stock)
                throw;
            stock -=quant;
            …
}
        }
```

可以看出，buy 函数和 updatePrice 函数的执行顺序将会影响交易结果，导致用户所购买股票的数量与预期值相差巨大。如图 6-29 所示，假设当前 stock 的单价是 3ETH，假设用户调用 buy 函数购买 stock 并发送一笔交易，若用户余额有 18ETH，他可以购买 6 个 stock。此时，合约所有者调用 updatePrice 函数修改 price 值为 9，并通过稍高一些的 Gas 使得修改 price 的这笔交易被优先确认，就会导致用户的 buy 函数按新的价格执行，最终只能购买 2 个 stock。实际上，合约所有者可以任意修改 price 值，将用户账户的余额全部清零。当同一智能合约的短时间内收到多笔关联交易时，交易顺序依赖漏洞很容易出现。

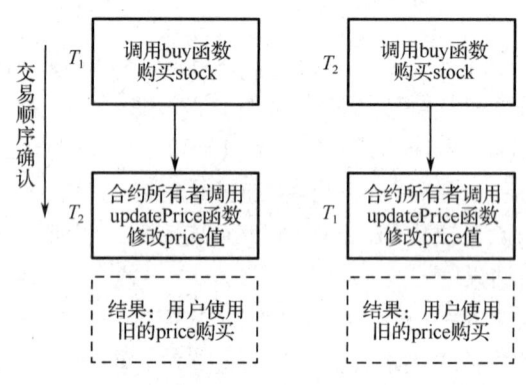

图 6-29 MarketPlace 合约中的交易顺序依赖漏洞

2. 时间戳依赖漏洞

时间戳依赖漏洞（Timestamp Dependence Vulnerability）是指智能合约中依赖当前区块的时间戳进行状态变量的修改或操作触发而引起的漏洞。在用户转账过程中，若智能合约通过当前时间与初始时间的差值作为转账条件，不同节点之间允许存在时间同步误差，当节点验证最新挖出的区块时，除了验证区块内交易等内容的有效性，还会验证区块的时间戳，如果该时间戳与自己本地的时间戳相差不大，则该区块被确认有效。然而，不同矿工之间无法做到时间戳完全同步，以太坊允许节点时间戳存在 900 秒（15 分钟）的偏差，如果合约创建者选择时间戳作为操作的触发条件，往往会造成较大的误差。在 Random 合约中，变量 salt 是当前区块的时间戳。在 random 函数中，为了生成随机数的 seed 值，需要以 salt 作为计算值。显然，不同矿工产生的 salt 值不同，导致该函数的执行结果依赖于最终产生区块的节点时间戳。如果恶意矿工为了获得有利于他的条件，可以在 900s 的范围内随机定义本地时间戳，从而影响合约的执行结果。Random 合约的具体代码如下。

```
contract Random {
uint private Last_Payout=0;
uint256 salt=block.timestamp;
function random returns (uint256 result){
uint256 y=salt*block.number/(salt*85);
uint256 seed=block.number/3+(salt %300)+Last_Payout+y;
//h=the blockhash of the seed-th last block
uint256 h=uint256(block.blockhash(seed));
//random number between 1 and 100
return uint256(h%100)+1;
}
    }
```

3．异常处理漏洞

异常处理是计算机编程语言或计算机硬件中的一种安全保障机制，专门用来处理超出代码正常流程范围的异常情况。通过对异常情况进行处理，可实现对非法参数输入的有效控制。在智能合约中，如果异常处理的方式不正确，也会影响到智能合约的安全性。异常处理漏洞（Mishandled Exceptions Vulnerability）是指在合约中没有对异常情况进行有效处理而引发的漏洞。例如，在 Solidity 中，用户可以通过 call 方法调用外部合约函数，当调用异常时，可以通过 throw 命令抛出异常信息，终止执行。然而，已部署的智能合约在编写过程中并没有对函数调用进行异常处理，也没有对返回结果进行验证，导致智能合约错误执行。比较典型的触发异常的条件如下。

（1）Gas 耗尽（out-of-Gas）异常：由于智能合约实际的 Gas 消耗是非确定的，如果在执行过程中预设的 Gas 耗尽，则会导致执行异常。

（2）主动回滚（throw）异常：执行到定义的 throw 时会抛出异常，被调用的智能合约会立刻终止执行并且回滚到此前的状态，返回失败。

（3）栈溢出异常：EVM 限定调用栈深度为 1024。随着每次的消息调用，栈深度会增加 1。若栈深度达到 1023 继续调用，将导致执行失败。

Gas 耗尽异常是智能合约最常见的异常触发条件。栈溢出异常可以被主动触发，攻击者（区块链节点）可使栈深度达到 1023，当再次调用时会导致异常。此外，触发异常的方式还包括除法中分母为 0 或数组超出界限等。KingOfTheEtherThrone 合约中就存在异常处理缺陷导致的漏洞，具体代码如下。

```
contract KingofTheEtherThrone{
struct. Monarch{
//address of the king.
address ethaddr;
string name;
//how much he pays to previous king
uint claimPrice;
```

```
uint coronationTimestamp;
        }
Monarch public currentMonarch;
//claim the throne
function claimThrone(string name) (
…
if (currentMonarch.ethaddr !=wizardAddress)
currentMonarch.ethaddr.send(compensation);
…
//assign the new king
currentMonarch=Monarch(
msg.sender, name,
valuePaid, block.timestamp);
    }
}
```

KingOfTheEtherThrone 合约是支持用户竞争成为以太币国王（Monarch）的智能合约。在函数 claimThrone 中，使用 send 函数向前一个国王转账，如果转账成功，则新用户（msg.sender）就可以成为下一任国王。由于并没有对 send 函数的返回结果进行验证，即使转账操作失败，也会执行国王角色的交替，导致现任国王既没有收到补偿又失去了国王的位置。造成 send 函数返回失败的方式可以有两种：Gas 耗尽异常和栈溢出异常。

（1）Gas 耗尽异常：国王的地址并不是普通的账户地址，而是合约地址，当发送一笔交易给该合约时，由于会执行一些函数操作，相比于普通的账户地址，所消耗的 Gas 会更多，但是该合约并不清楚在调用 claimThrone 函数时需要多少 Gas，可能存在 Gas 耗尽的情况，导致账户状态没有发生改变，而现任国王将失去国王的位置。

（2）栈溢出异常：攻击者在发起攻击前，首先构造 1023 次嵌套调用，然后发送交易给 KingOfTheEtherThrone 合约，调用 claimThrone 函数。由于调用栈溢出异常导致执行异常，而函数中没有进行返回值检查，函数会继续执行，这样现任国王既没有收到补偿又失去了国王的位置。通常情况下，如果调用用户自己定义的合约函数，出现异常的概率会更大，一些恶意用户甚至故意定义存在漏洞的合约函数让其他用户调用。

总而言之，以太坊去中心化应用没有权威的第三方对智能合约的内容进行审核把关，为了保证不出现异常，需要在函数调用时做好异常处理以及返回值检查。

4．竞态条件漏洞

竞态条件漏洞（Race Condition Vulnerability）是指因操作时序不当导致系统产生非预期行为的缺陷。一般地，当有多个进程（或线程）同时获取或修改同一状态变量时，若执行结果依赖于操作顺序，就称为存在竞态条件漏洞。

在 Solidity 中，竞态条件漏洞表现为在不同合约或函数之间针对同一状态变量进行的攻击，以太坊目前并不支持真正意义的并行处理，然而在逻辑上，不同合约或函数之间却依然存在针对共享状态变量的竞争，也就必然存在竞态条件漏洞。智能合约允许调用外部合约来执行本地的功能函数，但如果该外部合约为恶意攻击者创建的合约，那么攻击者可以利用竞态条件漏洞来竞争该合约的控制权，从而接管当前合约的执行流程，影响合约的正常执行。目前存在两种比较典型的竞态条件漏洞：可重入攻击漏洞（Reentrancy Vulnerability）和跨函数竞态条件攻击漏洞（Cross Function Race Condition Vulnerability）。

（1）可重入攻击漏洞。

可重入性是指针对一个函数在同一时间多次发起调用。在智能合约中存在一种特殊的函数，它既没有函数名和输入参数，也没有输出参数，在合约调用过程中，如果没有函数类型与指定的函数类型相匹配（或没有提供调用数据），它就会被执行，这个函数就是 fallback 函数。此外，当合约地址可以接收以太币时，该函数也会被执行，此时 fallback 函数需要被标记为 payable，代表函数可以接收外部发到合约账户上的 ETH，否则无法正常接收 ETH。一般在合约内部调用 fallback 函数所需要的 Gas 非常低，但如果从外部合约调用则需要消耗较高的 Gas，这是因为需要对调用的智能合约进行有效性验证。fallback 函数的示例代码如下。

```
contract Fallbacksample{
    function () payable{
        …
    }
}
```

可重入攻击漏洞是指攻击者通过发送一笔交易，利用合约函数执行顺序的漏洞，通过递归调用导致合约账户余额异常耗尽的攻击方式。在 Solidity 合约中，攻击者可以利用 fallback 函数和 call 函数来实现可重入攻击。简单来说，攻击者自己设计一个智能合约，该合约中定义一个 payable 的 fallback 函数，通过在该函数内部递归调用正常合约的转账函数，使其重复执行，进而使得转账执行多次。

以 The DAO 攻击为例，其总众筹金额达到 1.5 亿美元，通过以太坊平台将 ETH 锁定在智能合约中，每个参与者根据众筹的出资额获得相应的代币，用来对项目进行审查以及投票。由于遭受可重入漏洞攻击，导致超过 300 万个 ETH 被盗取。在了解 The DAO 攻击之前，需要明白智能合约中的转账操作方式。

在 Solidity 合约中，有 3 种函数可以实现合约之间的相互转账，单位为 Wei，在执行过程中稍有区别。

① addr.transfer：限制 Gas 最大为 2300，如果转账失败则抛出异常信息。

② addr.send(uint256 amount) returns(bool)：限制 Gas 最大为 2300，如果转账失败则返回 false。

③ addr.call.value：无 Gas 限制，如果转账失败则返回 false。

The DAO 合约的 withdrawRewardFor 函数具体代码如下。

```
function withdrawRewardFor(address_account) noEther internal returns (bool success)(
if ((balanceof(_account) *rewardAccount.accumulatedInput()/ totalSupply<paidout[_account])
throw;
uint reward=(balanceof(_account)*rewardAccount.accumulatedinput ())/ totalsupplypaldout[_account];
if (!rewardAccount.payout(_account，reward))
```

```
    throw;
    paidout[_account]+-reward;
    return true;
  }
```

The DAO 合约受攻击的代码在 withdrawRewardFor 函数的第 5 行。该行调用 payOut 函数，向地址 _account 转入数量为 reward 的 ETH。payOut 函数是在 ManagedAccount.sol 合约中定义的函数，主要功能为通过智能合约的业务规则判断是否满足转账条件。

payOut 函数的具体代码如下。

```
function payOut (address_recipient, uint_amount) returns (bool){
  if (msg.sender != owner||msg.value>01|(payOwneronly &&_recipient!=owner))
  throw;
  if (_recipient.call.value(_amount)()){
  payOut(_recipient,  amount);
  return true;
  }else{
  return false;
    }
      }
```

第 5 行代码是向接收者地址 _recipient 转入 _amount 个 ETH，使用的是 addr.call.value 函数，由于没有 Gas 限制，可以被攻击者循环利用，以发起攻击。

The DAO 攻击的主要流程如图 6-30 所示。首先，攻击者创建一个攻击者合约，在其中复写 fallback 函数，用于回调 The DAO 合约。在攻击者合约中初始化一个合法的 withdrawal，调用 The DAO 合约的 withdrawRewardFor 函数，在 withdrawRewardFor 函数中执行转账操作。根据 fallback 函数的特性，当该合约收到转账时会自动执行 fallback 函数，而攻击者在复写的 fallback 函数中又重新调用 withdrawRewardFor 函数，导致 The DAO 合约继续给攻击者合约转账，该过程持续循环（虚线内），代币将被持续转出。

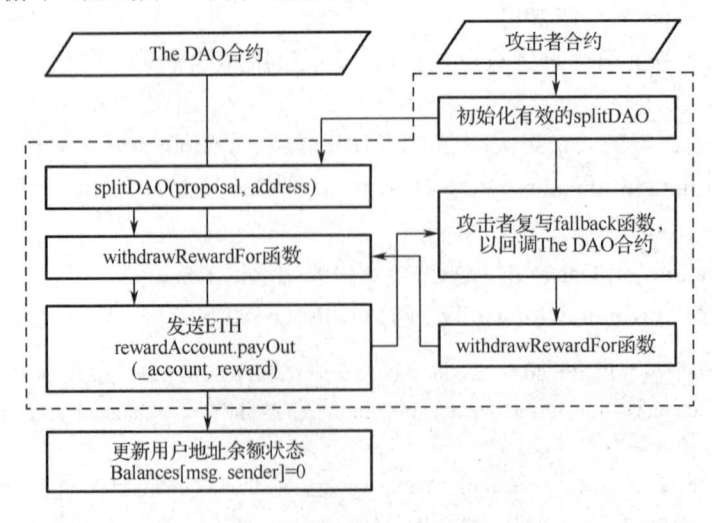

图 6-30 The DAO 攻击的主要流程

简化版的攻击者合约代码如下，通过复写的 fallback 函数重新调用 withdrawRewardFor 函数，进而实现对 The DAO 合约的重入调用。

```
contract AttackDAO{
address owner;
constructor() public{
owner-msg.sender;
}
function withdrawRewardFor (address _addr) public{
splitDAO(_addr).withdrawRewardFor();
}
function () public payable{
if (address.this).balance<99999 ether{
withdrawRewardFor(msg.sender)
}
 }
}
```

在 fallback 函数中，攻击者通过回调 withdrawRewardFor 函数实现递归调用攻击。为了避免无限调用 fallback 导致 Gas 耗尽，攻击者可以自定义递归的次数 account，攻击者也可以向合约地址存入代币。然后，攻击者可以调用 withdrawRewardFor 函数向 The DAO 发起交易，在 withdrawRewardFor 函数中，函数调用的是 The DAO 合约的 withdrawRewardFor 函数，将一定数额的代币转给攻击者，执行完 payOut 函数后，该合约会自动触发攻击者合约的 fallback 函数，这样又会递归调用 The DAO 合约的 withdrawRewardFor 函数进行转账，重复循环 99999 次，从而不断地将 The DAO 合约账户中的代币转走。

（2）跨函数的竞态条件漏洞。

可重入攻击是通过递归调用同一函数实现的竞态条件攻击，跨函数竞态条件攻击漏洞是在调用智能合约中某个函数的过程中，在外部同时调用另一个函数，假设这两个函数依赖于共同的状态变量，这样攻击者可以借助该状态变量的中间态来完成攻击。TokenTransfer 合约建立了一个通证管理系统，用户可以在该合约中用以太币购买通证，具体代码如下。

```
contract TokenTransfer{
mapping(address=>uint) private userBalances;
...
function transfer(address to,  uint amount){
if (userBalances[msg.sender]>=amount){
userBalances[to]+=amount;
userBalances[msg.sender]-=amount;
}
        }
            function withdrawBalance() public {
                uint amountToWithDraw=userBalances[msg.sender];
                if(!(msg.sender.call.value(amountToWithDraw))){throw;}
```

```
            userBalances[msg.sender]=0;
        }
}
```

代码中主要罗列了两个函数：transfer 和 withdrawBalance。transfer 函数是将数量为 amount 的通证转移至目标地址（to），withdrawBalance 函数用来将以太币存入交易发送者账户中。在该合约中，攻击者可以首先构造一个攻击者合约，并复写 fallback 函数，在 fallback 函数中调用 TokenTransfer 合约中的 transfer 函数。当攻击者调用 withdrawBalance 函数取款时，假设 msg.sender 为攻击者合约，当执行到 msg.sender.call.value 时，会自动触发执行攻击者合约中的 fallback 函数，而此时还未执行第 13 行，因此攻击者的存款状态并未修改。攻击者不仅可以将钱取走，还可以通过 transfer 函数再次转移通证。这种攻击常发生在多个函数之间，或多个智能合约之前。

5．整数操作漏洞

整数操作漏洞是指智能合约中由于整数变量存在取值范围限制，如果在运算过程中超出该范围（溢出），会导致程序执行异常而遭受攻击。Solidity 合约中没有提供有效的整数溢出检测机制，主要会导致以下三类问题。

（1）算术运算错误。

算术运算错误是指算术运算结果超出定义的整数类型的范围，称为整数上溢和下溢。依据运算的类型，整数溢出又可分为乘法溢出、加法溢出和减法溢出。以太坊中定义了多种无符号整数类型，包括 uint8、uint16、uint32、uint256，这些都是有范围限制的。若将变量 a 被定义为 uint8，则其能存储的范围是 [0，255]。如果将 256 赋值给变量 a，则进位加 1 后计算结果上溢为 0，同理，如果将 -1 赋值给变量 a，计算结果将下溢为 255。

算术运算错误容易发生在智能合约中的变量公开可修改的情况下。若智能合约中的状态变量被声明为公开可修改，攻击者可能通过恶意输入触发溢出。较小值的整数类型更容易出现上溢问题，如 uint8、uint16。算术运算错误还会发生在除法或模运算中分母为 0 的情况下。因此需要额外注意对整数变量的更新操作，可以定义符合应用场景的最大整数类型，同时，对变量的修改需要权限级别较高的用户进行操作。

整数上溢漏洞具体代码如下，add 函数实现的功能是将两个 uint32 类型的变量相加，由于返回结果定义同样为 uint32 类型，这样极易出现溢出的情况。为防止算术运算错误导致的漏洞，可以在计算前对输入数据进行有效性验证，还可以使用 Solidity 合约中的标准库函数来实现安全运算，如 SafeMath 合约。

```
function add(uint32 a.uint32 b) public returns(uint32) {
    return a+b;
        }
```

（2）整数截断错误。

整数截断错误是指将一个整数类型转换为一个范围较小的整数类型时出现精度丢失。整数截断错误的示例代码如下，如果用户的输入大于转换的整数类型的范围，那么预期的输出结果也会不一致，如果涉及用户账户更新的相关操作，这种错误将造成较大危害。

```
mapping(addreas->uinLB)balance;
function() public payable {
balance[mag.aender]=uint8(msg.value);
}
```

（3）类型转换错误。

在将有符号整数类型（int）转换为相同长度的无符号整数类型（uint）的过程中，可能出现将负数值转换为正数值的情况，这就是类型转换错误。类型转换错误示例代码如下，输入类型为 int 类型，函数以输入数值大小作为条件来判断是否执行转账操作。由于攻击者可公开调用该函数，如果输入一个负数值，满足 if 判断条件，将实现错误的逻辑处理，因为负数值被转换成了无符号整数类型的整数值。

```
function withdrawonce(Int amount) public {
if(amount>1 ether II transferred[msg.sender]){
revert();
        }
msg.sender.transfer(uint(amount));
transferred[msg.sender]=true;
}
```

6. 基于块 Gas 限制的漏洞

通常而言，矿工会优先将 Gas 较高的交易数据打包至新块中。通过计算输入数据大小、执行指令等操作来计算交易所需的 Gas，如果实际消耗的 Gas 未超过限制，则交易被正常处理；如果实际消耗的 Gas 超过限制，该交易所有的操作都被撤销，但是已消耗的 Gas 会支付给矿工，未被使用的则退还给用户。这种情况下，攻击者可以利用 Gas 限制实现 DoS 攻击。具体地说，攻击者可以发起一笔交易修改函数中的变量值，如 for 循环的层数，使得交易消耗的 Gas 超过限制，这样该函数执行会一直处于 Gas 耗尽异常状态而无法被正确执行。针对基于块 Gas 限制的漏洞的攻击示例代码如下。

```
contract DistributeTokens {
address public owner //gets set somewhere
address[] Inventors: //array of inveators
uint[]InvestorTokens;//the amount of tokens each investor gets
//···extra tunctionality, including transfertoken()
function invest() public payable {
Investors.push(msg.sender);
investorTokens.push(msg.value *5);//5 timea the wei sent 1
        }
function distribute() public(
require(msg.sender=-owner);//only owner
for(uint i=0;i<investors.length; i++)(
//here transferTokens(to.amount) transfers "amount" of tokens to
//the address "to"
```

```
            transferToken(investors[i],    investorTokens[i]);
                    }
                }
        }
```

上述代码中，investors 为投资者数量，是一个可变长数组，通过 invest 函数可以修改 investors 的长度。攻击者可以发起 DoS 攻击，不断调用 invest 函数增加 investors 长度（消耗一定 ETH）。如果 for 循环增加到一定次数，distribute 函数消耗的 Gas 将总是超过区块的 Gas 限制，那么 distribute 函数会一直处于 Gas 耗尽异常状态而一直无法执行成功，导致其正常功能实现受到影响。

7. call 注入漏洞

针对 call 注入漏洞的攻击主要发生在合约之间相互调用的过程中。为了提升开发效率，Solidity 合约通过 call 函数簇在合约之间相互调用，主要包括 3 种方法。

（1）<address>.call(…)returns(bool)。

（2）<address>.delegatecall(…)returns(bool)。

（3）<address>.callcode(…)returns(bool)。

以上方法支持传入任何长度及类型的参数。在合约调用过程中，内置变量 msg 会随着调用的发起而发生状态变更。call 函数是最常用的调用方法，当执行该函数时，内置变量 msg 会被修改为调用者，执行环境也切换到调用者的执行环境。常用的调用方式有如下两种。

① <address>.call(function_selector, arg1, arg2, …)。

② <address>.call(bytes)。

address 是合约地址，call 函数执行该合约地址下的某函数。第一种方式通过参数传递函数选择器和参数，第二种需自行构造包含函数签名和参数的字节数组。一般跨合约调用的执行者会使用 msg.sender 全局变量来获取调用者的以太坊地址，以支持条件的逻辑判断。在这种情况下，攻击者可以利用 call 函数进行注入攻击。例如，在智能合约中会经常判断调用者身份是否为创建者身份，然而攻击者可以利用其他可公开调用的函数绕过该限制。针对 call 注入漏洞的攻击示例代码如下。

```
contract CallInstance{
address owner;
function callData(bytes data){
this.call(data);
}
function operation() public{
require(owner==msg.sender);
//secret operations
...
}
}
```

在 CallInstance 合约中，callData 函数是公开可调用函数，读取用户的输入数据 data；

operation 函数是合约创建者才能执行的函数，但是攻击者可以通过其他函数来绕过该限制，从而越权操作。具体地说，攻击者可以在 callData 函数中构造一份 data 数据，将 operation 函数设定为选择器，这样在 call 函数的调用过程中会执行 operation 函数，msg.sender 也会切换为创建者身份，攻击者就可以绕过身份限制，以创建者身份来执行后续的操作。总而言之，call 函数为智能合约的相互调用提供了便利，但是也带来很大的安全问题，攻击者可以利用 call 函数来绕过很多限制条件。

6.6.2 漏洞规避措施

通过 6.6.1 节的学习，读者已了解智能合约存在的诸多漏洞，稍有不慎就会导致合约执行结果与预期相差很大。智能合约的开发与其他编程语言不同，在出现漏洞时很难通过打补丁的方式进行补救，可能会给用户造成巨大的经济损失。以以太坊的 Solidity 合约为例，为了防止已知和未知的安全漏洞，不仅需要了解 Solidity 合约在 EVM 中的运行原理，同时要了解和学习新的开发思维以应对潜在的风险。整体上需要注意以下三方面。

首先，为了保证合约代码的简洁性，不宜将大量业务逻辑都放在智能合约中执行，可以将上层与应用相关的代码放在区块链外面，如通过 Web3j 方式，将部分应用逻辑用 Java 语言实现，将真正需要建立在去中心化逻辑上的代码放在智能合约中执行。另外，参照软件开发的设计原则，每个函数实现的功能是单一的，不同函数之间保证低耦合性，使得每个函数可以基于模块化的形式被其他函数或合约调用。

其次，Solidity 的功能以及安全性都还在演进过程中，因此需要及时跟进以太坊社区关于 Solidity 的最新安全进展，如果发现新的安全漏洞，可以及时地检查自己部署的智能合约，尽可能快速地修复漏洞，规避风险。此外，需要保证合约执行过程具备一定的容错性，在发现错误时可以规避或停止运行，针对账户管理的风险尤其要注意。应尽量规避对外部合约的调用，针对未经过严格审查和测试就发布的智能合约更需要重点关注。

最后，从传统软件工程的角度设计和开发智能合约。一个较为完善的智能合约需要按照"高内聚、低耦合"的原则，实现功能模块化，充分利用已有的规范代码，减少有风险的开发。从智能合约的架构考虑，功能模块化和代码重用审查是验证合约规范性的主要方式。

下面针对 6.6.1 节中提到的 7 类关键漏洞介绍规避措施。

（1）针对交易顺序依赖漏洞，可以通过构造测试用例对智能合约的所有函数进行测试。给定相同的输入数据，在交易确认顺序上设置不同的 Gas 费来实现不同顺序的交易验证。通过这样的方式可以查看智能合约的最终状态是否一致，如果不一致则说明智能合约存在交易顺序依赖漏洞。可以在函数中增加前置条件校验模块，验证合约状态与预期的一致性，仅当条件满足时才允许继续执行。

（2）针对时间戳依赖漏洞，在智能合约中尽量避免以时间戳（包括其他非确定性值）作为判断依据或依赖值，通常情况可以采用块高度（Block Height）进行判断。用块数量乘以平均出块时间来计算时间间隔。

（3）针对异常处理漏洞，Solidity 支持异常捕获功能，对合约中可能存在的异常行为，包括无效输入、非法计算等，考虑是否由本段程序自行处理，或让外层程序知晓并处理。如果为本段程序处理则添加 try-catch 结构，否则通过 throw 语句将该异常抛出。

（4）针对竞态条件漏洞，可以通过 Solidity 推荐使用的"检查-生效-交互（Checks-Effects-Interactions）"模式，即在与外部合约或函数进行交互之前，首先进行有效性验证，确认函数调用者的身份、所用参数是否符合规定取值范围、是否发送了足够的以太币、用户是否具有执行权限等。此外，需要先进行状态变量的更新，再执行合约或函数之间的交互。竞态条件漏洞"检查-生效-交互"的具体代码如下，将 userBalances 状态变量的更新放在 if 检查之前，这样攻击者无法通过重入回调的方式对合约账户进行攻击。

```
function withdrawBalance(){
var balance=userBalances[msg.sender];
if (userBalances [msg.sender]<-0)(
throw;                              //检查
}
userBalances[msg.sender]=0;         //生效
if (! (msg.sender.call.value(balance)())){   //交互
throw;
        }
}
```

（5）针对整数操作漏洞，可以采用两种方式来规避。首先，可以通过静态的整数溢出检查判断输出是否在合理的范围内，再进行赋值。这样虽然会增加消耗的 Gas，但相比潜在的安全漏洞而言微不足道。此外，用户还可以利用标准库合约函数对整数进行安全性检查，SafeMath 合约使用了内建的 require 函数和 assert 函数来检查基本的算术运算是否会发生溢出。一旦发生溢出，require 函数和 assert 函数会自动触发事务回滚机制。

（6）针对基于块 Gas 限制的漏洞，为了保证交易中的 Gas 消耗不超过限制，应尽量避免让外部用户调用包含循环操作的函数，严格限制循环遍历总次数的修改权限。此外，开发者应该掌握减少 Gas 消耗和字节码占用的方法。例如，通过调用现有的库函数使得某些函数逻辑不存在于本合约中，减少合约的字节码占用。另外，针对函数变量可以不设置初始值、使用言简意赅的字符串作为标识、减少对外部合约或函数的调用等。

（7）针对 call 注入漏洞，call、delegatecall、callcode 三种调用方法的灵活性非常大，并且在调用过程中会伴随内置变量 msg 的变化，这给攻击者带来了极大的操作空间，因此在合约设计中需要谨慎使用。此外，call 和 callcode 可以改变 msg，导致智能合约中的条件判断被绕过，代币被窃取，因此不能轻易地使用本合约地址作为可信地址。同时，delegatecall 和 callcode 会将目标代码切换到本地环境执行，因此要对调用的函数进行细粒度限制，避免对任意函数的调用。

6.6.3 形式化验证

1. 定义

形式化验证是指根据形式化规范评估系统正确性。简言之，形式化验证可以检查系统的行为是否满足某些要求。系统（本章中为智能合约）的预期行为使用形式化模型来描述，而规范语言为创建形式化属性提供支持。形式化验证可以验证智能合约的实现是否符合规范，并提供数学证明。若符合规范，则称其"功能正确""设计正确"或"构建正确"。

（1）形式化模型。

在计算机科学领域，形式化模型是指计算过程的数学描述，其核心思想是将程序抽象成数学函数，通过建立数学模型来描述输入与输出之间的映射关系。

形式化模型提供了一个抽象层次，可以在该抽象层次上对程序行为进行分析评估。有了形式化模型便可以制定形式化规范，描述系统需要满足的相关属性。在智能合约领域，研究者采用不同技术进行建模，以便进行形式化验证。

例如，有些模型用来推理智能合约的高级行为，这类建模技术采用黑盒视图，将智能合约视为接受输入并执行相应计算的系统。高级模型主要研究智能合约和外部实体之间的关系，如外部账户（EOA）、合约账户和区块链环境。这些模型有助于定义合约在特定用户交互场景下应遵循的行为规范。

相反，有些模型侧重于智能合约的低级行为。虽然高级模型有助于推理智能合约的功能，但它们可能无法捕捉到实现的内部细节。低级模型采用白盒视图，依赖于智能合约的低级表示，如程序跟踪和控制流程图，推理与合约执行相关的属性。低级模型被视为理想模型，因为它们体现智能合约在以太坊执行环境（以太坊虚拟机）中的实际执行。低级建模技术在确立智能合约的重要安全属性和检测潜在漏洞方面具有重要价值。

（2）形式化规范。

规范是特定系统必须满足的技术要求。在程序设计中，规范代表程序执行的总体思路，即程序应该做什么。对于智能合约，形式化规范指的是属性，即对于智能合约必须满足的要求的正式描述。这些属性被描述为"不变量"，代表合约执行的逻辑断言，并且在任何情况下都必须为真。

因此，我们可以认为形式化规范是使用形式化语言编写的语句集合，描述智能合约的预期行为，涵盖其属性，并定义智能合约在不同情况下的行为。形式化验证的目的是确定智能合约是否具有这些属性（不变量），确保在执行过程中这些属性不被破坏。

在开发安全的智能合约时，形式化规范非常重要。无法实现属性或在执行过程中属性被破坏的智能合约容易出现漏洞，可能会损害功能或被恶意利用。

2. 智能合约的形式化规范类型

形式化规范支持对程序执行的正确性进行数学推理。与形式化模型一样，形式化规范能够详尽描述合约实现的高级或低级行为。形式化规范从程序逻辑的元素中推导而来，可对程序的属性进行形式化推理。程序逻辑具有形式化规则，它们使用数学语言表示程序的预期行为。可以使用各种程序逻辑制定形式化规范，包括可达性逻辑、时间逻辑以及霍尔逻辑。

智能合约的形式化规范可以大致分类为高级规范和低级规范，无论何种类型，规范均需充分明确地描述被分析系统的属性。

（1）高级规范。

高级规范又被称为面向模型的规范，用于描述程序的高级行为。高级规范把智能合约建模成一个有限状态机（FSM），FSM 可以通过状态转换执行操作，并利用时间逻辑定义形式化属性。

时间逻辑是对用时间限定的命题进行推理的规则（例如，"我总是饿"或"我最终会饿"）。在形式化验证中，时间逻辑用来声明建模成 FSM 的系统的正确性断言。具体而言，时间逻辑描述智能合约可以进入的未来状态以及它如何在不同状态之间转换。

高级规范一般详述智能合约的两个关键时间属性：安全性和活性。安全性属性代表"错误行为永远不会发生"的想法，通常用来表示不变性，可以定义常规软件要求（如不发生死锁），或表达智能合约领域特定的属性（如函数访问控制变量、状态变量容许值、代币转账条件）。活性属性代表"预期行为一定会发生"，涉及状态可达性。活性属性的一个例子是"流动性"，指的是智能合约在收到请求时把余额转账给用户的能力，如果违反了该属性，用户将不能提取存入智能合约的资产（如 Parity 钱包事件）。

（2）低级规范。

高级规范以 FSM 为起点，并定义该模型的所需属性。相比之下，低级规范（又被称为面向属性的规范）通常把程序（智能合约）建模成由数学函数集合组成的系统，并描述这类系统的正确行为。跟踪是改变智能合约状态的函数执行序列，低级规范分析程序跟踪，并尝试从这些跟踪中定义智能合约的属性。因此，低级规范有助于规定智能合约内部执行的要求。

（3）霍尔式属性。

霍尔式属性提供了一套形式化规范来推理程序（包括智能合约）的正确性，使用霍尔三元组 $\{P\}c\{Q\}$ 表示，其中，c 表示程序，P 和 Q 分别为程序的前置条件和后置条件。

前置条件定义智能合约函数执行前必须满足的约束，用户调用函数必须满足该要求。后置条件是函数正确执行后的状态约束，用户调用函数后可以期待该条件为真。霍尔式属性可以保证部分正确或完全正确。如果前置条件为真，并且在函数执行终止时后置条件也为真，则合约函数的实现为"部分正确"。如果前置条件为真，保证执行可以终止，并且执行终止时后置条件为真，则为"完全正确"。

获得完全正确的证明很难，有些执行在终止前可能会延迟，或根本不会终止，即执行是否终止是一个有争议的问题，因为以太坊的 Gas 机制阻止程序无限循环，执行要么成功终止，要么因为 Gas 耗尽而结束。

使用霍尔式属性制定的智能合约规范需要为函数和循环的执行定义前置条件、后置条件和属性。前置条件通常包括函数输入有误的可能性，后置条件描述了这些输入的预期响应（如抛出一个特定异常）。通过这种方式，霍尔式属性有效地保证智能合约实现的正确性。

许多形式化验证框架使用霍尔式属性证明函数的语义正确性，也可以使用 Solidity 的 require 语句和 assert 语句直接向合约代码添加霍尔式属性作为断言。

require 语句表示前置条件或属性，通常用来验证用户的输入，而 assert 语句捕捉安全性所需的后置条件。例如，可以使用 require 语句作为前置条件检查调用此函数的用户身份，实现函数访问控制（安全属性示例）。同样，可以使用 assert 语句确认函数执行后的合约状态。

（4）执行轨迹级规范。

执行轨迹是以特定方式改变合约状态的操作顺序，执行轨迹级规范描述智能合约在不同状态之间的转换操作以及这些操作之间的关系，这种方式依赖智能合约的模型，即具有预定义状态（由状态变量描述）和预定义转换（由合约函数描述）的状态转换系统。此外，控制流程图（CFG）通常用来描述智能合约的操作语义，它是执行流程的图形化表示，每个执行轨迹表示为 CFG 中的一条路径。

执行轨迹级规范主要用来推理智能合约内部执行的模式。通过创建执行轨迹级规范，可以断言一个智能合约的允许执行路径（状态转换）。使用符号执行等技术，能够对执行过程进行形式化验证，确保其不会偏离预定义模型的路径约束。

以 The DAO 合约为例介绍执行轨迹级规范，假设 The DAO 合约允许用户执行以下操作：
- 存入资金；
- 存入资金后可以给提案投票；
- 如果用户未给提案投票，可以要求退款。

执行轨迹级规范可以是"没有存入资金的用户无法对提案投票"或"未对提案投票的用户始终可以要求退款"，这两个规范断言优先执行顺序（在存入资金之前无法对提案投票和给提案投票之后无法要求退款）。

3. 智能合约的形式化验证技术

（1）模型检验。

模型检验是一种形式化验证技术，通过算法对智能合约的形式化模型进行验证。在模型检验中，智能合约通常表示为状态转换系统，允许的合约状态的属性用时间逻辑来定义。模型检验要求创建系统（即合约）的抽象数学表示并使用根植于命题逻辑的公式表示该系统的属性。这简化了模型检验算法的任务，即证明一个数学模型满足给定的逻辑公式。

形式化验证的模型检验主要用来评估时间属性，后者描述智能合约在一段时间内的行为。如前文所述，智能合约的时间属性包括安全性和活性。例如，与访问控制有关的安全属性（如只有智能合约的所有者才能调用 selfdestruct）可以用形式化逻辑来编写。此后，模型检验算法能验证智能合约是否满足此形式化规范。

模型检验使用状态空间探索，需遍历构造智能合约的所有可能状态，并尝试找到导致违反属性的可达状态。然而，这可能导致状态爆炸问题，因此模型检验器依靠抽象技术来实现智能合约的高效分析。

（2）定理证明。

定理证明是通过数学推理验证程序（包括智能合约）正确性的方法，将合约模型及其规范转换成数学逻辑语句，验证这些语句之间的逻辑等价性。逻辑等价性又被称为逻辑双向蕴含，是指两个语句之间的一种关系类型，即当且仅当语句二为真时，语句一才能为真。

关于合约模型及其规范之间的逻辑等价性被表述为一个可证明的语句（称为定理）。使用形式化推理系统，自动化的定理证明器可以验证该定理的有效性。也就是说，定理证明器可以证明合约模型与其规范完全相符。

模型检验把智能合约建模成有限的状态转换系统，而定理证明可以分析无限状态转换系统。然而，这意味着自动化的定理证明器无法永远知道一个逻辑问题是否为"可判定的"。因此，往往需要人工指导定理证明器。模型检验是完全自动化的，因此在定理证明中使用人力将使它的使用成本明显高于模型检验。

(3)符号执行。

符号执行是通过符号值（如 x>5）而非具体值（如 x==5）模拟执行程序来分析智能合约的方法。作为一种形式化验证技术，符号执行用来形式化验证合约代码中的执行轨迹级属性。

符号执行把执行轨迹表示成针对符号输入值的数学公式，也被称为路径谓词。SMT 求解器用来检查路径谓词是否为"可满足"（存在一个满足公式的值）。如果可以满足脆弱路径，SMT 求解器将产生一个具体值，将执行引向该路径。

假设合约函数把 x 作为输入，并且当 x 大于 5 且小于 10 时回滚。使用正常测试程序寻找一个触发错误状态的 x 值需要运行数十个测试用例（或者更多），而且不保证能找到。然而，符号执行工具使用符号值来执行函数 x>5∧x<10（x 大于 5 且小于 10）。相关的路径谓词 x=x>5∧x<10 将提供给 SMT 求解器。如果一个特定值满足 x=x>5∧x<10，SMT 求解器将计算它。例如，SMT 求解器可能生成 7 作为 x 的值。因为符号执行依赖程序的输入，而探索所有可达状态的输入集可能是无限的，所以符号执行仍然是一种测试形式。

此外，符号执行比模糊处理等基于随机输入的技术产生更少误报。如果在符号执行时触发了错误状态，那么就可以产生一个触发该错误的具体值并重现该问题。

符号执行也能提供正确性的数学证明。有溢出保护的合约函数示例如下。

```
function safe_add(uint x, uint y) returns(uint z){
    z = x + y;
    require(z>=x);
    require(z>=y);
    return z;
}
```

导致整数溢出的执行轨迹需要满足 z=x+y∧(z>=x)∧(z=>y)∧(z<x∨z<y)，不太可能对其求解，因此，它作为函数 safe_add 永远不会溢出的数学证明。

6.7 习题

一、简答题

1. 什么是智能合约？请简要定义其主要特征。
2. 描述智能合约的历史发展。
3. 李嘉图合约的基本概念是什么？请简要解释。
4. 什么是比特币脚本？其基本功能是什么？
5. 解释什么是图灵完备性，并说明其对智能合约的影响。
6. 多重签名钱包的定义是什么？它在区块链中有什么作用？
7. 以太坊智能合约的状态模型是如何工作的？
8. Fabric 与以太坊智能合约有何不同？
9. 简述 EOS、TRON 和 Solana 这三种智能合约平台的特点。
10. 智能合约的常见漏洞有哪些？它们对智能合约的安全性有何影响？

二、讨论题

1. 请讨论智能合约在实际应用中的案例，并分析其成功的关键与挑战。
2. 比较比特币脚本与以太坊智能合约的设计理念及实现机制。
3. 如何利用智能合约实现去中心化金融（DeFi）应用？请给出具体实例。
4. 请分析 Hyperledger 不同版本的智能合约的特点及其应用场景。
5. 如何确保智能合约的安全性？请描述安全编码规范的主要内容。
6. 智能合约的形式化验证是什么？它是如何提高智能合约的安全性的？
7. 请探讨在智能合约开发过程中如何识别和避免常见漏洞。
8. 如何通过智能合约来管理数字资产？请给出一个实际的应用示例。
9. 讨论区块链技术与智能合约结合所带来的新机遇和挑战。
10. 请说明智能合约在企业级应用中的价值及潜在风险。

三、应用题

1. 某供应链公司希望利用智能合约来管理产品的全生命周期，包括原材料采购、制造、分销的各个环节。请设计一个基于区块链的供应链管理智能合约系统，并完成以下任务。

（1）系统架构设计：绘制系统架构图，说明各方（如供应商、制造商、物流公司、零售商）如何通过区块链进行交互。

（2）智能合约实现：设计智能合约的核心功能，确保每个环节的数据记录透明、不可篡改。实现至少两个关键功能，如库存管理和货物交接验证。

（3）安全性设计：分析该系统可能存在的安全风险（如数据篡改、恶意参与者），并设计相应的智能合约安全机制。

2. 一家比特币支付网关希望实现多重签名钱包，以确保资金转移的安全性。请完成以下任务。

（1）比特币多重签名钱包设计：编写比特币多重签名的 P2SH 脚本，设定钱包需要至少两个签名方中的任意两个签名来转移资金。

（2）解锁脚本编写：编写一个示例解锁脚本，模拟两个签名者的签名过程。

（3）集成开发：假设你需要将此多重签名钱包集成到公司的比特币支付网关中，设计一个基于 Node.js 或 Python 的自动化脚本，实现钱包的创建、资金转移和余额查询功能。

3. 你受雇于一个去中心化金融（DeFi）平台，开发一个用于去中心化借贷的智能合约系统。该系统允许用户质押代币获得贷款，且支持自动清算，包含以下功能。

（1）用户质押代币作为抵押品。

（2）根据质押品的价值，计算可借贷的金额。

（3）自动清算，当用户的质押品价值低于某个阈值时，系统会强制卖出质押品。

第 7 章 区块链创新应用

7.1 分布式数字身份

随着通信技术和移动设备的不断发展，人们对于隐私保护的需求越来越高。各个平台都会收集用户信息，如姓名、身份证号和手机号等。不同平台管理的用户信息不能互通，用户需要注册和管理各个平台的账号。但不同平台的身份管理机制和安全性保障不同，导致用户信息泄露风险升高。用户重复注册身份账号也会带来计算和存储资源浪费的问题。不同平台的技术标准不同，不同组织之间互相不信任，形成"数据孤岛"，为跨平台和跨域的身份认证、信息共享和信息管理带来不便。

身份可以分为传统身份和数字身份，如图 7-1 所示。传统身份是物理世界中人的身份，如身份证、驾驶执照、医保卡等；数字身份是用户的传统身份在互联网上的数字化表现形式，如微信号、支付宝账号等。

图 7-1 传统身份与数字身份

传统数字身份管理多以中心化和联盟方式为主，存在身份数据分散、重复认证以及多地认证的问题，不仅浪费资源，还形成了"数据孤岛"。同时，不同企业对数据安全的重视程度不一，导致数据泄露风险增加。中心化认证还存在效率和容错问题，单一中心容易成为攻击目标，引发连锁反应。为了解决这些问题，分布式数字身份（Decentralized Identity，DID）应运而生。分布式数字身份基于区块链，通过加密技术实现了去中心化、安全性、可控性和可扩展性，为用户提供更加安全高效且自主的身份管理方式。目前，主要有两种去中心化身份标准：万维网联盟（W3C）标准和分布式数字身份基金会（DIF）标准，其中，W3C 标准已经在行业内得到了广泛认可和应用。

7.1.1 数字身份概述

数字身份用于身份认证，身份认证是确认个人或组织实体是否符合其所宣布的身份的过程，通过分析部分隐私数据或交易中双方共同信赖的信息内容来判断其身份合法性。身份认证系统通过分析声音、指纹和瞳孔等特征信息，可以验证用户是否其记录的合法用户。这些身份认证系统在物联网、支付网关和社交网络中十分普遍。身份认证需要验证方和被验证方进行信息交互，该过程双方互相是可信任的。理想的身份认证应该是高效、可靠，并且保证隐私数据不会被泄露的，但实际的身份认证普遍由第三方代理。服务供应商在身份认证系统和基础设施上投资了数十亿美元，负责用户的身份数据管理、认证和授权等，但服务供应商是否会利用其管理的隐私数据作恶却无人得知。

一般认为数字身份的演进经历了三个阶段：中心化数字身份、联盟式数字身份、分布式数字身份。

（1）中心化数字身份是由单一的权威机构进行管理和控制的数字身份。用户在不同网站上注册账号，使用账号+密码等方式登录，每个网站各自掌握用户的身份数据，如CA机构、支付宝、微信等，由中心化的权威机构存储。

中心化数字身份将用户的身份数据存储在中央服务器，攻击者可以攻击服务器来恶意篡改或滥用这些关键数据，服务供应商需要构建更加安全的管理模型。可以采用更加安全的加密算法，也可以采用多因素身份认证的方式，使身份认证的过程复杂化。同时将中心化身份管理模型改为联合式身份管理模型，允许用户在不同平台上使用相同的唯一身份标识登录，用户可以单点登录或使用其他平台账号（如微信号或手机号）登录。虽然联合式身份管理模型更为灵活，安全性更高，同时将数据主权从中央服务器转移到用户自己手中，但依然无法解决用户隐私数据泄露的问题。用户与服务供应商信息不对称，缺乏监控自己身份数据透明度的能力，很难保证执行正确的服务水平协议（Service Level Agreement，SLA）。

（2）联盟式数字身份是由多个权威机构或联盟进行管理和控制的数字身份。用户的身份数据具备一定可移植性，例如微信、支付宝账号联合登录（如OAuth2.0），实现不同平台的联合身份。

（3）分布式数字身份通过分布式基础设施改变服务供应商控制数字身份的模式，让用户控制和管理的数字身份，必要时，以最小化的方式出示即可，从根本上解决隐私问题。

分布式数字身份主要基于自我主权身份管理和分布式账本技术（Decentralized Ledger Technology，DLT）的去中心化解决方案。区块链和分布式账本技术在当前万物互联的数字化社会中发挥着越来越重要的作用。区块链存储用户的身份数据，链上记录的身份数据可追溯且不可篡改，全程留痕，满足身份认证系统的设计需求。

7.1.2 分布式身份管理技术

1. 分布式数字身份模型

在分布式数字身份中，身份从诞生到使用通常包含四个参与方和四个阶段。

四个参与方是持有者、颁发者、验证者和可验证数据注册中心。持有者是请求、接收并持有可验证凭证（VC）的实体；颁发者是拥有用户数据并能够签发可验证凭证的实体；验证者是需要验证用户身份的应用方；可验证数据注册中心则是区块链，用于存储分布式数字身份及其相关文件。

四个阶段分别是注册、签发、验证和管理。在注册阶段，持有者向颁发者发起身份认证请求，生成分布式数字身份并将其与公钥关联；在签发阶段，颁发者验证持有者身份，并签发可验证凭证，返回给持有者；在验证阶段，持有者向验证者提供可验证凭证，验证者通过技术手段检查可验证凭证的真实性和有效性；在管理阶段，持有者通过分布式身份管理平台管理其分布式数字身份和可验证凭证，包括更新、撤销和授权等操作。

例如，用户（持有者）生成分布式数字身份并向政府机构（颁发者）提交身份认证请求。政府机构验证用户身份后，签发带有数字签名的电子身份证作为可验证凭证，并存储在区块链（可验证数据注册中心）上。当用户在银行（验证者）建立账户时，出示其可验证凭证，银行通过区块链验证其真实性。用户还可以通过身份管理应用更新或撤销其可验证凭证。

2. 身份管理概述

身份管理（Identity Management，IDM）是分布式体系中的核心组成部分，通过去中心化的方式实现身份的注册、签发、验证和管理，赋予用户对其身份数据的完全控制权，增强了数据安全性和隐私保护，同时消除了中心化机构的单点故障和信任风险，使得身份管理更加高效、安全和用户自主。

身份管理是特定域中身份的属性生命周期所涉及的流程和策略。身份管理主要分为集中式、联合式、用户中心式和分布式。

在集中式身份管理中，身份提供者可以控制和管理用户的身份数据，并可提供认证服务。目前大部分集中式身份管理出现了用户孤岛的情况，即用户仅可在域内完成认证、查询等服务，无法向域外实体验证自己的身份。

联合式身份管理是两个及以上组织联合的身份管理系统，其中一个域内的用户可在本域内验证自己的身份，同时也可向联合的其他域的实体验证自己的身份，这样极大避免了用户孤岛的情况。然而，集中式身份管理和联合式身份管理下用户都无法完全独立自主地控制自己的身份数据。服务供应商可能将用户数据出卖给第三方，但用户却无法阻止这样的行为，用户中心式身份管理解决了这个问题。

用户中心式身份管理即用户为身份数据的控制实体，将身份数据控制权交还给其所有者能够大幅降低身份数据泄露的风险。

分布式身份管理基于区块链平台，使用户能够自主管理和维护自己在区块链中的身份，可以自主决定想要分享的信息、对象以及分享时间。一个唯一标识符表示一个独立的实体，用户的身份和属性数据存储在区块链，区块链的可追溯性和不可篡改性极大地增强了身份和属性数据的安全性。ShoCard 构建了去中心化的身份管理方案，提供了多重因素验证、用户名即身份等验证方式，甚至无须使用密码。但 ShoCard 有两个限制，一是它并不是完全去中心化的，系统运行依赖存储身份证明的服务器；二是用户无法向第三方验证自己的身份，且验证时间过长。uPort 基于以太坊构建，允许用户通过自我主权钱包管理和维护用户身份。Sovrin是一个去中心化的身份管理方案，通过权威机构（如政府、大学或银行等）共同管理和维护区块链网络，不同的机构通过区块链共识算法达成数据一致性。

3. ShoCard

ShoCard 架构图如图 7-2 所示。ShoCard 利用区块链将用户的唯一标识符、可信凭证（如身份证、护照和驾驶证等）和其他身份数据通过哈希算法加密绑定到一起，提供可信身份。

ShoCard 通过比特币网络为用户提供注册、验证等服务，其主要应用场景是面对面或在线信息交互过程中的双方身份验证。

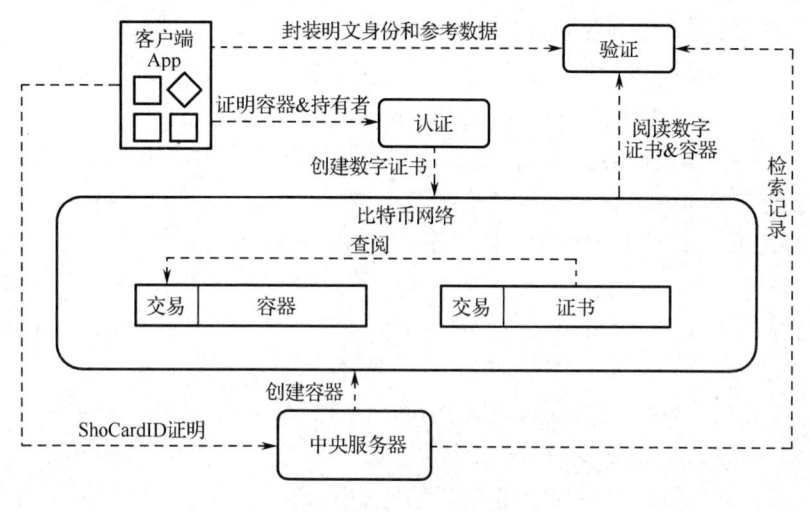

图 7-2 ShoCard架构图

ShoCard 为用户已签名加密的身份数据附上时间戳，同时将信息整合并进行哈希加密。这些经过哈希加密的哈希值存放在区块链网络的新区块。ShoCard 设置了一个中央服务器，用于协调用户和依赖方之间加密身份数据的交互。ShoCard 共有三个阶段：创建、认证和验证。

ShoCard 创建时，客户端 App 为用户生成一个新的非对称公/私钥对，使用特定设备扫描用户的唯一标识符和可信凭证。扫描的数据和其他身份数据加密绑定，之后存储到用户的个人设备上。ShoCard 将个人身份数据的签名哈希作为新交易上链到比特币网络中，上链后的签名哈希可用于数据验证。新生成的比特币交易编号作为用户的 ShoCardID，同时 ShoCard 的指针将会保留在用户的客户端 App 中。

创建 ShoCard 后，用户可以与其他身份数据提供者交互，在认证的过程中收集其他属性。在认证过程中，为了使数字证书与创建好的 ShoCardID 相关联，身份数据提供者首先要验证用户的签名哈希和数字证书的加密密钥。在面对面的环境中，用户可以通过调用客户端 App 的本地数据与认证方交互。用户需要提供创建 ShoCard 的原始身份数据，验证签名的有效性，出示原始可信凭证数字证书采用签名哈希的形式，该签名哈希与供应商在比特币交易中的内容及其关联的 ShoCardID 相关。身份数据提供者需与用户共享比特币交易编号以及明文签名。用户还需要向依赖方提供交易内容，如果用户的移动设备丢失，中央服务器可以为加密后的数字证书备份，减少移动设备丢失造成的损失。ShoCard 并不会知晓其他方的加密密钥，所以用户只能与指定的其他方共享数据。

在验证阶段，依赖方需要验证用户的数字证书以确定用户是否拥有访问权限。用户首先向依赖方提供加密后的数字证书以及加密密钥。从中央服务器上检索到加密后的数字证书后，依赖方依次执行多项检查：①加密后的签名是否与 ShoCardID 的签名相同；②签名是否由可信实体创建；③用户提供的身份数据与 ShoCard 的签名和身份数据哈希值是否相匹配。

ShoCard 采用中央服务器来管理用户间加密数字证书的分发，该方案相较于传统方案，身份数据泄露风险更小，用户可自主控制身份数据的安全存储。然而，ShoCard 作为中介角色，可能导致 ShoCardID 的稳定性产生一定问题。如果中央服务器不存在，中介角色消失，那么 ShoCard 的用户将无法验证他们在系统中的身份，这使得 ShoCard 在实践中相较于其他基于区块链的去中心化方案更具中心化特征。

每个 ShoCardID 都可以使用现实社会中的可信凭证创建。这种方式要求用户提供比预期更多的个人信息，可能会降低 ShoCard 对游客的吸引力。由于用户可以自主发起数据共享，并且 ShoCard 仅存储加密的身份数据，因此可以确信只有合法用户参与了共享过程。中央服务器可以将指定的 ShoCardID 与特定的依赖方相关联，因此依赖方必须从中央服务器检索数字证书。ShoCard 仅支持单向的标识符，没有公共注册表的概念，将来可能会有全向标识符，实现认证生态系统。ShoCard 可通过认证功能支持多种身份提供者，但这些提供者必须与比特币网络之外的 Web 服务进行集成，这阻碍了认证过程。ShoCard 中使用最频繁的交互方式是扫描身份证件和二维码，因为这种方式既简单又准确。

ShoCard 中存在一个关键的问题，比特币网络生成区块平均需要 10 分钟，一笔交易需要至少 6 个区块确认，那么交易完成的平均等待时间为一小时。依赖比特币网络的 ShoCard 无法做到实时认证，十分影响用户体验和供应商服务质量。

4. uPort

uPort 架构图如图 7-3 所示。uPort 是基于以太坊的去中心化身份开源框架，是面向分布式应用程序（Decentralized Applications，DApps）的下一代身份管理方案。

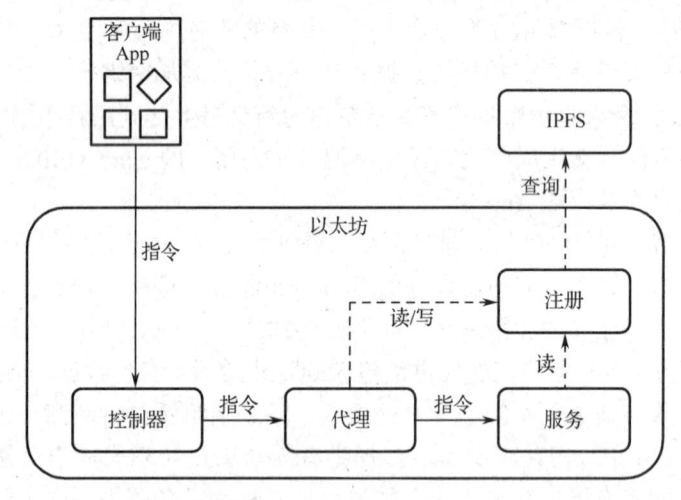

图 7-3　uPort架构图

uPort 通过以太坊智能合约进行信息交互。智能合约由 40 位十六进制地址唯一标识，并可在各以太坊节点的虚拟机中调用执行。uPort 设计了两个关于身份管理的智能合约模板——控制器和代理。当用户想创建一个新的身份时，可以使用 uPort 创建一个新的非对称公/私钥对，然后向以太坊发起交易，该交易可以创建一个控制器，其中包含控制器对公钥的引用。然后，用户创建一个新的代理，其中包含对控制器合约地址的引用。这样，只有控制器合约可以调用代理的功能。代理的合约地址包含用户的唯一标识符 uPortID，用户可创建多个独立的 uPortID。控制 uPortID 的私钥仅存储在用户的移动设备上，如果私钥损坏或设备丢失，uPort

可以通过密钥恢复机制恢复私钥。在这一过程中，用户需要指定满足法定人数的受托人组成恢复委员会，并向受托人发送待更新的公/私钥对。受托人可以参与投票，表决是否将控制器原有的公钥替换为用户新提出的公钥。表决通过后，用户即可正常使用新的公/私钥对。

  uPort 没有中心化的服务供应商，也不验证 uPortID 的身份持有者，可能导致未经授权的风险设备访问用户移动设备上的身份验证机制。虽然 uPort 提供了数据恢复协议，但这并不是保护用户隐私的有效方式。攻击者可能并不以 uPortID 持有权为目标，而是以用户为载体，将用户相关链接替换为攻击者的 uPortID 公开链接，在用户不知情的前提下控制用户。尽管在 uPort 中，用户掌握大部分的身份数据控制权，但数据安全的风险也由用户承担。

  因为 uPort 之间缺乏内在的可连接性，所以 uPort 无须披露个人数据引导 uPortID 进行数据交互。但注册表可以收集有关标识符和身份数据的信息，虽然属性数据结构中的特定数据支持基于属性的可搜索加密，但完整的 JSON 数据结构仍然可见，这可能泄露有关特定属性数据或身份数据持有者/依赖方的元数据，导致用户隐私数据泄露。

  商业或公共机构会宣传它们的 uPortID，但 uPort 未提供通过搜索条件在公共目录查找 uPortID 的功能。用户为了防止 uPortID 泄露可能会频繁注册，为他们遇到的每个新依赖方创建新的 uPortID。但部分算力强大的以太坊节点依然可以通过分析存储在给定地址的智能合约，发现未公开的私有 uPortID。uPort 只是为用户提供了一个身份认证的框架，在信任提供者的生态系统中收集属性数据，不执行身份认证。uPort 可指定存储在其注册表中属性的数据格式，uPortID 持有者可以控制自己的注册表的访问权限，用户可以自主选择想要展示的泄属性或隐藏负面属性。

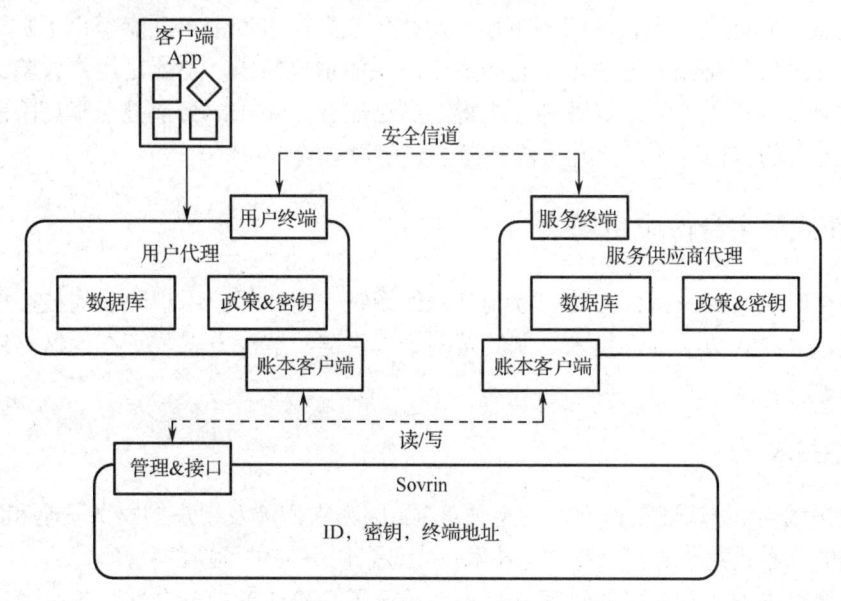

5. Sovrin

  Sovrin 架构图如图 7-4 所示。Sovrin 是基于许可分类账本的去中心化开源身份网络。Sovrin 中的账本是公开透明的，权威机构所构建的可信节点可以参与共识。

图 7-4 Sovrin架构图

在 Sovrin 中，用户可以根据需求生成适量的标识符，通过对用户身份隐私数据分片为用户提供隐私安全保护。每个标识符都是独立的，由不同的公/私钥对管理。Sovrin 标识符遵循因特网工程任务组（Internet Engineering Task Force，IETF）标准化的 DID 规范。DID 是一种数据结构，包括用户标识符、非对称加密公/私钥对和与其他标识符交互所需的元数据。

与特定标识符相关的交易将会在管理节点间写入、读取、分发和复制。这些节点的数据一致性通过共识算法来保证。Sovrin 中采用许可分类账本的设计有两个优点，一是系统无须计算 PoW 即可实现账本间的一致性，从而降低节点计算成本，提升整个系统的交易吞吐量；二是 Sovrin 的信任机制依赖于账本，全球统一的分类账本会形成共同信任根，以此构建基础信任体系，网络中的新成员可以依赖于信任锚（信任锚可以为该锚点添加其他新成员），信任锚依赖于共同信任根。通过信任锚依赖共同信任根、新成员依赖信任锚，层层发展信任网络，最终实现全局信任。

用户通过客户端 App 与 Sovrin 网络交互。用户代理和服务供应商代理作为中间层代理执行数据的写入、读取和分发等操作，是可寻址和可访问的终端节点，提供数据备份和基于属性的可搜索加密存储等方案。用户既可在本地服务器运行代理，也可要求中介机构运行。客户端 App 不仅提供用户与 Sovrin 网络交互的界面，还提供公/私钥管理功能。Sovrin 与 Uport 都提供了一种密钥恢复机制，使得用户在密钥被破坏或丢失时，通过受信方验证完成密钥恢复。当用户启动密钥恢复机制时，受信方必须指定一个法定人数（法定人数为验证交易的群组组员数量，群组组员对交易投票），并签署新的身份交易记录，由管理员验证。

Sovrin 主张用户完全控制身份数据，可以自主地选择向依赖方共享的凭证，该过程可以通过匿名凭证实现。虽然用户可以选择将其存储在账本中，但用户往往更倾向使用移动设备通过安全信道传送信息，基于属性的可搜索加密技术确保仅共享必要信息。

Sovrin 支持全向和单向标识符，公共组织可在网络上发布他们的完整身份，用户可以在与不同其他方交互时使用不同的身份标识符和公/私钥对。目前只有极少数运营商支持 Sovrin，Sovrin 基金会计划建立一个代理服务市场，这些代理人在市场中相互竞争，不断提供更优质的代理服务。最后，Sovrin 开发人员有个尚未解决的重要问题，那就是用户体验。用户认为 Sovrin 太过麻烦或难以理解，导致其并未得到广泛部署。Sovrin 目前处于早期阶段，开发者主要考虑了本身的架构设计，但几乎没有考虑到用户体验。

7.1.3 分布式数字身份应用场景

在数字化时代，身份认证与访问控制是确保系统安全和保护用户隐私的核心机制。随着技术的发展，分布式数字身份技术，尤其是基于区块链的解决方案，正在为这一领域带来革命性的变化。

1. 金融领域

在金融领域，身份认证和访问控制至关重要，因为它们涉及用户的财务安全和隐私安全。基于区块链的分布式数字身份（DID）技术，为金融服务提供了新的视角。

区块链通过去中心化的身份管理，极大地提升了身份认证的安全性和效率。在客户身认证与反洗钱方面，区块链能够利用 DID 技术对客户进行身份认证，确保身份数据的真实性和唯一性。用户可以控制共享的信息范围，减少了重复提交，并通过智能合约自动反洗钱，实时监控和分析交易模式，识别潜在的洗钱行为。

在数字支付和跨境交易领域，区块链显著降低了交易成本和时间延迟。通过去中心化的数字钱包，用户可以快速、安全地支付，无须依赖传统银行系统。跨境支付方面，区块链可以减少中介环节，加快交易速度，例如，Ripple 和 Stellar 等平台专注于提供低成本、高效率的跨境支付服务。此外，稳定币作为与法定货币挂钩的加密货币，可以减少数字资产的波动性，提供稳定的支付和交易体验。图 7-5 展示了多种数字钱包，包括硬钱包和软钱包。硬钱包（如 Ledger 和 Trezor）以其高度安全性著称，通过物理设备来存储私钥，防止黑客攻击；软钱包（如 Jaxx、Blockchain 和 Copay 等）提供便捷的移动和桌面应用，支持多种加密货币的存储和管理。

图 7-5 数字钱包

在投资和众筹领域，区块链允许资产代币化，使更多人能够参与投资。区块链众筹平台利用智能合约透明地管理资金募集过程，确保项目的透明性和资金的安全性。通过这些创新应用，分布式数字身份和区块链正逐步重塑金融服务生态，提高安全性、效率和透明度。

2. 工会身份

工会是代表和维护职工权益的群众组织，是社会治理的重要力量。随着互联网时代的到来，工会面临着如何更好地服务职工、工会会员，提高工会服务的质量和效率，增强工会组织的凝聚力和影响力等挑战。

目前全国各地的工会服务平台存在以下问题：各级工会服务平台的身份认证标准和方式不一致，导致用户在不同平台上需要重复注册、认证，增加了用户的使用成本和时间；身份数据存储和传输方式不安全，容易被篡改、泄露、伪造，导致用户的隐私和权益受到侵害；身份服务功能单一，缺乏多样化的应用场景，导致用户的服务体验和满意度低。

为了解决上述问题，中华全国总工会于 2021 年印发了《中国工运事业和工会工作"十四五"发展规划》和《全国工会网络安全和信息化"十四五"规划（2021—2025 年）》，提出应用区块链建立多节点的可信"工会身份链"，打造基于会员实名制数据的数字身份平台，构建会员数字身份唯一标识，为全国职工、工会会员提供安全、可信、便捷的数字身份服务。该平台的目标和方向为：①实现跨地域、跨组织互通互认的工会数字身份服务；②保障用户可以自主生成并管理自己的数字身份，有效保护用户在数字世界的隐私和权益；③构建丰富的工会服务生态，提高职工、工会会员享受工会服务的便利度和体验度，增强职工、工会会员与工会组织的密切联系。图 7-6 为工会数字身份平台业务流程。

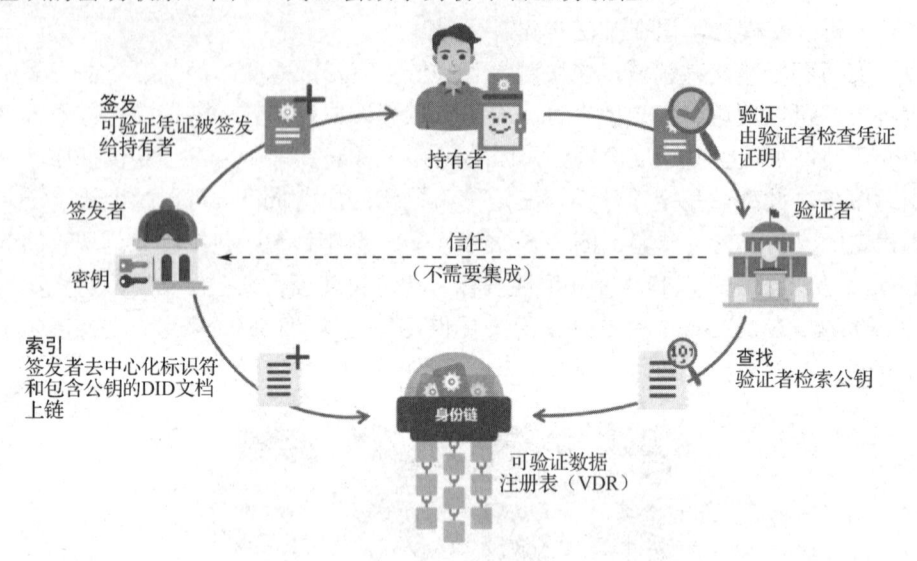

图 7-6　工会数字身份平台业务流程

7.2　跨链技术

7.2.1　跨链技术基本知识

1. 跨链技术的概念

随着区块链的持续进步和普及，我们见证了一个多元化、复杂化的区块链生态系统的诞生。在这个系统中，众多区块链网络和平台，如比特币、以太坊、EOS 等，在不同的应用领域展现出独特的优势。比特币作为最早的区块链网络，聚焦于去中心化的数字货币；以太坊则引入了智能合约，极大地扩展了区块链的应用范围；EOS 等则提供了更高的吞吐量，适用于更灵活的应用场景。每个区块链网络都有其独特的架构、共识算法和优化策略，为特定的应用和用户需求提供了解决方案。

然而，这种多元化也带来了一个挑战：这些区块链网络往往作为独立的系统存在，彼此之间缺乏有效的通信和协作机制。这意味着，在一个区块链网络中创建和使用的资产或信息很难被直接转移到另一个区块链网络。这种局限性不仅对用户来说十分不便，也限制了区块链的整体潜力，因为它阻碍了不同区块链应用间的价值流动。

为了解决这个问题，跨链技术应运而生。跨链技术的核心目的是实现不同区块链网络之间的互操作性，允许不同的区块链网络相互交换数据和资产，使得原本孤立的区块链网络能够相互通信和协作，为构建更加集成和多元化的区块链生态系统提供了可能。通过实现区块链网络之间的互操作性，不仅可以增强现有区块链网络的功能，还能激发新的应用场景和业务模型。例如，跨链技术允许去中心化金融（DeFi）应用跨越不同的区块链网络，实现资产的多元化管理和操作，从而为用户和开发者提供前所未有的灵活性和机会。

总而言之，跨链技术不仅是对现有区块链技术的重要补充，也代表了一个新的发展方向。通过打破各个区块链网络之间的壁垒，跨链技术正在开辟一条通往更加高效、协作和创新的区块链生态系统的道路。跨链技术平台架构图如图 7-7 所示。

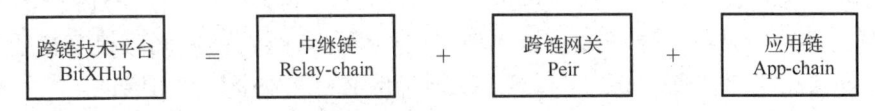

跨链技术平台 BitXHub ＝ 中继链 Relay-chain ＋ 跨链网关 Peir ＋ 应用链 App-chain

图 7-7　跨链技术平台架构图

2. 跨链技术的特点

通过实现不同区块链网络之间的信息和数据共享，跨链技术极大地提高了区块链应用的透明度和数据利用率。

（1）增强信任。跨链技术允许一个区块链网络上的信息被其他链上的参与者访问和验证。这种信息共享对于构建信任至关重要，尤其是在需要多方共识和验证的场景中。

（2）在金融服务、供应链管理等领域，跨链技术使得所有相关方都能查看并确认交易和活动的记录，从而提供了一个更加透明和可信的环境。

（3）创建跨链协议。实现数据共享通常需要开发特定的跨链数据传输协议，这些协议使得信息可以安全地在不同链之间传输，同时确保数据的完整性，实现隐私保护。

（4）安全性和完整性。跨链数据传输协议设计时特别注重保护数据的安全性和完整性，防止数据在传输过程中被篡改或泄露。

7.2.2　跨链技术的互操作性

互操作性在去中心化生态系统中至关重要，它不仅是实现不同区块链网络之间交互和协作的关键，更是推动区块链整体发展的重要驱动力。这一概念的核心在于连接原本孤立的区块链网络，构建一个更加强大和多元化的去中心化生态系统。这种连接不限于简单的资产和数据交换，它扩展到了智能合约和去中心化应用（DApps）之间的深度集成和协作。例如，互操作性使得特定资产可以轻松地在不同区块链网络间转移，智能合约可以在多个链上部署和执行，实现了更广泛的应用场景和更高效的操作模式。

随着区块链网络之间互操作性的增强，去中心化应用的价值和功能性得到了显著提升。这些应用现在能够超越单一区块链网络的局限，利用不同区块链网络的特有功能和优势，为用户提供更为全面和高效的服务。例如，一个去中心化应用可以结合以太坊的先进智能合约功能和比特币网络的广泛接受度，创造出全新的用户体验和解决方案。这种跨链协作不仅增强了去中心化应用的功能性，也大大扩展了它们的应用范围，为用户提供了更多样化和个性化的服务。

在去中心化金融领域，互操作性的影响尤为显著，使得去中心化金融应用可以吸引更多用户群体，为用户提供更加多样和全面的金融产品与服务。这种跨链资产和信息的流动性不仅提高了去中心化金融产品的可访问性，也促进了整个去中心化金融生态系统的快速成长和创新。随着技术的不断进步，我们可以预见一个更加整合、互联和创新的去中心化金融世界的到来，其中各种区块链技术与应用将共同推动金融行业的深度变革和发展。

7.2.3 跨链技术的技术实现

在技术实现上,跨链技术包括中继链技术、侧链技术,以及原子交换技术。中继链像中介一样连接两个独立的区块链网络,使它们能够相互传输数据和资产;侧链技术允许资产在主链和侧链之间进行转移;原子交换技术使得在不同区块链网络之间直接交换资产成为可能,这些交易要么全部完成,要么不执行,从而确保交易的安全性和可靠性。

1. 中继链技术

中继链技术是连接两个独立区块链网络、实现它们之间交互的关键技术。作为一种创新的跨链通信方法,中继链充当了不同区块链网络之间的桥梁,它不仅转发交易和信息,还确保这些交易在两个不同的区块链网络间安全有效地传递。

在中继链模型中,当一个交易被发起时,它首先在源区块链上被锁定,这个锁定过程确保了交易的原始状态被保留。然后,这个交易通过中继链传输到目标区块链上解锁或执行。这个过程中的每个步骤都被精心设计,以保证整个交易过程的安全性、连贯性和一致性。中继链的工作机制不仅加强了不同区块链网络间的协作能力,还使得各个区块链网络能够保持其内部的独立性和安全性,在不牺牲自身特点和安全性的前提下实现资源和信息的高效共享,这对于构建互联互通的区块链生态系统具有重要意义。中继链技术示意图如图 7-8 所示。

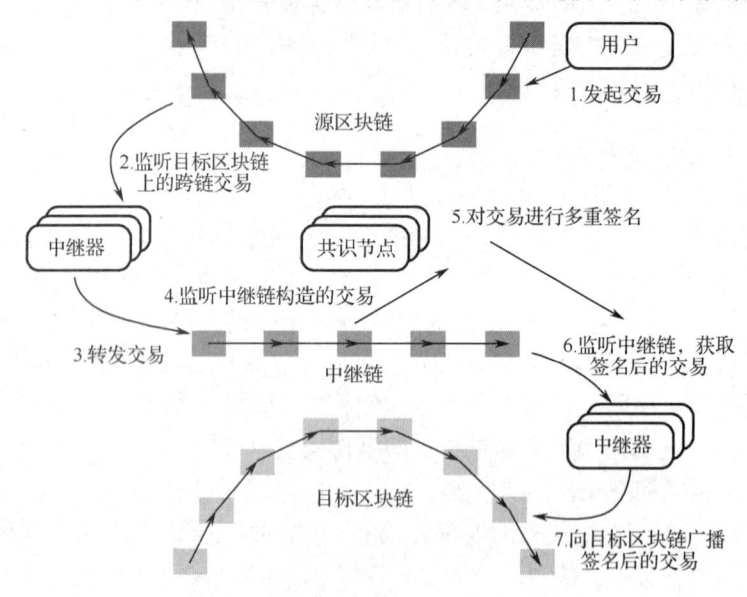

图 7-8 中继链技术示意图

2. 侧链技术

侧链技术是区块链中的一个创新概念,它允许创建与主链平行运行的独立区块链,为资产和数据提供了灵活的双向转移机制。这种技术使得资产可以在主链锁定并安全地转移到侧链,在侧链上进行各种处理后将这些资产或其变化部分转移回主链。侧链不仅保障了主链的安全性和稳定性,还为实验性功能和创新应用提供了理想的测试环境。由于侧链是独立运行的，主链不会因为侧链上的活动或额外负载受到任何影响。此外，侧链技术特别适用于那些对交易速度和处理能力有特殊需求的场景，如大规模的微交易处理、复杂的智能合约执行。通过侧链技术，可以有效地扩展区块链的功能，提高区块链的交易处理能力，同时允许更广泛的探索和创新。因此，侧链技术不仅增强了主链的性能，还为区块链生态系统的发展提供了新的可能性，支持更加多样化和更加高级的区块链应用。侧链技术示意图如图 7-9 所示。

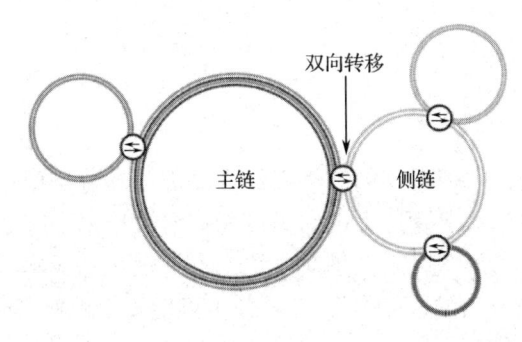

图 7-9 侧链技术

3．原子交换技术

原子交换技术也是区块链中的一项关键创新，它使得两个不同的区块链网络上的用户能够直接进行资产交换，无须依赖任何中介。这种技术的实现主要依靠智能合约，它们在不同的区块链网络上运行，保证交易的原子性——即交易要么完全完成，要么根本不执行，显著提高了交易的安全性和可靠性，因为它消除了交易中间环节和交易过程中的潜在信任问题。原子交换技术的另一个显著优势是去中心化，不仅降低了交易成本，还提高了交易的效率和便利性。图 7-10 展示了原子跨链交换（Atomic Cross Chain Swap，ACCS）的工作原理，这是原子交换技术的一种实现方式。Alice（链 A）与 Bob（链 B）相互交换加密货币，交易快速且无须信任。

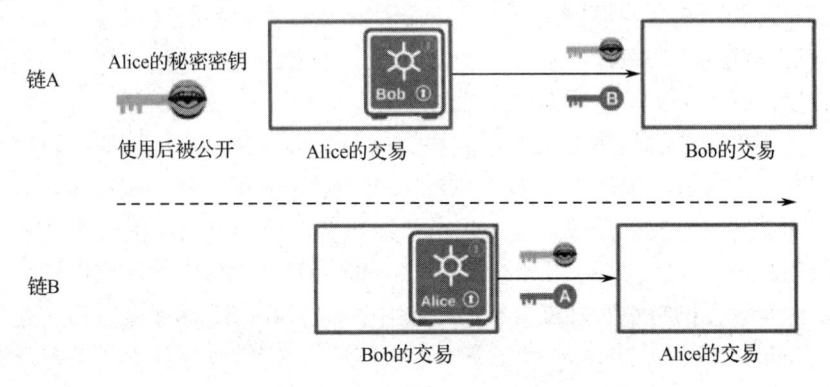

图 7-10 原子跨链交换

（1）链 A。

Alice：在链 A 上生成一个哈希锁定的交易，并设置一个秘密密钥，仅在交易完成后公开。

Bob：一旦 Alice 的交易被记录在链 A 上，Bob 可以在链 A 上生成一个相应的交易，依赖 Alice 的秘密密钥。

（2）链 B。

Bob：在链 B 上，Bob 生成一个交易，并使用 Alice 在链 A 上设置的相同秘密密钥。这确保了交易的原子性，即如果链 A 上的交易没有完成，链 B 上的交易也无法完成。

Alice：一旦 Bob 的交易在链 B 上被记录，Alice 可以在链 B 上生成一个对应的交易来完成交换。

7.2.4 跨链技术的应用

在供应链领域，跨链技术使得不同的供应商、制造商和分销商可以使用不同的区块链网络，同时保持数据的互通，消费者也可以利用这些共享数据来追踪产品完整的生产和分销过程；在金融领域，跨链技术可以用来共享交易记录，降低交易成本和时间，同时增加交易的透明度和安全性；在身份管理和验证领域，跨链技术可以安全地共享个人或机构的身份数据，简化认证流程，同时保护个人隐私。

除此以外，跨链技术还具有很多扩展应用。在医疗保健领域，跨链技术可以安全地共享患者的医疗记录，从而提高医疗服务的效率和质量；政府部门可以利用跨链技术共享公民的重要记录，如土地注册、公共服务记录等，提高政府服务的透明度和效率。

在众多跨链技术的应用中，一些关键项目尤为突出，包括 Polkadot、Cosmos，以及以太坊的侧链等。这些项目不仅在技术层面展示了跨链技术的进步，也在实际应用中展示了其对于整个区块链生态系统的积极影响。通过探索这些项目的工作机制和实际应用，我们可以更深入地理解跨链技术的重要性及其在推动区块链发展中的作用。

1. Polkadot

Polkadot 由 Parity Technologies 团队主导开发，其中包括以太坊联合创始人 Gavin Wood。该协议的核心目标是解决区块链网络间的互操作性挑战，实现各类区块链网络——无论是公有链、私有链还是联盟链在统一平台上的信息共享与通信。其设计理念和架构为区块链的互联互通和跨链协作提供了新的可能性。

Polkadot 采用创新的异构多链架构，能够支持多种不同类型和用途的区块链网络。这种独特的架构使得 Polkadot 可以适应各种不同的应用场景，满足广泛的服务需求。在 Polkadot 中，中继链扮演着至关重要的角色，它不仅负责维护整个区块链网络的安全性和共识算法，还负责处理跨链通信。与此同时，各平行链（Parachains）作为独立的区块链网络运行，每个平行链都可以拥有自己的特性和功能，同时依靠中继链与其他链进行通信和交互。跨链消息传递（Cross-Chain Message Passing，XCMP）协议是实现跨链互操作性的关键，它使得平行链之间可以安全地交换信息和资产。

在功能方面，Polkadot 通过将交易处理分散到多个平行链，显著提升了区块链网络的整体处理能力，增强了其可扩展性。同时，Polkadot 支持各种区块链技术与创新模型，为开发者提供了一个功能丰富且灵活的环境，以构建和部署新的区块链应用。中继链提供的共享安全模型还确保了规模较小的平行链也能受益于网络的整体安全性。

Polkadot 应用广泛，已经吸引了众多项目和开发者参与，涉及去中心化金融、数据管理、身份认证等多个领域。这些应用利用互操作性和可扩展性，创造了多样化的区块链解决方案，推动了区块链的实际应用和创新。

2. Cosmos

Cosmos 是一个引领区块链创新的生态系统，旨在通过先进技术解决区块链网络间的互操作性和扩展性问题。其核心特点在于提供了一个高效、安全的区块链共识引擎 Tendermint Core，以及实现跨链通信的 IBC 协议。

Cosmos 的独特架构包括中心枢纽（Cosmos Hub）和多个独立的区块链（被称为"区域链"或"Zone"）。每个区域链都可以拥有自己的特性和功能，并通过 Cosmos Hub 进行协调和通信。此外，Cosmos 提供的模块化框架使得开发者能够根据自己的需求灵活地构建和定制区块链，这进一步增强了区块链生态系统的多样性和创新能力。

在实际应用中，Cosmos 已经被不同领域的项目和开发团队采用。这些应用涵盖了去中心化金融、社交网络、游戏、供应链管理等多个领域，不仅展示了 Cosmos 的潜力，还证明了其在推动区块链应用创新方面的有效性。

综上，Cosmos 作为一个创新的区块链生态系统，通过其独特的多链架构、互操作性、可扩展性和安全性，为区块链领域提供了一个全新的合作和创新平台。

3．以太坊侧链

以太坊侧链建立在以太坊主链之外，允许与主链进行双向交互，旨在解决以太坊的扩展性和性能问题，同时为特定的应用场景提供更灵活的解决方案。

侧链通过智能合约实现与主链的交互。主链和侧链之间采用双向锚定（Two-Way Peg，2WP）机制。首先，用户将一定数量的主链代币（如比特币）锁定在主链上的特定地址，锁定操作需要以太坊确认。接着，主链锁定的代币数量会作为证明提交到侧链上，侧链会解锁等量的侧链代币给用户。当用户希望将代币转回主链时，需要将相应数量的侧链代币锁定在侧链上的地址，并生成锁定证明。最后，用户将锁定证明提交到主链，主链验证后解锁相应数量的主链代币返还给用户。通过双向锚定机制，用户可以在主链和侧链之间灵活转移代币，享受侧链提供的各种功能（如更快的交易速度和更低的费用），同时保持代币总量和价值的恒定，确保了主链和侧链之间的资产流动和安全性。双向锚定机制流程图如图 7-11 所示。

以太坊侧链已经在多个项目中得到了应用，Polygon（前身为 Matic Network）是建立在以太坊上的 Layer2 解决方案，实现了高性能、低成本的交易处理，为以太坊生态系统提供了扩展性的解决方案。xDai Chain 是建立在以太坊上的 PoS 侧链，通过稳定币 xDai 实现了低成本、高效率的交易处理，被广泛应用于去中心化金融和游戏等领域。

以太坊侧链作为解决以太坊扩展性和性能问题的重要手段，将继续发挥重要作用。未来，随着技术的进一步发展和应用场景的拓展，以太坊侧链将为更多行业提供定制化的区块链解决方案，推动区块链在各个领域的广泛应用。

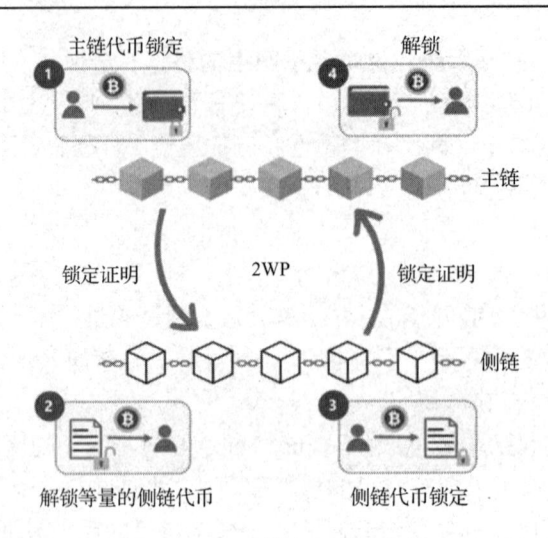

图 7-11 双向锚定机制流程图

7.2.5 跨链技术面临的挑战

1. 安全性问题

（1）跨链技术涉及多个区块链网络之间的交互，因此攻击面相对于单一链而言更加广泛。攻击者可以利用跨链交易的复杂性与互操作性进行各种恶意攻击。

① 双花攻击（Double Spending）：攻击者可能对一个区块链网络进行双花攻击，然后快速将资产转移到另一个区块链网络上，从而欺骗其他节点，实现资产的多次使用。

② 重放攻击（Replay Attack）：攻击者可能将一个区块链网络上生成的交易数据复制到另一个区块链网络上重放，从而引发混乱或资产损失。

③ 51%攻击：跨链技术中涉及的每个区块链网络都有其独立的共识算法，如果某个区块链网络的算力超过了 51%被控制，则可能受到攻击。

（2）跨链交易往往依赖智能合约，其可能面临的挑战如下。

① 漏洞或错误：合约代码中存在漏洞或错误可能导致资产被冻结、盗取，造成损失。

② 恶意智能合约：攻击者可能部署恶意智能合约，并诱使用户参与，从而导致资产损失。

③ 未经审计的合约：智能合约往往需要经过严格的安全审计和测试，未经审计的智能合约可能存在风险，对用户的资产安全构成威胁。

（3）跨链交易需要跨越多个区块链网络的节点进行验证和处理，其中任何一个节点出现安全漏洞或受到攻击，都可能影响整个网络的安全性。节点安全可能面临的挑战如下。

① 节点被攻击：节点可能受到各种形式的网络攻击，包括拒绝服务攻击（DDoS）、钓鱼攻击等，导致节点停止服务或提供错误的验证结果。

② 节点配置错误：节点配置错误可能导致安全漏洞或系统故障，如未正确配置防火墙、安全策略等。

③ 节点合谋：跨链交易中的节点可能合谋对交易进行篡改或拒绝服务，从而破坏跨链交易的安全性和可靠性。

综上所述，解决跨链技术中的安全性问题需要全面考虑跨链交易的各个环节，并采取有效的安全措施和防御机制。只有加强安全审计和监管、优化智能合约设计和实现、提高节点安全性，才能有效应对跨链技术中的安全风险，确保用户资产和交易的安全性和可靠性。

2. 隐私问题

隐私问题在跨链技术中是一个重要的挑战。在公开区块链网络上进行跨链交易时，交易信息通常是公开可见的，包括交易金额、交易时间、交易方地址等信息，这可能导致用户隐私泄露。

另外，跨链交易可能暴露用户的身份数据，尤其是跨链交易与真实身份之间存在关联的情况下。如果用户在跨链交易中使用的是与其真实身份相关联的地址，那么其他人可以通过跨链交易轻易地追踪到用户的身份，从而侵犯用户的隐私。

跨链交易还可能暴露交易链路，使得交易行为可以被追踪和分析。通过分析交易链路，攻击者可以获取用户的交易行为和偏好，从而侵犯用户的隐私，如用户的消费习惯、财务状况等敏感信息。为了解决跨链技术中的隐私问题，需要采取有效的隐私保护技术，如零知识证明、同态加密、分组签名和混币技术等。此外，建立健全的隐私政策和合规框架也至关重要，明确用户数据的收集、使用和共享规则，保护用户的隐私权益。

3. 技术兼容性

技术兼容性是跨链技术发展中不可忽视的重要挑战。区块链网络之间采用不同的共识算法、智能合约和数据存储结构，因此跨链交易可能存在技术兼容性问题，这导致跨链交易的成功进行需要经过一系列解决方案的支持。

为了解决技术兼容性挑战，跨链技术需要进行持续不断的研究和探索，并制定出一系列统一的跨链标准和协议，这些标准和协议将帮助不同区块链网络之间的技术兼容性得到有效解决。此外，中间件和桥接技术的发展也可以极大地促进不同区块链网络之间的技术对接，实现跨链交易的成功进行。

4. 技术扩展性

技术扩展性是跨链技术发展中一个极其重要的问题，它由于区块链的广泛应用和跨链交易量的不断增加而产生。随着时间的推移，跨链交易所面临的压力越来越大，这主要表现在以下几个方面。

首先，跨链交易的处理速度变慢，这是因为跨链交易需要在多个区块链网络上的节点进行处理和验证。特别是在交易量急剧增加的情况下，系统可能出现交易拥堵，这会严重影响交易的实时性和效率。

其次，随着跨链交易量的增加，网络拥塞的风险也在增加。当跨链交易数量超过网络处理能力时，网络可能会陷入拥塞状态，导致交易延迟或失败，从而影响整个系统的稳定性和可用性。

除此之外，跨链系统还面临着资源消耗增加的挑战。由于跨链交易需要大量的计算和存储资源来进行处理和验证，随着交易量的增加，系统资源消耗也会相应增加，这可能导致系统性能下降和成本增加。

为了解决这些扩展性挑战，跨链技术领域需要进行持续的研究和创新。一些解决方案包括但不限于：引入分片技术，通过将区块链网络分割成多个片段来提高整个系统的处理能力和吞吐量；优化共识机制，设计更高效的共识算法以提高交易确认速度和系统的扩展性；引入第二层解决方案，例如通过实现闪电网络来处理大量小额交易，减轻主链的负担。通过采取这些措施，可以有效地应对跨链系统面临的扩展性挑战，提高系统的性能和可扩展性，从而更好地满足用户的需求和应用场景的要求。

7.3 区块链网

计算机网络基础结构大体上经历了四个阶段的演进。

第一阶段：1969 年—1985 年，从单个网络 ARPANET 向互联网发展。

1969 年，美国国防部创建了第一个分组交换网络 ARPANET，建立在美国高校（如 UCSB、UCLA 等），如图 7-12 所示。到了 20 世纪 70 年代中期，人们认识到不可能仅使用一个单独的网络满足所有通信问题，因此有了互联网的出现。

1983 年，TCP/IP 成为 ARPANET 上的标准协议，使得所有使用 TCP/IP 的计算机都能利用互联网相互通信，因而人们就把 1983 年作为互联网的诞生时间。

第二阶段：1985 年—1993 年，建成三级结构的互联网。

1985 年起，美国国家科学基金会围绕六个大型计算机中心建设计算机网络，也就是国家科学基金网 NSFNET。它是一个三级结构的网络，分为主干网、地区网和校园网（或企业网）。该网络覆盖了美国主要的大学和研究所，并且成为互联网中的主要组成部分。互联网服务提供商（Internet Service Provider，ISP）网络架构如图 7-13 所示。

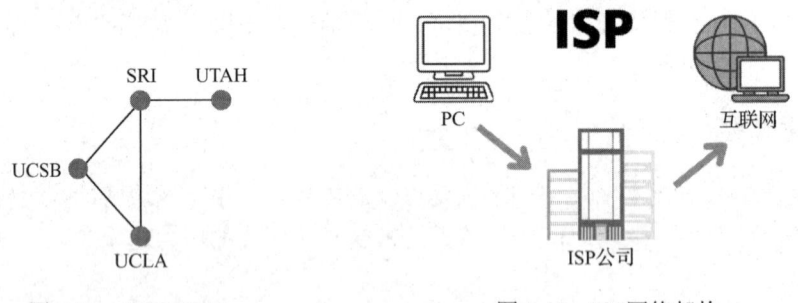

图 7-12　ARPANET　　　　　　图 7-13　ISP网络架构

1990 年，美国国防部创建的 ARPANET 任务完成，正式关闭。

1991 年，美国国家科学基金会 NSF 和美国其他政府机构认识到互联网必将扩大，其使用范围不应仅限于大学和研究所。于是美国政府决定将互联网的主干网转交给私人公司来运营，并开始对接入互联网的单位收费。

第三阶段：1993 年—2013 年，逐渐形成了多层次 ISP 结构的互联网。

从 1993 年开始，由美国政府资助的 NSFNET 逐渐被若干个商用的互联网主干网取代，而政府机构不再负责互联网的运营，而是让各种 ISP 来运营。

1994年，由欧洲原子核研究组织开发的万维网，也就是3W技术在互联网上被普及，方便了广大非网络专业人员使用网络，促使互联网迅猛发展。

1995年，NSFNET停止运行，互联网彻底商业化。同时提出了OSI七层模型，如图7-14所示。

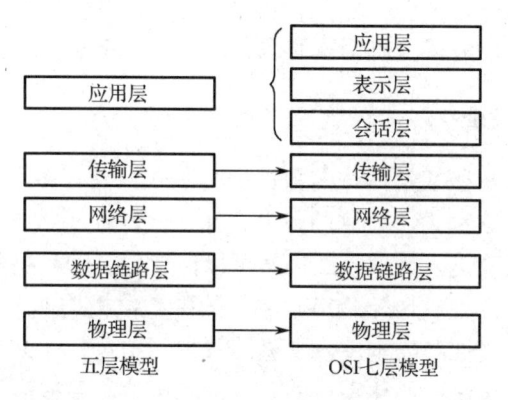

图 7-14 OSI七层模型

第四阶段：2014年至今，逐渐出现了区块链网。

2006年，SDN诞生于美国全球网络调研环境（Global Environmentfor Networknvestigations，GENI）项目资助的斯坦福大学的Clean Slate项目。该项目的最终目的是改变已不合时宜且难以演进和发展的现有网络基础架构，试图通过一个集中式的控制器，让网络管理员可以方便地定义基于网络流的安全控制策略，并将这些安全控制策略应用到各种网络设备中，从而实现对整个网络通信的安全控制。

2014年，P4（Programming Protocol-Independent Packet Processors）的出现提供了一种新的解决方案。P4是一种可编程的数据平面编程语言，允许用户自定义网络设备上的数据包处理逻辑。通过利用P4的数据平面可编程性，可以在交换机等网络设备上实现灵活、高效的网络安全防御策略，减少对第三方机构的依赖，提供更加定制化且适应性强的安全防护能力。

在SDN和P4的基础上，区块链网是一种基于分布式账本技术的创新网络，具有去中心化、安全性和透明度高等特点。其核心在于通过分布式网络节点共同维护账本，消除对中心化机构的依赖，确保数据的不可篡改性和交易的真实性。所有交易记录在区块链上，增加了系统的信任度和透明度。区块链网不仅在金融、供应链管理和医疗等多个领域得到了广泛应用，还推动了新型互联网技术的发展。与ARPANET奠定的网络基础和互联网带来的全球互联相比，区块链网通过引入去中心化和加密技术，进一步提升了数据传输和存储的安全性与可靠性。结合美国提出的关键互联网技术和P4的可编程性与协议无关性，区块链网正引领着新一代网络技术的变革与创新。

区块链网不仅是一种技术，更是一种去中心化、安全可信的数据管理方式，为数字化时代的信息交换和价值传输提供了全新的解决方案。本节将深入探讨区块链网的理论基础、安全机制以及未来发展趋势，旨在帮助读者全面了解区块链网的概念、原理和应用，从而更好地应用于实际场景中。

7.3.1 区块链网概论

区块链网是指由多个区块链网络相互连接而成的整体结构。在这个概念中，每个区块链网络可以是独立的，拥有自己的节点、共识机制和数据结构，而区块链网则是将这些独立的区块链网络通过特定的协议或桥接机制连接起来，形成一个更大规模的分布式网络。

1. 区块链网的主要特征

（1）分布式数据存储。区块链网中的数据被分布式存储在多个节点上。每个节点都包含完整的区块链账本副本，这种去中心化的数据存储方式保证了数据的安全性和可靠性。即使某些节点发生故障或遭受攻击，其他节点仍然可以保持数据的完整性和可用性。

（2）去中心化控制。区块链网不依赖于单一的中心化机构或节点控制，而是通过共识算法来确保网络中数据的一致性和安全性。常见的共识算法包括 PoW、PoS、PoA 等。这种去中心化的控制方式消除了传统中心化系统的单点故障风险，并提高了系统的抗攻击能力。

（3）跨链互操作性。区块链网可以实现跨链互操作，这意味着资产和数据可以在不同链上进行流通和交换，而不受限于单一链。跨链互操作性为数字资产的多样化使用和流动提供了便利，促进了区块链生态系统的发展和融合。

（4）可扩展性。区块链网具有良好的可扩展性，可以根据实际需求进行水平或垂直扩展。水平扩展通过增加节点数量来提高系统的处理能力和吞吐量，而垂直扩展则通过优化算法和硬件来提升单个节点的性能。这种可扩展性使得区块链网能够适应不同规模和复杂度的应用场景，保持系统的稳定性和可靠性。

总体而言，区块链网为数字资产和价值的流动提供了全新的解决方案，推动了区块链在各个领域的应用和发展。

2. 区块链网专用架构

基于传统区块链网络的四层架构，区块链网应用专用架构，可以将架构模型分为以下四个关键模块，如图 7-15 所示。

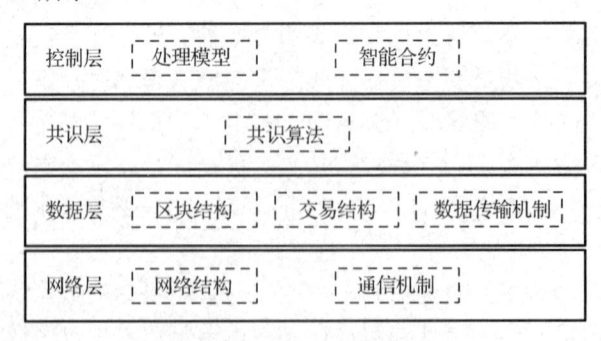

控制层	处理模型	智能合约
共识层	共识算法	
数据层	区块结构 / 交易结构 / 数据传输机制	
网络层	网络结构 / 通信机制	

图 7-15 区块链网架构模型

1）网络层

（1）重新设计网络结构，负责建立和管理网络拓扑结构，包括节点之间的连接方式、拓扑结构的优化以及网络中信息传输的路由规则等。

（2）通信机制决定网络中交易和区块的分发方式。可以采用点对点通信、广播或通过中继节点进行消息传递等方式来优化网络通信效率和安全性。

2）数据层

（1）重新定义区块结构和交易结构，考虑到应用的特定需求和场景，优化数据存储和传输方式。

（2）使用基于数据链路层的数据传输机制，用于传输区块数据、交易数据等。可以采用高效的数据压缩算法、加密传输技术等保证数据传输的安全性和可靠性。

3）共识层

设计一种适用于数据链路层的共识算法，确保网络中的各节点能够达成一致的事务顺序和区块链状态。可以考虑使用经过优化的共识算法，如拜占庭容错算法、快速拜占庭容错算法等，提高共识效率和安全性。

4）控制层

控制层中包含合适的处理模型和智能合约，可以设计高效的数据处理流程，包括数据验证、交易确认、区块生成等环节，并结合智能合约实现业务逻辑的自动化执行。

综合以上模块，区块链网架构应当在网络层、数据层、共识层和控制层之间建立良好的协作关系，以实现网络的高效运行和安全性保障。同时，还需要考虑到网络中的安全问题，如节点身份验证、数据隐私保护、防止双花攻击等，采取相应的安全机制和措施来确保区块链网的稳定和可靠性。

3．区块链网交易结构

在区块链网中，每个节点在网络中都有一个唯一的 ID，用于在数据链路层建立连接。节点之间可以靠节点 ID 建立连接。图 7-16 为区块链网的交易结构。

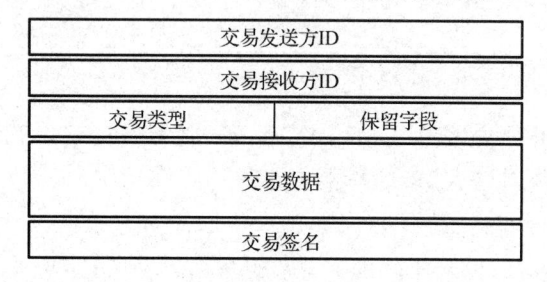

图 7-16 交易结构

节点之间通过交换消息进行信息传递和数据同步。所有的消息以交易形式封装，不同类型的消息用交易结构中的交易类型区分，节点根据不同的交易类型采取不同的处理机制。

以下是可能的交易类型及其处理流程。

（1）普通交易：用于在网络中传播交易信息，包括交易发送方、交易接收方、交易数据等内容。

（2）同步交易：用于节点之间同步区块链数据，确保各个节点的区块链状态一致。
（3）心跳交易：用于节点之间维持连接，检测对方是否在线。
（4）请求交易：用于节点向其他节点请求特定区块或交易的信息。
（5）响应交易：用于节点对请求交易作出回应，提供请求的数据信息。
（6）证明交易：用于节点之间验证某个区块或交易的有效性。
（7）控制交易：用于网络管理和控制，如节点加入、离开等。
（8）创建交易：发送者创建交易并将其传播到区块链网中。
（9）广播交易：交易被广播到其他节点。
（10）验证交易：验证交易的合法性，包括发送方地址的有效性、交易签名的正确性等。
（11）打包交易：交易被打包进区块中，形成新的区块。
（12）确认交易：交易被足够多的区块确认后，被认为是有效的。

对于一般的用于控制信息、路由交换信息的交易处理则不包含上述步骤中的打包交易。

在区块链网中，交易和区块的生成和传播是很频繁的，在节点之间进行传输也是相当耗时的，因此，安全、高效地运行区块链网的基础是需要高效的节点寻址算法。区块链网中的节点寻址算法有很多种，常见的包括 Kademlia 算法、Chord 算法、CAN 算法、Pastry 算法，除 Kademlia 算法外，其余内容在本书第 3 章中已介绍。

Kademlia 算法是用于对等网络中节点寻址和通信的路由算法，图 7-17 为 Kademlia 算法结构。它将网络空间抽象为一个大整数空间，主要包括以下几个关键概念和步骤。

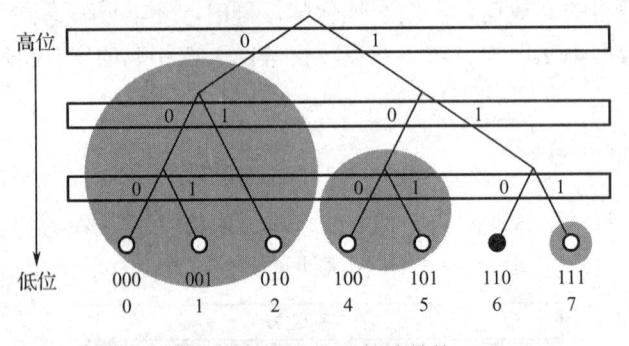

图 7-17 Kademlia算法结构

（1）节点 ID 和 XOR 距离度量：每个节点都有一个唯一的节点 ID，通常使用哈希函数计算得到。节点之间的距离通过 XOR 距离度量计算。

（2）路由表维护：每个节点维护一个路由表，包含 K 个桶，每个桶中存储最接近自己节点 ID 的节点信息。路由表的桶数量和桶中节点数量是可以调整的，通常随着网络规模的增长而动态调整。

（3）查找算法：Kademlia 算法使用查找算法来找到最接近目标节点 ID 的节点，通常使用 FindNode 和 FindValue 两种查找操作。FindNode 用于查找最接近目标节点 ID 的 K 个节点，而 FindValue 用于查找存储在某个节点上的值。

（4）数据存储和查找：Kademlia 算法通过存储和查找操作实现数据的分布式存储和查找。数据根据其关键字（如哈希值）存储在最接近关键字的 K 个节点中，而查找则通过路由表中的节点进行路由和转发，直到找到包含目标数据的节点。

（5）路由表更新：路由表随着节点间的通信不断更新，保持包含最新节点信息的状态。当节点加入或离开网络时，路由表会根据节点 ID 的变化进行更新。

7.3.2 区块链网数据平面

1. 基于链上链下扩展的可信存储模式

在区块链网的框架下，我们不仅可以将数据安全地存储在链上，还可以利用链下技术实现高效的数据传输和处理。这种基于链上链下扩展的可信存储模式，构成了区块链网数据平面的基础。链上的数据被加密、打包并通过共识机制确认，从而确保了数据的不可篡改性和透明性；而链下的技术则提供了高效的数据处理和传输方式，使得区块链得到更广泛的应用。

在区块链中，经常会听到"链上"和"链下"这两个概念。它们代表着不同的数据存储和传输方式，但都是构成区块链网数据平面的重要组成部分，如图 7-18 所示。

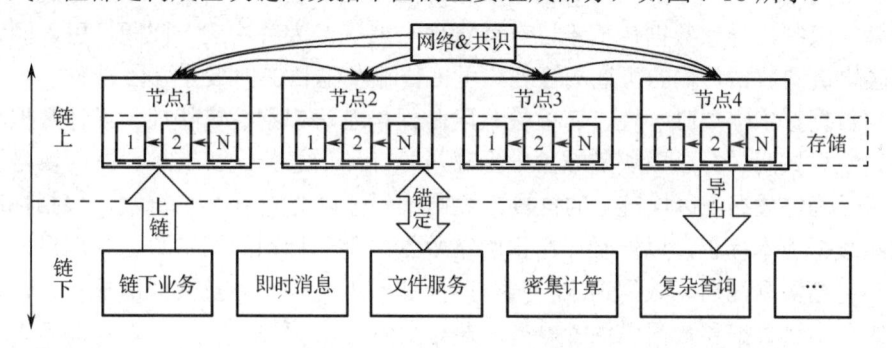

图 7-18 链上、链下数据

链上数据是直接存储在区块链上的核心数据，包括交易信息、智能合约代码、资产所有权证明等。这些数据通过区块链网的共识算法验证和确认，并以区块的形式打包存储在不同节点上。链上数据具有不可篡改性、透明性和去中心化的特点，保证了数据的安全性和可信性，为各行各业的应用场景提供了可靠的基础。

链下数据是存储在区块链之外的数据，与链上数据形成对比。这些数据可以通过传统互联网进行存储、传输和处理，如数据库、文件系统、云存储等。链下数据的存储和传输方式更加灵活和高效，因为不受区块链共识算法的限制，可以根据实际需求选择最合适的技术和平台。链下数据的灵活性、高效性和可扩展性为区块链应用提供了更多可能性，使得区块链能够更好地服务于各行各业的实际需求。

链上链下协同是将区块链与传统互联网相结合，利用各自的优势构建一个更加完善和可信的数据存储和传输网络。链上链下协同可以充分发挥区块链的优势，同时弥补其在数据处理方面的不足，从而实现更广泛的应用和更好的用户体验。

可信存储模式利用区块链的不可篡改性、透明性和去中心化等特性，实现了数据的安全存储和可信传输。数据存储在分布式网络中的多个节点上，经过加密处理和智能合约控制，保护用户的隐私和数据安全。同时，不可篡改的审计记录和透明的交易记录增强了数据的可追溯性和透明性。这种可信存储模式为各行各业提供了一种全新的数据管理和传输方式，为数据安全和可信性带来了全新的解决方案。

2. 基于可信网络的数据安全高效传输协议

在可信存储模式的基础上，基于可信网络的数据安全高效传输协议进一步强调了数据传输过程中的安全性和高效性，确保数据在传输过程中的安全性、完整性和可信性。

加密和身份认证是基于可信网络的数据安全高效传输协议中的核心机制。在传输过程中，采用加密算法对数据进行加密处理，保护数据的隐私和安全，并通过密钥管理确保密钥的安全性。同时，采用数字签名和证书验证等方式对数据发送方进行身份认证，确保数据发送方可信，防止数据被伪造或篡改。多因素身份认证进一步增强了身份认证的安全性，保护数据的安全传输。综上所述，加密和身份认证在数据传输过程中起着至关重要的作用，为数据的安全性、完整性和可信性提供了有效保障。

在区块链网中，将链下的网络数据信息全部注册到区块链上进行管理存在链上数据管理与共识效率的限制，导致数据传输难以有效管理与追溯。为解决这一问题，引入网络标识体系，实现区块链网数据传输的可追溯管理、可信传输及隐私保护服务组合。

考虑到数据标识需要唯一性、有效性、隐私保护及可识别性等特性，设计数据标识包括区块链域和数据域两部分。区块链域由数据注册时存储信息的区块链号、链内块号及块内序号构成，用于确定数据在区块链上的位置。数据域与区块链域用"/"分割，包括标准标识、数据标识和数据版本标识，以便唯一标识网络数据。基于标识的网络数据管理模型的数据传输过程主要包括数据注册、数据请求、数据匹配和数据传输，涉及数据请求者、认证机构、数据区块链、网络数据和数据提供者等多个参与实体。

在数据注册阶段，数据提供者向数据区块链提交数据注册申请，并获得全网唯一的数据标识。该标识及相关数据信息被存储在数据区块链上，用于数据的管理与传输。数据请求者在进行数据请求时从数据区块链中获取数据信息，并通过匹配算法选择所需数据，完成数据协商与数据传输。数据匹配和数据传输阶段则依托于数据标识，通过智能合约和网络数据可信传输协议完成数据传输过程。网络数据可信传输协议的设计依赖于全网唯一的数据标识，实现了网络数据的安全传输和管理。通过区块链数据的监督，数据传输双方可以对违规行为进行追责，保障数据传输的安全性和可信性。

3. 基于多方参与系统的数据安全共享机制

基于多方参与系统的数据安全共享机制旨在解决传统集中式存储方式中存在的数据隐私泄露和篡改风险。该机制利用了区块链和条件代理重加密等技术，实现了数据的安全共享和保护。

多方参与系统是一个复杂而完整的系统，旨在实现数据的安全共享和管理。系统包括数据产生者、数据发送者、数据请求者、区块链网、密钥生成中心和云服务器六个核心组件。数据产生者生成业务数据并上传至系统，数据发送者负责将加密后的数据发送至云服务器，数据请求者通过系统接口获取所需数据，区块链网采用区块链存储和管理数据，密钥生成中心管理系统密钥，云服务器提供数据存储和处理功能。通过各组件和角色的协作，多方参与系统实现了对数据的安全共享和管理，为各类业务系统提供了全新的解决方案。

系统初始化阶段包括密钥生成中心的设置和公/私钥的分发等工作。数据共享流程则包括数据产生者生成业务数据、数据发送者发送加密数据至云服务器、数据请求者通过区块链网获取数据权限、云服务器对数据进行重加密以及数据请求者获取解密数据等步骤。

数据加密与存储是多方参与系统中至关重要的环节，旨在确保数据在传输和存储过程中的安全性和隐私保护。在数据加密阶段，数据发送者利用私钥、数据产生者的私钥和条件摘要对数据进行加密，生成数据密文，采用高强度的加密算法，如 AES、RSA 等。加密后的数据密文被发送至云服务器进行存储，云服务器负责对数据进行安全存储和管理，并确保数据的安全性和可靠性。此外，系统还通过数据访问控制机制对数据的访问进行严格控制，仅授权用户获取解密后的数据，以确保数据的保密性和完整性。整体上，数据加密与存储环节通过加密和安全存储，有效地保障了数据的安全传输和隐私保护。

数据访问权限控制是多方参与系统中的重要组成部分，旨在确保只有具有合法权限的用户才能够访问和操作数据，从而保障数据的安全性和隐私保护。该控制包括权限认证、权限授权、访问控制策略、审计和监控、动态访问控制等多个方面。首先，系统对用户进行身份认证，然后根据用户的角色、属性和权限进行权限授权，确定用户可以访问的数据和操作，同时制定并实施访问控制策略，管理和配置用户的权限，审计和监控机制对用户的访问行为进行记录和监测，及时发现异常行为，还需要根据实际情况动态调整和更新用户的权限，以适应不同的业务需求和安全要求。

云服务器收到数据发送者的信息后，利用条件代理重加密技术对数据进行重加密，生成重加密密文。数据请求者使用私钥解密后获取原始数据，实现了数据的安全共享和传输。

7.3.3 区块链网控制平面

区块链网控制平面是区块链网的核心组成部分之一，负责管理和控制区块链网的各种操作和活动。它涵盖了身份认证、执行工作流以及检查审计机制，确保区块链网的稳定运行和高效管理。

1. 基于去中心化标识符的身份认证

基于去中心化标识符（Decentralized Identity，DID）的身份认证是一种新兴的身份管理技术，旨在通过去中心化的方式提供安全、私密和自主的身份认证。与传统的中心化身份管理系统不同，基于 DID 的身份认证系统让用户对自己的身份数据拥有完全的控制权，并利用区块链确保身份数据的不可篡改性和可信性。

1）自主性

用户自主创建身份：在基于 DID 的身份认证系统中，用户可以独立生成 DID，无须依赖任何中心化机构。这一过程通常由用户设备（如手机或电脑）执行，确保 DID 的创建是去中心化和自主的。用户通过生成公/私钥对来创建 DID，公钥作为 DID 的一部分存储在区块链上，私钥由用户自己保管。公/私钥对的生成使用安全的加密算法，如 ECC，以确保密钥的安全性。这种无须依赖中心化机构的机制消除了中心化机构带来的单点故障风险和信任风险，增强了用户对自己身份数据的控制权。

身份数据自主管理：在基于 DID 的身份认证系统中，用户对自己的身份数据拥有完全的控制权和所有权。他们可以决定何时、何地以及与谁分享身份数据，并通过智能合约控制数据的访问权限，确保只有得到授权的实体才能访问这些数据。用户可以选择性地披露特定的身份数据，以满足不同服务或应用的需求，同时利用零知识证明等技术保证隐私。用户还可以随时动态更新或撤销身份数据及其访问权限，确保数据的隐私和安全。例如，当用户的联系方式发生变化时，可以在区块链上更新信息；如果用户不再信任某个服务提供者，可以撤销其访问权限。

2）隐私保护

在基于 DID 的身份认证系统中，隐私保护是关键特性之一。

数据最小化原则是该系统的重要组成部分，旨在减少用户必须披露的个人信息量。用户在进行身份认证或授权时，只需提供满足特定需求的最少信息。这一原则通过使用选择性披露和零知识证明等技术实现，确保用户可以验证其身份的真实性而无须泄露具体的敏感信息。例如，用户在验证年龄时，可以只提供其是否成年而不披露具体的出生日期，从而减少隐私泄露的风险。

加密技术在该系统中也扮演着至关重要的角色。用户的身份数据通过高强度的加密算法（如 AES、RSA 等）加密存储在区块链上，确保数据的机密性和完整性。加密过程保护了用户身份数据，使其在传输和存储过程中不被未经授权的实体访问。此外，用户的私钥用于签名和身份认证，确保只有合法用户能够访问和使用身份数据。这种加密技术的应用不仅保护了用户的隐私，还提升了身份数据的安全性，防止被篡改或伪造。

3）互操作性

在基于 DID 的身份认证系统中，互操作性是一个重要特性，确保用户能够在不同的平台和应用中无缝地使用同一个 DID，实现统一的身份管理。

跨平台使用允许用户在多个网站、应用和服务之间自由切换，无须为每个平台单独创建和管理账户。这种统一的身份管理不仅简化了用户的操作，还提高了用户体验和数据一致性。例如，用户可以使用同一个 DID 在社交媒体、电子商务和金融服务等不同平台上进行身份认证，避免了重复注册和登录的麻烦。

标准化协议是实现互操作性的关键。该系统遵循 W3C（万维网联盟）制定的 DID 规范，这些规范定义了 DID 的格式、解析方法和操作流程，确保不同系统和平台之间的兼容性和互操作性。通过采用标准化协议，不同的区块链网和应用系统可以互相协作，用户的 DID 可以在不同的环境中得到识别和使用。这种标准化为开发者提供了一个一致的框架，简化了系统的集成和互操作性。例如，一个遵循 DID 规范的金融服务平台可以轻松与另一个遵循相同规范的电子商务平台进行数据交换，实现跨平台的无缝协作。

4）信任链

在基于 DID 的身份认证系统中，区块链的应用是确保身份数据可信性和安全性的基础。区块链通过其不可篡改性、透明性和去中心化的特性，为该系统构建了一个可靠的身份认证基础设施。用户的 DID 和相关身份数据存储在区块链上，利用分布式账本技术确保数据的安全性和可信性。区块链网的共识算法确保所有节点对 DID 数据的一致性，防止身份数据被伪造或篡改，从而提供一个安全、透明和不可篡改的身份管理系统。

信任关系的建立也至关重要。用户可以通过信任链建立与其他 DID 的信任关系，例如，通过其他可信的 DID 为自己的 DID 背书，增加身份可信度。服务提供者可以通过验证 DID 的信任链，快速判断用户身份的可信性和合法性，从而提供相应的服务。这种信任关系的建立不仅提高了身份认证的效率，还增强了系统的安全性和可信性。例如，在一个医疗系统中，医生的 DID 可以通过医院的 DID 进行背书，患者和其他医疗机构可以通过对信任链的验证，迅速确认医生的身份和资质，从而确保医疗服务的可信性和安全性。

2. 基于区块链网的执行工作流

基于区块链网的执行工作流是一种利用区块链实现业务流程自动化和管理的机制。该工作流通过智能合约来执行和管理各种活动，确保流程的透明性和高效性。

1）工作流的定义和部署

在区块链网中，工作流通过智能合约进行定义。智能合约是部署在区块链上的自动化程序，包含了工作流的逻辑和规则。每个工作流的步骤、条件和操作都可以在智能合约中进行编写和配置。例如，在供应链管理中，智能合约可以定义从订单创建、生产、运输到交付的整个流程，每个步骤的执行条件和操作都由智能合约控制。这种方式确保了工作流的执行是自动化和标准化的，减少了人为干预和错误。

定义好的工作流智能合约需要部署到区块链网上。部署过程包括将智能合约代码上传至区块链网，并由区块链网中的节点进行验证和记录。一旦部署，智能合约将自动执行，无须人为干预，确保工作流的执行过程透明、可追溯。这种部署方式不仅提高了工作流的执行效率和准确性，还增强了流程管理的透明性和可信度，所有参与者都可以查看和验证智能合约的执行情况，确保流程按预期进行。

2）工作流的执行和管理

一旦智能合约被触发，工作流中的各项活动将自动执行。

智能合约根据预先定义的规则和条件，自动完成工作流中的各个步骤。这意味着无须人为干预，所有预设的操作和条件检查都由智能合约自动进行。例如，在供应链管理中，当一个订单的状态更新时，智能合约会自动验证订单的当前状态，并根据预定义的条件触发下一步操作，如生成发货指令或更新库存信息。这种自动化执行不仅提高了工作流的效率，还确保了操作的一致性和准确性，避免了人工操作可能带来的错误和延误。此外，智能合约可以快速响应外部事件或条件变化，确保业务流程能够及时调整并继续进行，提升了系统的灵活性和响应速度。智能合约流程如图 7-19 所示。

通过区块链浏览器等工具，管理者可以随时监控工作流的进展，了解每个步骤的执行细节和时间点，从而确保流程按预期进行。如果在执行过程中出现异常情况或延误，管理者可以立即发现并采取相应措施，减少对整体流程的影响。这种实时监控机制不仅提高了流程管理的透明度，还增强了系统的可追溯性和信任度，更好地协调内部和外部资源，提高业务流程的整体效率和可靠性。

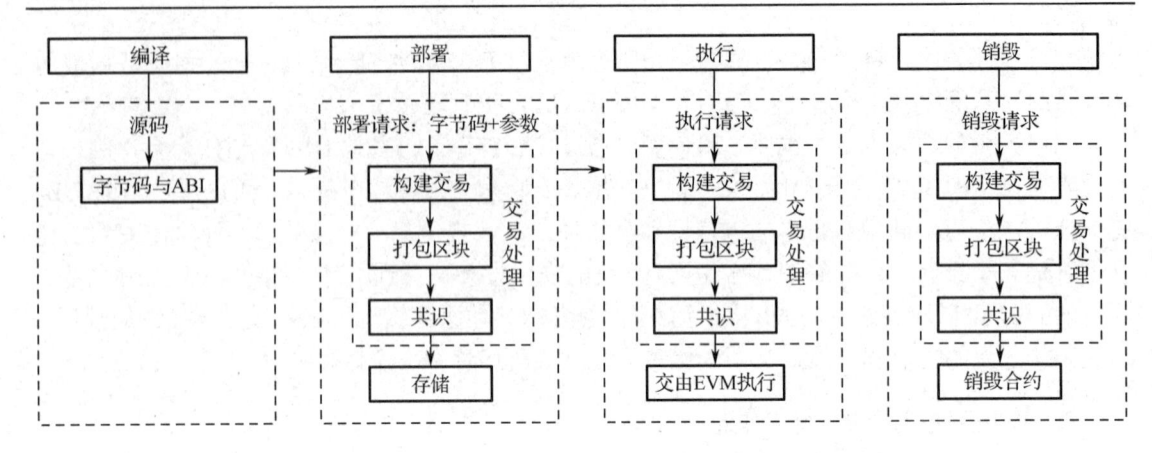

图 7-19 智能合约流程

3）工作流的优势

（1）基于区块链网的执行工作流具有高度的透明性，所有操作记录都存储在区块链上，任何参与者都可以查看和验证。这种透明性有助于建立信任，减少因信息不对称导致的纠纷。例如，在物流管理中，各方可以实时查看货物运输状态，确保信息公开透明，减少纠纷。此外，区块链上的数据是不可篡改的，这意味着所有的工作流记录都是永久且无法更改的，进一步增强了系统的可信度和透明度。

（2）智能合约能够快速响应事件，执行预定义的操作，确保流程顺畅，提高了工作流的执行效率和准确性。例如，在金融交易中，智能合约可以自动执行支付和结算，减少了中间环节和人为错误，提高交易效率。自动化执行还意味着业务流程可以不间断运行，提高了整体运营效率，缩短了交易和处理时间，提升了客户满意度和业务响应速度。

（3）智能合约的执行和数据记录在区块链上受到加密保护，可以防止未经授权的访问和操作。例如，在健康数据管理中，通过区块链，只有经过授权的医疗机构和人员才能访问患者的医疗记录，确保数据隐私和安全。

（4）区块链的分布式结构防止了单点故障，增强了系统的抗攻击性和稳定性，确保了工作流的持续和可靠运行。通过这种方式，组织可以大大降低数据泄露和不当操作的风险，提升业务的整体安全性和合规性。

3. 基于区块链网的检查审计机制

共识节点在存储区块链上的区块之前，进行最后的验证，此验证建立在智能合约层之上，根据特定策略确认交易的有效性。无效交易主要有语法错误和逻辑错误两种类型，将被拒绝并删除。验证包括共识策略、读写集、MVCC 检查和账本更新。检查审计机制确保一致性，防止双重支出，建立网络信任。

1）透明性和不可篡改性

透明性是基于区块链网的检查审计机制的核心优势之一。在该机制中，所有交易和操作记录都公开存储在区块链上，使得每个记录都可供审计人员以及所有参与者查阅。这种完全的透明性确保了所有的交易活动和数据修改都是公开的，参与者可以随时访问和验证这些信息，从而增加了流程的公正性。例如，在金融交易中，每笔交易的细节都能被实时追踪和审查，确保所有参与方都对流程中的每个步骤持有共识，减少了信息不对称造成的误解和纠纷。

不可篡改性则是区块链的另一个关键特性，它为审计机制提供了坚实的数据安全基础。一旦数据被记录在区块链上，它就无法被修改或删除。这是因为区块链使用了哈希算法将区块串联起来，每个区块都包含了前一个区块的哈希值，任何对已有区块的修改都会导致后续所有区块的哈希验证失败，从而被网络其他节点拒绝。这种结构不仅保护了数据的完整性，也大幅降低了数据被篡改的可能性。因此，无论在法规合规审计还是内部财务审计中，区块链的不可篡改性都提供了一个坚不可摧的审计证据基础，增强了审计的效力和可靠性。

2）实时性和自动化审计

实时性是基于区块链网的检查审计机制的重要特性之一。区块链网中的数据更新是实时的，这意味着审计人员可以随时获取最新的操作记录和数据进行审计。例如，在金融市场中，审计人员可以实时监控交易活动，及时发现和应对异常行为，提高审计的及时性和有效性。实时审计有助于企业及时发现和解决运营中的问题，减少潜在的风险和损失。

自动化审计利用智能合约实现了审计规则的自动执行。智能合约可以预先设定审计标准和规则，当区块链上的数据触发这些规则时，智能合约会自动检测并报告异常操作和违规行为，减少人工审计的工作量和错误率。例如，在合规管理中，智能合约可以自动检查交易是否符合相关法规，一旦发现违规行为，会立即生成报告并通知相关人员，从而提高审计效率和准确性。这种自动化的审计过程确保了审计的连续性和高效性，显著提升了审计管理水平。

3）合规性和信任增强

合规性是基于区块链网的检查审计机制的关键优势之一。该机制可以根据不同的法规和标准进行配置，确保业务操作和数据管理符合相关法规和标准。区块链的透明性和不可篡改性使得所有操作记录都可以追溯和验证，确保合规审计的严格性和可靠性。例如，在医疗行业，区块链可以确保患者数据的访问和使用符合隐私法规，防止数据泄露和滥用，提高医疗服务的合规性和信任度。通过这种方式，企业能够更好地满足法律和监管要求，减少违规风险，提升企业的信誉和社会责任感。

审计记录和数据存储在区块链上，所有参与者都可以独立验证这些数据的真实性和完整性。这种去中心化且透明的机制，有助于减少信任问题导致的纠纷和摩擦，增强各方的合作意愿和信任关系。例如，在跨国企业合作中，各方可以通过区块链共享审计记录和数据，确保合作透明、可信，从而促进合作的顺利进行。区块链的信任增强机制不仅提高了数据的可信度和透明度，还增强了各方在业务合作中的合作效率。

基于区块链网的检察审计机制通过利用区块链的透明性、不可篡改性、实时性、自动化审计、合规性和新人增强，提供了一种高效、公正和可靠的审计解决方案。无论是在财务审计、供应链管理、金融服务还是医疗行业，基于区块链网的检查审计机制都展示了其强大的应用潜力，能够显著提升各行业的审计效率和合规水平，增强各方的信任关系和合作意愿。

7.3.4 区块链网的挑战

在区块链网的发展过程中，面临着多方面的挑战。这些挑战不仅影响其运行效率，还影响其安全性。

1．运行效率低

数据冗余虽然确保了区块链网的安全性和去中心化特性，但也带来了运行效率低的问题，不仅影响了区块链网的性能，还对其扩展性和管理提出挑战。

1）数据冗余的本质

在区块链网中，全节点需要存储整个区块链网的完整数据。这种设计确保每个全节点都有一份完整的账本副本，从而保障了数据的完整性和安全性。然而，这也意味着，当一个新的区块被添加到区块链网中时，每个全节点都必须更新各自的账本副本。尽管这种冗余设计增强了区块链网的抗攻击性和数据恢复能力，但也显著增加了系统的存储和计算负担。

2）高存储需求

随着区块链网的不断扩展，部分节点需要存储的数据量也不断增加。例如，比特币网络在2023年已经超过400GB，以太坊网络的数据量更是达到数TB。在区块链网环境中，这种高存储需求对全节点的硬件设备提出了更高的要求，特别是对于资源有限的节点，存储和维护完整的区块链网数据变得越来越困难，从而影响区块链网的整体效率和可扩展性。

3）计算负担

在区块链网上，节点不仅需要存储大量数据，还需要对接收到的新交易进行验证，并将其打包进新区块中。每个节点都要进行这些计算，导致计算负担显著增加。这种计算负担影响了节点的处理能力，并降低了整个区块链网的运行效率。例如，在处理大规模交易时，节点的计算能力可能成为瓶颈，限制区块链网的交易吞吐量和响应速度。

4）数据同步

每当有新的交易发生并被打包进区块时，整个区块链网中的全节点都需要接收并验证这个新的区块。数据同步过程耗时耗力，尤其是在节点数量庞大或网络带宽受限的情况下，数据同步的效率会显著降低。同步过程中的延迟还可能导致网络分叉，增加了达成共识的复杂性，并对区块链网中的稳定性造成影响。

5）扩展性问题

全节点需要存储和处理整个区块链网的数据，扩展性问题变得尤为突出。随着更多节点的加入，数据冗余问题变得更加严重，区块链网的吞吐量和交易处理速度也受到限制。例如，在高频交易或大规模物联网应用场景下，区块链网需要更高的扩展性来处理大量的交易和数据交互。因此，为了提升区块链网的扩展性，需要在数据存储和处理机制上进行创新和优化。

数据冗余设计在区块链网中带来了运行效率低的问题，为了构建高效的区块链网，需要探索分片技术、链下扩展方案等创新方法，以提高区块链网的整体效率和可扩展性，从而更好地支持各种大规模应用。

2. 数据传输慢、管理难

数据传输慢和管理难的问题在大规模区块链网中尤为明显,影响了块链网的性能和可扩展性。

1)数据传输慢

同步时间长:前文讲解了数据同步问题,随着区块链网数据量的不断增加,同步时间也随之延长。例如,以太坊网络的全节点同步可能需要数小时甚至数天,这种长时间的同步严重影响了节点的启动速度和区块链网的响应速度。区块链网中的每个节点必须等待同步完成后才能参与寄哪里,导致整体区块链网的响应和交易处理效率下降。

带宽消耗大:数据冗余要求全节点需要存储整个区块链网的完整数据,这对网络带宽提出了高要求。尤其在区块链网规模扩大、节点数量增多时,数据同步的带宽消耗会急剧增加,导致整体的网络传输速度变慢。例如,在比特币网络中,随着区块链网规模的增大,节点需要传输的数据量也不断增加,导致带宽压力增大,网络传输速度下降。这种情况在区块链网中尤为突出,因为更多的节点同时进行数据同步,进一步加剧了带宽消耗。

2)管理难

数据存储管理复杂:在区块链网中,由于全节点需要存储整个区块链网的完整数据副本,数据存储管理变得非常复杂。随着区块链网数据量的增长,节点需要更大的存储空间来保存这些数据,对节点的硬件要求不断提高,增加了维护成本。特别是对于资源有限的节点,数据存储管理变得更加困难,可能导致节点无法正常运行或需要频繁进行硬件升级。在区块链网环境中,管理大量节点和数据存储是一项庞大的工程,需要更高效的管理工具和策略。

节点维护负担重:在区块链网中,全节点需要处理大量的数据存储和同步任务,这对节点的计算资源和存储资源提出了很高的要求。节点维护人员需要不断监控和管理节点的运行状态,确保数据的完整性和一致性。例如,在以太坊网络中,节点需要定期进行数据清理和优化,以防止存储空间不足和性能下降,这增加了节点维护的复杂性和工作量。在区块链网中,维护数百甚至数千个节点的稳定运行,是一项复杂且耗时的任务。

3)数据一致性挑战

在区块链网中,由于数据冗余,全节点保存着整个区块链的副本,如何确保这些副本的一致性成为一个重要的挑战。尤其在网络分叉或节点故障时,数据一致性问题会更加突出。共识算法虽然能在一定程度上解决这一问题,但在大规模区块链网中,节点之间达成共识的效率和准确性仍然是一个难题。例如,在比特币网络中,网络分叉可能导致部分节点的数据与主链不一致,需要额外的时间和资源进行修复。在区块链网环境中,确保数千个节点之间数据的一致性和同步,是一个非常复杂的过程。

3. 传统网络控制平面的缺陷

在区块链网的构建和维护中,传统网络控制平面的缺陷对区块链网的效率、安全性和可扩展性提出了严峻的挑战。这些缺陷主要表现在中心化控制模式、单点故障、管理复杂性、响应速度和效率等方面。

1）中心化控制模式

依赖中心化控制节点：传统网络控制平面通常依赖中心化控制节点来管理和协调各项操作。这种控制模式虽然可以简化管理，但也带来了明显的缺陷，会导致整个网络对少数节点过度依赖。一旦这些节点出现故障或被攻击，整个区块链网的运行将受到严重影响。例如，在企业网络中，通常由一台或几台控制服务器来管理整个网络的路由、访问控制和资源分配。这些中心化节点成为网络的关键节点，其安全性和稳定性直接影响整个网络的运行。

信任和透明性问题：中心化控制模式需要网络参与者对中心化控制节点的信任。然而，这种信任机制并不总是可靠的，尤其在涉及多个利益相关方的情况下。中心化控制节点的运作缺乏透明性，容易引发信任危机和管理纠纷。去中心化是区块链网的核心特性，而中心化控制模式与这一理念相冲突，会削弱区块链网的透明性和去中心化优势，影响参与者对网络的信任。

2）单点故障

高风险的单点故障：中心化控制节点如果发生故障或遭遇攻击，整个区块链网的运行将受到严重影响，甚至可能瘫痪。单点故障是传统网络控制平面的主要风险之一。在区块链网中，单点故障会导致网络的不稳定性和安全风险。任何针对中心化控制节点的攻击，如 DDoS 攻击、黑客入侵或硬件故障，都会影响整个区块链网的安全和稳定性。例如，在金融机构，中心化控制服务器一旦被攻击，可能导致大量交易中断和数据泄露，造成严重的经济损失。

容灾能力不足：传统网络控制平面通常缺乏有效的容灾机制，即使有备用的中心化控制节点，也无法完全避免单点故障的风险和其带来的影响。灾难恢复过程通常复杂且耗时，可能导致长时间的网络中断。相比之下，去中心化的区块链网由于没有中心化控制节点，在容灾能力上具有天然优势。通过分布式存储和共识算法，区块链网可以有效应对单点故障，提高网络的可靠性和安全性。

3）管理复杂性

中心化管理带来的复杂性：中心化管理模式虽然在小规模区块链网中可以简化管理，但在大规模区块链网中，其复杂性显著增加。中心化控制节点需要处理大量的管理任务，如路由计算、资源分配和安全策略的实施，导致系统负载过高，管理效率降低。在区块链网中，节点数量众多，管理和协调这些节点的复杂性远高于传统网络。例如，在大型企业里，网络管理员需要维护和更新大量的路由规则和访问控制列表，这不仅耗费大量时间和资源，还容易出现管理失误和漏洞。

扩展性差：随着区块链网规模的扩大，中心化控制节点的性能和容量逐渐成为瓶颈，难以满足大规模网络的需求。传统网络控制平面在扩展性方面表现不佳，增加新的节点或设备通常需要对中心化控制节点进行重新配置和调整，过程烦琐且容易出错。在区块链网中，扩展性问题尤为突出，需要采用更灵活的去中心化控制机制，以支持大规模应用场景。例如，使用分片技术和链下扩展方案，可以有效提升链网的扩展性。

4）响应速度和效率

响应延迟：中心化控制节点在处理大量请求时，容易出现响应延迟问题。尤其是在高并发的网络环境中，中心化控制节点的处理能力受到限制，导致网络响应速度下降，影响用户体验。在区块链网中，去中心化控制可以通过分布式共识算法提高响应速度，减少延迟。例如，在实时通信和在线交易中，任何延迟都会显著影响服务质量和用户满意度。

效率低下：中心化的管理模式在处理复杂和动态的网络环境时效率低下。中心化控制节点需要频繁更新路由信息和安全策略，处理大量的网络流量和管理任务，这对其计算和处理能力提出了极高的要求。效率低下不仅影响网络性能，还增加了运营成本和管理负担。在区块链网中，智能合约和自动化管理工具可以提高管理效率，降低成本。例如，通过智能合约自动执行网络管理任务，可以减少人工干预，提高整体效率。

传统网络控制平面的中心化设计虽然在一定程度上简化了网络管理，但也带来了许多缺陷，在区块链网的构建和维护中，这些缺陷显得尤为突出。为了解决这些问题，需要采用去中心化的控制平面，利用区块链的优势，提升网络的安全性、可靠性和扩展性。通过分布式共识算法和智能合约等技术，可以构建一个更加高效和安全的区块链网控制平面，支持复杂的应用场景和大规模网络需求。

7.4 Web 3.0

Web3.0 的概念自 2021 年起重新受到广泛关注，到 2022 年，主流媒体与行业文章都频繁探讨其相关议题，学术界与产业界也持续热议 Web3.0 的技术生态。

7.4.1 Web 1.0、Web 2.0、Web 3.0 的时间划分

Web（World Wide Web）即全球广域网，也称为万维网，是一种基于超文本和 HTTP 协议、具备全球性、动态交互、跨平台特性的分布式图形信息系统。Web（World Wide Web）即全球广域网，也称为万维网，是一种基于超文本和 HTTP 协议、具备全球性、动态交互、跨平台特性的分布式图形信息系统。作为建立在 Internet 上的网络服务，它通过文档及超链接将信息节点组织成相互关联的网状结构，为用户提供图形化、易访问的浏览界面。

前 Web 时代（1969 年—1994 年）：从 1969 年美国的 ARPNET 诞生到 1994 年，为前 Web 时代。1989 年，由 Tim Berners-Lee 领导的小组提交了一个针对 Internet 的新协议和一个使用该协议的文档系统，该小组将这个新系统命名为 World Wide Web，这是 Web 1.0 的孕育阶段。

Web 1.0 时代（1994 年—2004 年）：该阶段正式开始于 1994 年，其主要特征是大量使用静态的 HTML 网页来发布信息，并开始使用浏览器获取信息，这个时代主要是单向的信息传递。

Web 2.0 时代（2004 年—2025 年）：1999 年 8 月 23 日，Evan Williams 发布了 Blogger，这是首个让人们搭建个人博客，并允许用户评论、与博主互动的平台，它被认为是 Web 2.0 的开端。2004 年 3 月，Tim OReily 在发表的 *Whatls Web 2.0* 一文中概括了 Web 2.0 的概念，并

给出了 Web 2.0 的架构图，标志该阶段的正式确立。2008 年，比特币的诞生为 Web 3.0 提供了基础设施的雏形。2014 年，以太坊的诞生则标志着 Web 3.0 的萌芽。

Web 3.0 时代（2025 年之后）：2015 年以太坊 ERC20 标准与 2017 年 ERC721 标准的推出，逐步构建了 Web 3.0 的底层协议基础。尽管学界对阶段划分存在争议（2014 年—2030 年常被称为 Web 2.5），但基于区块链的成熟进程，将 2025 年作为 Web 3.0 的起始时间点具有标志性意义——此时技术生态已完全超越 Web 2.0 范式，形成新的代际分界。

7.4.2　Web 3.0 的学术定义与技术定义

先看对于 Web 3.0 的学术定义，目前普遍被接受的定义（维基百科引用）如下。2006 年 5 月，Tim Berners-Lee 曾说："人们不断追问 Web 3.0 到底是什么。我认为，当可缩放矢量图形在 Web 2.0 的基础上大面积使用——所有元素都呈现动态波纹与无棱角形态，并且一整张语义网涵盖着大量的数据时，用户将能访问那些传统互联网难以承载的专属数据资源。"这里定义的 Web 3.0 是语义网。之后，Tim 提出一定要对 Web 进行去中心化，并逐渐把去中心化、个人数据主权和隐私保护增加到 Web 3.0 中，并推动其主导的 SOLID 项目（Social Linked Data）。该项目提出"个人数据舱"（POD，Personal Online Data）概念，强调用户数据归属权与跨平台流通性。例如，用户可将数据从 Facebook 迁移至 Twitter，或从微信切换至其他平台，数据所有权始终属于用户，其创造的价值也应属于用户。这个阶段，Web 3.0 的定义更加接近我们当前对 Web 3.0 的认知。

Web 3.0 的技术定义比较统一，普遍接受的定义如下。2014 年，以太坊联合创始人、Polkadot 创建者 GavinWood 首次提出 Web 3.0 的技术框架，主张以区块链构建去中心化互联网生态。当前的这些 Web 3.0 应用可以理解为区块链上资产与智能合约驱动的金融协议，以及各类非同质化的资产及其相关应用，但这些并不完整，因为区块链底层的技术还不够成熟，区块链的影响还在小范围内，Web 3.0 时代才刚刚开始，还没有形成 Web 1.0 和 Web 2.0 时代那样的典型代表，这也是学界与业界普遍称当前为 Web 2.5 时代的原因。

7.4.3　Web 3.0 的基础设施——区块链

2008 年，比特币诞生，其去中心化技术使 Web 3.0 的产生有了技术支撑。以比特币为代表的区块链 1.0 功能比较有限，并且因为没有图灵完备的虚拟机运行环境，支持的区块链功能也非常有限。

2014 年，以太坊诞生，标志着 Web 3.0 萌芽阶段的开启，因为以太坊可以运行图灵完备的虚拟机，为各种智能合约的产生奠定了坚实的基础。2015 年 11 月，推出以太坊 ERC20 标准，为区块链领域的 ICO（首次代币发行）提供了简便实用的工具，也推动了区块链的一次大爆发。虽然当时也有很多的失败项目，但对区块链基础设施的完善、区块链工具（钱包及区块链浏览器）的普及都产生了很大的推动作用。

2017 年，推出了 ERC721 标准，使 Web 3.0 中的基本元素逐渐扩大和完善，区块链的世界有了 NFT，加上早期的 FT，以及 2018 年推出的 ERC1155 标准中的 SFT，Web 3.0 中的基本元素已经备齐。加上丰富的智能合约，2020 年之后，Web 3.0 的应用也逐渐丰富起来。

7.4.4 Web 3.0 技术栈

Web 3.0 技术栈结构如图 7-20 所示。

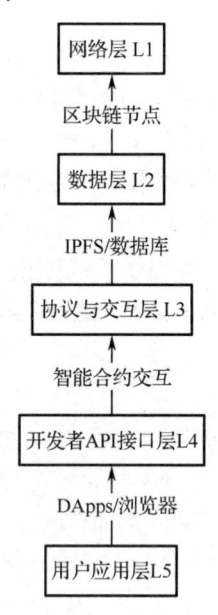

```
        网络层 L1
           ↑
        区块链节点
           
        数据层 L2
           ↑
        IPFS/数据库
           
        协议与交互层 L3
           ↑
        智能合约交互
           
        开发者API接口层L4
           ↑
        DApps/浏览器
           
        用户应用层L5
```

图 7-20 Web 3.0 技术栈结构

1. L5：技术栈顶层，即用户应用层

L5 层为用户提供了直接与 Web 3.0 交互的界面，类似于传统的浏览器或应用程序，主要包括去中心化应用、浏览器等，这些工具使用户轻松访问区块链，并管理个人的区块链账户。

去中心化应用是 L5 层的重要组成部分，它们运行在区块链上，提供如去中心化金融（DeFi）、NFT 市场、去中心化社交媒体等服务。这些应用通常是开源的，并依赖于分布式网络，而非中心化服务器。用户在 L5 层通过友好的图形界面与智能合约进行交互，如提交交易、调用智能合约函数或参与去中心化治理投票。

此外，L5 层在用户体验（UX）和用户界面（UI）设计上面临挑战。开发者需要确保用户在与智能合约进行交互时，操作直观、安全，并有清晰的反馈，避免操作失误导致资产损失。由于 Web 3.0 的去中心化特性，用户通常通过加密密钥或助记词进行身份认证，L5 层在提供便利的同时，也要求用户妥善管理自己的身份认证信息。

总体而言，L5 层作为 Web 3.0 技术栈中最贴近用户的一层，通过简化区块链的复杂性，使普通用户能够轻松地使用去中心化应用，享受 Web 3.0。

2. L4：开发者 API 接口层

L4 层在 Web 3.0 技术栈中被称为开发者 API 接口层，是连接用户应用层（L5 层）与底层区块链的关键桥梁。

L4 层提供了各种应用程序接口，使开发者能够轻松与区块链交互，如读取区块链上的数据、发布交易、调用智能合约等。这些接口由区块链网络或第三方服务提供，极大地降低了交互复杂度。此外，L4层还包括支持开发者构建去中心化应用的编程语言和框架，如以太坊的 Solidity、Rust、Go、JavaScript 等，为开发者提供了完整的开发环境，支持从编写代码到部署智能合约的全流程。

智能合约是区块链的核心功能之一，L4层为智能合约的开发和测试提供了全面支持。开发者可以在 L4 层编写、调试、部署智能合约，确保其在实际应用中的安全性和稳定性。除此之外，L4层还涉及去中心化存储和计算的技术支持，如 IPFS、Arweave 等去中心化存储解决方案，以及 Ethereum 的 Layer 2 扩展方案，这些技术为中心化应用提供了更高效的存储和计算能力。

L4层还通过跨链兼容性接口支持不同区块链之间的互操作性，使得开发者的应用可以跨多个区块链网络进行操作和数据交换，打破了孤岛效应。总体而言，L4层为开发者提供了强大的工具和资源，使他们能够构建和管理复杂的去中心化应用，推动 Web 3.0 的发展和普及。

3. L3：协议与交互层

L3层在 Web 3.0 技术栈中被称为协议与交互层，它位于基础区块链协议（L2层）之上，旨在提升区块链网络的性能和可扩展性。L3层通过各种技术解决方案，减轻了主链的负担，实现了更高的交易速度和更低的交易成本，从而优化了用户体验。

L3层的核心功能是提供扩展性解决方案，以应对区块链网络在交易量增加时可能面临的拥堵问题。这些扩展性解决方案包括状态通道、侧链、分片等技术。状态通道允许用户在链下进行多次交易，仅在最终状态时才将数据提交到主链，显著减少了链上交易量。侧链是独立于主链的区块链，可以与主链互通，承担部分计算和存储任务，从而分担主链的压力。

L3层还支持跨链操作，允许不同区块链网络之间的资产和数据流通，无须依赖中心化的交易所或第三方服务，实现了不同区块链网络之间的互操作性，促进了去中心化生态系统的整合。

此外，L3层在安全性和去中心化方面也发挥着关键作用。虽然L3层的交易在链下进行，但它们的最终状态仍需通过L2层的主链进行验证和结算，确保交易的安全性和透明性。

总体而言，L3层在 Web 3.0 技术栈中扮演着重要的角色。它通过提供扩展性解决方案和跨链操作支持，不仅提升了区块链网络的性能和可扩展性，还促进了去中心化生态系统的互联互通，为用户带来了更高效、更安全的区块链体验。

4. L2：数据层

L2层在 Web 3.0 技术栈中被称为数据层，是整个区块链网络的核心，负责提供分布式账本的记录和验证功能。L2层是所有去中心化应用、智能合约以及其他区块链操作的基础，确保区块链网络的安全性、去中心化和数据的不可篡改性。

L2层的主要功能是管理区块链网络的共识算法和数据结构。共识算法是 L2 层的核心，它决定了区块链网络如何在分布式节点之间达成一致，从而验证和记录每笔交易。共识算法确保了区块链网络的安全性和去中心化，同时防止双花攻击和其他潜在的安全威胁。

L2层还负责处理区块链的交易记录和智能合约的执行。L2层将每笔交易打包成区块，并按照严格的顺序依次添加到区块链上，形成一个不可篡改的分布式账本。智能合约是 L2 层上运行的自动化协议，在满足特定条件时自动执行，从而实现各种复杂的业务逻辑。

L2 层还包含了区块链网络的节点架构和通信协议。节点是区块链网络的基础设施，它们共同维护网络的运行，存储完整的区块链数据，并参与共识过程。通信协议负责管理节点之间的数据传输和同步，确保整个网络的高效运行和数据的一致性。

安全性和去中心化是 L2 层的关键特性。L2 层通过分布式节点和共识算法，确保了网络的抗审查性和高度安全性，即使在恶意攻击或节点故障的情况下，区块链网络仍能稳定运行。此外，L2 层的去中心化特性也使得它难以被单一实体控制，进一步增强了区块链网络的可信度和可靠性。

总体而言，L2 层是 Web 3.0 技术栈中最基础的层次，为整个区块链网络提供了坚实的技术支撑。它通过共识算法、智能合约执行等功能，保障了区块链网络的安全性、去中心化和高效性，为更高层次的应用和扩展技术打下了坚实的基础。

5. L1：网络层

L1 层在 Web 3.0 技术栈中被称为网络层，是整个区块链网络和 Web 3.0 生态系统的根基，提供了数据传输和网络通信的基础设施。L1 层负责支持分布式节点之间的数据分发与互动，是实现区块链去中心化特性的关键所在。

L1 层的主要功能是确保网络的连通性和数据传输的效率。在分布式网络中，L1 层通过 P2P 网络实现节点之间的直接通信，避免了传统互联网中对中心化服务器的依赖。通过 P2P 网络，区块链网络中的每个节点既是数据的发送者，也是数据的接收者，数据能够在网络中高效地传播和共享，确保了整个系统的可靠性和抗审查性。

此外，L1 层还负责网络的共识传播和区块链数据的同步。在区块链网络中，每个节点都需要接收并验证其他节点发送的交易和区块数据，以保持分布式账本的一致性。L1 层通过高效的数据传播机制，确保每个节点能够及时获取最新的区块链数据，从而参与到全网共识中，维持网络的整体安全性和稳定性。

L1 层在数据分发方面的作用也十分重要。它不仅支持区块链交易数据的传输，还可以承载智能合约的执行结果、去中心化应用的数据等。在 L1 层，区块链网络能够以去中心化的方式进行大规模的数据分发，支持各种复杂的去中心化应用场景。

安全性和去中心化是 L1 层的核心特点。L1 层通过分布式网络结构，避免了传统区块链网络中单点故障的问题，即使部分节点发生故障，整个网络仍能继续运行。这种分布式架构也增强了网络的抗攻击能力，使其在面对各种网络威胁时具备更高的安全性。

总体而言，L1 层是 Web 3.0 技术栈中最底层的架构，提供了可靠的网络基础设施。它通过高效的数据传输和分布式网络结构，确保了整个系统的连通性、安全性和去中心化，为更高层次的区块链功能和应用奠定了坚实的基础。

7.4.5　Web 3.0 面对的挑战

Web 3.0 作为互联网的下一代形态，旨在实现更去中心化的网络结构，通过区块链、智能合约、去中心化应用等技术为用户提供更多的控制权和隐私保护。然而，尽管其前景广阔，

Web 3.0 在发展过程中也面临着一系列挑战，主要集中在以下几个方面。

1. 技术复杂性与可扩展性

Web 3.0 技术相对于传统的互联网技术更加复杂，尤其是在区块链的可扩展性问题上。当前的比特币、以太坊等区块链网络，面临着交易速度慢、交易费用高的问题。当网络拥堵时，处理大量交易的能力受到限制，这使得 Web 3.0 在大规模应用上存在瓶颈。为了解决这些问题，开发者需要不断创新 L2 扩展技术，如状态通道、侧链等，以提升区块链的处理能力。

2. 用户体验

Web 3.0 的去中心化特性使得用户在使用时需要承担更多的责任，如管理私钥和助记词。对普通用户来说，这可能增加了使用门槛和复杂性。此外，现有的去中心化应用在用户体验（UX）和用户界面（UI）方面仍有很大的提升空间。如何在不牺牲去中心化特性的前提下，提升用户的使用便捷性和体验，是 Web 3.0 面临的一大挑战。

3. 法律与监管

Web 3.0 的去中心化特性与现有的法律和监管框架之间存在冲突。由于去中心化应用和服务没有单一的运营实体，传统的监管方式难以直接应用到 Web 3.0 中，引发了关于用户隐私、数据保护、反洗钱（AML）、客户身份识别（KYC）等方面的法律挑战。如何在全球范围内建立适应 Web 3.0 的监管框架，平衡创新与监管之间的关系，是 Web 3.0 发展的关键问题。

4. 互操作性

随着不同区块链网络的增多，互操作性成为 Web 3.0 的重要挑战。不同区块链网络之间的技术标准、共识算法和数据格式不尽相同，导致它们之间的数据和资产流动困难。这种碎片化现象限制了 Web 3.0 生态系统的协作和扩展。因此，开发跨链技术和标准，以实现不同区块链网络的互操作性，对于 Web 3.0 的普及和应用至关重要。

5. 能源消耗

当前主流的区块链网络（如比特币）由于使用了 PoW 共识机制，消耗了大量能源。尽管新兴的 PoS 共识机制和其他环保型共识算法正在开发中，但 Web 3.0 在大规模应用时仍需面对能源消耗和环保方面的压力。如何在保持去中心化特性和安全性的同时，减少能源消耗，是 Web 3.0 发展的一个重要课题。

6. 安全性与隐私保护

虽然 Web 3.0 承诺提供更高的隐私保护，但它也面临新的安全挑战。智能合约的代码漏洞、去中心化金融（DeFi）平台的攻击，以及私钥管理不善，都可能导致用户资产损失。此外，随着区块链数据的公开透明，如何在确保数据隐私的同时，又能利用区块链的去中心化优势，是 Web 3.0 需要解决的问题。

7. 教育与普及

Web 3.0 涉及的技术概念较为复杂，普通用户和开发者需要一定的学习成本才能理解和应用，这种技术门槛可能会阻碍 Web 3.0 的普及。为此，社区和企业需要加大教育推广力度，提供更好的工具和资源，帮助用户和开发者更快地上手 Web 3.0。

综上所述，Web 3.0 在构建一个去中心化、用户主导的互联网方面展现了巨大的潜力，但也面临着诸多挑战。

7.5 习题

一、简答题

1. 什么是分布式数字身份？请简要定义其特点。
2. 分布式身份管理技术的基本概念是什么？
3. 描述跨链技术的主要功能和目的。
4. 什么是跨链交换机制？其工作原理是什么？
5. 区块链网的定义是什么？请简要解释其组成部分。
6. 什么是 Web 3.0？它与 Web 1.0 和 Web 2.0 有何不同？
7. Web 3.0 的基础设施包括哪些技术？
8. 分布式数字身份在现实生活中的应用场景有哪些？
9. 跨链技术的互操作性指的是什么？
10. 区块链网面临的主要挑战是什么？

二、讨论题

1. 请讨论分布式数字身份在身份认证和数据隐私保护中的应用，分析其优势和不足。
2. 如何实现跨链技术的互操作性？请给出具体示例。
3. 探讨区块链网在数据共享和管理中的作用及其面临的挑战。
4. 请分析 Web 3.0 的技术定义及其对互联网发展的影响。
5. 讨论分布式数字身份如何解决传统身份管理系统中的问题。
6. 请解释跨链技术在区块链生态系统中的重要性及其应用前景。
7. 探讨 Web 3.0 技术栈的构成及其对开发者的影响。
8. 请分析分布式数字身份在金融科技中的应用实例。
9. 如何利用区块链网实现高效的数据传输与管理？
10. Web 3.0 面临的挑战有哪些？应如何应对？

三、应用题

1. 一家金融科技公司希望通过区块链来改进其客户身份认证系统，以提高身份管理的安全性和隐私性，请完成以下任务。

（1）系统设计：设计一个基于区块链的分布式身份管理系统架构，描述如何确保用户身份数据的去中心化存储与管理，保护用户隐私。

（2）数字身份认证流程：设计智能合约用于身份认证，确保用户能够在不暴露完整身份数据的情况下，通过分布式数字身份完成身份认证（如 KYC）。

（3）应用场景：列举两个分布式数字身份的具体应用场景（如金融、医疗、教育等），并说明其技术实现和潜在优势。

2. 你受聘于一个政府项目，需要开发一个基于区块链的分布式身份管理系统架构，用于公民身份认证、投票和社会福利发放等。要求其能够保护用户隐私，具有可验证性和不可篡改性，请完成以下任务。

（1）分布式身份管理系统架构：设计一个完整的分布式身份管理系统架构，并描述各参与方（如政府、公民和第三方机构）之间的交互流程。

（2）零知识证明应用：在身份认证过程中使用零知识证明技术，使公民可以认证其身份但不需要透露详细信息，编写智能合约实现该功能。

（3）安全性分析：分析该系统可能面临的安全挑战（如身份盗窃、数据泄露等），并提出应对措施。

3. 一家公司希望开发一款跨链钱包，支持用户在多条区块链之间自由交换资产，该钱包需要跨链技术支持，请完成以下任务。

（1）跨链钱包设计：设计跨链钱包的核心架构，并详细描述如何支持多个区块链网络的互操作性。

（2）跨链桥实现：实现跨链桥的基础功能，包括资产锁定、资产转移和跨链验证。使用两个不同的区块链网络（如以太坊和 Cosmos）进行集成。

（3）测试和部署：在测试网络上部署跨链桥，并模拟用户从以太坊向 Cosmos 发送资产的完整过程。设计一套测试方案验证跨链交易的准确性和安全性。

4. 某去中心化社交平台希望利用 Web 3.0 和区块链来创建一个去中心化的内容发布和分发系统，允许用户控制自己的数据并获取收益。请完成以下任务。

（1）架构设计：设计一个基于 Web 3.0 的内容发布平台架构，详细描述如何通过区块链保证用户数据的控制权，并实现用户隐私保护。

（2）收益分配智能合约：编写一个智能合约，用于自动分配平台内容创作者的收益，确保用户可以直接从内容消费者处获取收益，不需要中心化平台的介入。

（3）Web 3.0 技术栈：列举并分析 Web 3.0 技术栈中的关键技术，并说明这些技术如何在该社交平台中实现去中心化的内容存储与访问。

参 考 文 献

[1] 赵其刚,王红军,李天瑞等. 区块链原理与技术应用[M]. 北京:人民邮电出版社,2020.

[2] Coulouris G, Dollimore J, Kindberg T, et al. Distributed Systems: Concepts and Design[M]. 5th ed. Harlow: Pearson Education Limited, 2011.

[3] Xia Q, Gao J, Obiri I A, et al. Attribute-based Encryption (ABE): Foundations and Applications Within Blockchain and Cloud Environments[M]. New York: John Wiley & Sons, 2023.

[4] 郑子彬,陈伟利,郑沛霖. 区块链原理与技术[M]. 北京:清华大学出版社,2022.

[5] Swan M. Blockchain: Blueprint for a new economy[M]. Sebastopol, CA: O'Reilly Media Inc., 2015.

[6] 袁勇,王飞跃. 区块链理论与方法[M]. 北京:清华大学出版社,2023.

[7] Schneier B. Applied cryptography: protocols, algorithms, and source code in C[M]. New York : John Wiley & Sons, 2007.

[8] Tarjan R E. Data structures and network algorithms[M]. Philadelphia, PA: Society for industrial and Applied Mathematics, 1983.

[9] Schneier B. Applied cryptography: protocols, algorithms, and source code in C[M]. New York: John Wiley & Sons, 2007.

[10] Bashir I. Mastering blockchain[M]. Birmingham, UK: Packt Publishing Ltd, 2017.

[11] 夏琦,高建彬. 区块链数据主权技术[M]. 北京:科学出版社,2020.

更多阅读文献请扫描二维码获取